RECUEIL DE VOYAGES ET DE DOCUMENTS
POUR SERVIR A L'HISTOIRE DE LA GÉOGRAPHIE
Depuis le XIIIe jusqu'à la fin du XVIe siècle

Description
DE
L'AFRIQUE
TIERCE PARTIE DU MONDE
ESCRITE PAR
JEAN LEON AFRICAN
*Premierement en langue Arabesque, puis en Toscane
et à présent mise en François*

NOUVELLE ÉDITION ANNOTÉE

PAR CH. SCHEFER
Membre de l'Institut.

SECOND VOLUME

PARIS
ERNEST LEROUX, ÉDITEUR
28, RUE BONAPARTE, 28
M.DCCC.XCVII

RECUEIL DE VOYAGES
ET DE
DOCUMENTS
pour servir
A L'HISTOIRE DE LA GÉOGRAPHIE

Depuis le XIIIe jusqu'à la fin du XVIe siècle

PUBLIÉ

Sous la direction de MM. CH. SCHEFER, membre de l'Institut
et HENRI CORDIER

XIV

DESCRIPTION
DE L'AFRIQUE
TIERCE PARTIE DU MONDE

SECOND VOLUME

ANGERS, IMPRIMERIE ORIENTALE DE A. BURDIN, RUE GARNIER, 4

Description

DE

L'AFRIQUE

TIERCE PARTIE DU MONDE

ESCRITE PAR

JEAN LEON AFRICAN

*Premièrement en langue Arabesque, puis en Toscane
et à présent mise en François*

NOUVELLE ÉDITION ANNOTÉE

Par CH. SCHEFER

Membre de l'Institut.

SECOND VOLUME

PARIS

ERNEST LEROUX, ÉDITEUR

28, RUE BONAPARTE, 28

M.D.CCC.XCVII

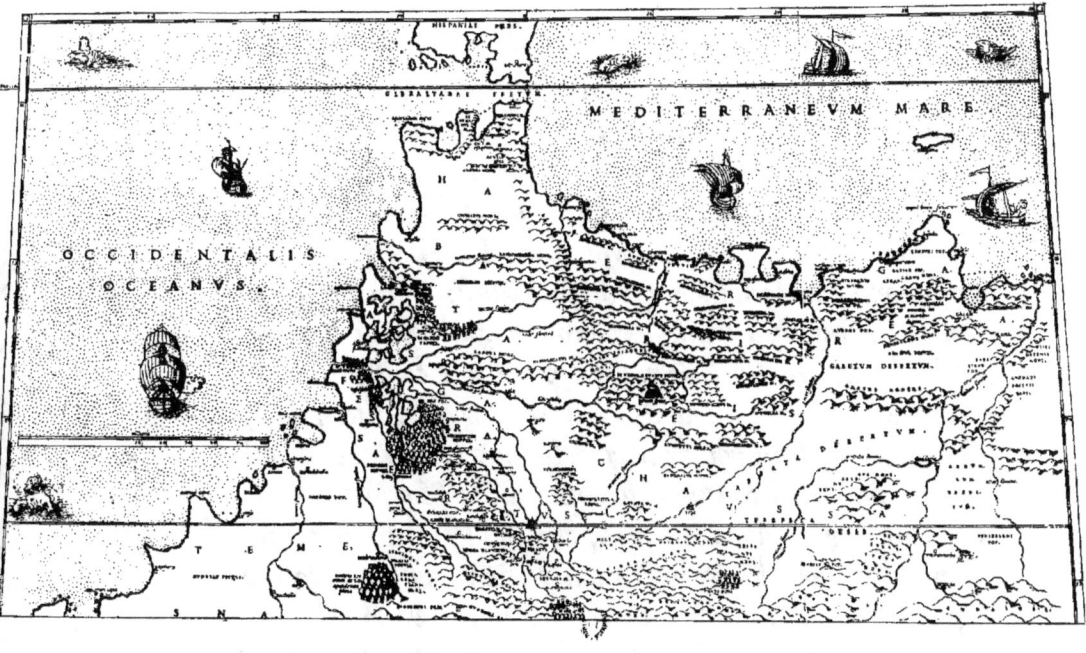

CARTE DES PROVINCES SEPTENTRIONALES DE L'EMPIRE DU MAROC, TIRÉE DE LA *Cosmografia* DE LIVIO SANUTO

Le second volume de l'Historiale description de l'Afrique est consacré tout entier aux provinces de Temsna, de Fès, d'Azgar, de Hibt, de Gharet, du Rif et du Hauz.

Outre les villes et les bourgs existants de son temps dans ces différentes parties du Maghreb, Jean-Léon l'Africain mentionne un certain nombre de localités jadis prospères, mais qui furent détruites pendant les guerres que le prince Aboul Hassan Aly Es-Sayd eut à soutenir contre des chefs, révoltés pendant toute la durée de son règne (1242-1248), et qui ne s'étaient point relevées de leurs ruines. Les détails que Léon l'Africain nous fournit sur le Maghreb sont de la plus scrupuleuse exactitude, et ils ont été mis à contribution par tous les écrivains qui se sont occupés de la géographie et de l'histoire de cet empire, si vaste et si peu connu. Des observations récentes ont même confirmé la vérité de certaines assertions qui semblaient devoir être mises en doute[1].

---

1. Je citerai, entre autres, les faits racontés par Léon l'Africain sur la couardise des lions de l'Atlas et qui ont été accueillis avec incré-

Dans ce volume, comme dans celui qui l'a précédé, j'ai mis en note le récit de Marmol; je l'ai extrait de son ouvrage dont Perrot d'Ablancourt a donné la traduction sous le titre de L'Afrique[1]. *Marmol a fait au livre de Léon l'Africain de continuels et très larges emprunts, mais il nous relate, par contre, certains événements qui se sont produits dans le cours du XVIe siècle et dont, presque toujours, il a été le témoin.*

M. le docteur Robert Brown a cru aussi devoir citer, à maintes reprises, le nom de Marmol dans les éclaircissements dont il a enrichi la nouvelle édition de la traduction faite par John Pory de la Description de l'Afrique *de Léon l'Africain, et qui vient d'être publiée pour la Hakluyt Society de Londres*[2].

dulité. *Ils sont confirmés par les relations de voyageurs en Afrique. Dans* Mes grandes chasses dans l'Afrique centrale, *ouvrage publié il y a deux ans, M. Edouard Foa affirme qu'en général, le lion se retire devant l'homme et qu'il subit cette crainte instinctive que les fauves éprouvent devant lui. Pendant la saison des pluies, le gibier devient rare dans les montagnes: les lions poussés alors par la faim viennent chercher quelque nourriture dans les villages.*

1. L'Afrique de Marmol de la traduction de Perrot, sieur d'Ablancourt, divisée en trois volumes, avec l'histoire des Chérifs, traduite de l'espagnol par le duc d'Angoulême le père. *Paris, 1667.*

2. *Cette édition a paru à Londres pendant l'impression de ce volume. Le Dr Robert Brown n'a pu voir l'achèvement de son travail; il lui a cependant été possible de rédiger une longue notice sur la vie, les voyages et les œuvres de Léon l'Africain, ainsi qu'un commentaire sur la préface de la traduction dédiée, en 1600, par John Pory à Sir Henri Cecil. M. E. Denison Ross a été chargé de l'impression du texte et de l'introduction laissés par le Dr Brown, et M. Ravenstein a dressé les cartes et rédigé le mémoire qui les accompagne. La nouvelle édition publiée aux frais de la Hakluyt Society porte le titre de:*

J'ai placé, dans l'Appendice, la traduction de deux chapitres du Traité géographique d'Ibn Sayd relatifs à l'Afrique[1], ainsi que la notice donnée par un auteur moderne sur le Qoran du khalife Osman, conservé d'abord à Cordoue et transporté ensuite dans la ville de Merrakech[2].

Léon l'Africain trace de la ville de Fès au commencement du XVIᵉ siècle un tableau fort intéressant et très complet. Il m'a, cependant, paru utile d'ajouter aux détails qu'il nous donne sur cette ville célèbre, ceux qui nous sont fournis par des auteurs anciens tels que Obeïd Allah el-Bekry el-Qorthouby[3] et Yaqout qui ne s'est point fait scrupule de le copier[4]. Il m'a semblé aussi que l'histoire de

---

The history and description of Africa and the notable things therein contained written by al-Hassan ibn Mohamed al-Wezzaz al-Fasy a Moor baptised as Giovanni Leone but better known as Leo Africanus, done into English in the year 1600 by John Pory, and now edited with an introduction and notes by Dr Robert Brown, London, 1896.

1. *Aboul Hassan Noureddin Aïy el-Gharnaty* est plus connu sous le nom d'Ibn Sayd. Il naquit en 610 (1214 de J.-C.) et visita les principales villes de l'Orient. Il fit le pèlerinage de la Mekke et se fixa à Tunis où il mourut en 673 (1274 de J.-C.). Il est l'auteur de deux ouvrages historiques dont l'un porte le titre de : Le livre qui renferme des détails singuliers au sujet des habitants du Maghreb; *l'autre, celui de* : Livre qui jette du jour sur l'histoire des habitants du Machreq. *Son traité de géographie est intitulé* : Djografya. Cf. *Reinaud*, Géographie d'Aboul Feda. *Tome I*. Introduction générale à la géographie des Orientaux, *pp. CXLI-CXLIII*.

2. *La notice sur le Qoran d'Osman se trouve dans l'ouvrage de Ahmed ben Khalid Ennasiry Esslaouy intitulé* Kitab oul-Istiqça bi akhbar douwel il Maghreb il-aqça. *Le Caire, tome I, p. 150.*

3. Description de l'Afrique septentrionale par El-Bekri, traduite par Mac Guckin de Slane, *Paris, 1859, pp. 262-269.*

4. *Yaqout*, Moudjem oul-bouldan. Jacut's geographisches

la fondation de Fès et de ses édifices religieux, donnée dans Roudh el-Qarthas[1], *ainsi que celle de Medinet el-Beïda ou Fès la Neuve qui eut lieu en 674 (1276 de J.-C.), présenteraient quelque intérêt*[2].

L'Appendice est terminé par les chapitres que Marmol a consacrés à Arzile, à Tanger, à Tétuan, à Ceuta et à Velès de Gomere. Ces villes ont été, pendant les XVe et XVIe siècles, le théâtre de luttes sanglantes, et elles attirent aujourd'hui l'attention de certaines puissances européennes; c'est à ce titre qu'il ne m'a pas paru déplacé de rappeler les souvenirs de leur passé.

La carte mise en tête de ce volume est, comme une de celles qui figurent dans le premier volume, empruntée à la Cosmografia *de Livio Sanuto* (Venise, 1588).

Wörterbuch... herausgegeben von *Ferdinand Wüstenfeld, Leipzig, 1866-1870, tome III, pp. 842-844.*
1. Roudh el-Qarthas. Histoire des souverains du Maghreb et annales de la ville de Fès, *traduit de l'arabe par A. Beaumier, etc. Paris, 1860, pp. 35-37.*
2. Kitab oul-Istiqça, *tome II, p. 21.*

HISTOIRE
ET
DESCRIPTION DE L'AFRIQUE
ET DES
CHOSES MEMORABLES CONTENUËS EN IÇELLE

LIVRE TROISIEME

Du royaume de Fez.

Le royaume de Fez prend son commencement au fleuve de Ommirabih du costé de ponant[1] et s'e-

---

1. « Le Oumm Errebiah, ام الربيعة (la mère des herbes ou du printemps), est sans aucun doute le plus majestueux et le plus bienfaisant des fleuves du Maghreb el-Aqça. Les anciens Romains lui donnaient le nom de Cusa. Il prend sa source dans la montagne d'Ayana ou de Ziz et il arrose les plaines d'Adahsoun dans les provinces de Tedla, de Temsa et, franchissant une vallée étroite dans laquelle on remarque un pont magnifique, il fertilise avec ses nombreux affluents les provinces de Hescoura, de Zerara, de Cheragna et de Doukka'la. Il se jette dans la mer au-dessous d'Azamor. Il est impossible de le passer à gué pendant l'hiver et au printemps : les

tendant devers levant finit au fleuve de Muluia[1]; d'une partie de la tramontane, il se confine à l'Ocean, et des autres parties à la mer Mediterranée. Puis se divise en sept provinces, qui sont Temesne, le territoire de Fez, Azghar, Elhabet, Errif, Garet et Elchauz, dont une chacune de ces provinces estoit reduite sous une seigneurie particuliere, tellement que Fez n'avoit point de siege royal. Il est vray qu'elle fut edifiée par un rebelle et scismatic, dont la famille posseda le royaume environ cent cinquante ans; mais depuis que celle de Marin vint à regner, alors elle fut la capitale cité du royaume, à cause que les roys y feirent leur demeurance, pour les causes recitées aux Chroniques des Mahommetans. Or, je commenceray à cette heure à vous deduire particulierement de province, en province, et de cité à autre, ce qui merite d'estre presenté à tout gentil esprit, comme il me semble avoir fait par cy devant assez suffisamment.

habitants le traversent alors, en confiant leurs personnes et leurs biens à des radeaux construits avec des roseaux.

L'Oumm Errebiah parcourt une distance de cent cinquante milles et ses eaux abondent en excellents poissons » (Graberg de Hemsö, *Specchio geografico e statistico dell' impero di Marocco*. Genes, 1834, p. 26).

1. « La Moulouïa, ملوية, appelée par les anciens Mulua ou Malucha, prend sa source sur le versant oriental de la montagne de l'Atlas appelée Chabat Beni Obeïd. Elle parcourt une distance de trois cent cinquante milles et elle reçoit sur sa rive droite le Ouad Enza et le Ouad Teza sur sa rive gauche » (*Specchio geografico, etc.*, p. 26).

De Temesne, region au royaume de Fez.

Temesne est une province au royaume de Fez, commençant au fleuve Ommirabih du coté du ponant, et finit à celuy de Buragrag[1] devers levant. De la partie de midy se confine avec Atlas, et de tramontane se termine à l'Ocean : l'assiete est toute plaine, ayant d'etendue de ponant au levant, environ octante milles, et en largeur depuis Atlas jusques à l'Ocean, environ soixante. Anciennement, c'estoit la fleur de toutes les autres qui luy estoient prochaines, pour ce qu'en icelle estoyent contenues quarante citez et troys cens chateaux habitez de plusieurs peuples du lignage des Africans barbares[2].

1. Le Bou Raghragh, بو ركراك (le père des ravins et des broussailles, selon M. Gräberg de Hemsö), prend sa source dans le mont Hatata et a son embouchure entre Salé et Rabat après un cours de quatre-vingts milles (*Specchio geografico*, p. 26).

2. « Le Temsna, تمسنا, dit Ibn Khaldoun, forme le centre du Maghreb el-Aqça et il est la seule partie de ce pays qui soit bien éloignée des routes qui mènent au Désert. En effet, le mont Deren le protège de ce côté et s'oppose par sa hauteur énorme à toute communication avec ces régions solitaires » (*Histoire des Berbères*, t. I, p. 61).

La province maritime de Temsa était la résidence des Kholt, des Sofyan et des Beni Djabir, fractions de la tribu de Djochem, et par les Acen et les Mocaddem, branche de la tribu d'Athbedj. M. Gräberg de Hemsö nous dit que le mot Temsna a en berbère la signification de désert : « Il nome significa in lingua Tamazight deserto, luogo disabitato, solitudine » (*Specchio geografico, etc.*, p. 360).

Marmol ajoute quelques détails à ceux que donne Léon l'Africain sur les tribus habitant la province de Tamsna. « Ces peuples l'ont toujours possédée depuis et sont nommés ordinairement Chauiens (Chaouia) errant sous des tentes comme les Arabes et parlant un arabe corrompu quoy que

En l'an de l'hegire neuf cens vingt et troys, cette province se revolta à la suasion d'un predicateur heretique, qui s'appelloyt Chemin, fils de Mennal, lequel dissuada le peuple de rendre tribut et obeyssance aux seigneurs de Fez, les publians injustes; et d'autant qu'il se disoyt prophete, on ajouta foy à ses paroles, qui feit que facilement tout le spirituel et temporel parvint entre ses mains. Au moyen de quoy, il commença d'entreprendre la guerre contre iceux seigneurs, lesquels estans detenus à repousser le peuple de Zenete qui les molestoyt d'autre coté,

Un predicateur, souz coleur de prophete, usurpe la seigneurie de Temesne.

ce soit une nation africaine. Ils ont esté autrefois fort puissants et ont fait la guerre aux Ouatazes qu'ils faillirent à déposséder, car ils mettoient sur pied cinquante mille chevaux et trois fois autant d'infanterie... Ces peuples ont dechu tellement par les guerres continuèlles qu'ils ont euës avec les rois de Fez et de Maroc et avec les Portugais, outre trois ans de peste et de famine, qu'ils ne sauroient faire maintenant plus de huit mille hommes de pied et sont vassaux du Chérif. Leur cavalerie est fort bonne mais l'infanterie est peu de chose, quoy qu'ils soient si superbes qu'ils souffrent mal-aisément le joug et se révoltent à toutes les occasions, passant d'un royaume à l'autre avec leurs tentes et leurs troupeaux. Quand ils ne pouvoient autre chose, ils se servoient des chrétiens d'Azamor contre les Africains et les Arabes qui estoient leurs ennemis. Leurs femmes sont blanches et se piquent d'estre belles et bien parées, portant force joyaux d'or, d'argent, de perles et de cornalines aux bras, à la gorge et aux oreilles. Le païs est fort bon pour le bled et pour les troupeaux et l'on y recueilleroit quantité de froment et d'orge si l'on cultivoit toutes les terres, mais ces peuples ne labourent que ce qui est à l'entour de leurs habitations. Il y a une herbe parmi les champs qui engraisse les chevaux et le bestail en moins de douze ou quinze jours, mais quand elle jette un petit épi barbu, on les empesche d'en manger parce qu'elle les étrangle et les tuë. Il ne reste plus que les murailles des anciennes villes sans aucuns bastimens et ces peuples y campent l'hyver. Nous ne laisserons pas de dire ce qu'elles estoient autrefois et les ruines que nous avons veuës » (Marmol, *L'Afrique*, t. II, p. 139).

ET DESCRIPTION DE L'AFRIQUE

furent contrains de venir à composition avec cetuy-cy, tellement qu'ils se devoyent tenir à leur seigneurie de Fez, et à luy devoit demeurer cette province de Temesne, sans qu'à l'avenir ilz entreprinssent rien les uns sus les autres. Et regna ce predicateur par l'espace de trente ans, et à la fin laissa les siens, heritiers de son domaine, qui le maintindrent, et en jouirent paisiblement environ cent ans[1].

1. Il faut lire, au lieu de Chemin fils de Mennal, Hamim ibn Menn-Allah et, au lieu de l'année 923 de l'hégire, l'année 923 de l'ère chrétienne. « Les mœurs agrestes, les habitudes rustiques des Ghomara, jointes à leur éloignement de tout lieu où le bien se pouvait apprendre, les tenaient plongés dans une ignorance profonde et les empêchaient de connaître les vrais principes de la religion. Aussi il s'éleva chez les Medjekeça, un prétendu prophète appelé Hamim Abou Mohammed fils d'Abou Khalef Menn-Allah حامیم ابن ابی خلف من الله, fils de Harir, fils d'Amr, fils de Rahfou, fils d'Azeroual, fils de Medjdekeça. En l'an 313 (925) Hamim se produisit comme prophète dans la montagne de Titawin (Tétouan) qui porte encore son nom. Ayant réuni autour de lui une foule de gens appartenant à sa tribu et qui ajoutaient foi en ses paroles, il leur prescrivit des lois civiles et religieuses et composa, pour leur usage et dans leur langue, un Coran dont il leur donna lecture. Dans ce livre il disait : O toi qui permets que l'univers soit l'objet de nos regards, délivre-moi de mes péchés ! O toi qui retiras Moïse de la mer! Je crois en Hamim et en son père Abou Khalef Menn-Allah ; ma tête y croit ainsi que mon intelligence ; ce que couvre ma poitrine y croit et ce qui est enfermé dans mon sang et dans ma chair. Je crois en Tabaït, tante de Hamim et sœur d'Abou Khalef Menn-Allah ; cette femme était devineresse et magicienne. On donna aussi à Hamim le nom d'El-Mofteri (le faussaire). Il avait une sœur nommée Debbou qui pratiquait aussi la magie et la divination et dont on sollicitait les prières en cas de guerre et de sécheresse. Hamim fut tué l'an 315 (927-928), sur le territoire de Tanger dans une bataille avec les Masmouda. Après sa mort son fils Eiça exerça une grande influence sur les Ghomara et se rendit à la cour d'En-Naser. Leur tribu habite encore à Ouadi Laou et à Ouadi Ras près de Tétouan... Jusqu'à ce jour les Ghoumara se sont appliqués à la magie et j'ai appris de quelques cheikhs du Maghreb que ce sont surtout les

Mais après que Iusef, avec le peuple de Luntune[1] eut parfaite l'edification de Maroc, il s'esforça de trouver tous les moyens pour joindre cette region avec ses seigneuries, envoyant plusieurs personnes catoliques et de bon savoir pour tâcher à les retirer de cette heresie, et se rendre de leur gré sous son gouvernement, sans luy donner occasion de les y contraindre par guerre. Les habitans après s'être retirez avec leur prince (qui estoit neveu du predicateur defunt) en la cité d'Anfa, et ayans meurtry les ambassadeurs, meirent sus une grosse et puissante armée de cinquante mille combatans, avec bien bonne intention d'expulser Iusef de Maroc et contraindre le peuple de Luntune de quiter et abandonner toute la region. Dequoy Iusef incontinent averty, irrité au possible, feit un tresgros amas de gens avec iceux, ne voulant que ses ennemys prinssent telles barres sur luy que de les venir trouver pour assieger Maroc ; d'une diligence incroyable, au bout de troys

---

jeunes femmes qui cultivent cet art. « Elles ont le pouvoir, m'ont-ils dit, de s'attirer l'esprit de tel astre qu'il leur plaît et l'ayant dompté, elles s'incorporent avec lui ; par ce moyen, elles agissent sur les êtres à leur fantaisie » (*Histoire des Berbères*, t. II, pp. 143-144).

1. Il faut lire Lemtouna, au lieu de Luntune.

« Les Lemtouna se partageaient en un grand nombre de branches dont nous pouvons nommer les Ourtentar, les Beni Nial, les Beni Moulan et les Beni Nasdja. Ils habitaient cette partie du Désert qu'on nomme Kakdem et, à l'instar des Berbères du Maghreb, ils professaient le magisme. Ils ne cessèrent de se tenir dans ce pays jusqu'à ce qu'ils embrassèrent l'islamisme quelque temps après la conquête de l'Espagne par les Arabes » (*Histoire des Berbères*, t. II, p. 65).

jours, marcha sus leurs terres et traversa le fleuve Ommirabih. Mais ses ennemys le voyant venir tant animé et avec une impetuosité si grande, furent incontinent surpris d'une merveilleuse crainte et estans ainsi intimidez, fuyans la bataille et rencontre, passerent le fleuve Buragrag devers Fez, abandonnans la province Temesne qui demeura en la puissance de Iusef, lequel feit passer par la fureur du fil de l'epée tous ceux qui y resterent, avec une cruauté si grande, que n'ayant respect, ny egard à la tendre et innocente jeunesse, faisoit tout tuer jusques aux enfans au berceau, ruinant toute la province en quelque part qu'il meist le pied, par l'espace de huit moys qu'il y sejourna, tellement qu'il ne laissa cité, ny chateau, que tout ne fut rué par terre, laissant pour memoire à la posterité de sa cruauté, les seules masures et fondemens, qui encore, pour le jourd'huy, en peuvent temoigner.

Grande cruauté exercée à la prinse de Temesne par Iusef.

Or, sachant le roy de Fez tout le discours de ces emotions, fut averty de ces entrefaites, et comme le peuple de Temesne vouloit passer le fleuve Buragrag pour s'acheminer à Fez, au moyen de quoy, il assembla une grosse armée après avoir fait treves avec le peuple de Zenete, et s'achemina vers ce fleuve, sus lequel il trouva ce miserable peuple, lequel ayant plus tost besoin d'avoir de quoy dechasser l'extrême famine qui l'opressoit que de s'attacher à l'ennemy qui le poursuivoit, s'evertuoyt toutesfois de passer la riviere. Mais le pas luy fut clos par le roy de Fez, dont estant chaudement poursuivy, par desespoir, se meit à grimper sus certains rochers, entre des brossailles fort difficiles et facheuses, là où il fut, par la gendarmerie du roy, environné : tellement, qu'en un mesme temps, trois miserables mors donnerent fin à leur langoureuse vie, pour ce que les uns se jetans dans les ondes estoyent étoufez, les autres se precipitans du haut des rochers en bas, se brisoyent le corps, et le reste qui, à force de bras, pouvoit traverser le fleuve, tomboit entre les mains des soldatz du roy de Fez, qui les faisoyent passer par le fil de l'epée[1].

Miserable fin du peuple de Temesne.

Ainsi fut eteint le peuple de Temesne en moins de huit moys; et estime l'on, que durant cette guerre, fut exterminé jusques à un millier de personnes, tant d'hommes que femmes et enfans. Après l'heureus succès de cette glorieuse victoire, le roy Iusef feit retour à Maroc pour renouveler ses gens et marcher contre le roy de Fez, laissant Temesne pour habitation aux lions, loups et autres bestes, demeurant deshabitée par ce moyen l'espace de cent octante ans, qui fût jusques au temps que Mansor revenant de Thunis amena un certain peuple Arabesque avec les chefs et gouverneurs d'iceluy, pour habiter en cette province, en laquelle il demeura par l'espace de cinquante ans, tant que la lignée de Mansor fût expulsée du royaume; à cause de quoy, ce peuple

Temesne deshabitée par 180 ans.

---

[1]. Cette expédition de l'émir Youssouf fils d'Abdoul Moumin eut lieu en l'année de l'hégire 559 (1163).

ET DESCRIPTION DE L'AFRIQUE

Arabe tomba en grande misere et extremité, tellement qu'il fut dechassé par les roys de la famille de Marin, qui donnerent Temesne au peuple de Zenete et Haoara, en recompense des services et plaisirs qu'ils auroyent receuz de ces deux peuples, pour ce que l'un et l'autre favorisa grandement icelle famille contre les pontifes et roys de Maroc. Au moyen de quoy, ils jouyssent paisiblement de cette province, là où ilz sont libres et tellement multipliez en lignées et richesses, qu'ils en sont crains et redoutez des roys de Fez, et estime lon qu'ils peuvent faire jusques au nombre de soissante mille chevaux en bon equipage et drecer deux cens mille pietons ou soldatz. J'ay beaucoup frequenté et pratiqué en cette province, parquoy je vous en pourray donner plus particuliere information.

Des villes et cités contenuës en la region de Temesne.

ANFA

Anfa est une grande cité, edifiée par les Romains sur le rivage de la mer Oceane, distante d'Atlas environ soissante milles devers tramontane et d'Azemur soissante du coté de levant, et de Rabat quarante de la partie de ponant[1]. Cette cité fut jadis fort

---

1. Anfa, أنفا. « *D'Anfa ou Anafe qui estoit autrefois la capitale de cette province. C'est une ville qui estoit fort peuplée, entre Rabat et Azamor, sur la coste*

civile et tresabondante, pour ce que tout le terroir d'icelle est fort bon à produire toute sorte de grains ;

de l'Océan, à vingt-deux lieuës du grand Atlas, à vingt d'Azamor et treize de Rabat. D'autres la font une de ces villes libyphéniciennes que bastit Hannon par ordre du sénat de Carthage. Elle est au plus bel endroit de l'Afrique, ayant la mer d'un costé et de l'autre de grandes plaines où l'on nourrit forces troupeaux. Il y a apparence qu'elle estoit autrefois bien bastie et policée, à cause du commerce de la chrestienté, et il y avoit un petit port où abordoient les marchans de l'Europe. Aussi est-ce la seule place qu'on rebastit dans cette province après sa générale destruction. Mais la richesse et la commodité du port attira une seconde fois sa ruine, parce que les habitans équipèrent des fustes pour courre les costes des chrétiens, et y firent tant de ravages qu'Alfonse, roy de Portugal y envoya son frère Dom Fernand avec dix mille soldats, qui la brûlèrent et la démolirent sans aucun obstacle, car les habitans n'eurent pas plûtost découvert l'armée navale qu'ils abandonnèrent la ville sans plus revenir. On voit encore les ruines des murs qui estoient fort bons, et quelques restes des temples. L'an mil cinq cens quinze, le roy de Portugal y voulut faire une forteresse, et une autre en la rivière de Mamore ; mais comme on bastissoit celle-cy, le roy de Fez y accourut et en chassa les chrestiens, comme nous dirons en son lieu. Ptolomée ne fait point mention de cette ville, peut-estre pour ne l'avoir pas connuë » (Marmol, *L'Afrique*, t. II, pp. 139-140).

La ville d'Anfa fut, en 1468, détruite de fond en comble par les Portugais. Elle fut relevée de ses ruines par le sultan Mohammed, qui lui donna le nom de Dar el-Beida (la maison blanche). C'est, dit de M. Gråberg de Hemsö, une ville entourée de murs de la province de Temsna, dans le district appelé Chaouïa. La baie est spacieuse, mais le port est petit et peu sûr. On exporte de cette ville une grande quantité de blé provenant des environs et du marché de Noukhaïla. On croit que cette ville a été bâtie par les Romains ; elle a été très peuplée et fort riche, et il reste encore de magnifiques vestiges de sa prospérité. Elle compte à peine mille habitans dont beaucoup sont pauvres (*Specchio geo grafico del Marocco*, p. 43).

On trouve dans les *Souvenirs d'un voyage au Maroc*, publiés dans le numéro du 26 septembre 1844 de *L'Algérie*, une description de Dar el-Beida. On peut consulter en outre cette ville l'ouvrage du R. P. Fra Castellanos, intitulé : *Descripcion historica de Marruecos y breve reseña de sus dinastias*, Santiago, 1878, p. 67.

elle est située en la meilleure et plus belle assiete d'Afrique, environnée d'une plaine qui contient environ octante miles d'etenduë, fors que de la partie de tramontane, là où bat la mer ; et dans icelle, souloyt avoir plusieurs temples, belles boutiques et sumptueux edifices, comme en peuvent faire foy les ruines et fragmens qui en sont encore en estre, avec ce beaucoup de vignes et jardins, où l'on cueilloit encore plusieurs fruits, et memement des citrouilles et melons qui commencent à meurir au moys d'avril, auquel temps les habitans ont coutume de les porter vendre à Fez, là où ils sont plus tardifs.

La grande et continuelle conversation qu'ont les gens de cette cité avec les marchans de Portugal et Angloys, est cause qu'ils vont assez bien en ordre, et s'y trouvent des personnages assez doctes. Mais deux choses furent la cause principale de leur dommage et ruine: l'une, de vouloir vivre en liberté, sans qu'ils eussent le moyen de s'y pouvoir maintenir, l'autre, pour avoir certaines petites fustes dans leur port, avec lesquelles ils faisoyent de grans dommages en l'isle de Calix et sur toute la riviere de Portugal ; tellement que le roy delibera detruire cette cité, et pour l'assieger, meit sur mer une armée de cinquante naus chargées d'une bonne quantité d'artillerie et de gens tresexpers à combattre, qui estans par ceux de la cité decouvers, après s'estre chargés de leurs plus pretieuses bagues, se meirent ensemble et gaignerent le hault, pour s'en aller faire residence aux citez de Rabat et Salla. Le capitaine des Portugalois qui estoit ignorant de cecy, meit ses gens en ordre, et tous appareillez pour donner le choc; mais cognoissant, puis après, qu'il n'y avoit personne qui se meit en devoir, se va incontinent douter de ce qui estoit veritable, et feit mettre en terre la gendarmerie, qui ne faillit de se jeter dans la cité, qu'ils saccagerent en moins d'un jour, embrasans les maisons et ruinans en plusieurs endrois les murailles, tellement qu'elle a depuis esté tousjours deshabitée[1]. Ce que voyant lorsque je y fu, je ne me peus retenir ny faire que la larme soudaine qui s'ecoulat de mon œil, ne temoignât manifestement le grand regret duquel mon cœur se vint saisir, s'offrant à ma veuë un tel spectacle, non moins piteux certes pour l'heure à regarder, que la structure du lieu avoit esté jadis plaisante et magnifique, veu les temples sumptueux, belles boutiques et superbes edifices qui sont encore sus pied, donnans à congnoître que l'on se devroit quasi à bon droit rancurer et douloir de l'injure du temps et revolution des années, faisant foy de son triomphe et gloire passée ce qui en reste encore à present. On y peut veoir avec ce, les jardins, non pas jardins, mais deserts qui retenans encore leur ancienne fertilité, produisent quelques fruits. Ainsi par le peu de pouvoir en partie et nonchaloir des roys de Fez

Ruine de la cité d'Anfa par les Portugalois.

Excellence de la ville d'Anfa avant sa ruine.

---

1. Le récit de l'expédition des Portugais est inséré dans l'appendice.

jusques à present, on est hors de toute esperance, qu'elle puisse plus estre rehabitée.

MANSORA

Mansora est une petite cité edifiée par Mansor, pontife et roy de Maroc, en une belle plaine, elongnée de la mer Mediterranée environ deux miles, et vingt et cinq de la cité de Rabat et autant d'Anfa, qui souloit faire quelque quatre cens feux. Et auprès d'icelle passe une petite riviere qu'on appelle Guir, sus laquelle y a plusieurs vignes et jardins, qui sont maintenant deserts, pour ce que lors qu'Anfa vint à estre ruinée, les habitans de cette-cy abandonnans leur ville, s'enfuyrent semblablement à Rabato, craignans d'estre par les Portugaloys surprins, la vuidans par ce moyen et de gens et de biens. Neantmoins, les murailles sont encore demeurées en leur entier, fors aucuns lieux que les Arabes de Temesne meirent par terre. Je passay par cette cité qui m'emeut aussi à grand compassion, d'autant qu'on la pourroit remettre en son premier estat et y habiter ; mais la perversité et mauvais courage des Arabes ne peut permettre que personne y face residence[1].

1. *De Mansore* (Mansoura, منصورة ou Mansouriah, منصورية). « C'estoit une petite ville bastie par Jacob Almansor entre Anafe et Rabat, et l'on en voit encore quelques ruines. Elle est dans une belle plaine à demy lieuë de la coste de l'Océan, sur les bords du Guir, que les anciens appeloient

NUCHAILA

Nuchaila est une petite cité au milieu de la region de Temesne, anciennement fort habitée, et s'y tenoit une foire du temps des heretiques, une foys l'an, en laquelle s'assembloit tout le peuple de Temesne, à cause de quoy, les habitans estoyent fort riches, et pour autant aussi que le territoire est fort ample, ayant de chacun coté quarante miles d'etendue.

Je trouve par les histoires que, du regne des heretiques, ilz avoyent si grande quantité de grain, que

---

Duo, et que Ptolomée met à siz degrez dix minutes de latitude. Il y a autour comme une forest d'arbres fruitiers, qui, pour avoir esté trop long-temps sans culture, sont devenus sauvages. Il y avoit grand trafic, parce qu'on y recueilloit force bled, et l'on y nourrissoit quantité de troupeaux, à quoy la terre est fort propre. Le peuple s'enfuit à Rabat avec tous ses meubles, quand le roy de Portugal fit l'entreprise d'Anafe, et n'est point revenu depuis. Les murs sont encore debout, quoyque toutes les maisons soient fondues, et les habitans du pays y ont fait des brèches, parce qu'ils n'aiment pas à se renfermer dans des villes » (Marmol, *L'Afrique*, t. II, p. 141).

« L'émir Yaqoub, fils de Youssouf fils d'Abdoul Moumin, troisième prince de la dynastie des Almohades, succéda à son père le 19 du mois de rebi euççany 584 (21 avril 1190). Il mourut dans le palais de Maroc le 22 du mois derebi oul-ewwel 595 (22 janvier 1199). Il se reprocha sur son lit de mort d'avoir introduit dans le Maghreb les Arabes de l'Ifriqia, auteurs de toutes les séditions, les constructions qu'il avait faites, surtout à Rabat, et qui avaient épuisé le trésor public, et la liberté rendue par lui aux prisonniers faits à Elarcos » (*Roudh el-Qarthas*, p. 223).

Mansoura ou plutôt Mansouriah, dit M. Gräberg de Hemsö, est une petite ville située sur les bords du Guir dans un pays délicieux. Elle s'élève dans une très belle plaine à deux milles de l'Océan. Elle compte environ neuf cents habitants, presque tous juifs (*Specchio geografico*, p. 52).

le plus souvent la charge d'un chameau s'y donnoit pour une paire de souliers. Et fut detruite à l'arrivée de Iusef, comme les autres, combien que l'on y voye encore aujourd'huy des vestiges, comme quelque plan de murailles, masures et une certaine tour, qui estoyt au milieu du temple.

Davantage, il y a plusieurs jardins et lieux où estoyent les vignes et aucuns arbres qui, par le temps, sont demeurez steriles et cessent de plus produire leurs fruits. Incontinent que les Arabes ont achevé de cultiver leurs terres, ils ont coutume de mettre leurs ferremens auprès de cette tour, pour ce (disent-ils) qu'il y a un saint homme ensevely; à cause de quoy, personne qui soit ne s'oseroit hazarder de prendre autre outil que celuy qui luy apartient, pour la crainte qu'on a de provoquer à ire ce saint. Je traversay cette cité plusieurs foys pour estre sus le chemin de Maroc[1].

Une charge de grain en Nuchaila pour une paire de souliers.

1. *De Nucheyla* (Noukheïla, خُنَيْلَة, a la signification de petit bois de dattiers). « On voit encore au milieu de cette province les ruines des murs d'une ville qui a esté bastie par ceux du pays. Elle estoit peuplée de braves gens, surtout lorsque Quimem (Hamim) et ses descendans en estoient maistres, et il s'y tenoit un grand marché, toutes les semaines, où accouroient les habitans de la province, avec diverses marchandises; mais elle ne s'est point repeuplée depuis la désolation générale du pays. La tour de la grande mosquée est encore debout, et ceinte d'une forest épaisse d'arbres fruitiers, qui sont devenus sauvages faute de culture. Les Chaviens viennent fort souvent en ces quartiers, à cause de l'eau et des pasturages, outre que le labourage en est fort bon, et ils sont cause en partie, aussi bien que les Arabes, que la ville ne se repeuple point, parce que cela leur osteroit la liberté d'errer aux environs avec leurs troupeaux. C'est la cause que la pluspart des autres villes de cette province sont désertes, quoyque ce soit

16   HISTOIRE

                            ADENDUM

  Adendum est une petite cité entre des collines prochaines d'Atlas environ quinze miles, et vingt-cinq de la precedente, et fort bonnes pour semer le grain. Auprès des murailles de la cité, sourd une grande fontaine de bonne eau et à l'entour y a des palmes, mais petites et steriles; et prend son cours entre certains rochers et valées, là où lon dit qu'il y a plu‑

Mines de fer. sieurs mines dont on souloit tirer du fer en grande quantité, chose qui est bien vraysemblable pour ce que le terroir tire sur sa couleur. Il n'est demeuré autre chose de cette cité, fors quelque apparence de murailles et fragmens de colonnes aterrées, pour autant qu'elle fut ruinée par les guerres des heretiques comme les autres[1].

le plus riche et le meilleur pays de toute la Barbarie, et où l'on pourroit vivre plus à son aise » (Marmol, *L'Afrique*, t. II, p. 144).
 Nockhaïla est une très ancienne petite ville du Temsa : elle fut autrefois riche et peuplée; elle s'élève non loin de la source du fleuve Guir, sur un terrain extrêmement fertile en grains. Il s'y tient tous les ans une foire très célèbre fréquentée par les populations des provinces voisines (Gräberg de Hemsö, *Specchio geografico*, etc., p. 53).
 1. Je n'ai trouvé, dans aucun auteur, le moindre détail sur cette ville ruinée. Dapper, dans sa *Description de l'Afrique*, p. 150, prétend qu'Ademdum est l'ancienne ville d'Ecath. Marmol dit, à propos d'Adendum : « A sept lieuës de la ville précédente du costé du midy et à cinq du grand Atlas sont d'autres ruines d'une petite place qu'on dit avoir esté bastie par les Romains. Tout le pays d'alentour est excellent pour le bled et pour la nourriture du bestail et il y a une grosse source près de cette

TEGEGET

Tegeget est une petite cité edifiée par les Africans sus le rivage du fleuve Ommirabih, au pas pour aller de Tedle à Fez, fort peuplée, civile et opulente, pour ce qu'elle est prochaine du grand chemin par lequel on va d'Atlas au Desert de là où les marchans se transportent en cette cité pour acheter du grain. Si est ce qu'elle fut encore detruite par les guerres des heretiques, et grand temps après, rehabitée et redrecée en maniere d'un village, à cause qu'une partie des Arabes de Temesne y tiennent leur grain, le commettans à la garde des habitans d'icelle, là où il n'y a boutique, ny artisan aucun, sinon quelque marechal pour racoutrer leurs outilz et ferremens de quoy ils labourent la terre, et ferrent les chevaux. Les marchans, qui y abordent, payent pour le peage ou gabelle une reale pour charge de la toile ou drap qu'ils conduisent ; mais le betail et les chevaux sont exemptz de toute imposition. J'ay passé, souventes foys par cette cité, plus par necessité que pour aucun plaisir que j'ay prins, car il me satisfaisoit mal, mais

ville dont le goust aussi bien que la couleur de la terre fait croire qu'il y a plusieurs mines de fer en ces quartiers. Elle n'a point été repeuplée non plus que les autres depuis la désolation générale de la province et n'a aucun édifice debout. Les Chaviens errent à l'entour avec leurs troupeaux à cause de la commodité de l'eau » (*L'Afrique*, p. 144).

le terroir est bon en perfection, fertile en grains, et abondant en betail[1].

HAIN ELCHALLU

Hain elchallu est une petite cité qui n'est pas fort elongnée de Mansora, edifiée en une plaine couverte de plusieurs boys de cormiers, et autres arbres epineux, produisans un fruit rond en maniere de jujubes, mais de couleur jaune ayant le noyau long, et plus gros que celuy de l'olive. Par tout le circuit des vestiges de la cité, y a des marets où se trouvent plusieurs tortues et tresgros crapaux : mais (s'il est vray ce que l'on dit) ils ne sont aucunement venimeux. Il n'y a aucun historien african qui face mention de cette cité; par aventure, pour estre trop petite, ou pour avoir esté aucunement detruite. Et quant à moy, je suis de cette opinion qu'elle ne fut jamais

---

[1]. *De Tegegilt* (Tedjkedjit, تجكجت). « Sur le bord de l'Ommirabi, assez près du mont Atlas, est une habitation en forme de village, au lieu où estoit autrefois basti Tegégilt, à mi-chemin de la province de Tedla et de la ville de Fez. Les historiens disent qu'elle estoit fort riche et bien peuplée, et qu'on y venoit deux fois l'an de la Gétulie et de la Libye, à cause de la proximité d'un passage du mont Atlas, échanger des dates contre du froment et des marchandises. Elle a esté lon-tems deserte depuis sa destruction; mais de pauvres gens s'y sont habituez depuis, qui gardent le bled des Chaviens en de grands creux, moyennant quelque récompense et quelques quartiers de terre, qu'on leur laisse labourer aux environs » (Marmol, *L'Afrique*, t. II, p. 145).

bâtie par les Africans, mais plus tôt que les Romains l'ayent edifiée, ou quelque etrange et obscure nation d'Afrique[1].

RABATO

Rabato est une fort grande cité, laquelle a esté edifiée par les modernes sur le rivage de l'Ocean, du temps de Mansor, pontife et roy de Maroc, et à coté

---

1. A la place de Aïn el-khallou, il faut lire : Aïn el-Ghallou.

D'*Aïn el-Calu* (عين الغلو). « Dans les plaines de Mansore paroissent les ruines d'une ville qui avoit esté bastie par les Romains, à ce que disent les historiens du pays. Il y a autour de grans bois d'erquen, arbre aussi haut que le jujubier et plus épineux, dont le fruit beau, mais amer, ne sert que de nourriture aux chèvres, quoyqu'on fasse de l'huile du noyau. Il y a, autour de la ville, plusieurs estangs remplis de grandes tortuës, et environnez de bois fort épais où il y a des lions et toute sorte de bestes de chasse. La ville ne s'est jamais repeuplée depuis la désolation générale de la province par le roy Joseph, de la race des Lumptunes » (Marmol, *L'Afrique*, t. II, p. 141).

« Sur ces entrefaites, dit l'imam Abdoul Halim, une troupe de cavaliers persans de l'Irak appartenant en grande partie aux Beni Melouana arrivèrent auprès d'Edris et campèrent dans le voisinage de l'Aïn-Ghalou : cette fontaine située au milieu d'une épaisse forêt de dekechach, de ghyloun, de kelkh, de belbas et autres arbres sauvages était la demeure d'un nègre qui arrêtait les passants. Avant la fondation de Fès, personne n'osait s'approcher de cet endroit, ni même se mettre en chemin de peur de rencontrer Ghalou... Edris commençait à bâtir sur l'Adoua el-Andalous, lorsqu'il apprit ce fait; immédiatement, il donna l'ordre de s'emparer du nègre et dès que l'on lui eut amené il le tua et fit clouer le cadavre à un arbre situé au-dessus de la dite fontaine... C'est de là que vient le nom de Aïn-Ghalou que cette fontaine porte encore aujourd'hui » (*Roudh el-Qarthas*, p. 45).

La ville qui s'éleva dans cette localité fut détruite au commencement du XIIe siècle par les Lemtouna.

d'icelle prend son cours le fleuve Buragrag, et là mesme s'embouche dans la mer. Le fort de la cité est edifié sur la bouche du fleuve qui le cotoye, et de l'autre coté est environné de l'Ocean. La cité en murailles et bâtimens ressemble à celle de Maroc, pour ce qu'elle fut par Mansor ainsi expressement construite, mais, en grandeur de circuit, elles sont fort differentes, et ne s'y pourroit cette-cy egaler de beaucoup.

L'ocasion de telle fabrique fut que Mansor dominoit toute la Grenade et partie des Espagnes, lesquelles pour estre trop elongnées de Maroc, se pensa qu'à grand peine elle pourroit estre secourue, avenant qu'elle fut par les chretiens assiegée. Parquoy, il se va mettre à faire edifier une cité près la marine, en laquelle il peût sejourner tout l'esté avec un exercite, combien qu'aucuns luy conseillassent de demeurer en Setta[1], qui est une cité sur le detroit de Zibeltar. Mais le roy considera qu'elle n'estoit pas pour endurer, ny soutenir le siege d'un camp, troys ou quatre moys, pour la sterilité du terroir, et se print aussi garde qu'il eut falu beaucoup incommoder ceux de la cité pour loger les courtisans et soldatz; et toutes ces choses par luy diligemment considerées, en peu de temps, feit edifier cette cité, l'embellissant de beaux temples, sumptueux edifices, maisons de toute sorte, belles boutiques, colleges, etuves et

Eglises, edifices, colleges, etuves dressées par Mansor.

---

1. Ceuta dont le nom arabe est Sebta.

epiceries. Et outre ce, feit elever une tour hors la porte qui est à l'object de midy, semblable à celle de Maroc, sinon que cette-cy a la vis plus large, tellement que troys chevaux y peuvent monter de front; et dit on que l'on peut decouvrir (estant sus la sommité d'icelle) un navire de bien loing sur la mer. Quant à moy, et selon mon jugement, je la tiens pour l'un des plus haultz edifices qui se puissent maintenant trouver.

<small>Tour treshaulte, où troys chevaux montant de front.</small>

Le roy y voulut encore faire retirer plusieurs gens de lettres, marchans et artisans, ordonnant que tous les habitans (outre le gain qui leur proviendroit de leur labeur) fussent provisionnez de certaine quantité de deniers. Au moyen de quoy, plusieurs de tous metiers et condition, alechez par l'esperance de cet ofre liberale, y acoururent à grandes bandes pour y elire leur derniere demeurance. Si qu'en petit espace de temps, elle se rendit l'une des plus nobles citez d'Afrique, pour ce que le peuple y faisoit double gain sur la provision du roy, et sur ce qu'il trafiquoit avec les courtisans et soldatz, car Mansor y demeuroit depuis le commencement d'avril jusques en septembre. Et pour autant que la cité estoit en assiete qui luy aportoyt grand faute d'eau (à cause que celle de la mer se mesle parmy le fleuve, montant environ deux miles, tellement que les puis en sont salez), Mansor feit venir l'eau douce d'une fontaine, distante de là environ douze miles, par le moyen d'un conduit fabriqué de pierre de taille sus un arc, non avec moindre industrie, qu'on en voit aujourd'huy en Italie et mesmement à Rome, et est le conduit divisé en deux parties par lesquelles l'eau s'ecoule aux temples, colleges, palais de seigneurs et fontaines communes, qui furent faites par toutes les ruës de la cité, laquelle après le decès du seigneur, commença peu à peu à venir en decadence et manquer de telle sorte que la dixieme partie n'est demeurée en son entier. Mesmement, ce conduit autant somptueux comme utile fut ruiné et desfait par les guerres de la famille des Marins encontre celle de Mansor, et est encore la ville empirée de notre temps plus que paravant, vous asseurant qu'on ne trouvera dans cette cité (jadis tant peuplée et comble d'habitans) cent maisons habitées, ce qui en est resté a eté mis en vignes et possessions. Tant y a que tout ce qui y est d'habité font deux ou troys ruës auprès de la forteresse, avec quelque petite boutique : encore en grand danger ce peu qui y est d'estre pris par les Portugaloys, à cause qu'il n'y a eu gueres de roys en Portugal qui n'ayent eu la dent dessus. Car l'ayant en leur pouvoir, facilement se pourroyent emparer de tout le royaume de Fez. Mais le roy y a tousjours tenu tresbonne garnison, la soutenant le mieux qu'il est possible. Passant par là, considerant et remcmorant en moy comme elle avoit esté jadis le comble de gloire et magnificence, et conferant les sumptueux et superbes edifices du temps passé, avec les ruines et masures qui y sont à present, je fu merveilleusement emeu à pitié[1].

1. رباط الفتح, Rabat el-Feth. *De Rabat.* « Sur la coste de l'Océan, à l'embouchure de la rivière de Burregreg du costé du couchant, est la grande ville de Rabat, bastie par Jacob Almansor, à ce que dit Abdulmalic, quoyque d'autres attribuent sa fondation à Abdulmumen, qui la nomma Méhédie. Cette ville a un fort château bordé d'un costé de la mer, et de l'autre de la rivière, et ressemble au Maroc pour les bastimens, quoyque beaucoup plus petite. Ce prince la bastit pour y demeurer l'esté, afin d'estre plus proche des armées qu'il envoyoit en Espagne, dont la ville de Maroc estoit trop reculée, car il n'estoit pas si commodément à Ceute, qui est dans le détroit, parce que le pays n'est pas si fertile ; au lieu que celuy-cy fournit abondamment de vivres, et que c'estoit la demeure des plus puissans Arabes dont il se servoit dans les guerres d'Espagne, comme mortels ennemys des chrestiens. Elle fut nommée Rabat, comme qui diroit Faux-bourg, et construite en fort peu de tems, quoyqu'il y eût de grans palais et de grandes mosquées, avec plusieurs autres bastimens, pour l'ornement ou le gouvernement de la ville. Et il se plût tant à l'embellir, qu'elle ne cédoit point à celle de Maroc. Aussi la tour de la principale mosquée est-elle toute semblable à celles de la forteresse de Maroc et de la grande église de Séville, comme faites par un mesme maistre, quoyque l'escalier de celle-cy soit plus large que celuy des deux autres et qu'il y puisse monter quatre chevaux de front jusqu'au haut. Elle est estimée la plus haute de toute l'Afrique, parce qu'on y découvre un vaisseau de vingt lieuës loin. Lorsque la ville fut achevée, Jacob Almansor y fit venir toute sorte d'artisans, de marchans et de docteurs, et les entretint à ses dépens ; ce qui y amena tant de gens de toutes parts, qu'elle devint une des meilleures villes d'Afrique, et il y demeuroit depuis le commencement d'avril jusqu'à la fin de septembre. Mais parce que l'eau des puits et celle de la rivière sont corrompuës par le flux de l'Océan, il fit venir sur des arcades une fontaine de quatre lieuës, dont l'eau est repartie dans les places, les mosquées et les palais. Tandis que ce prince vescut, la ville augmenta toujours ; mais après sa mort, la guerre des Almohades et des Bénimérinis, qui en désola tant d'autres, n'y laissa pas la dixième partie des habitans. Ce grand aqueduc dont j'ay parlé fut tout rompu, plusieurs temples et palais ruinez. Il n'y a pas maintenant plus de six cens feux, en trois quartiers près du château, tout le reste est réduit en clos et en jardinages. Les Chaviens possèdent le pays d'alentour et s'estendent jusqu'aux campagnes qui sont

HISTOIRE

SALLA

Salla est une petite cité edifiée anciennement par au levant du fleuve, où il y a de beaux pasturages. Le roy de Fez tient garnison dans le chasteau, dont le commandant est gouverneur de la ville. Il est bon pour se défendre à coups de main ; mais il ne vaut rien contre l'artillerie, parce qu'il n'y a point de rempart. Le port de la ville est à demi-lieuë plus haut le long du fleuve, et du costé du levant, il y a une autre ville nommée Salé, dont nous parlerons en la description de la province de Fez qui n'en est séparée que par ce fleuve » (Marmol, *L'Afrique*, t. II, p. 141).

« Les fondements de Rabat furent jetés avant le départ de l'émir Mansour pour l'Espagne (593 = 1194) : c'est pour perpétuer le souvenir de la victoire des musulmans à Alarcos et des conquêtes faites sur les chrétiens en Andalousie que cette ville reçut le nom de Rabat el-Feth (bourg de la victoire). Le cinquième du butin fait sur les chrétiens fut affecté à l'entretien de la grande mosquée et du collège appelé Medresset el-Djoufièh. Mansour avait donné l'ordre de donner à la ville de Rabat la superficie d'Alexandrie d'Égypte et de la diviser en le même nombre de quartiers et d'y élever des monuments semblables à ceux de cette dernière ville » (*Kitab el-istiqça*, t. I, p. 184).

Le nom de Rabat est changé en celui de Raval dans la relation de Moüette et dans celle des voyages d'Aly-bey el-Abbassy. « Dans l'enceinte de cette ville, dit Moüette, il y a quantité de jardins et un grand champ où l'on pourroit semer des grains pour nourrir plus de quinze cens personnes. Ses murs sont fort anciens et l'on tient, par tradition dans le païs, qu'ils furent bâtis par une partie des premiers chrétiens que les lieutenans de Jacob Almanzor (roy de l'Arabie heureuse) firent passer en Afrique, l'autre partie ayant été menée à Maroc pour y faire ces fameux aqueducs qu'on y voit encore aujourd'huy. Il y a, du côté du sud-est quart de sud, une haute tour appelée Hassan. Elle sert à donner connoissance du terrain aux vaisseaux qui y veulent aborder. Au pied de cette tour, on fait les navires et on les y mène hiverner. On monte à cheval sur le haut de cette tour aussi aisément que si c'étoit une montagne, à cause que son escalier est sans degrez.

« Elle fut edifiée par le commandement du même roy avec une mosquée

les Romains auprès du fleuve Buragrag, distante de
la mer Oceane environ deux miles et de Rabato, un
mile[1]; tellement que si quelqu'un veult s'acheminer

qui est toute en ruine par le même maitre qui fit la fameuse tour d'une autre mosquée, qui sert de cathédrale à Séville en Espagne et celle de la grande mosquée de Maroc » (*Relation* du s' Mouëtte, pp. 12 et 13).

La tour de Hassan, à Rabat, dit M. Beaumier dans une note de sa traduction du *Roudh el-Qarthas*, la tour de Maroc et la Giralda de Séville ont toutes les trois la même forme, le même escalier et les mêmes proportions. Selon toutes les traditions, elles ont été construites par le même architecte musulman nommé Guever (Gauher. جوهر) d'après Antonio Ponz. La tour d'Hassan est encore parfaitement conservée. La rampe seule est un peu dégradée ainsi que l'angle de l'est-sud-est qui a été emporté par la foudre à la fin du siècle dernier (*Roudh el-Qarthas*, p. 324). On trouve quelques détails et une vue de cette ville dans l'ouvrage de Georgius Host traduit en allemand et publié en 1781 à Copenhague sous le titre de *Nachrichten von Marokos und Fes*, pp. 82-83. On trouve également une courte description de Rabat dans la *Geographical notice of the empire of Marocco*, du lieutenant Washington, insérée dans le *Journal de la Société de géographie de Londres*, 1831, p. 129, et dans la *Descripcion historica de Marruccos... por el R. P. F. Manuel Pablo Castellanos*, Santiago, 1878, pp. 44 et suiv.

1. Il faut lire Chala ou Chellah, شلّا, sud-est de Rabat. C'est le nom d'une ancienne ville située à un mille au sud-est de Ribath. Marmol lui donne le nom de Mensala. « Il y a, dit-il, une autre petite ville sur le bord de la rivière de Burregreg, à demy-lieuë de Rabat, qui semble, à la façon des murailles, estre un ouvrage des Romains. Elle fut détruite par le roy Joseph, dans la désolation générale de la province, mais Jacob Almansor la repeupla quand il fonda la ville que nous venons de dire, et y bastit un palais et un grand hospital pour les blessez et les malades. Il fit aussi dans la principale mosquée une grande chapelle toute d'albastre, à la mosaïque, pour luy servir de sépulcre, avec quantité de vitres tout autour. Ceux du pays disent qu'il y est enterré, et qu'à la teste et aux pieds il a deux grandes tables d'albastre, où sont décrites ses victoires, et le deuil qu'on fit à sa mort. Tous les successeurs de sa race, et quelques-uns de celle des Bénimérinis y sont enterrez aussi; de sorte qu'il s'y trouve plus de trente tombeaux de rois, avec leurs tables d'albastre, comme j'ay dit, où l'on voit écrit leur nom, avec le tems qu'ils ont régné, l'abrégé de leurs actions. Mais plusieurs assurent que Jacob Almansor mourut dans Alexan-

à la marine, il faut qu'il passe par Rabato, mais elle fut detruite et ruinée par les heretiques.

Quelque temps après, Mansor redreça les murailles, et il feit bâtir un bel hospital et palais pour retirer ses soldatz. Semblablement, erigea un sumptueux temple, une sale fort magnifique enrichie de mosaïques et fenétrages garniz de vitres de diverses couleurs. Puis, sentant desja son âge fort decliner, et cognoissant à veuë d'œil la fin de ses jours aprocher, ordonna par son testament qu'on le deut ensevelir et inhumer en cette sale, où (après estre expiré et raporté de Maroc) il receut honorable sepulture là où on luy posa, à la teste et aux pieds, deux platines de marbre blanc, où furent gravez plusieurs vers aornés d'une elegance fort grande et composez

La mort du roy Mansor et où il fut enterré.

drie, et qu'il y est enterré, et ajoutent que celuy qui est icy est un autre de son nom, de la race des Bénimérinis qui fut aussi Roy de Fez et de Maroc, quoyque ce ne soit pas l'avis d'Abdulmalic » (Marmol, *L'Afrique*, t. II, p. 143).

Chala fut la résidence des émirs de la tribu d'Ifren. Yeddou fils de Yala qui fut le fondateur de cette dynastie périt assassiné dans le Désert où il s'était refugié après avoir été battu par Ziri ibn Ataïa (383 = 993).

Le dernier émir de Chalèh, Mohammed fils d'Abou'l-Kemal, trouva la mort dans un combat livré aux Almoravides en 458 (1065).

Au rapport de d'Anville, Chellah était la dernière ville du littoral de la Maurétanie occupée par les Romains.

Aly-bey el-Abbassy a visité Chellah en 1804 et il nous apprend qu'aucun chrétien n'était admis dans cette ville, et que l'on y trouvait un certain nombre de descendants des Maures refugiés au Maroc à la fin du xve siècle.

Le lieutenant Washington a vu lorsqu'il passa par cette ville des médailles romaines qui y avaient été trouvées (*Geographical notice of the empire of Marocco*, dans le *Journal de la Société de géographie de Londres*, 1831, t. I, p. 130).

par divers auteurs, qui contenoyent les lamentables plaintes et regrets que delaissoit Mansor aux survivans. Et fut de là en avant cette coutume observée par les seigneurs de se faire inhumer dans cette sale : ce que feirent semblablement les roys de Marin, pour lorsque leur royaume estoyt florissant.

J'ay esté en cette sale la où j'ay veu trente deux sepultures de ces seigneurs avec leurs epitafes que je redigeay tous par écrit, en l'an neuf cens quinze de l'hegire[1].

MADER ANNAN

Mader Annan est une cité, qui a esté edifiée de notre temps par un tresorier du pontife Habdul Mumen, sus la rive du fleuve Buragrag, non à autre effet que pour cognoitre ces lieux estre fort frequentez à cause des mines de fer. Elle est distante d'Atlas environ dix miles, entre laquelle et la montagne, y a plusieurs grans boys, là où se trouvent et repairent de grans lyons et furieux leopars.

Tandis que la famille et lignée du fondateur fut en estre, cette cité se maintint assés bien et civilement, estant fort habitée et peuplée de belles maisons, temples et hoteleries; mais les habitans ne furent gueres repeus d'un si doux apast, à cause que la guerre des Marins fut cause de sa ruine, où plu-

1. 1509 de l'ère chrétienne.

sieurs d'entre eux prindrent fin, et partie fut reduite en captivité et le reste, pour le dernier et plus seur refuge, se retira en la cité de Salla ; et cet inconvenient icy avint, pour ce que le peuple (n'esperant rien moins que d'estre secouru par le roy de Maroc) rendit la cité entre les mains de l'un des roys de Marin, ce que ne fut pas plus tost fait, qu'un capitaine du roy de Maroc arriva au secours de ce peuple, qui se revolta incontinent contre celuy qui s'en estoit emparé ; tellement, que le seul remede de sa vie ne consistoit en autre chose qu'en la fuite, qu'il print incontinent, en gaignant le hault. Et ne passa guere de temps après qu'un roy de la race de Marin s'y achemina en personne, accompagné d'une grande gendarmerie, laquelle marchant droit à Maroc, suivit la route de cette cité, dont le capitaine, après en avoir senty le vent, estima luy estre plus expedient de s'enfuyr, ce qu'il feit. Au moyen de quoy, les habitans ne sceurent faire autre chose, fors qu'eux subsmettre à la discretion et misericorde du roy, qui ruina leur cité, les faisant passer tretous par le fil de l'epée, qui fut cause qu'elle ne fut jamais depuis rehabitée ; et n'en est demeurée autre chose, sinon les murailles qui sont encore sur pied et les tours des temples[1]. Je la vey au temps que le roy de Fez et

Ruine de la cité de Mader Annan par un des roys de Marin.

1. *De Madaravan*, معدر عوان. « Cette ville est à trois lieuës du grand Atlas, sur le bord du Burregieg, du costé du septentrion, et a esté bastie par le second roy de Maroc, de la lignée des Almohades, à cause de quelques mines de fer qui sont aux environs, aussi bien que de grands bois

son cousin traiterent paix et amitié ensemble; puis s'en vindrent à Thagia pour donner leur serment, et jurer sus le sépulcre d'un saint de leur religion, qui s'apelle Seudi buhaza[1], en l'an neuf cens et vingt [= 1514].

remplis de lions, entre la ville et la montagne. Elle estoit fort peuplée du tems de ce prince, et il y avoit des palais et des mosquées; mais les Bénimerinis l'ayant détruite en la guerre contre les Almohades, les habitans furent demeurer à Salé. Les murailles sont encor debout; mais on y a fait quantité de bresches, et il reste quelques tours de mosquées, tout le reste estant fondu. Les Chaviens fréquentent fort l'esté en ces quartiers, à cause de l'eau et des pasturages » (Marmol, *L'Afrique*, t. II, p. 145).

« Mader Auvan ou Madaravan a été bâtie par un trésorier d'Abdoul Moumen sur le bord du Bouragrag à dix milles = 18 à 19 kilomètres de l'Atlas dont elle est séparée par de grandes forêts. Elle est renommée pour ses mines de fer. Dans le nom de cette ruine, on reconnaît le mot *ma'der* qui paraît désigner tout plateau qui couronne une colline » (Émilien Renou, *Description géographique de l'empire du Maroc*, Paris, 1846, p. 243).

1. Il faut lire Sidy Bou Yaza, سيدي بو يعزى. — Ibn el-Qadi a consacré une notice à ce personnage dans son *Djidouet oul iqtibas fimen hall min el-a'alam medinet Fas* (p. 254 de l'édition de Fès) : « l'ennour ben Meïmoun selon les uns, et ben Abdallah selon les autres, appartenait à la tribu des Ezmira Irregan ou à celle des Beni Dabbih des Heskoura. Il était surnommé Bou Yaza. Il était fort pieux et il atteignit l'âge de cent trente ans. Il vivait loin de la société des hommes. Tous ses vœux étaient exaucés et sa principale qualité était celle de lire sur les physionomies. Son tombeau, qui se trouve au Maghreb, est fréquemment visité en pelerinage. Kettany, auteur du *Mustejad*, dit : Je ne rapporterai que ce que j'ai vu moi-même, Bou Yaza était un ascète qui se nourrissait d'herbages que les hommes ne mangent point. Abou Medien affirmait ceci : Je connais, disait-il, l'histoire de tous les saints depuis Ouweïs Qarany jusqu'à nos jours; je n'ai rencontré nulle part d'histoire aussi merveilleuse que celle d'Abou Yaza. Il fit de très nombreux miracles, et si l'un de nous avait été sur le rivage de la mer, il l'eût certainement vu marcher sur l'eau... Il habitait à Irregan avec sa femme et ses enfants, mais il n'avait aucun voisin. Kettany ajoute : J'ai vu Bou Yaza à Fès; j'étais alors fort jeune, mon père me conduisit auprès

THAGIA

Thagia est une petite cité edifiée anciennement par les Africans, entre certaines montagnes d'Atlas, qui luy rendent une froidure fort grande, et autour d'icelle y a un merveilleux boys, où se retirent des lyons fiers et cruels. Le terroir etant tresmaigre et âpre, au moyen de quoy il est quasi sterile en grains, mais l'abondance des chevres et miel y est grande. On ni use d'aucune civilité, les maisons sont tresmal bâties, et y a, entre autres choses, le sepulcre d'un sainct qui (vivant du temps d'Habdul Mumen pontife) a montré de grans miracles envers les lyons, avec ce qu'il avoit le don de deviner; tellement qu'un docteur appellé Ettedle[1] a diligemment reduit sa vie par ecrit, racontant particulierement d'un à autre les miracles qu'on estime que ce sainct avoit fait. Et pense, veu les œuvres miraculeuses contre les lyons qu'on ecrit de luy, qu'il fut magicien, ou qu'il feit cela par quelque secret de nature qu'il portoit contre

Un saint qui faisoit miracle sur les lyons, et predisoit les choses à venir.

de lui : il passa sa main sur ma tête et pria pour moi. Dans la suite, j'allai le visiter à trois jours de marche de Fès. Partout, sur la route, je reçus le meilleur accueil. Je lui ai vu faire des miracles innombrables. Kettany ajoute : Hassan ibn Mohammed m'a dit avoir rencontré le cheikh dans la mosquée de Fès. Je le saluai après avoir fait ma prière et je lui demandai : Qu'avez-vous à la jambe? C'est, me répondit-il, la neige qui m'a causé cette infirmité. Bou Yaza avait le teint brun; il mourut le 1er chewwal 572 » (2 avril 1177).

1. Il faut lire El-Tadly, originaire de Tadlèh.

iceus animaux. La grande renommée de cecy, et la reverence qu'on porte à ce corps, sont cause que la cité est beaucoup plus frequentée qu'elle ne seroit, et mesmement du peuple de Fez, qui s'y transporte tous les ans après la Pâque, pour visiter ce sepulcre, tellement qu'on diroit à veoir la grande multitude confuse tant d'hommes et femmes que d'enfans, s'acheminans pour aller adorer ce sainct, que c'est une grosse armée qui marche en bataille, pour ce que chacun porte son pavillon ou tente, tant que toutes les bestes en sont chargées, et de munition pour vivre, dont chacune compagnie n'a moins de cent et cinquante pavillons, sejournant par les chemins tant à l'aller qu'au revenir, par l'espace de quinze jours, pour autant que la cité est distante de Fez, environ cent vingt miles. Estant parvenu en âge de discretion, je me suis souventes foys acheminé pour acomplir les vœux que je luy avoys offers au peril des lyons auquel je me retrouvoys [1].

Le peuple de Fez par grande merveille fait voyage au sepulcre de ce sainct.

1. *De Dagie.* « Entre les montagnes qui tiennent au grand Atlas, est une petite ville bastie par les Africains en un terroir aspre et sterile et plein de grandes forests épaisses qui sont remplies de lions. Comme le païs est froid il y vient fort peu de bled; mais on y nourrit grand nombre de chèvres et il y a quantité de miel et de cire qui enrichit les habitans. Ils demeurent en de meschantes maisons de terre ou de pierres seiches couvertes de paille ou de branchages. Il y a un tombeau d'un morabite, qui apprivoisoit, à ce qu'on dit, les lions; de sorte que son sépulcre est en grande vénération, et les habitans de Fez et de Maroc y viennent en pèlerinage depuis leurs grandes Pasques. Le nombre en est quelquefois si grand, que la ville ne les pouvant contenir, toutes les montagnes d'alentour en sont couvertes, ce qui fait croire de loin que c'est une armée, à

ZARFA

Zarfa fut une cité en la region de Temesne[1], edifiée par les anciens Africans, en une tres belle et plaisante plaine, par laquelle prennent leur cours plusieurs rivieres et fontaines; et y a autour des ruines de la cité beaucoup de piés de figuiers et cormiers et alisiers avec certains arbres poignans, qui produisent un fruit qui s'appelle en langue arabesque, rabich, est encore plus petit que la cerise et du goust des jujubes[2]. Par toutes les plaines croissent des palmes

Rabich, fruit.

Petites palmes sauvages.

cause de la multitude des tentes. La ville de Fez en est à quarante lieuës » (Marmol, *L'Afrique*, t. II, p. 146).

1. D'*Azarfe*, ازرفة. « A l'endroit où cette province joint à celle de Fez, on voit les ruines d'une ancienne ville bastie par ceux du pays, en une belle et spacieuse campagne, arrosée de plusieurs petites rivières, dont les sources descendent du mont Atlas. Elle a esté détruite comme les autres dans la désolation générale de la province, et ne s'est plus repeuplée depuis. On voit à l'entour de ces ruines quantité d'arbres fruitiers qu'on ne cultive point; mais le pays est fréquenté par les Chaviens et par des Arabes fort puissans, qui ne se soucient ni de jardins, ni de maisons, ont laissé tout perdre et se contentent du labourage et du revenu de leurs troupeaux. Mais du reste, le pays est si fertile, qu'un boisseau de bled en rapporte cinquante ou soixante. Il y a encore plusieurs autres villes ou bourgades de cette province dont les historiens ne parlent que fort peu ou point du tout, mais il reste encore quelque souvenir de l'endroit où elles ont esté, sans qu'on en puisse dire le nom. »

2. Ce mot a été mal lu. Il faut substituer au mot de rabich celui de nabak qui désigne le fruit de l'alizier, espèce de cerisier d'Égypte à fruit exquis.

« Le nabak avec ses feuilles rondes et son fruit pareil à une petite pomme sauvage devient dans l'Hasa un arbre magnifique (W. Gifford Palgrave, *Une année de voyage dans l'Arabie centrale*. Paris, 1866, t. II, p. 210).

Selon Browne, il y a au Darfour deux espèces différentes de nabak;

sauvages et fort petites, et jetent un fruit gros comme l'olive d'Espaigne, mais ayant le noyau plus gros, resemblant, quant au goust, à la corme avant qu'elle vienne en maturité.

La cité fut ruinée par les guerres des heretiques, et maintenant, ce qu'elle souloyt contenir en son circuit est ensemencé par les Arabes de Temesne, qui en recueillent en telle abondance, qu'elle leur revient le plus souvent à cinquante pour un.

Du territoire de Fez.

Le territoire de Fez commence du côté du ponant au fleuve Buragrag, s'etendant devers levant jusques à celuy de Inauen, et y a entre l'un et l'autre d'etendue environ cent miles : du côté de tramontane se termine au fleuve de Suba (Sebou)[1] et de la partie de

---

il y en a une qu'il a vue aussi dans les jardins d'Alexandrie qui atteint une hauteur considérable et a les feuilles et les fruits plus petits. Dozy, *Supplément aux dictionnaires arabes*, Paris, 1881, *sub voce* بنى.

1. « Le Ouad Sebou ou Soubou est le Subur des anciens. Il prend sa source dans une épaisse forêt du mont Selilga et avec tous ses méandres il parcourt un espace de deux cents milles. Ses affluents sont, sur sa rive droite, le Ouad Lewen, le Ouad Ouargla, l'Ardat et le Ouad Ettanin, et sur sa rive gauche, l'Emkez et le Ouad Ordom.

« Le Ouad Sebou sépare la province d'Azgar de celle de Habet. Son cours est rapide, son volume d'eau considérable, mais il est guéable en maint endroit. Pendant l'hiver et au printemps, on le traverse non sans danger, dans de petites barques. Il abonde en bons poissons, particulièrement en aloses. Son embouchure, qui se trouve près la ville de Mehdia, est

midy finit au pied d'Atlas. Ce territoire est merveilleusement abondant en grain, en fruict et admirable pour la grande quantité et diversité des animaux dont il est plein, estans tous les côteaux et montaignes d'iceluy bien peuplées de grans villages. Vray est que les plaines à cause des guerres passées sont fort deshabitées; neantmoins, il y a tousjours quelques bourgades et hameaux habitez d'aucuns pauvres Arabes, sans nul pouvoir, qui tiennent les possessions à moitié des citoyens de Fez ou du roy et de ses courtisans. Mais les campagnes de Salla et Mecnasa sont cultivées et semées par d'autres nobles Arabes et chevaliers; toutefoys, ils sont encore vassaus du roy, et sous sa puissance[1].

entièrement obstruée par des bancs de sable. Cette circonstance, jointe à la rapidité du courant, entrave les communications par ce fleuve avec les contrées de l'intérieur. Les environs de Mehdia et de Mamoura sont souvent inondés par les eaux de cette rivière qui, ne pouvant se déverser dans l'Océan, se répandent dans la plaine où elles forment de grands étangs et, se mêlant à l'eau de l'Océan, forment de riches salines naturelles » (Gräberg de Hemsö, *Specchio geografico dell' impero di Marocco*, p. 25).

1. *De la province de Fez.* « La seconde province de Fez porte le nom du royaume, et a au couchant le fleuve de Burregreg, qui la sépare de celle de Temeçen, et au levant une autre rivière, nommée Innavan de Halvan; du costé du nort celle de Cébu (ou Subto), et la partie de l'Océan, qui est entre Salé et Mamore, et au midy la coste du grand Atlas. Tout ce pays-là est fertile en bleds et en paturages, à cause de son humidité, si bien qu'il y a quantité de gros et menu bestail, et il est rempli de vergers, qui portent toute sorte de fruits comme en Europe. Les montagnes et toutes les plaines qui sont entre Fez et Mequinez sont peuplées de Bérebères et et d'Holotes, qui est un mélange d'Africains et d'Arabes, sans parler d'autres Arabes fort puissans, qui possèdent toutes les campagnes d'entre Fez et la mer, et errent avec leurs troupeaux le long des bons pasturages. Le

Des citez et lieux du territoire de Fez, et de ce qui est memorable en iceus.

DE SALLA, CITÉ

Salla est une tresancienne cité, edifiée par les Romains, et depuis par les Gots conquise. Il est bien vray que les Mahommetans entrerent en cette region, laquelle fut par les Gots delivrée au capitaine Taric, qui tenoit pour les Mahommetans. Mais depuis que la cité de Fez fut edifiée, les seigneurs d'icelle la reduirent sous leur puissance, et fut cette cité bâtie sur la mer Oceane, en un fort beau lieu, distant par l'espace d'un mile et demy de la cité de Rabato, et d'avec icelle elle est separée par le fleuve Buragrag. Les maisons sont bâties à la mode des anciens, mais enrichies et embellies de mosaïque et apuyées sus grosses colonnes de marbre : les temples sont erigés fort sumptueusement et merveilleusement bien parés, comme aussi sont les boutiques, qui furent fabriquées sus des arcs et portiques, pour separer (comme ils disent) les arts et metiers l'un

pays qui est entre la ville de Fez et le grand Atlas n'est pas si peuplé, et est habité de pauvres Arabes qui habitent sous des cabanes entre les Bérebères, et payent quelque chose au roy et aux habitans de Fez, pour les terres qu'ils tiennent. Nous dirons aux chapitres suivans les habitations qui sont dans cette province, allant toujours du couchant au levant, selon nostre ordre. »

de l'autre. Tant y a que cette cité estoit illustrée de tous les aornemens, qualitez et conditions qui sont requises à rendre une cité civile, et en telle perfection qu'elle doit estre, avec ce qu'elle estoit frequentée par diverses generations et marchans chretiens, comme Genevoys, Venitiens, Angloys et Flamens, pour ce que là est le port de tout le royaume de Fez. Mais en l'an six cens soixante de l'hegire[1], son malheur voulut qu'elle fust aussi tost prinse qu'asaillie par une armée du roy de Castille, qui feit vuider les citoyens pour la faire habiter des chretiens qui n'y peurent demeurer que dix jours, pour ce qu'ilz furent surprins par Jacob, premier roy de la maison de Marin, et inavertamment, à cause qu'ils n'eussent jamais pensé qu'il eût voulu abandonner l'entreprise de Telensin, en laquelle il estoit ja detenu; mais ils se mecontoyent grandement, car en un instant, il se transporta en cette cité, dont les nouveaus habitans ne l'eurent pas à peine apperceu, qu'ils sentirent le glaive sus leur gorge, sans que l'ennemy eût aucun égard à la qualité ou condition des personnes, usant envers eux de toute extrême inhumanité, fors à l'endroit de ceux qui peurent evader une telle furie impetueuse, pour estre plus promps à la course que les poursuivans. Par ce moyen, il acquit les cœurs et benivolence de tous les peuples des regions prochaines, s'estimans estre grandement redevables à luy et aux siens.

Salla jadis frequentée de Genevoys, Venitiens, Angloys et Flamens.

Salla prinse par le roy de Castille.

1. 1261 de l'ère chrétienne.

Si est ce qu'encore que cette cité n'ayt guere esté sous la puissance des ennemys, elle est fort decheute, tant en edifices, comme en civilité; tellement que par tout le dedans d'icelle (et mesmement auprès des murailles), on trouve des maisons vides et deshabitées, là où sont plusieurs colonnes fort belles et fenetrage de marbre de diverses couleurs, mais les habitans n'en tiennent conte. Le contour est tout sabloneux, et y a certains endrois là où il ne croist pas beaucoup de grain, toutesfois il y a à force beaux jardins et champs qui produisent grande quantité de cotton, de quoy les habitans de la ville font des toiles fort deliées et belles, qui est la cause qu'ils sont quasi tous tisserans en la cité, là où se font aussi beaucoup de pignes qui se transportent au royaume de Fez, à cause qu'on y trouve force buix à l'entour, et d'autre boys tout propices à tel effet. Maintenant, les habitans s'adonnent fort à la civilité, constituans gouverneurs, juges et autres officiers, comme sus le peage et gabelle, pour autant que plusieurs marchans Genevoys y trafiquent, et demeinent grandes affaires. Au moyen de quoy ils sont les bien venus avec le roy, lequel leur fait de grandes caresses, à cause que la pratique d'iceux luy est fort utile. Et ont leur habitation les uns à Fez, les autres à Salla, tant qu'à la delivrance des marchandises ilz expedient les uns pour les autres, tellement qu'en leurs affaires je les ay cogneus pleins de noblesse, courtoisie et loyauté, dependans assés

Le roy de Salla caresse les Gennevois.

Habitans de Salla courtois et liberaux.

liberalement pour s'aquerir la benivolence d'un chacun, et se rendre aymables des seigneurs et courtisans d'iceux, sans en esperer autre profit, ny avantage, mais pour mieux avoir le moyen de demener plus commodement et honorablement leur train de marchandise en etrange pays. Si qu'il y eut de mon temps un fort honneste gentilhomme, non moins acomply en toute perfection, que riche et opulent, et qui estoit tenu du roy en merveilleuse estime et reputation, lequel estant venu à la fin de ses jours, et ayant ordonné que son corps seroit transporté à Gennes, comme il en avoit eu l'envie tandis qu'il vivoyt, delaissa plusieurs enfans masles tous riches, desquels le roy et tous ceux de sa court faisoyent grand conte et estime[1].

---

1. *De Salé, ou Célé.* Sla, ﺳﻼ. « C'est une ancienne ville bastie sur la coste de l'orient par les Romains, ou par Hannon le Carthaginois, près de l'embouchure du Burregreg, du costé du levant, à un peu plus de demi-lieuë de la ville de Rabat. Lorsque les Gots régnoient en Afrique, elle estoit la capitale de cette province ; mais la ville de Fez l'emporta sur toutes les autres depuis sa fondation. La structure des murs, des maisons et des temples en est très belle, et la ville forte, avec un chasteau sur la rivière. Les maisons ont des courts et des portiques, à la façon du pays, enrichis de plusieurs colonnes et de tables de jaspes et d'albastre. Les places et les rues bien alignées font assez voir le bel ordre qui y estoit. Il y a un assez bon port à l'embouchure du fleuve, quoyque petit, où abordent les marchandises de l'Europe. On équipe là des fustes pour courre les costes de la chrestienté depuis qu'un Morisque de Grenade s'y retira. Mais ces fustes retournent passer l'hyver dans le port, dont l'entrée est assez difficile. Cette ville a esté fort riche et fort peuplée, et un historien d'Afrique dit qu'on faisoit de si grans ravages de là sur la chrestienté, qu'Alfonse le Sage, roy de Castille, la fut attaquer et la prit. Mais il ne la posséda pas long-tems, car le premier roy de Fez de la race des Bénimérinis, qui faisoit

FANZARA

Fanzara est une petite cité située en une plaine fort ample et large, par un des roys de Muachadin, distante de Salla par l'espace de dix miles, dont la plaine est fort fertile en froment et autres grains. Et auprès de cette cité, sourdent plusieurs fontaines qui furent faites par Albuchesen, roy de Fez, l'oncle

la guerre alors au royaume de Tremeçen, fit treve avec son ennemi pour la venir secourir, et surprenant les Espagnols au dépourvu, la prit et tua, ou fit prisonniers la pluspart de ceux qui y estoient, le reste se sauva dans les vaisseaux et retourna en Castille. Cette prise et reprise si soudaine mit la ville en tel estat, qu'elle n'a jamais pû depuis se restablir, ni rentrer dans son ancienne splendeur. On laboure quelque terre aux environs, le reste sont des sables où l'on sème et recueille force coton, de sorte que la pluspart des habitans en font des toiles et des fustaines. Autrefois, les marchandises qui y abordoient payoient la douane qu'elles vont maintenant payer à Fez. Il y a seulement un gouverneur avec trois cens chevaux, et quelques arquebuziers pour la seureté de la place » (Marmol, *L'Afrique*, t. II, p. 147).

Moüette a donné une des inscription intéressante de Salé au XVIIe siècle. « Cette ville est bastie sur la rivière de Guerou (Guir) qui descend des montagnes des Zaovias et qui la divise en deux parties. Celle qui est du côté du nord s'appelle proprement Sela en langue du païs et Salé en la nôtre. C'est en ce lieu que demeurent les plus riches marchands juifs et maures. Elle est entourée de bons murs d'environ six brasses de hauteur et de neuf ou dix palmes d'épaisseur, construits de terre et de sable rouge engraissée de chaux pilée à la mode du païs. Ces murailles sont garnies de leurs créneaux et flanquées de bonnes tours carrées. Elles étoient presque toutes ruinées avant le règne de Muley Archy qui les fit relever à neuf. La partie de la ville qui est du côté du sud s'appelle Raval (Rabat) et son circuit est bien plus grand que l'autre » (*Relations de la captivité du sieur Moüette dans les royaumes de Fez et de Maroc où il a demeuré pendant onze ans*. Paris, 1683, p. 12).

duquel apellé Sahid se voyant prisonier du roy de Grenade (au temps que regnoit Abusahid qui fut dernier roy de la maison de Marin) l'envoya prier de vouloir complaire à certaine demande du roy de Grenade, pour moyenner sa liberté. A quoy se montrant retif, n'y voulut aucunement entendre : ce qui indigna si fort Habdilla, qu'il delivra Sahid, le remettant en franchise, et l'expedia avec une grosse armée en tresbon equipage; et estant bien fourny d'argent et munition, feit voile, estant bien deliberé de montrer le peu d'affection qu'il portoit à son nepveu, le roy de Fez, qui se veid incontinent assiegé dans sa cité par la gendarmerie de Sahid, et d'aucuns Arabes montagnois; et, avec leur aide et secours, il entretint le siege sept ans, saccageant et ruinant de fonds en cime toutes les villes et villages qu'il peut trouver en ce pays-là, de sorte qu'à la fin d'assaillant, il se trouva assailly, mais d'autre chose que d'armes, car la peste se meit dans son camp si âprement, qu'estant le premier exterminé, la plus grande partie de son exercite en fut attainte et mourut en l'an de l'hegire neuf cens dix huit[1]. Les cités qui furent par cette guerre detruites et demolies, n'ont esté depuis rehabitées, fors Fanzara, qui fut donnée pour habitation à quelques-uns des Arabes qui vindrent au secours de Sahid[2].

1. 1512 de l'ère chrétienne.
2. Fanzara est mentionnée par Marmol sous la forme berbère Tefensara. Fanzara me paraît être la corruption des mots arabes Faidh ou Faiz Allah,

MAHMORA

Mahmora est une petite cité, edifiée par l'un des roys de Muachidin à l'entrée du fleuve Subo, là où il chet dans la mer, dont elle est distante un mile et demy, et de Salla environ douze miles. Elle est située dans l'arene, où elle fut edifiée non à autre fin que pour garder et empescher la descente sur la bouche du fleuve, afin que les ennemys n'y peussent

قمن الله (la bénédiction de Dieu). Ce nom a été donné à une petite ville qui était autrefois le dépôt des grains de cette partie du Maghreb. Le lieutenant Washington l'appelle Fid Allah et la décrit en ces termes :

Fid Allah est située sur la limite d'une belle plaine fertile en céréales, à trois quarts de mille de la mer. Elle servait de magasin pour les grains avant la fondation de Mogador. Elle forme un carré d'environ deux cent cinquante pas entouré de murs. On y voit à l'intérieur une belle mosquée et les ruines des magasins des négociants, des maisons et un campement d'Arabes. Il peut y avoir trois cents habitants maures, arabes et juifs (*Geographical notice*, p. 131).

De Téfen Sara. « On voit encore les ruines de cette ville en une belle et grande plaine qui est à trois lieuës de Salé au dedans du païs. On la nommoit autrefois Banaza ou Valence, selon Pline qui la met à six degrez trente minutes de longitude, et à trente-quatre degrez et vingt minutes de latitude. Mais Abdulmalic dit qu'elle doit sa fondation à un roy des Almohades, et son agrandissement à un autre de la race des Bénimérinis, comme sa ruine à Sayd en la guerre qu'il eut contre son oncle, sans qu'elle se soit jamais repeuplée depuis. Elle a de belles campagnes pour le labourage et les troupeaux où errent les Arabes d'Ibni Mélic Sofian et quelques Chaviens à qui Sayd les donna pour récompense des services qu'ils luy avoient rendus en cette guerre » (Marmol, *L'Afrique*, t. II, p. 149).

Le souverain de la dynastie des Almohades dont il est question dans le récit de Marmol est Abou Mohammed Abd el-Moumin qui régna de 524 (1130) à 558 (1163). Le prince Mérinide est Abou Youssouf Yaqoub (656-685 = 1258-1285).

faire entrée. Et auprès d'icelle, y a un boys fort grand et touffu, dans lequel se trouvent des arbres d'une excessive hauteur dont le fruit est gros et long comme les prunes de Damas, mais plus savoureux et delicat, tirant sur le goût de la châtaigne; à cause de quoy, aucuns Arabes prochains d'iceluy ont coutume d'en faire porter en grande quantité à Fez, sur leurs chameaux avec muletiers. Semblablement de cette cité, s'en souloyent charger qui ne leur revenoit pas à petit profit. Mais le danger est grand et ennuieux à ceux qui vont errans par ce boys, pour ce que, dans iceluy, se trouvent de grans lyons, les plus affamez et cruelz qui soyent en Afrique.

<small>Grands lyons plus affamez et cruelz de toute l'Afrique.</small>

Depuis six vintz ans en çà, la cité a esté ruinée par les guerres de Sahid, contre le roy de Fez, et n'en sont demeurez autres vestiges, par lesquels on peut bien presumer que le circuit n'estoit pas de grande etendue[1].

---

1. « Les deux villes de Mehdiah situées sur le bord de l'Océan ont reçu le nom de Mamourah (معمورة, la florissante).

« Mamourah la neuve s'élève à l'embouchure du Sebou dont l'embouchure est obstruée par les sables et dont les eaux se répandent dans les environs et, en se mêlant avec celles de la mer, forment des salines où l'on recueille du sel en abondance. La ville était autrefois défendue par un vieux château à l'abri duquel se réfugiaient les corsaires de Salé. Les habitants dont le nombre s'élève à environ six cents sont tous pêcheurs et font le commerce d'un poisson appelé dans le pays chebel (l'alose).

« L'ancienne Mamourah, complètement ruinée, est l'ancienne Banasa des Romains. Ses ruines portent aussi le nom de Mamourah ou celui de Maula Abou Selloum, مولاي ابو سلوم » (Gräberg de Hemsö, *Specchio geografico*, pp. 26 et 46).

En l'an neuf cens vingt et un de l'hegire[1], le roy de Portugal expedia une armée pour drecer un fort, sur la bouche de ce fleuve, laquelle ne fut pas plus tost arrivée, que l'on commença donner commencement au dessein du roy, en jetant les fondemens, qui furent bien avancez en peu de temps, tellement qu'on le voit à la muraille, avec une diligence fort grande, et estoit desjà la moitié de l'armée dans le fleuve, quand elle fut surprinse par le frere du roy de Fez, qui accabla et meit en pieces troys mile hommes, non par lâcheté ou poltronnerie qui feust en eux, mais par leur desordre, pour ce qu'une nuit, ils sortirent des tentes, avec bonne intention de prendre d'emblée l'artillerie des ennemys. Mais ils s'exposerent en un grand hazard, n'estant que troys mile à entreprendre de venir à chef d'une telle faction, veu que les autres estoyent cinquante mile soldatz et quatre mile chevaux. Mais ils faisoyent leur conte, avant qu'ils fussent decouvers, d'avoir, desjà enlevée et conduite l'artillerie dans leur fort qui estoyt distant du lieu auquel ils s'acheminoyent par l'espace de deux miles et estoyent ordonnez à la garde d'icelle jusques au nombre de six à sept mile hommes qui, au point du jour, estoyent endormis d'un profond sommeil, au moyen de quoy la chose succeda si heureusement aux autres, qu'ils avoyent quasi cheminé un mile avec l'artillerie, avant que les ennemys s'en aperceussent. Mais les gardes eveil-

Les Portugaloys voulant bâtir un fort sur la bouche du fleuve Subo furent accablez et occis.

1. 1515 de l'ère chrétienne.

lées en sursaut, et ayans cogneuë la perte qu'ils avoyent faite, leverent un si grand bruit que tout le camp s'en eveilla, et donna l'on alarme, tant qu'on suivit la route des chretiens, qui se serrerent et reduirent tous en bonne ordonance, sans estre aucunement par la grande huërie des ennemys intimidés. Puis, marchans en tel ordre, se defendoyent vaillamment, et ne s'etonnoyent nullement de se veoir ainsi environnez de toutes pars, encor qu'ilz eussent le chemin coupé. Ains faisans teste, se maintenoyent si bravement, que maugré les ennemys, ils se faisoyent faire place, et de fait, se fussent sauvez en depit des aversaires, n'eust esté la feinte d'aucuns esclaves reniez qui savoyent la langue Portugaloise, leur criant qu'ils meissent bas les armes, et que le frere du roy leur donneroit la vie. Ce qu'ayans fait trop à la legere (pour ne se douter de la cassade) furent tous detrenchez et mis en pieces par les Maures, hommes brutaus et sans pitié, de sorte qu'il n'en rechappa de cette sanguinolente boucherie, sinon quatre, encore avec grande faveur de certains capitaines du roy de Fez.

Grand cœur des Portugalois.

Deffaite des Portugalois par les Maures.

La nouvelle de cette route parvenue aux oreilles du capitaine du fort, peu s'en falut qu'il ne se meit en desespoir, à cause que toute la force et plus grande defence de sa gendarmerie consistoit à la roideur des bras et magnanimité de courage de ceux qui avoyent esté defais; à cause de quoy, il envoya demander secours au general de l'armée qui estoyt accompagné de plusieurs gentizhommes Portugaloys à côté de l'entrée du fleuve, dans lequel il ne peut entrer, estant empêché par la garde des Maures, laquelle avec soudaines canonnades enfonça quelques vaisseaux Portugaloys, dont nouvelles vindrent comme le roy d'Espagne estoyt trepassé; ce qu'entendu par aucunes navires envoyées par iceluy seigneur en leur faveur, s'en voulurent retourner. Au moyen de quoy, le capitaine voyant qu'il ne pouvoit estre secouru, abandonna le fort; quoy voyant, les navires qui estoyent dans le fleuve voulurent faire voile, mais la plus grande partie perit au sortir, pour autant que voulans les pilotes eviter la baterie du canon, tournerent la prouë de l'autre côté, là où ils donnerent en terre et s'engraverent, à cause que l'eau estoit basse en cet endroit-là, auquel les Maures se vindrent ruer sus ceux des navires, tuant la plus grande partie. Les autres se jetèrent dedans le fleuve, pensans nager jusques aux grosses nefs, mais l'onde leur trancha le chemin et le filet de leur vie, ou bien fuyans une mort, puis epouventez de l'autre qui leur estoyt prochaine, retournoyent encor rendre les aboys ou derniers souspirs, là où ils avoyent eu la premiere chasse. Les navires furent brulés, et l'artillerie alla en fons, avec un si grand carnage de chretiens, que la mer en retint couleur vermeille par l'espace de troys jours, de sorte qu'en cette defaite prindrent fin (come le bruit est) environ dix mile chretiens.

Grande deffaite. La mer devenuë rouge durant trois jours pour la grande deffaite des chretiens.

Le roy de Fez feit depuis tirer l'artillerie de dessous l'eau, et en trouva quatre cens pieces de cuivre. Cette route icy fut causée par deux desordres : le premier vint par les Portugaloys, qui ne prisans rien les forces de l'ennemy, se hazarderent avec si petit nombre de gens pour deffraquer une tant grosse armée de toute l'artillerie. Le second fut, qu'estant en la puissance du roy de Portugal à drecer une armée à ses propres depens, sous la conduite de ses capitaines mesmes, voulut y ajouter celles des Castillans. Car il avient toujours que deux armées de deux seigneurs unies et marchans ensemble seront par une seule deffaite, par les desordres, diversités de conseils des chefs qui ne se peuvent bien accorder ensemble. Et tiennent les Africans cecy pour un signe d'une infaillible victoire future à celuy qui est assailly par deux armées de divers seigneurs. Je me trouvay present en cette guerre, laquelle je vy particulierement et comme le tout se passa.

L'auteur present à cette guerre.

TEFELFELT

Tefelfelt.

Tefelfelt est une petite cité, edifiée en une plaine sabloneuse, distante de Mahmora environ quinze milles devers levant, et douze du côté de la mer Oceane. Auprès de cette cité, passe un fleuve sur les rivages duquel y a aucuns boys là où repairent les lyons, beaucoup plus cruels et horribles que les susnommés, qui font de grans maux sus les passans, et mesmement ceux qui sont surprins dans ce boys par la nuit sont en grand hazard de leur vie. Mais sus le grand chemin de Fez, hors la cité, y a une petite cabane deshabitée, là où se trouve une chambre faite en voute, dans laquelle (comme l'on dit) se retirent les muletiers et passans, etoupans et ramparans la porte contre la fureur des bestes, avec force epines, branches, rames et autres choses qu'ils trouvent autour de la maison, laquelle, par le passé, souloyt estre une hostellerie, pendant que cette cité estoit habitée, qui fut aussi abandonnée par les guerres de Sahid[1].

Lyons trescruelz.

1. *De Tifelfelt*, تفلفلت. « A cinq lieuës de la ville précédente, et à quatre de l'Océan, sont les ruines de l'ancienne ville de Tamifide, qu'on nomme aujourd'huy Tifelfelt, que Ptolomée met à sept degrez de longitude et à trente-quatre degrez quinze minutes de latitude. On tient qu'elle a esté bastie par les Africains de la tribu de Cinhagie (Senhadja). Elle est environnée de sablons, mais il passe une rivière assez proche (le Ouad Salih) dont les rives sont bordées d'épaisses forests remplies de lions fort courageux qui attaquent les passans, particulièrement la nuit. Mais on a dressé au milieu du chemin une maison couverte en terrasse pour servir de retraite aux voyageurs contre leur furie. Cette ville fut ruinée par Sayd en la guerre dont nous avons dite, sans avoir esté repeuplée depuis, parce que les Arabes qui errent par ces plaines ne le veulent pas permettre, pour en pouvoir jouir en toute liberté » (Marmol, *L'Afrique*, t. II, p. 153). C'est près de Tifelfet que fut livrée en 1606 la sanglante bataille dans laquelle Abdallah Eccheikh défit complètement Moustafa-Pacha (*Nouzhet el-Hady*, p. 315).

MECNASE

Mecnase.	Mecnase est une grande cité, edifiée par un peuple ainsi nommé, duquel elle a retenu le nom ; et est distante de Fez par l'espace de trente six milles, de Salla cinquante et quinze d'Atlas; contenant près de six mille feus, car elle est bien habitée et peuplée de gens, qui vequirent longuement en bonne paix et union, pendant qu'ils habiterent en la campagne. Mais depuis se formaliserent, emouvans noises et debas entre eux, tellement qu'ils vindrent à s'ataquer, dont la partie qui se trouva victorieuse, priva l'autre du betail et l'expulsa de la campagne, au moyen de quoy, elle se meit à fabriquer cette cité, qui est située en une fort belle plaine, près d'un fleuve qui la cotoye ; et le contour par l'espace de troys miles est tout en jardins, dont les fruits sont bons en toute perfection, mesmement les pommes de coing savoureuses et odorantes avec des grenades de grosseur autant admirable, comme de singuliere et rare bonté, pour ce qu'elles n'ont point d'os, et neantmoins, elles se donnent comme pour rien. Il y a semblablement des pommes de Damas, blanches, en grande quantité, et des jujubes, que les habitans mettent secher pour les manger en temps d'yver ; puis en portent vendre à Fez la plus grande partie. Les figues y sont aussi en grande abondance et des raisins de treilles, qu'ils mangent fres et les figues par mesme moyen; car les voulans faire secher, elles se convertissent en poudre comme farine, et le raisin quand il est sec, demeure sans humeur et saveur. Ilz ont aussi des abricoz et pesches de quoy ils ne tiennent conte, partie pour l'abondance et pour autant aussi qu'elles ne sont pas fort savoureuses, pour estre toutes pleines d'eau et de couleur tirant sus le verd. Les olives y croissent en quantité et se vend le quintal, qui est de cent livres italiennes, un ducat et demy. Finalement, ce terroir est tresfertile et produit, avec ce, une infinité de lin dont la plus grande partie est transportée à Fez.

<small>Pesches verdes pleines d'eau.</small>

La cité est bien en ordre et embellie de temples fort sumptueux, coleges et etuves fort grandes et y tient on le marché chaque lundy au dehors, là où s'achemine grande quantité d'Arabes qui en sont prochains, lesquels y menent beufs, moutons et autres bestes, portans du beurre et de la laine qu'ils laissent à bon marché. De notre temps, le roy a donné cette cité au prince, pour ce qui luy peut appartenir, dont (selon la commune opinion) le revenu du territoire d'icelle peut autant valoir comme la tierce partie du royaume de Fez. Mais les guerres passées qui ont esté entre les princes de ces regions là l'ont fort incommodée, et ne s'est faite guerre qui ne l'ait empirée de trente ou quarante mile ducats, voire jusques à soutenir quelque foys le siege pour l'espace de sept ans continuels. De ma souvenance que le roy de Fez qui est à present

<small>La cité de Mecnase soutint le siege par sept ans.</small>

entra en possession de son royaume, un sien cousin qui avoit gaigné le peuple se revolta. Ce que voyant, le seigneur feit marcher sa gendarmerie et le vint assieger dans cette cité où il demeura campé par l'espace de deux moys, de quoy ne faisant conte les citoyens, le roy gâta toutes leurs possessions, qui fut cause de l'endommager de vint mille ducats. Par ce peu de temps, je vous laisse à penser quel plus grand dommage elle receut, lorsqu'elle fut assiegée par l'espace de cinq, six et sept ans. Enfin, quelques-uns favorisans le roy trouverent moyen d'ouvrir une porte et soutenans bravement la charge des contrarians, donnerent bon loisir au roy d'y pouvoir entrer. Ainsi la cité retourna encore sous sa puissance. et mena son cousin prisonnier à Fez, lequel trouva puis le moyen d'echapper et gaigner le haut.

Le roy de Fez recouvre la cité de Mecnase.

Louanges de la ville. Or, cette cité est belle, abondante, bien fermée et tresforte, les rues belles, bien aërées et plaisantes, avec ce que l'eau y est souverainement bonne s'ecoulant par un conduit qui vient de troys milles loing dans la cité, la distribuant par les temples, forteresses, coleges et etuves. Les moulins sont tous hors de la cité environ deux milles, et sont les habitans fort belliqueux, bien exercez en la discipline militaire et civils, mais plus tost de gros esperit qu'autrement et exercent tous l'etat de marchandise, tant gens nobles comme non nobles, tellement que venant au besoing, le plus apparent citoyen de la ville ne se dedaignera de charger une beste de semence, pour l'envoyer aux champs.

Les habitans de cette cité ont le peuple de Fez en grande haine, sans savoir pourquoy ny comment. Les femmes des gentilshomes ne sortent point de leur maison, sinon la nuit, et se couvrent le visage, ne voulans estre veuës couvertes, ny decouvertes, à cause que leurs maris sont jalous et dangereux quant aux choses qui concernent l'etat de leurs femmes. La cité n'est pas fort plaisante pour les eaux et fanges qui y sont en temps d'yver [1].

1. *De Méquinez.* Miknassat Ezzeitoun (مكناسة الزيتون, Miknassah de l'olive). « A dix-sept lieuës de Salé, vingt de Mamore, et non loin du mont Atlas est une grande ville de plus de huit mille habitans, que Ptolomée met à sept degrez cinquante minutes de longitude, et à trente-quatre degrez quinze minutes de latitude, sous le nom de Silda qu'on a changé depuis en celuy de Méquinez, à cause d'une branche des Zénétes qui portoit ce nom, et qui chassa du royaume de Fez les successeurs d'Idris, à la faveur du calife schismatique de Carvan. Ibni Alraquiq dit que ces Méquinéciens vivoient autrefois sous des tentes comme les Arabes; mais qu'estant devenus riches, la discorde se mit entre eux et que les plus faibles chassez par les plus puissans s'habituèrent en ce lieu où il y avoit déjà quelque habitation, et devinrent peu à peu si considérables, que c'est aujourd'huy une des principales villes de la Mauritanie Tingitane. Aussi elle est fort bien bastie et dans une belle plaine, sur le bord d'une agréable rivière qui n'est qu'à demi-lieuë de sa source. Les campagnes d'alentour sont fertiles en bled, en lin et en huile, et l'on y nourrit toute sorte de gros et menu bestail. Elle est environnée de jardins qui portent plusieurs fruits très excellens, et bien ceinte d'un bon mur bien garni de fortes tours à l'antique. Tous les bains, les palais et les mosquées sont à la façon du païs, et l'on tient le lundi un marché hors de la ville où tous les Arabes et les Bérébères de la contrée viennent vendre leurs laines, leurs peaux, leur beurre, leur cire et leurs autres marchandises, et acheter ce qui est nécessaire pour leur petit équipage et celuy de leurs chevaux. Les roys de Fez ont coutume de donner cette ville en appanage à leur successeur, soit fils, frère ou proche parent, comme la

GEMIHA ELCHMEN

Gemiha Elchmen est une cité ancienne, située en la plaine près un bain, distante de Mecnasé environ

première après la capitale, ce qui ne leur a pas toujours réussi, car Mahan Oataz l'ayant donnée à son cousin, qui se fit depuis seigneur d'Azar J., ce prince faillit à s'emparer de la ville de Fez, tandis que le roy faisoit la guerre à celui de Tremécen. Mais Mahamet y accourut aussi-tost, et se campant devant Méquinez, désola tout le païs en l'espace de deux mois, tant que les habitans luy ouvrirent une porte à l'insceu du prince qui fut arresté ensuite et envoyé prisonnier dans Fez, où il demeura long-tems enfermé dans une tour. Mais, à la fin, le roy le mit en liberté et donna la ville à son frère Meuley Nacer, qui défit l'armée de Portugal sur la rivière de Mamore, comme nous venons de dire. Pour retourner à Méquinez, c'est une place qui a de bonnes murailles et de grandes ruës larges et fort gayes avec une belle fontaine au milieu de la place, qui vient par des aqueducs d'une montagne voisine (Bénibécil). Il y a aussi un fort chasteau et bien basti où est le palais du prince, et à demi-lieuë de là, plusieurs moulins le long du fleuve. Les Méquinéciens sont braves et orgueilleux, mais anciens ennemis de ceux de Fez. Ils se vantent de venir de la Mecque et s'occupent la plupart au trafic. Les femmes filent la laine fort déliée et font de belles étoffes de soye et de coton, et d'autres de coton et de laine qui portent le nom du païs et sont fort estimées en Afrique parce qu'elles sont très fines et de bon user. Les hommes y sont fort jaloux et ne souffrent pas qu'elles fassent des visites, ni qu'elles sortent du logis, si ce n'est pour aller au bain; encore sont-elles si bien cachées avec des voiles de laine blanche fort fine qu'on ne leur voit point le visage. Les plus riches Arabes de ce royaume errent aux campagnes d'alentour, et le Chérif qui règne aujourd'huy a donné cette ville en appannage à son second fils » (Marmol, *L'Afrique*, t. II, pp. 153-154).

M. de Chénier, chargé des affaires du roi auprès de l'empereur du Maroc, a donné une description de la ville de Mequinez dans ses *Recherches historiques sur les Maures et l'histoire de l'empire du Maroc*, Paris, 1783, t. III, pp. 57-61, et M. Houdas a inséré dans le *Journal asiatique* de 1895 une très intéressante *Monographie de Méquinez*, traduite du texte arabe de Sidy Mohammed ben Ghazy, mort en 919 (1513).

quinze milles du côté de mydi et de Fez près de trente, devers ponant, et du mont Atlas est eloignée par l'espace de dix milles. C'est le passage à qui veut aler de Fez à Tedle. Le territoire d'icelle fut autrefoys ocupé par certains Arabes, pour ce qu'elle fut aussi detruite par les guerres de Sahid, combien que toutes les murailles (ou peu s'en fault) sont demeurées en leur entier et sont tombez les couvers des temples, mais les pignons sont tousjours demeurez sus pied[1].

1. *De Gemaa el-Hamem*. Il faut lire : Djema'at el-Hammam, جماعة الحمام (La réunion pour le bain). « On voit à cinq lieuës de Méquinez, dans une grande plaine où il y a un bain naturel, les ruines d'une ancienne ville qui est sur le grand chemin de Tedla à Fez. Elle fut détruite dans les guerres de Sayd, et ne s'est jamais repeuplée depuis. Tous les bastimens en sont fondus; il ne reste sur pied que les murailles et les tours. On tient un marché tous les dimanches à demi-lieuë de la ville où tous les Arabes et les Bérébères de la contrée partent vendre leur grain et leur bestail avec leur beurre, leur laine et leur cire et les autres choses du païs. Car toutes les campagnes d'alentour sont possédées par des Arabes fort puissans qui ne souffrent pas qu'on la rebastisse, et le roy de Fez le dissimule pour ne les point offenser quoy qu'il luy fust plus avantageux qu'on la restablit. Ptolomée nomme cette ville Gontiane, selon les tables modernes, et la met à sept degrez cinquante minutes de longitude et à trente-quatre et quinze minutes de latitude ; mais les historiens du païs attribuent sa fondation à un roi des Almohades » (Marmol, *L'Afrique*, t. II, p. 155).

Dapper consacre quelques lignes à Gemaa el-Hammen ou Gemie el-Echmen qui est, dit-il, une ancienne ville à quatre milles de Méquinez vers le midi, à dix de Fez vers l'orient et à trois du mont Atlas : située dans une grande plaine, elle est si fort ruinée par les guerres qu'elle ne sert plus que de retraite aux voleurs et aux Arabes. C'est pourtant le grand chemin en allant de Tedle à Fez (*Description de l'Afrique*, p. 146).

CAMIS METGARA

Camis Metgara est une petite cité edifiée par les Africans en la campagne de Zuaga[1], distante de Fez euviron quinze milles devers ponant; le terroyr est fort fertile, et autour de la cité quasi deux milles, y a de beaux jardins, produisans figues et raisins, qui ont tous esté remis susbout, car ils avoyent esté ruinez par les guerres de Sahid, au moyen de quoy toute la cité avec ses dependances demeura deserte environ cent vingt ans.

Meures blanches.
Mais depuis qu'une partie du peuple de Grenade passa en Mauritanie, elle commença d'estre rehabitée et y planta l'on grande quantité de meuriers blancs, pour autant que les Grenadins s'adonent fort à la trafique des soyes. On y planta aussi des rouseaux de sucre, mais on n'en retire pas si grand profit comme des cannes d'Andelosie. Cette cité ne s'est pas maintenue tousjours en la civilité qui la rendoit anciennement illustre, car maintenant les habitans d'icelle sont tous laboureurs et gens qui s'adonnent à cultiver la terre[2].

---

1. Les Zouaga sont une tribu descendant de Semgan qui appartenait à celle des Mekanessa.

2. *De Hamiz Metagara.* Il faut lire : Khamis el-Mathgharah, le marché du jeudi des Matghara, خميس المغرة.

« Les Matghara dérivent des Beni Faten, tribu berbère descendue de Daris et d'El-Abter. Ils formaient la tribu la plus nombreuse de celles qui avaient Madghis el-Abter pour auteur; ils habitaient à demeure fixe dans des cabanes

BANIBASIL

Banibasil est une autre petite cité, edifiée par les Africans sus un petit fleuve, au pas qui va de Maroc à Mecnase, distante de Fez du côté du ponant environ dix-huit milles ; autour d'icelle y a une ample campagne, là où plusieurs petis fleuves drecent leur cours, estant baignée par grosses sources d'eau, et

faites de broussailles. Lors de l'introduction de l'islamisme, ils se trouvaient en Maghreb et pendant les vicissitudes de la conquête arabe et des révoltes du peuple berbère, ils prirent une part active à ces graves événements. Quand les Berbères embrassèrent l'islamisme et qu'une partie d'entre eux traversa le Détroit pour subjuguer l'Espagne, plusieurs fractions de la tribu des Matghara accompagnèrent cette expédition et se fixèrent dans le pays.

« Les doctrines kharedjites s'étant ensuite répandues parmi les Berbères, les Matghara adoptèrent les principes religieux des Sofrites, secte hérétique dans laquelle leur chef Meicera, surnommé el-Hafir, tenait un rang élevé » (*Histoire d s Berbères*, t. I, p. 237).

« Entre la ville que nous venons de décrire et celle de Fez, à cinq lieuës de l'une et de l'autre, sont les ruines d'une place qui fut détruite pendant les guerres de Sayd. Mais les roys de Fez pour la repeupler la donnèrent à quelques Morisques de Grenade, qui ont fait plus de deux lieuës de jardins tout autour, où ils nourrissent des vers à soye et plantent quantité de cannes de sucre ; mais ils ont esté fort mal traitez pendant la guerre des Chérifs, car Mahamet s'estant campé près de cette ville, en gasta les jardinages et fit égorger la pluspart des habitans en sa présence pour intimider ceux de Fez. Cette ville fut encore travaillée du passage des armées dans les guerres de Buaçon, roi de Velez, parce qu'elle est sur le grand chemin de Fez à Maroc. Il s'y tient un marché tous les jeudis, dont elle a pris son nom. Ibni Alraquiq dit qu'elle a esté bastie par les anciens Africains. Il y a de grandes brèches aux murailles, quoy-qu'elle ait esté réparée en quelques endroits par les Grenadins ; mais la place n'est pas bonne, et un petit chasteau qui y estoit est tout ruiné » (Marmol, *L'Afrique*, t. II, pp. 155-156).

cultivée par les Arabes, qui y sement de l'orge et du lin, à cause que le terroyr est fort aspre et couvert d'eau, au moyen de quoy, autre grain n'y sauroyt profiter. Cette plaine depend du temple majeur de Fez dont les prestres en retirent tous les ans vingt mille ducats de revenu. Autour de cette cité, y souloit avoir plusieurs beaux jardins, comme il en appert encore quelque chose, mais ils furent ruinez et la cité semblablement, comme les autres, par les guerres passées. Mais, après que le roy fut retourné de Ducale, il y envoya habiter la moitié de ce peuple, lequel ne garde civilité aucune, et y habite plus tost par contrainte que volontairement[1].

1. A l'exception de Léon l'Africain et de Marmol je n'ai trouvé dans aucun auteur la mention d'une localité ou d'une fraction de tribu portant le nom de Beni Bassil. Ibn Khaldoun parle des Beni Wassil et des Beni Ouassin, mais je ne saurais affirmer qu'ils peuvent être la même tribu que les Beni Bassil.

De Beni Becil, بني باسل. « C'est, dit Marmol, une petite ville bastie par les Sanhadjiens entre Fez et Mequinez presque en égale distance de l'une et de l'autre, sur un grand ruisseau dont la source n'est qu'à demy lieuë. Elle fut détruite dans les guerres de Sayd et demeura longtemps déserte jusqu'à ce que Muley Nacer, seigneur de Mequinez, de retour de la province de Duquéla, la repeupla de quelques habitans qu'il avoit amenez de ces quartiers pour les affranchir de la tyrannie des Portugais. Elle estoit autrefois des dépendances du royaume de Fez et est maintenant sujecte à Mequinez depuis qu'on l'a repeuplée, mais les habitans se sont repentis plus d'une fois d'avoir quitté leur païs pour se venir habituer en un lieu où ils sont obligez de payer aux Arabes la rente de toutes les terres qu'ils cultivent. La place n'est pas fort bonne et les habitans sont presque tous tisserands parce qu'on sème quantité de lin et de chanvre dans une plaine un peu humide qui est devant la ville. On y recueille aussi de l'orge et toutes sortes de légumes, mais on n'y recueille aucun bled à cause de la trop grande humidité. Près de là est la montagne des Beni Becil qui s'estend jusque devers Mequinez et

ET DESCRIPTION DE L'AFRIQUE 57

De Fez, grande cité, et chef de toute la Mauritanie.

La cité de Fez fut edifiée par un heretique[1] au temps d'Aron pontife, qui fut en l'an cent octante

l'on en fait venir de l'eau dans la ville par des aqueducs » (*L'Afrique*, t. II, p. 156).

Le gros ruisseau dont parle Marmol est le Ouad Nikha, dont la source est appelée Aïn Zarqa (la source bleue). Les Beni Bassil furent transportés en 1514 des environs d'Azammor dans le bourg dont parle Marmol, par le Chérif Moula Nassir.

1. Le personnage qualifié d'hérétique par Léon l'Africain est Idris, fils d'Abdallah..... fils de Hassan fils d'Aly fils d'Abou Thaleb, qui régna depuis l'année de l'hégire 172 (788) jusqu'en 177 (793).

« Dans le mois de zil qada 169 (mai 786), dit Ibn Khaldoun. Housseïn fils d'Aly fils de Hassan III fils de Hassan II fils de Hassan Essibt se révolta contre le khalife el Mahdi. Il prit les armes à la Mekke et réunit autour de lui plusieurs membres de sa famille parmi lesquels se trouvèrent ses oncles Idris et Yahia. Il fut tué à Fekhkh, endroit situé à trois milles de la Mekke dans un conflit avec les troupes du khalife commandées par Mohammed ibn Souleyman ibn Aly. Un grand nombre de ses parents resta sur le champ de bataille; ses partisans prirent la fuite et beaucoup d'entre eux furent faits prisonniers. Yaha fils d'Idris se sauva dans la province de Deïlem où il se révolta plus tard et son père réussit à atteindre l'Égypte. La direction de la poste aux chevaux en ce pays appartenait alors à Ouahed el-Meskin, affranchi de Saleh, fils du feu khalife el-Mansour. Ce fonctionnaire, partisan secret de la famille d'Aly, ne vit rien de plus méritoire que de fournir des chevaux à Idris et de l'aider à gagner le Maghreb. En l'an 172 (788-789), Idris, accompagné de son affranchi Rachid, atteignit Oualîli dans le Maghreb el-Aqça et se mit sous la protection d'Ishaq ibn Mohammed ben Homeid, grand émir de la tribu Aureba. Bientôt après, il annonça ouvertement ses prétentions au khalifat et rallia à sa cause les Zouagha, les Louata, les Sedrata, les Ghaïatha, les Nefza, les Miknaça, les Ghomara et toutes les autres peuplades berbères qui habitaient le Maghreb. » (*Histoire des Berbères*, t. II, p. 359).

De l'etimologie de Fez.

cinq de l'hegire, et fut nommée Fez, pour autant que le premier jour auquel on jeta les fondemens quelque quantité d'or fut trouvée, qui en langue arabesque se nomme Fez[1]; et croy que la vraye etimologie de son nom soit descendue de là, combien qu'aucuns soyent d'opinion que le lieu où elle fut premierement edifiée, s'apellât Fez, à cause d'un fleuve qui y passe, auquel les Arabes imposerent semblable nom.

Idris, fondateur de la ville de Fez.

Or quoy qu'il en soyt, celuy qui donna commencement à la structure d'icelle, s'appelloit Idris, qui estoit fort proche parent du pontife, duquel nous avons parlé auparavant, encore que, selon l'ordre et coutume de la loy, il devoit plus tôt obtenir et exercer le pontificat qu'Aron[2], d'autant qu'il estoit neveu de Haly, qui fut cousin de Mahommet ayant epousé sa fille nommée Falerne[3]; par ainsi il

---

1. La ville de Fès fut fondée en 191 de l'hégire (806 de J.-C.) par l'imam Idris fils d'Idris fils d'Abdallah, descendant d'Aly. L'endroit où s'élève la ville de Fès était occupé par deux tribus zenata, les Zouagha et les Beni Yarghich. Ceux-ci campaient sur le lieu appelé aujourd'hui Adoua el-Andalous, et les Zouagha étaient établis sur l'emplacement actuel de l'Adoua el-Kaïraouyn.

2. Aron pontife est le calife Haroun Er-Rechid Abou Djafer, fils d'Elmahdy, cinquième souverain de la dynastie des Abbassides. Il naquit en 148 (748), époque à laquelle son père résidait à Rey. Il fut proclamé calife en 170 (786), et il mourut à Thous dans le Khorassan, au mois de djoumazi oul akhir 193 (janvier 808). Il était âgé de quarante-cinq ans et en avait régné vingt-trois.

3. Falerne est le nom défiguré de Fatimèh, fille de Mahomet et femme d'Aly : elle reçut des musulmans le surnom de Zahra (la brillante) et de Seyydet Oun nissa (la dame souveraine des femmes). Elle eut de son ma-

prenoit son origine de la lignée, du côté de pere et de mere : ce que ne faisoit Aron, sinon d'un côté tant seulement, estant neveu d'Habbus (Abbas), oncle d'iceluy Mahommet.

Toutefoys et les uns et les autres de cette famille furent enfin privez et devetus du pontificat, par les raisons amplement deduites aux Chroniques anciennes, car Aron l'usurpa, et s'en saisit frauduleusement, pour autant que son oncle (comme caut et bien experimenté qu'il estoyt) feignant de favoriser la maison d'Hali pour la rendre jouyssante de cette dignité, expedia ses ambassades par tout le monde, et moyenna tant que la maison d'Omeul[1] s'en trouva dessaisie, et qu'elle parvint entre les mains d'Habdulla Seffec[2], premier pontife, lequel cognoissant qu'autres que ceux de la maison d'Hali ne pouvoyent succeder à cette dignité, les poursuivit si vivement que les principaux furent contrains d'en prendre la fuite, s'ecartant les uns en

<small>Aron se fait pontife.</small>

---

riage avec Aly deux fils, Hassan et Housseïn et mourut six mois après son père (41 = 662).

1. Le nom altéré de maison d'Oumel désigne la dynastie des Omeyyades fondée en l'année 41 de l'hégire (661) par Moawiah ibn Abi Sofyan. Le quatorzième et dernier prince des Omeyyades d'Orient fut Merwân ibn Abou Abdelmelik qui périt les armes à la main à l'âge de soixante-deux ans, le 27 du mois de zoul-hidjdjèh 132 (6 août 750).

2. Abdallah ibn Mohammed Aboul Abbas surnommé el-Saffah (le sanguinaire) fut proclamé calife à Koufah dans la nuit du vendredi 13 du mois de rebi oul ewwel 132 (13 novembre 749). Il mourut de la petite vérole à Anbar au mois de zoul-hidjèh 136 (mai 733), à l'âge de vingt-huit ans.

Asie et les autres en Inde, tant que d'eux tous n'en demeura qu'un en Elmedine, qui, pour la caduque vieillesse et religion non feinte qu'on congnoissoit estre en luy, ne fut aucunement molesté.

Mais deux de ses enfans croissans non moins en faveur de ceux d'Elmedine comme en corpulence, voulans eviter la fureur de ce pontife, (qui ne demandoit autre chose que les avoir en sa puissance), vouloyent gaigner le haut, quand l'un d'eux estant atrapé fut miserablement etranglé, et l'autre (qui avoit nom Idris) suivit la route de Mauritanie, où il s'aquist tel credit, qu'en peu de temps ces peuples ne l'emparerent non seulement du domaine temporel, mais encore vint à obtenir le spirituel, et faisoyt sa residence en la montagne Zaron[1], prochaine de Fez cent trente milles, et seut si bien y proceder qu'il se rendit toute la Mauritanie tributaire, et l'ayant gouvernée par certain temps, il deceda sans hoir fors qu'il laissa une esclave[2] de nation gotique (qui avoyt prins sa loy) enceinte d'un enfant mâle qui, en souvenance de son pere, porta le nom d'Idris;

Poursuite de Habdulla pontife contre la maison d'Hali.

---

1. Le mont Zahroun. C'est au pied du mont Zahroun que se trouvent les ruines de la ville de Oualily (زهرون) l'ancienne Volubilis où mourut Idris ibn Abdallah.
2. Cette esclave portait le nom de Kenza, كنزة. Elle était enceinte de sept mois, lorsqu'Idris fut empoisonné au moyen d'un flacon de parfum de civette qui lui fut remis par un émissaire de Yahia le Barmécide, vizir du calife Haroun Errechid, nommé Souleyman el-Djezery. Rachid fut le tuteur du fils d'Idris et gouverna le Maghreb jusqu'à la majorité de son pupille (175-188 = 791-803).

et le voulut le peuple avoir pour seigneur ; au moyen de quoy on le feit nourrir fort soigneusement, et avec grandes gardes, puis fut endoctriné et instruit par l'un des plus vaillans capitaines qu'eut point le roy decedé, et s'appeloit Rasid.

Ce jeune prince n'eut pas plus tôt l'âge de quinze ans [1], qu'il donna un tresbeau commencement à hautes prouesses et glorieuses entreprises ; et par icelles, il soumit à son domaine plusieurs pays, de sorte qu'il augmenta de beaucoup ses familles et exercites, dont luy semblant (et non sans cause que l'habitation de son feu pere ne fût suffisante pour recevoir et loger son train, projeta en soymesme de faire fabriquer une cité, et delaissant la montagne, faire residence en icelle. Donques, pour faire sortir à effect son dessein, feit assembler plusieurs architectes et gens industrieus, lesquelz ayans, avec telle et laborieuse diligence que la grandeur de la matiere le requeroyt, considerées et revisitées toutes les campagnes qui estoyent prochaines de la montagne, tomberent tous en cet avis, et mesmes enhorterent le roy que cette cité fût bâtie là où se voit Fez à present, pour autant qu'ils cognoissoyent le lieu tresutile et commode pour une ville, à cause des fontaines et d'un grand fleuve, lequel sourdant en une plaine fort prochaine de là, passe entre certains petis coutaux,

Du fils d'Idris et de ses entreprises.

---

[1]. Idris ibn Idris fut déclaré majeur à l'âge de douze ans et non pas à quinze ans.

et valées fort plaisantes à veoir, s'ecoulant tout coyement par l'espace de huit milles de plaine. Ils prindrent aussi garde que, du côté de midy, il y avoyt un grand boys qui pourroyt tres bien survenir aux necessitez de la cité[1].

Ainsi, toutes ces choses par le menu considerées, le Roy feit sur ce fleuve edifier une petite cité qui contenoit environ trois mille feus, la faisant bien munir selon ses qualitez de toutes choses qui sont requises à la civilité[2]. Aprés le decès de cet Idris, un

Cité edifiée par les enfants d'Idris et depuis saccagée par Iusef, roy de Luntune.

---

1. Cette rivière porte le nom de Ouad Fès (rivière de Fès). « Le Ouad Fès dont l'eau l'emporte par la douceur et la légèreté sur les meilleures eaux de la terre, sort de soixante sources qui dominent la ville. Cette rivière traverse d'abord une vaste plaine couverte de gossampins et de cyprès ; puis, serpentant à travers les prairies toujours vertes qui avoisinent la ville, elle entre à Fès, où elle se divise comme on l'a dit en une infinité de petits ruisseaux. Enfin, sortant de Fès, elle arrose les campagnes et les jardins et va se jeter dans le fleuve Sebou, à deux milles de la ville ». (*Roudh el-Qarthas*, p. 38).

2. Idris ibn Idris chargea son ministre Omaïr ibn Mass'ab el-Azdy de trouver un emplacement convenable pour y fonder la ville dont il voulait faire sa résidence. Omaïr partit accompagné par quelques hommes et parcourut le pays en tous sens. Arrivé à Fahs Saïs, il fut enchanté à la vue de vastes terrains, fertiles et bien arrosés ; il mit pied à terre près d'une source dont les eaux limpides et abondantes coulaient à travers de vertes prairies. Il fit ses ablutions, récita avec ses gens la prière de midi et supplia Dieu de l'assister et de lui désigner le lieu où il serait désirable que ses serviteurs établissent leur demeure. Ce fut Omaïr ibn Mass'ab qui donna son nom à cette source connue de nos jours encore sous le nom de Aïn Omaïr.

Les Beni Meldjoun, une des plus nobles et plus puissantes familles de Fès, descendent de Omaïr.

Omaïr fit savoir à Idris qu'il avait trouvé, entre deux montagnes, un vallon très boisé, arrosé par de nombreux cours d'eau, dans lequel étaient dressées d'un côté les tentes d'une tribu des Zeghaouah appelée les Beni 'l-Khaïr et celles d'une tribu de Zenata appelée les Beni Yarghich qui professaient les uns le culte du feu et dont le pyré se trouvait à l'endroit appelé Chiboubah, d'autres

de ses fils edifia une autre cité vis à vis de cette cy, du côté du ponant, tant que par laps de temps l'une et l'autre accreurent et multiplierent tellement, qu'une bien etroite rue les separoit, à cause que plusieurs seigneurs tâchoyent à l'augmenter chacun de son côté, et à l'envy. Mais cent quatre vintz ans après qu'elle fut edifiée, les habitans, d'un côté et d'autre, commencèrent à se formaliser, elisans un prince pour chacune partie, continuans une si aspre et cruelle guerre entre eux, qu'elle ne print cesse par l'espace de cent ans[1].

professaient le judaïsme et d'autres enfin le christianisme. Les Beni Yargich étaient campés sur le lieu où s'élève aujourd'hui Adoua el-Andalous. Les Zaougha occupaient l'emplacement actuel de l'Adoua el-Quaïraouyn. Ces deux tribus étaient constamment en guerre. L'imam ayant fait comparaitre les chefs des deux partis, les réconcilia et leur acheta le terrain sur lequel est bâtie la ville de Fès et qui était couvert de bois, sillonné par les eaux et servait de repaire aux lions et aux sangliers. Suivant une autre version, l'Imam Idris acheta des Beni Yargich l'emplacement de l'Adoua el-Andalous pour la somme de quinze cents dirhems et l'acte de vente fut dressé par son secrétaire Aboul Hassan Abdallah ibn Malik el-Khazardjy. Idris campa pendant la construction des murailles dans l'endroit appelé El-Guedouara, الجداورة. Il acheta ensuite aux Beni 'l-Khaïr l'emplacement de l'Adoua el-Kaïraouyn pour une somme de trois mille cinq cents dirhems. Idris établit dans l'Adoua el-Andalous quatre mille chefs de famille expulsés de Cordoue par le calife Omeyyade El-Hakem ibn Hicham.

L'Adouah des Qaïraouyn fut peuplé par des familles qui émigrèrent de Qaïrouan. Cf. *Roudh el-Qarthas*, p. 35. *Djezouet oul Iqtibas*, édit. de Fès, f° 1 à 30 et *Kitab oul istiqça*, p. 72-73.

1. La ville de Fès se compose de deux parties situées chacune sur une des rives de la rivière. Les premiers travaux pour la construction de la ville commencèrent le premier jeudi du mois de Rebi oul ewwel 192 (3 février 808). L'Imam Idris ibn Idris construisit d'abord les murailles entourant l'Adoua el-Andalous ou quartier des Espagnols et un an après celles de l'Adoua el-Qaïraouyn ou quartier des gens de Qaïrouan. Chaque Adoua

Depuis survint Iusef, Roy de Luntune qui sa banda contre ces deux peuples, faisant marcher se gendarmerie vers cette cité, et s'en estant emparé la sacagea, et feit mourir cruellement les habitans d'icelle qui furent trente mille de conte fait. Ce qu'ayant executé, il se delibéra de reduire ces deux peuples en un, au moyen de quoy, il feit raser les murailles qui divisoyent la cité, puis feit asseoyr plusieurs ponts sur le fleuve, par où l'on passoyt facilement d'un lieu à autre, tellement que ce qui estoyt en deux et divisé, fut reduit en un [1]; faisant de deux petites citez une tresbele et magnifique ville

Trente mile habitans occis en une ville.

a toujours eu sa mosquée cathédrale, ses bazars et son Dar oul sėkkah ou hôtel des monnaies... Les habitants de l'Adoua el-Andalous étaient forts, valeureux et la plupart adonnés aux travaux de la terre et des champs. Ceux de l'Adoua el-Qaïraouyn au contraire, généralement haut placés et instruits aimaient le luxe et le faste chez eux, dans leurs vêtements et à leur table et ils ne se livraient guère qu'au négoce et aux arts. (*Roudh elo-Qarthas*, p. 49-53).

1. L'émir Youssouf ibn Tachefin assiégea une première fois Fès en 455 (1063) et une seconde fois en 462 (1069). En 462, dit l'auteur du *Roudh el-Qarthas*, Youssouf ibn Tachefin marcha sur Fès avec toute son armée. Après un siège rigoureux, il entra par la force des armes dans cette capitale et y massacra tout ce qu'elle renfermait de Maghraoua, de Beni Yfren, de Mekanessa et de Zeneta. Il en fit un tel carnage que les rues et les places étaient couvertes de cadavres. Plus de trois mille hommes furent mis à mort dans les mosquées des Adoua el-Andalous et El-Qaïraouyn. Les survivants se réfugièrent dans les environs de Tlemcen.

Une fois maître de la ville, son premier soin fut de la fortifier et de la réparer. Il fit abattre les murs qui séparaient les deux Adoua de façon à n'en faire qu'une seule et même ville. Il ordonna de bâtir des mosquées dans les faubourgs... il fit également bâtir des bains, des fondouks, des moulins et réparer et embellir les bazars (*Roudh el-Qarthas*, pp. 198-199).

qui fut divisée en douze parties[1]. Or puis que vous avez entendu l'origine de la fondation de la cité, je poursuivray ma matière, vous specifiant ses qualitez par le menu, et en quel estre elle se retrouve à present.

Particulière description de la cité de Fez.

Fez est une tresgrande cité, ceinte de tresbelles et hautes murailles, n'ayant au dedans quasi autre chose que montagnes et coutaux, fors seulement au milieu qui est en une plaine, estant environnée par tous les quatre côtez de montagnes et collines, recevant l'eau par deux endroiz, d'autant que le fleuve se divise en deux parties, dont l'une passe à côté de Fez la neuve, devers midy, et l'autre prend son cours devers ponant; puis, dans la cité, l'eau s'ecoule par plusieurs canals qui sont ecartez par les maisons des citoyens courtisans du roy, et en

---

1. A l'époque des Zeneta (381-462 = 991-1069), ces deux quartiers de la ville eurent chacune un sultan; on cite parmi eux el-Fetouh et Adjycha fils tous deux de l'émir El-Mouazz ibn Ziry ben Athia. El-Fetouh, commandait l'Adoua el-Andalous et Adjycha l'Adoua el-Qaïraouyn. « L'un et l'autre avaient une armée, une cour et adressaient leurs prières au Dieu très haut; mais l'un et l'autre aussi voulaient le pouvoir suprême et gouverner le pays entier. De là, haine mortelle entre eux et une longue suite de combats sanglants qui furent livrés sur les bords de la grande rivière entre les deux *Adoua*, à l'endroit connu sous le nom de Kahf el-Reqad, كهف الرقاد (la grotte du repos) (*Roudh el-Qart*. p. 51).

d'autres lieux. Semblablement, chaque temple et mosquée a quelque petit ruisseau, avec les colèges, hopitaux et hoteleries. Auprés se voyent des latrines baties en forme quadrangulaire, et à l'entour y a des cabinets avec leurs petis guichets, et en chacun d'iceux se trouve une fontaine dont l'eau qui en sort tombe en terre dans une petite auge de marbre, et pour si peu qu'elle sorte avec impetuosité, elle vient à s'ecouler dans les latrines, emmenant l'ordure avec les immondices de la cité dans le fleuve. Au milieu de la maison des latrines, y a une fontaine basse et profonde de trois coudées, large de quatre, et longue de douze; et autour y a trois canals, là où l'eau prend son cours, s'ecoulant dans les privez qui sont au nombre de cent cinquante.

Les maisons de cette cité sont fabriquées de briques et de pierre subtilement taillée, dont la plus grande partie est fort belle et enrichie de mosaïque, et les lieux decouvers et portiques sont pavez de certaine brique à l'antique, diapree et variée de couleurs, en forme de vases de maiolique. Les habitans ont aussi coutume de peindre le planché des chambres de beaux ouvrages et riches couleurs, comme d'or et d'azur; et le couvre l'on avec des ais et lates, pour plus facilement pouvoir tendre les draps par tout le comble de la maison à fin d'y dormir en temps d'esté; et sont tous les édifices ordinairement enlevez jusques à deux étages, et s'en trouve beaucoup qui en contienent jusques à troys, ayans puis en hault et en bas des allées ou galeries qui leur servent d'aornement; estans fort commodes pour passer d'une chambre à autre, souz la pente du couvert, pour ce que le milieu de la maison est tout decouvert et les chambres assises d'un côté et d'autre, les portes fort larges et hautes. Mais ceux qui se sentent de quoy, les font faire de boys entaillé, mettans dans les chambres des armaires du plus beau boys qu'ils puissent trouver, de la longueur et largeur de la chambre, là où ils serrent les choses qui leur sont plus chères et agreables, après avoir fait peindre bien gentement icelles armaires. Et en y a plusieurs qui les demandent de la hauteur de troys pieds seulement, afin qu'ils puissent asseoir et accommoder un lit au-dessus.

Tous les portiques des maisons sont posés sus colonnes de brique, la moitié chargées de maiolique et en y a d'autres soutenus par colonnes de marbre, faisans des arcs d'une à autre, tous enrichis de mosaïque ; et les architraves qui portent sur les chapiteaux des colonnes qui soutiennent les etages sont de boys entaillé, avec beaux ouvrages et exquis, peinturez de vives couleurs, et avec une industrie fort grande. *Braveté de porches, ou portiques des maisons*

On y trouve beaucoup de maisons, qui ont quelques citernes d'eau, en diamètre quadrangulaire de cinq et six coudées en largeur, et de dix à douze en longueur, profondes de troys ou quatre pieds, toutes decouvertes, et en leur comble, revetues de maiolique, ayans à chacun angle de la longueur des fontaines basses et belles faites à maiolique, en aucunes d'icelles (comme on est accoutumé de faire aux fontaines d'Europe) on met quelque vase de marbre blanc, d'où l'eau s'ecoulant s'en va dans ces citernes, tombant par certains conduits couverts et bien acoutrez tout autour. Et quand les citernes sont combles, l'eau regorge tout autour qui s'en va par certains autres conduits auprès des citernes, et de là prend son cours par des petits canals, si bien qu'elle vient à courir et passer par ces latrines, puis s'en va tomber dans la riviere. Ces citernes sont tenues bien nettes et bien en ordre : mais elles ne servent qu'en temps d'esté, car alors les femmes et enfans se mettent à baigner et nager dans icelle.

Ils ont semblablement coutume de faire une tour sus leurs maisons, où sont des chambres fort commodes et aisées, ausquelles les femmes se viennent recréer, lorsqu'elles sont ennuyées du travail de l'eguille, à cause que, de la sommité d'icelles, on peut facilement decouvrir tout le pourpris de la cité, ayant environ sept cens temples et mosquées qui sont petis lieux, là où l'on a coutume de prier, et s'en y trouve d'iceux temples jusques au nombre de cinquante de fort belle structure, appuyez sus colonnes de marbre et un chacun avec sa belle fontaine enlevée de mesme pierre et d'autre rare, à nous incongneuë ; et toutes les colonnes sont par dessus leurs tribunes toutes ouvrées de mosaïque et entaillées fort sumptueuse-

Sept cens temples, ou eglises en la cité de Fez et de leurs beautez.

ment. La retube ou comble des temples, est faite à la mode de ceux d'Europe, couverte d'ais, et le niveau du pavé tout couvert de nattes fort belles, cousues et assemblées d'une si grande industrie que le pavé ne se voit en sorte que ce soyt. Les murailles sont semblablement toutes tendues de nates de la hauteur d'un homme seulement ; et en chacun d'iceux temples, y a une tour où montent ceux qui ont charge de crier et annoncer les heures ordinaires et deputées à faire oraison, qui ne peut estre faite que par un prestre seul pour chaque temple, lequel à la charge d'avoir egard au revenu d'iceluy, et en tenant bon conte de ce qui luy passe par les mains, le distribuer aux ministres du temple, comme à ceus qui sont commis à la garde des portes et aux autres qui crient la nuit sur la tour en temps des oraisons. Car celuy qui les annonce le jour, n'est aucunement salarié, sinon qu'on l'exempte de toute imposition et de dime. Et entre tous les autres temples en y a un principal et majeur, lequel est appelé le temple de Carauven, qui tient, de circuit environ un mile et demy, ayant trente et une portes fort grandes, et hautes[1]. Le couvert

Le temple majeur a 31 portes, et tient demie lieuës de circuit appellé carauven.

---

1. On lit dans le *Roudh el-Qartbas* une description et une histoire détaillée de la grande mosquée de l'Adoua el-Qaïraouyn.

« Sous les Edrissites les cérémonies religieuses du vendredi furent toujours célébrées dans la mosquée appelée Djami el-Chourefa dans l'Adoua el-Qaïraouyn. Le terrain sur lequel elle s'élève fut acheté par la sœur de Mohammed el-Fehry qui portait le nom de Fatimah Oumm el-Benein. Les fondements furent jetés le premier ramazan 245 (30 novembre 859.) La

Tour du temple.

Neuf cens lampes ardentes la nuit au grand temple de Fez.

contient, en sa longueur, cent cinquante braces Toscanes, et n'en tient gueres moins de quatre vingtz en largeur. La tour d'où on crie est fort haute[1]; le couvert, en la longueur, est soutenu par trente huit arcs, et la largeur en a vingt, estant le temple, c'est à savoir du ponant, du levant et de tramontane environné de certains portiques dont un chacun a de largeur trente coudées et quarante en longueur, et sous iceux, il y a des magazins là où se gardent l'huile, lampes, nates et autres choses necessaires en iceluy, dans lequel on tient toutes les nuits neuf cens lampes ardentes, car chacun arc a la sienne, et mesmement le rang de ceux qui traversent le milieu du cœur du temple, qui en a cent cinquante, avec grans chandeliers de bronze où pourroyent demeurer le

mosquée mesurait cent cinquante coudées du nord au sud : elle avait quatre nefs, une cour, un mihrab qui occupait la place qui s'étend sous le grand lustre.

1. La tour ou minaret dont parle Léon l'Africain affecte une forme carrée et a cent huit palmes de hauteur. Sur la porte qui s'ouvre du côté de l'ouest, on a tracé en lettres d'azur l'inscription suivante :

« Au nom d'Allah le clément, le miséricordieux.

« Louange au Dieu unique, tout-puissant. Ce minaret a été construit par Ahmed ben Abou Bekr Sayd ben Osman Ezzenety. Que Dieu le guide dans la bonne voie, lui accorde la sagesse et lui accorde les plus belles récompenses. La construction a été commencée le premier mardi du mois de Redjeb 344 (23 octobre 955) et achevée dans le courant du mois de Rebi'essany 346 (juillet 957). »

On lit sur le côté opposé la profession de foi de l'islam et le verset 54 du chapitre XXXIX du Qoran.

Sur le sommet du minaret, on plaça une pomme en métal doré incrustée de perles et de pierreries. L'imam Ahmed ben Abou Bekr fit surmonter cette pomme de l'épée de l'imam Idris ben Idris afin d'attirer sur l'édifice la bénédiction du fondateur de Fès. (*Roudh el Qartbas*, pp. 69-70).

nombre de mile cinq cens lampes ; et ont esté fais des cloches que les roys de Fez prindrent dans quelques temples des chrestiens. *Chandeliers tenans lieu pour 1500 lampes.*

Dans ce temple, auprès des murailles, y a des chaires de toute qualité, là où les maistres et docteurs montent pour instruire le peuple en leur loy spirituelle et temporelle ; et pour ce faire, commencent une heure avant la pointe du jour, ce qui ne se fait en temps d'esté, sinon depuis huit heures du soir ; et durent leurs lectures jusques à une heure et demye de nuit. Leur coutume est, outre ce, de lire tant aux sciences morales comme spirituelles et concernantes la loy de Mahomet, mais en esté, la leçon ne se fait que par gens privez et peu renommez. Les autres sont faites par gens pleins de savoir, d'autorité et bien experimentez en la loy, dont un chacun est fort bien salarié, outre ce qu'on est tenu les fournir de livre et chandelles. Le prestre de ce temple n'a autre charge que de faire l'oraison ; mais il faut qu'il rende conte des deniers et autres choses qui luy sont offertes pour les pupilles, distribuant le revenu qui a esté delaissé pour les pauvres de la cité, *En quoy le revenu du temple est employé.* comme argent et grain, ausquels il en fait part, aux unes plus et aux autres moins, et là où il cognoît l'indigence estre plus grande. Le receveur des rentes du temple a un office à part, avec provision d'un ducat par jour, tenant sous luy huit notaires, qui ont pour leurs gages chacun six ducats par moys et six hommes qui reçoivent les deniers des louages des maisons, des boutiques et semblables choses, prenans pour leur peine cinq pour cens. Il y a encore vingt facteurs, qui n'ont chose à faire que d'aller par les possessions soliciter et mettre au labeur les laboureurs, vignerons et jardiniers, leur distribuans ce qui leur est nécessaire touchant leur vie et l'ouvrage, et ont de salaire troys ducats le moys pour homme.

Prés de la cité un mile, y a environ vingt fourneaus où se cuit la brique et matière pour la fabrique des possessions du temple, qui a deux cens ducats par chacun jour de revenu, la moitié duquel est employé aux choses cy dessus nommées, avec ce qu'il acommode de plusieurs choses les autres temples, et mosquées qui n'ont nul revenu. Et se sont les roys de Fez le plus souvent fait preter grande somme d'argent par le prestre du temple, mais à jamais rendre.

Le temple a deux cens ducats de revenu par jour.

Il y a dans la cité deux colleges d'une belle structure, et embellis de mosaïque avec les architraves entaillez. L'un d'iceus est pavé de maiolique, et l'autre de marbre, ayans beaucoup de chambres, mais l'un plus que l'autre, car celuy qui en a le plus en contient jusques au nombre de cent, et l'autre moins; et furent tous deux edifiez par plusieurs roys de la maison de Marin, qui rendirent l'un à une merveilleuse grandeur et beauté[1] et le feit fabri-

Coleges ayans cent chambres.

---

1. Léon l'Africain ne cite dans sa description de Fès que deux medersèh ou collèges. Leur nombre était considérable, car les princes des différentes

quer le roy Habu Henon, qui y dreça une belle fontaine de marbre, contenant autant que deux tonneaux; et au dedans passe un petit fleuve par un canal, qui a le fons bien poly et les bors de marbre et maiolique. Puis, s'y voyent troys loges avec les caves couvertes d'une industrie admirable où sont

dynasties qui ont régné au Maghreb et surtout ceux de la dynastie des Ben Merin ont constamment accordé leur protection aux savants, aux littérateurs et aux poètes, et les monuments qu'ils ont élevés témoignaient de leur munificence. Le sultan Yaqoub, fils d'Abd el-Haqq (656-685 = 1258-1286) avait fait construire un medersèh à Fès et y avait placé les livres qui lui avaient été envoyés par les rebelles lors de la conclusion de la paix. Il édifia d'autres medersèh, des monastères et des couvents pour l'entretien desquels il assigna des revenus considérables. En l'année 720 (1320), le sultan Abou Sayd fonda un medersèh, dont la solidité et l'élégance de la construction étaient l'objet de l'admiration universelle. Il y installa des étudiants pour y lire le Qoran et des jurisconsultes pour y enseigner les sciences religieuses; il leur assigna des appointements et des émoluments et il attribua à l'entretien de ce collège les revenus de villages et de domaines dont il fit l'acquisition.

En l'année 721 (1321), Aboul Hassan étant héritier présomptif, fit bâtir à l'ouest de la mosquée Djami el-Andalous un medersèh remarquable par la belle ordonnance et l'élégance de son architecture. Il éleva près de ce collège une fontaine d'eau potable, un édicule pour les ablutions et une auberge pour les étudiants. Il amena l'eau nécessaire à ces fondations pieuses d'une source se trouvant en dehors de la porte Neuve. Aboul Hassan dépensa plus de cent mille dinars pour la construction de ce medersèh.

Dans les premiers jours du mois de Chaaban 723 (5 août 1323) le sultan Abou Sayd jeta les fondements d'un grand medersèh en face de la mosquée dite Djami el Qaïraouyn. Ce medersèh porte aujourd'hui le nom de medersèh el-Attharin (le collège des parfumeurs) : il fût bâti sous la direction du cheikh Abou Mohammed ben Qassim el-Mizouar. Le sultan assista à la pose de la première pierre entouré des gens de loi et des personnes signalées pour leurs bonnes œuvres... Le sultan y établit des étudiants, un imam, des mouezzins et des gens de service... (*Kitab el-istiqça*, tome II, p. 54).

74 HISTOIRE

drecées des colonnes à huit angles, et une chacune est attachée à la muraille, etant de diverses couleurs, soutenant certains arcs enrichis de mosaïque, d'or fin et pur azur. Le couvert est fait en beau compartiment, de menuiserie tresexcellente et bien ordonée ; puis, hors les portiques, y a des retz en mode de jalousies par lesquelles ceux qui sont dedans peuvent veoir dehors sans estre aperceus. Les murailles sont toutes revêtues de maiolique de la hauteur d'un homme et plus, avec des vers qui sont affigez contre les paroys tout autour du colege, par lesquels on peut savoir l'an où il fut fondé ; et plusieurs autres qui sont composez à la louange du fondateur d'iceluy, qui est le roy Habu Henon : et sont les lettres en grosse forme de maiolique, sus un champ blanc, tellement qu'on en peut faire lecture d'assez loing[1].

Colege fondé par le roy Habu Henon.

1. Le prince que Léon l'Africain désigne dans ce passage et dont le nom a été défiguré est le sultan El-Moutewwekil al' Allah Abou Inan Faris ibn Abi 'l-Hassan. Il naquit à Fès la Neuve le 12 du mois du Rebi' el-ewwel 729 (14 janvier 1329). Sa mère était une esclave grecque qui avait reçu le nom de Chems ed-Douha (le Soleil de l'heure brillante de midi) ; elle mourut le 4 du mois de Redjeb 756 (5 juillet 1355). Abou Inan fut proclamé héritier présomptif du vivant de son père auquel il succéda le 23 rebi ouç-çany 752 (19 juin 1351).

Il mourut étranglé par son vizir, Hassan ibn Omar el-Foudoudy le samedi 28 zilhidjèh 759 (1ᵉʳ décembre 1358).

Le medersèh qu'il fit construire porte le nom de Medersèh Inanièh مدرسة عنانية. Il en édifia un autre à Salé, lequel fut converti en un fondouq qui porte aujourd'hui le nom de fon louq Askour.

L'inscription mentionnée par Léon l'Africain a été recueillie par M. Eugène Helouis qui l'a décrite et en a donné, dans le premier cahier du *Journal Asiatique* de l'année 1896, une traduction que je reproduis ici : « Je suis

ET DESCRIPTION DE L'AFRIQUE

Les portes sont de cuivre avec ouvrages qui les decorent fort, et celles des chambres sont de boys bien entaillé. Il y a, en la grande sale où se font les oraisons, une chaire à neuf marches toutes d'yvoire et d'hebêne, chose certes non moins plaisante et sumptueuse que digne d'admiration. J'ay ouy affermer à plusieurs qui l'avoyent semblablement entendu reciter à d'autres, que le roy print envie (le colege rendu en son entière perfection) de veoir le livre des contes, pour savoir quelle somme d'argent estoit allée à la fabrique d'iceluy. Mais il n'eut pas fueilleté la moindre partie du livre, qu'il trouva de depense pour quarante mille ducats, qui luy causa une si grande merveille, que sans plus y regarder, après l'avoir dechiré, le jeta dans le petit fleuve qui passe par le colege, allegant ces deux vers d'un auteur arabe, dont le sens est tel :

Ce qui est beau n'est cher, tant grande en soyt la somme :
Ny trop se peut payer chose qui plaist à l'homme.

Mais il y eut un tresorier appelé Hibnulagi, lequel en avoit tenu conte, et trouva qu'on avoit dependu quatre cens octante mille ducats. Tous les autres collèges de Fez imitent aucunement l'ordre de la fabrique de cetuy-cy, et à un chacun y a lectures en

<small>Somme des frais du bâtiment du grand collège qui est de 480000 ducats.</small>

<small>le cénacle de la science. Fais de moi ta demeure et tu deviendras comme tu l'espères un savant unique. C'est Faris, l'imam qui vous guide dans la voie de la bonne direction qui m'a construit. Puisses-tu acquérir ainsi la grandeur et une juste et considérable récompense dans l'autre vie.</small>

diverses sciences et genre de disciplines, qui ont les heures de leurs lectures comparties et limitées : les uns lisans le soir, les autres le matin, estans provisionnez et salariés des rentes délaissées par les fondateurs à ce mesme effet. Anciennement, les ecoliers estoyent nourris et vetus en iceux par l'espace de sept ans, mais, pour le present, ils n'y ont autre avantage que la demeurance, pource que, par les guerres de Sahid, beaucoup de leurs possessions (dont le revenu estoit deputé pour cet affaire) furent gâtées, et n'en est demeuré qu'une bien petite partie, avec laquelle les lecteurs sont entretenus, dont l'un a deux cens ducats, l'autre cent, l'un plus et l'autre moins. Et pourroit bien cecy estre cause en partie que la cité de Fez avec les vertus qui la souloyent rendre florissante, soit venue en decadance, et non seulement la cité, mais tout le pourpris de l'Afrique, tellement que les colléges ne sont frequentez sinon de quelques etranges ecoliers, qui sont entretenus à l'aumone de la cité et du territoire d'icelle ; et s'il y en avoit d'aventure aucuns de la cité, ils ne sauroyent estre plus haut de deux ou troys. Quand l'un des lecteurs veut donner commencement à sa lecture, il fait premiérement lire le texte, puis vient à l'exposer de mot à mot, et declarer particuliérement tous les poins qui luy semblent dificiles, et ont coutume les ecoliers de disputer aucune foys entre eux, selon la matière et sujet de leurs leçons.

Hopitaux et étuves qui sont dans la cité de Fez.

Il y a dans Fez des hopitaus et collèges qui, en beauté, ne cèdent en rien aux autres, et souloyent estre logez les etrangers dans iceux hopitaus par l'espace de troys jours. Il y en a plusieurs autres hors les portes, qui ne sont moindres ny inferieurs à ceux de la cite, et estoyent assez bien fondez et rentez. Mais du temps des guerres de Sahid, le roy se trouvant fort necessiteux d'argent, fut conseillé de vendre le revenu d'iceux, à quoy le peuple resistant fort obstinement, et ne s'y voulant accorder, un procureur du roy fit entendre aux habitans comme par les aumones des ayeulz de sa Majesté, ilz avoyent esté edifiez et fondez; ce que consideré, il estoyt bien raisonable et necessaire que, du revenu d'iceux, on feist une certaine quantité d'argent pour survenir à l'extrême besoing dudit seigneur, qui à faute de ce, estoit sur le point de perdre son royaume, et que facilement la guerre finie et l'ennemy chassé, on trouveroit le moyen de le racheter. Ainsi ce maitre procureur sceut si bien dire et persuader, que les possessions qui dependoyent de ces hopitaux furent vendues avec les rentes; mais le roy prevenu et devancé par la mort, ne se peut aucunement acquiter de sa promesse qui estoit de rendre ces hopitaux en leur premier etat, qu'on laisse aujourd'huy à quelque docteur ou noble de la cité, qui n'a pas meilleur moyen, à fin qu'on les puisse tousjours maintenir sur pied. Et n'en y a qu'un seul pour survenir et servir aux pauvres malades qui arrivent de jour en jour tant des lieux circonvoisins que de loingtains pays, auxquelz on ne donne medecine, ny medecin pour les guérir, et n'ont autre chose du revenu dudit lieu que leurs depens et le coucher, avec aucuns qui sont là, pour leur administrer leurs necessitez, jusques à tant, ou que la mort donne fin à leur miserable vie, ou qu'ils retournent en leur première santé et convalescence.

Chambres pour les folz. En cet hopital, y a quelques chambres expressement ordonnées pour les folz, c'est assavoir pour ceux qui ruent les pierres parmy les rues et font autres actes scandaleux là où ilz sont enchainés. Le devant des chambres qui est sus les allées est treillissé de certaines barres de boys bien fortes; et aussi tost que celuy qui leur porte à manger les voit bouger en sorte que ce soyt, il les redrece treslourdement, avec de piteuses bastonnades, estant tousjours garny d'un gros baton court pour cette affaire. Il avient souventes foys que quelque etranger se veut aprocher de ces chambres, mais il n'est pas plus tôt par ces folz aperceu, qu'ils l'appellent, se plaignans à luy grandement, qu'estans du tout delivrez de folie, sont ainsi etroitement detenus en cette malheureuse prison où ils reçoivent, journellement, par leurs gardes, mille injures et outrages. A quoy aucuns ajoutans foy et s'aprochans de plus près, se trouvent incontinent saisis par le reply de leurs robes ou pan du manteau par ces folz qui leur impriment un masque sur leur visage, avec leur fiente ; car combien qu'ils ayent des latrines, neantmoins, ils se vuident le plus souvent, acroupis au milieu de la chambre, et faut que leurs gardes nettoyent journellement leur ordure, faisans signe aux etrangers qu'ils ne s'avancent guères et parlent de loin. Enfin, cet hopital est pourveu de tous ministres et officiers qui sont en semblable cas requis, comme de notaires, facteurs, protecteurs, cuisiniers et autres qui sont au gouvernement des malades, et un chacun a salaire assez suffisant. De mon adolescence, je y demeuray deux ans pour notaire, comme c'est la coutume des jeunes étudians, qui, exerçans cet office, ont troys ducats le moys pour leurs gages [1].

La cité est encore garnie de cent etuves, fort bien *Des étuves de Fez.*

[1]. Aly bey el-Abbassy nous fait connaître, dans la relation de ses voyages, une particularité singulière au sujet de l'hôpital de Fés. « Fez, dit-il, possède un hôpital ou un hospice très richement doté, et destiné uniquement au traitement des fous. Ce qu'il y a de singulier, c'est qu'une partie considérable des fonds de cet établissement a été léguée par des testaments de plusieurs individus charitables, avec l'unique objet d'assister, de soigner, de donner des remèdes, et d'enterrer dans le même hôpital les grues ou les cigognes malades ou mortes. On croit que les cigognes sont des hommes de quelques îles très lointaines, qui, à une certaine époque de l'année, prennent la forme d'oiseaux pour venir ici ; qu'à l'époque convenable, ils s'en retournent dans leur pays où ils redeviennent hommes jusqu'à l'année suivante. C'est pour cela qu'on regarderoit comme un criminel celui qui tueroit un de ces oiseaux ; on fait à cet égard mille contes plus absurdes les uns que les autres » (*Voyages en Afrique et en Asie*, Paris, 1814, t. I, p. 127).

fabriquées et en bon ordre, dont il s'en trouve de grandes et moyennes, mais toutes bâties d'une mesme façon qui est telle. En chacune d'icelles y a quatre chambres en guise de salle et au dehors certaines logetes haucées de cinq ou six marches, là où sont les lieux deputés pour se depouiller et etuyer ses habillemens; puis, au milieu, se trouvent des fontaines en sorte de citernes, mais fort grandes. Or, s'il prend envie à quelqu'un de s'aller etuver, après qu'il a passé la première porte, il entre dans une chambre très froide, où ceux de leans tiennent une fontaine pour rafrechir l'eau quand elle est plus chaude qu'il ne faudroit; puis, de là, on vient à entrer dans une autre chambre qui est un peu plus chaude que la première, là où on se fait laver et netoyer par les valets. De là, on passe encore plus outre en une autre aisance là où on sue très bien, qui est le lieu où est la chaudière, emmuraillée, pleine d'eau bouillante qu'on tire avec des seilles de boys, que les valets sont tenus de donner pleines d'eau; et ceux qui en veulent avoir d'avantage, ou qui se font laver plus longtemps, doivent donner à celuy qui les sert un grand blanc, ou deux liars pour le moins, et au maître de l'etuve un liard tant seulement. L'eau se chaufe avec la fiente ou fumier des bestes, au moyen de quoy ceux qui tiennent les etuves ont des garsons et sommiers expressement, qui s'ecartent par la cité, recueillans le fumier des etables, qu'ils transportent hors la cité, là où ils l'assemblent, en font une petite montagne qu'ils laissent essuier par l'espace de deux ou troys moys et à la fin, ils en font chaufer les etuves et leurs eaux par faute de boys.

Les femmes ont leurs etuves à part, et s'en trouve encor qui sont pour l'un et l'autre sexe en general; mais les heures sont determinées pour les hommes, qui n'y peuvent aller qu'à certains temps du matin jusques environ les neuf ou dix heures, une foys plus tost, et une autre foys plus tard, selon la qualité des jours dont le reste est deputé pour les femmes, qui estans dedans les etuves, pour le donner à cognoître, on traverse une corde à l'entrée, là où il n'est permis de passer, pendant que ce signe y est aposé. Et si, par fortune, il avenoit que quelqu'un eût vouloir de parler à sa femme, il ne pourroit, sinon qu'il luy feit entendre ce qu'il voudroit dire par quelque valet ou ministre. Ils ont encor coûtume, tant hommes que femmes de la cité, de manger, et le plus souvent, se recréer à divers jeux, et ebatemens, chantans à gorge bée dans les etuves, là où peuvent entrer les jouvenceaux tous nuz sans aucun respect, ny prendre vergoigne les uns des autres, en sorte que ce soyt. Mais les hommes d'autorité et reputation y entrent avec linges autour d'eux, et ne se mettent aux places communes, ains se rengent en petits cabinets, qu'on tient tousjours en ordre pour ceux qui sont d'apparence.

J'avoys oublié une chose et passoys outre, sans vous dire comme les valets font etendre ceux qu'ils

Etuves des femmes.

Heures determinées pour etuver.

lavent par terre, et les frotent tresbien avec une certaine manière d'onguent restauratif et autres instruments qui ôtent et netoyent toute immondicité de dessus le corps de la personne. Mais quand ils viennent à laver quelque seigneur, ils le font coucher sur un drap de feutre et appuyer la teste sur un cuissin couvert de feutre semblalement. En chacune de ces etuves, y a plusieurs barbiers lesquels savent ce qu'ils doivent bailler au maitre par an, y pouvans lever boutique et travailler de leur art. La plus grande partie de ces etuves doit de louage aux temples et colèges l'une cent, l'autre cent cinquante ducats, ou plus ou moins, selon la grandeur et qualité des lieux.

Je ne veus encore omettre, que les compaignons et ministres d'icelles solennisent certaine feste une foys l'an, la celebrans en cette sorte. Ils invitent premierement tous leurs amys, et s'en vont hors la cité avec le phifre, tabourin et trompettes ; puis arrachent un oignon de squille qu'ilz mettent dans un beau vase de cuivre, et l'ayans couvert d'une nape tresblanche, s'en retournent dans la cité, tousjours sonnans jusques à la porte de l'etuve, puis mettent l'oignon dans un panier qu'ils pendent à la porte disans : cecy fera venir le gain à l'etuve, à cause qu'elle sera frequentée de plusieurs. Mais il me semble que cecy se doive plus tôt appeler sacrifice qu'autrement, veu la mode que tenoyent anciennement les Africans gentils, qui laissérent cette ma-

Squille ainsi nommé en Afrique.

niére de faire qu'on a entretenue jusques à present, comme il se trouve encore plusieurs noms et mots des festes des chretiens qui s'observent quasi aujourd'huy, combien qu'on ne sait la raison pourquoy elles se font, et tiennent cela les Africans depuis qu'ilz furent subjuguez par iceux : et vous exposeray aucuns mots qui en sont, selon qu'il me viendra à propos[1].

Hoteleries de la ville de Fez.

Il peut avoir environ deux cens hoteleries en cette cité, qui sont sumptueusement fabriquées,

[1]. L'auteur de *Roudh el Qarthas* nous apprend que sous la dynastie des Almohades, Fès possédait quatre-vingt-treize bains. Le cheikh Ahmed el-Bernoussy nous donne dans sa description de Fès, les noms des principaux bains de cette ville. C'était dans le Adoua el-Qaïraouyn : Hammam Qarqoufa (le bain où l'on grelotte), Hammam el-Emir (le bain de l'Emir), Hammam Erribath (le bain du couvent), Hammam Errechacha (le bain de l'aspersion), et dans le Adoua el-Andalous Hammam el-Kerraf (le bain bouillonnant), Hammam Echcheïkhein (le bain des deux cheikhs) et Hammam el-Djezyrèh (le bain de la péninsule).

Une singulière superstition est rapportée par Ali bey el-Abbassy à propos des bains de Fès. « Les bains, dit-il, sont ouverts au public toute la journée. Les hommes y vont le matin et les femmes le soir. J'y allois ordinairement la nuit, prenant toute la maison des bains pour moi seul, afin qu'il n'y eut point d'étrangers... La première fois que je m'y suis rendu, ayant fait la remarque qu'il y avoit des seaux d'eau symetriquement placés au coin de chaque salle et de chaque cabinet, je demandai à quoi ils étaient destinés. Ne les touchez pas, seigneur, répondirent avec empressement les gens du bain. — Pourquoi? — Ces seaux sont destinés à ceux d'en bas. — Qui sont ceux d'en bas? — Les démons qui viennent se baigner pendant la nuit. » (Ali bey el-Abbassy, *Voyages en Afrique et en Asie*, Paris, 1814, p. 126).

dont il s'en trouve d'aucunes fort grandes, comme celles qui sont prochaines du temple majeur, qui sont faites à troys etages dont la plus spacieuse contient cent vingt chambres, et en y a encore d'autres qui en ont d'avantage, estans toutes garnies de leurs fontaines et latrines avec canals, par où se vuident toutes les immundices et ordures hors la cité.

Je n'ay veu en Italie nuls semblables edifices, sinon le collège des Espagnols qui est dans Bologne la Grasse et le palais du cardinal Saint George à Romme.

Toutes les portes des chambres repondent sus les galeries, mais on est souvent trompé par la belle montre de ces hoteleries, car il y fait tresmauvais loger, à cause qu'il n'y a lict, ny couches, mais les hôtes donnent à ceux qui y logent une esclavine et quelque nate pour dormir dessus; et s'ils veulent manger, il faut qu'eux mesmes voisent acheter la viande, laquelle ils donnent puis à l'hôte pour appareiller. Les pauvres femmes veuves de la cité (qui n'ont aucune maison ny parent, ou autre qui leur en veullent preter) se retirent dans ces hoteleries là où on leur donne une aisance, puis se mettent à cuisiner et tenir les chambres en ordre, et nettes.

Mais je ne veux passer outre sans que vous soyés plus à plein informez de la manière de vivre de ces hôtes, puis qu'il me vient à propos. Ils sont d'une generation appellée Elcheua,[1] et se parent d'habis lubriques et dissolus, qu'ilz acoûtrent à la mode feminine, portans la barbe rase, s'etudians de tout leur esprit à imiter en tout, les gestes et façons des femmes, voire jusques à la parolle mesmes.

Vices et méchante vie des hotes de Fez.

[1]. Il faut, au lieu de Elcheuaa, lire Elkhawal, الخول. Guillaume Adam, de l'ordre des frères prêcheurs, dans son *De modo Saracenos extirpandi* adressé à Raymond de Fargis, cardinal au titre de Sainte-Marie la Neuve, consacre quelques lignes indignées à ces êtres efféminés: « Apud sectam Sarracenorum, écrit-il, actus quicumque venereus non solum est improhibitus sed licitus et laudatus. Unde preter meretrices innumerabiles que apud eos sunt, homines effeminati sunt plurimi qui barbam radunt, faciem propriam pingunt, habitum muliebrem assumunt, armillas portant ad brachia et ad pedes, et ad collem torques aureos ut mulieres ; et ad pectus monilia circumponunt et sic, sub peccato venumdanti contumeliis afficiunt sua corpora et exponunt et masculi in masculum turpitudinem operantes, mercedem iniquitatis et erroris recipiunt in seipsis. Sarraceni ergo humane dignitatis obliti se ad illos effeminatos impudenter inclinant, vel cum eisdem habitant, sicut hic inter nos, publice habitant vir et uxor. » Raymond de Fargis, neveu du pape Clément V, fut créé cardinal en 1305 et mourut en 1314.

Khawals. C'est le nom que l'on donne encore aujourd'hui, au Caire, aux danseurs qui se couvrent de vêtements féminins. Beaucoup d'habitants du Caire répugnant à faire danser des femmes ont recours à des danseurs. Ce sont tous des jeunes gens et le nombre en est très peu considérable. Ils portent le nom de « Khawals ». Ils sont musulmans et Égyptiens. Figurant des femmes, leurs danses ressemblent exactement à celles des Ghawazy... Leur costume est en partie celui des femmes, en partie celui des hommes. Il consiste en une courte veste, une ceinture et une sorte de jupe. Leur apparence est plutôt celle d'une femme que celle d'un homme. Ils laissent pousser leurs cheveux longs et ils les nattent à l'imitation des femmes ; ils appliquent du kohl sur leurs yeux et du henneh sur leurs mains. Dans les rues, lorsqu'ils n'y exécutent aucune danse, ils se voilent la figure non par un sentiment de pudeur, mais pour imiter les femmes (E. W. Lanes, *An account of the manners and customs of the modern Egyptiens*. Londres, 1871, p. 92). Ces danseurs sont aussi connus sous le nom de Ching, شنك, corruption du mot turc *tchenguy* چنكى ou celui de *gheich* غيش.

Quoy plus? ils se rendent si mols et délicas, qu'ils n'ont point honte s'abaisser de tant que de prendre la quenouille pour filer; et n'y a celuy de ces infames paillars qui ne tienne un concubin, usant avec luy et se viennent à conjoindre ensemble, ne plus ne moins que fait le mary avec la femme, tenans outre ce, des filles publiques, qui se gouvernent non autrement que font les cagnardieres en Europe.

Ils ont autorité de vendre et acheter le vin, sans qu'ils en soyent en rien molestez par les officiers de la court et pratiquent en ces hoteleries toutes manieres de rufiens, paillars, yvrongnes, gens mal conditionez et de mauvaise vie, les uns pour gourmander et yvrongner, les autres pour amortir leur chaude paillardise et deshoneste lubricité avec les femmes publiques, et aucuns pour commettre d'autres illicites et vituperables actes (pour estre là asseurés de la court) qui me donnent plus d'honte à les publier, qu'à ces infâmes pendars de les mettre en effet. Ces hostes ont un consul[1], et payent un certain tribut au chatelain et gouverneur de la cité avec ce qu'ils sont tenus et obligés (quand ce vient au besoin) de fournir en l'armée du roy, ou de quelque prince, une grande multitude d'hommes de leur compagnie, pour faire la cuisine des soldats pour ce qu'il s'en trouve peu d'autres

---

1. Ce consul ou prévôt porte en arabe le mom de Mizouar, مزوار

qui soyent si bien en cet art experimentez. Et vous ose bien asseurer d'une chose, que si le devoir auquel se doit ranger tout historien ne m'eust contraint à dire la vérité, que je me fusse voulentiers deporté de m'avancer de tant, avec une grande envie de remettre cecy souz silence, pour ne publier et découvrir si abhominables vices, qui rendent obscur la gloire de cette cité où j'ay prins la plus grande partie de ma nourriture. Car à dire vray, (hors mis cette abhomination) il y a des personnes autant honnestes et bonnes qu'on sauroit trouver en toute l'Afrique, tellement que ceste peste de gens n'est frequentée que de ses semblables confiz en toute ordure et mechanceté. Et tant s'en faut que ny gens de lettres, d'honneur et marchans, voire jusques aux artisans leur daignent tenir propos, qu'ils se tiendroyent quasi deshonorez de les regarder seulement; au moyen de quoy (veu leur infamie) il leur est deffendu d'entrer aux temples, places marchandes, etuves et maisons d'honneur, ne leur estant licite de tenir hotelerie près le temple majeur, pour ce que là vont loger les marchans et gens de rare qualité. Tant y a que tout le peuple, en general, leur porte une haine mortelle. Mais pour autant que les seigneurs (comme il vous a esté recité) s'en servent en leurs armées, il leur est permis de mener une telle desordonnée et scandaleuse vie.

Des moulins qui sont dans la cité.

Dedans cette cité y a près de quatre cens moulins, c'est assavoir de lieux auquels sont les moules, car autrement, il en y pourroyt bien avoir un milier, pour ce qu'ils sont fais en manière d'une grande salie, soutenue par colonnes; et dans aucuns endrois, il y aura quatre, cinq et six moules, tant qu'une partie du territoire vient moudre dans la cité où y a certains marchans qu'on appelle fariniers qui arrentent les moulins où ils font moudre le blé qu'ils achètent; puis vendent la farine dans des boutiques qu'ils tiennent à louage, et de cecy en retirent un grand profit. Car tous les artisans qui n'ont pas bonnement la puissance de faire leur provision de blé, achètent la farine en ces boutiques, puis font faire leur pain en leur maison. Mais ceux qui ont bien le moyen, achètent le blé qu'ils font moudre aux moulins, estans députez pour les citoyens et payent un grand blanc pour faire moudre le setier. La plus grande partie de ces moulins depend des temples et collèges, de sorte qu'il se trouve peu de citoyens qui en ayent; et est grand le louage, comme de deux ducats pour moule.

De la diversité des artisans, boutiques et places.

Les arcs en cette cité sont séparez les uns des autres, dont les plus nobles sont autour du circuit du temple majeur comme les notaires, qui tiennent environ octante boutiques, une partie est jointe avec les murailles du temple, et l'autre à l'aspect d'iceluy; et y a deux notaires en chaque boutique. Plus autre, devers le ponant y a environ trente boutiques de libraires, et du côté de midy sont les marchans de souliers, qui tiennent près de cinquante boutiques. Ceux-cy achetent souliers, bottes et bottines en grande quantité, des cordoanniers qui vendent par le menu. Un peu plus avant sont les cordoanniers qui font les escarpes des petis enfants, et peuvent tenir environ cinquante boutiques. De la partie du levant qui est devers le temple, sont ceux qui vendent ouvrages de cuivre et leton. D'autre côté, devers la grande porte du côté de ponant, sont les revendeurs de fruits, qui tiennent environ cinquante boutiques.

Après, se trouvent ceux qui vendent la cire, de laquelle ils forment et moulent les plus beaux ouvrages que je pense avoir veuz de ma vie, et de là, l'on vient à trouver le rang des merciers, qui sont en petit nombre. Puis après, sont environ vingt et cinq boutiques de ceux qui vendent les fleurs, desquelles ceux qui boyvent du vin veulent tousjours manier,

Marginalia:
- 80 boutiques de notaires.
- 30 boutiques de libraires.
- 50 boutiques de cordoanniers.
- 50 boutiques de vendeurs de fruitz.
- 25 boutiques de vendeurs de fleurs.

et tiennent encore citrons et limons. Mais ces fleurs rendent une si grande délectation à la veuë de qui les regarde, pour cause de l'aspect diapré et contentement tant nompareil de l'odeur provenant d'icelles, qu'il semble à veoir qu'on soit dans quelque beau pré verdoyant et semé de souesves et odorantes fleurs, ou bien viennent à représenter l'objet d'un beau tableau enrichy des plus naïves et diverses couleurs. Auprès de ceux-cy, se tiennent les vendeurs de laict qui ont leurs maisons garnies de vases de maiolique, et achétent le laict de certains vachers qui nourrissent les vaches pour telle marchandise, puis l'envoyent tous les matins dedans des vases de boys, reliés de cercles de fer, fort étrois par la bouche, et larges au fons pour le vendre sous ces boutiques, et ce qui leur demeure le soir ou le matin, est acheté par les revendeurs qui en font du beurre, et le laissent partie aigrir ou congeler pour le vendre au populaire, et ne sauroy croire autrement qu'il ne se vende chacun jour dans la cité plus de vint et cinq tonneaux tant aigre que frés. Plus là, sont ceux qui vendent le cotton, et peuvent tenir environ trente boutiques. Du côté de tramontane, sont les marchans de chenesve, qui vendent cordes, chevetres, laqs, cordeaus et autres trenchefiles; puis se trouvent les autres qui font ceintures de cuir et licols de chevaux tous de cuir, ouvrez de soye. Après sont ceux qui font fourreaux d'epées, guaines de couteaux, et pignes de cheval. Puis se voit le rang des vendeurs

Il se vend 25 tonneaux de laict par jour dans la cité.
30 boutiques de vendeurs de cotton.

de sel et croye blanche, et autres couleurs qu'ils achètent en gros et vendent par le menu. Delà se trouvent les marchans qui vendent vases, beaux, et chargez de naïve couleur, d'ont les uns sont cou- leurez d'une simple couleur, d'autres de diverses; et en y a environ cent boutiques. Puis après sont ceux qui vendent les mords, brides, selles et estafes, qui tiennent environ octante boutiques.

Les boutiques des vendeurs de vases.

De boutiques de selliers.

Plus outre, est la place des portefais qui sont jusques au nombre de troys cens ayant un consul ou chef qui a la puissance d'elire et choisir ceux qui doivent travailler et servir aux choses ocurrentes tout le long de la semaine; et les deniers qu'ils reçoivent pour leur salaire se serrent dans une bouëte où il y a plusieurs serrures dont les clefs sont gardées de divers chefs, et au bout de la semaine, ces deniers sont divisés entre ceux qui ont travaillé durant icelle, se portans telle amitié les uns aux autres comme s'ils estoyent frères naturels. Au moyen de quoy, quand quelqu'un d'eux vient à mourir et delaisse quelque petit enfant, la compagnie fait gouverner la femme jusques à ce qu'elle se remarie. Quant aux enfans, ils en sont merveilleusement soigneux jusques à tant qu'on les voye en âge de pouvoir aprendre quelque métier; et quand aucun d'entre eux vient à se marier ou que la femme de l'un est acouchée, il fait un banquet à tous ceux de la sequelle qui luy font un present, puis après, chacun à part, selon que leurs forces se peuvent

300 portefaix bien ordonnez et privilegez.

etendre. Ils ne recevront jamais aucun en leur compagnie, que premierement il n'ayt fait un festin à tous les autres ; et combien que il y entrast sans le faire, il ne pourroit gaigner en travaillant que la moitié du gain qui reviendroit à un autre. Au reste, ils sont privilegez des seigneurs de ne payer aucune gabelle, ny imposition, et ne feront cuire leur pain chez les fourniers, s'il ne leur est agreable. Et si par cas fortuit, il avenoit qu'un d'entre eux commist quelque delict digne de mort, on luy fait cette grace de ne le punir publiquement. Lorsqu'ils se veulent mettre en besogne, ils vetent un habit court et sont tous d'une livrée, mais quand ils cessent, tous habillemens leur sont indifférens. Tant y a que ce sont honnestes gens et de bonne vie.

D'avantage, il y a la place du chef des consuls, et juges de tous les vendeurs des choses de bouche ; et au milieu se trouve un serrail de cannes, proportionné en quadrature où l'on vend des pastonnades et naveaux qui sont en si grande estime qu'autres n'ont puissance d'en acheter des jardiniers, fors quelques uns qui sont deputez qui en rendent certain tribut aux gabeliers ; et s'en vend, tous les jours, cinq cens charges, et aucune foys, d'avantage. Toutefoys encor qu'elles soyent en si grande estime, si est ce qu'on les laisse à bon marché ; comme trente, ou pour le moins vingt livres pour un blanc ; et là se donne la feve fresche en sa saison à bon pris. Autour de cette place y a des boutiques là où se

De la quantité des pastonnades et naveaux qui se vendent.

vendent des lazagnes avec lesquelles on fait certaines balotes de chair de beuf, la plus maigre qu'on trouve, chaplée et frite en huile, avec force épice, dont chacune est de la grosseur d'une figue, dont la livre se donne pour deux liards. Outre cette place, et devers tramontane est celle de l'herberie, là où se vendent les chous, raves et autres herbes qui se mangent avec la chair; et contient environ quarante boutiques. Il y a puis après la place qu'on appelle, de la fumée, où se vend le pain frit en l'huile, semblable à ce pain emmielé que nous appellons pain d'épice, et ceux qui le font tiennent dans leurs boutiques plusieurs garsons et instrumens, pour ce qu'ils le font avec un grand ordre, et en vendent tous les jours une grande quantité, à cause que c'est la coutume de le manger à dejeuner, mesmement le jour des festes, avec le roty ou le miel mesmes, ou bien avec un salé potage, fait avec chair qu'ils chaplent après qu'elle est cuite, et en font ce patrouillis qui, estant aucunement tiede, luy donnent couleur et le saupoudrent avec je ne say quelle terre rouge. Ils n'ont coutume d'enhater leur roty, mais drecent deux fours l'un sus l'autre, et en celuy de dessous alument le feu, tant que le dessus est bien echauffé ; puis mettent là dedans, les moutons tous entiers par un pertuis qu'ils font par dessus, pour eviter que la flamme ne leur endommage la main. Ainsi se cuit fort bien la chair qui prend couleur, retenant un goust fort delicat, pour ce que la fumée

Quarante boutiques de vendeurs d'herbes et raves.
Pain frit en huile.

Deux fours l'un sur l'autre à roustir la chair et moutons tous entiers.

ne la peut surprendre, et n'a pas le feu trop apre, mais la laissent cuire à loisir tout le iong de la nuict. Puis, le matin, commencent à la vendre tellement que, tant de pain duquel nous avons cy dessus parlé, que de cette chair rotie, s'en vend bien tous les jours pour plus de deux cens ducats, car il y a aucunes boutiques là où l'on ne s'adonne à autre exercice.

Ils vendent encor certaine chair et du poisson frit, et d'autre manière de pain en sorte de lazagnes, mais un peu plus matériel, qu'ils detrempent avec du beurre, puis le mangent avec du miel. On y vend des pieds cuis comme de moutons ou beuf; et de telles viandes se repaissent le plus souvent les manœuvres le matin, et vignerons aux boutiques mesmes, puis s'en vont donner commencement à leurs journées. Après sont ceux qui vendent l'huile, beurre salé, fromage viel, olives, limons, capres, pastonnades et pourreaux, tenans leurs boutiques parées de vases de maiolique tant que le garniment vaut beaucoup mieux que la marchandise. Les pots de beurre, et miel se vendent à l'encant; et ceux qui les crient sont aucuns portefais deputez qui mesurent l'huile quand elle se vend en quantité. Ces pots poisent cent cinquante livres, pour ce que ceux qui les font, sont tenus les rendre de cette mesure, et les achètent les pastres de la cité tous vuides, puis après les avoir remplis, les vont revendre. Là auprès, sont les bouchers qui tiennent environ quarante boutiques hautes, et de la façon des autres, là où ils

40 boutiques de bouchers en la ville de Fez.

depècent la chair qu'ils poisent dans les balances; toutefoys, ils ne tuent pas les bestes dans la boucherie, mais en lieu tout propre à cet effet, qui repond sus la rivière, et là mesme les ecorchent, puis les font porter par quatre portefais dans les boutiques.

Mais avant tout cela, on les vient premierement presenter devant le chef des Consuls, qui les ayant fait revisiter, leur baille un billet où est ecrit le pris, pour combien on doit delivrer la chair, et sus icelle le boucher mesme met le billet, à fin qu'il puisse estre veu et leu de tous en general. Outre cette place, est le lieu où se vendent les draps de grosse laine du pays, et y a environ cent boutiques, et s'il se trouve quelqu'un qui en porte vendre, il faut qu'il le charge sur les épaules d'un qui met les choses à l'encant, qui va criant le pris de boutique en boutique : et sont soissante ordonnez à cet office. Après midy, on commence de mettre les marchandises à l'encant, continuans jusques au soir bien tard, et se paye au crieur un grand blanc. Après ceux-cy, sont les fourbisseurs d'armes comme d'epées, poignars, pertuisannes et autres choses; il y en a aussi qui les vendent et fourbissent ensemble. Puis après, se trouvent les pescheurs qui peschent tant dehors comme dedans la cité, vendans le poisson de leur pesche qui est gros, savoureux, à bon marché et pour un liard la livre. Ils prennent le plus souvent grande quantité de ce poisson qu'on appelle aloze, que l'on commence à pescher depuis l'entrée du

Cent boutiques de drapiers.

60 crieurs des choses à l'encant.

Fourbisseurs.

Pescheurs.

Un liard la livre du poisson.

moys d'octobre jusques en avril comme il se dira particulièrement, là où nous viendrons à parler des fleuves. Un peu plus outre, sont ceux qui font les cages faites de cannes où l'on met les poulles, et peuvent tenir environ quarante boutiques. Car tous les gros citoyens en tiennent un grand nombre pour les engresser, et de peur qu'elles ne souillent les chambres, ils les enferment dans ces cages.

<small>40 boutiques de faiseurs de cages à tenir les poulles.</small>

Au delà sont ceux qui vendent le savon, n'estans guères de boutiques ensemble pour ce qu'elles sont toutes ecartées par les autres rues. Ce savon se fait aux montagnes delà où les muletiers l'apportent pour le vendre à ceux qui tiennent ces boutiques. Après se trouvent ceux qui vendent la farine, qui n'ont semblablement guère de boutiques pour estre ecartées comme les autres. Plus outre, sont ceux qui vendent le grain et legumage pour semer; il est vray qu'ils en vendent pour manger, mais bien peu; et gardent les citoyens ce qu'ils en ont sans le vendre aucunement. En cette place, se trouvent beaucoup de gens qui demeurent expressément pour porter le grain, ayans chevaux, mulets avec leurs bastz tous apostés, où chacune de ses bestes porte coutumièrement un setier et demy, mais dans troys sacs accomodés l'un sur l'autre, et sont tenus ces gens icy de mesurer encor le blé. Puis, se trouvent ceux qui vendent la paille, tenans environ dix boutiques. Plus outre, est la place là où se vend la chenesve ou chanvre et lin qui se sème semblablement, laquelle est en forme

<small>Boutiques de savon.</small>

<small>Boutiques de fariniers.</small>

d'une maison, ayant à chacun angle une loge, et dans icelles demeurent les marchans de toilles, avec quelques-uns qui poisent le chanvre et les femmes qui le vendent en grande quantité; il se vend aussi à l'encant que l'on commence à faire depuis midy jusques au soir, pendant lequel il s'en vend une infinité. Au milieu de cette place, y a beaucoup de muriers, qui rendent un ombrage fort plaisant au lieu ; et avient souvent que l'on va veoir le marché par manière d'ebat, qui puis aprés, y demeure plus qu'il ne voudroit, pour la grande multitude des femmes qui y sont, lesquelles souventes fois aprés belles injures viennent à demeler leur querelle bien lourdement à grands coups de poing, s'outrageans le plus vilainement du monde, tellement qu'elles servent de passe temps, et causent de grandes risées aux assistans. *Plaisante guerre des femmes au marché.*

Or maintenant, pour retourner à la partie du ponant, c'est à savoir depuis le temple jusques à la porte par où l'on va à Mecnase, outre la place de la fumée, sont ceux qui font les seaux de cuir, desquels on se sert aux maisons, là où il y a des puis, et sont environ quatorze boutiques. En aprés, se trouvent ceux qui font une manière de arches où l'on met la farine et le grain, tenans environ trente boutiques. Plus outre, sont les savatiers, et aucuns cordoanniers qui font de gros souliers et lours, pour les païsans et populaire, tenans jusques à cinquante boutiques. *14 boutiques de seaux de cuir.*

D'autre part, sont ceux qui font les targues et ecus de cuir, selon la coutume africane et comme on en voit en plusieurs lieux de l'Europe. Il y a puis après les lavandiers, gens de basse condition, qui tiennent boutiques, où ils ont de grans vases comme un tenon; et ceux qui n'ont chambrière en leurs maisons pour les reblanchir, portent leurs chemises, linceuls, et autres linges pour laver à iceux lavandiers, qui le font fort diligemment; et pour les essuier, les etendent sus des cordes, puis les plient si dextrement, et les netoyent si bien que la naïve blancheur qu'ils leur donnent, les fait quasi mécognoitre de ceux à qui ils appertiennent. Ceux-cy tiennent environ vingt boutiques en un lieu ; mais tant aux ruës comme aux places, il s'en trouveroit plus de deux cens. D'autre côté sont ceux qui font le boys des selles de chevaux, tenans plusieurs boutiques devers orient, là où est le colège du roy Abu Henon. Après, sont ceux qui font les etriez, eperons et brides, tenans quarante boutiques dans lesquelles ils font des ouvrages fort excellens, qui se peuvent transporter en Italie ou en autre pays des chretiens. Outre ceux cy, l'on vient à trouver aucuns qui font les brides et fers pour fournimens de chevaux, et d'autres qui font des selles de cuir, qu'ils couvrent de double couverture de cordouan dont la dernière est la plus riche. Ces ouvrages sont excellens en toute perfection, comme on en peut encor veoir en Italie, de la facture mesmes de ceux-cy

Deux cens boutiques de lavandiers.

qui tiennent environ cent boutiques. Plus outre, sont ceux qui font les lances fort longues, qui leur cause de tenir leurs boutiques fort grandes; et au delà est située la forteresse qui a une fort belle alée, s'etendant d'une part jusques à la porte du ponant, et d'autre, à un grand palais là où loge la seur du roy ou autre sien proche parent. Mais il faut entendre que cette place prend son commencement au temple majeur; et pour ne corrompre l'ordre, j'ay seulement parlé de celles qui sont autour d'iceluy, laissant la place des marchans pour la dernière.

Place des marchans.

Cette place est en forme d'une petite cité environée de murailles qui contiennent douze portes en leur circuit dont chacune d'icelles est traversée d'une chaîne de fer, de sorte que les chevaux ny autres bestes n'y sauroyent entrer. La place est divisée en quinze parties : en l'une, sont les cordoanniers qui font les escarpes pour les gentilshommes, et il n'y a courtisan, souldat, ny artisan qui en ose porter de la mesme sorte et beauté. En deux autres parties d'icelle, sont les merciers, qui vendent cordons, houpes et autres acrnemens pour les chevaux, et d'autres aussi de qui on achete la soye de couleur pour ouvrages de chemises, oreilleres et autres choses, dont tous ensemble peuvent tenir cinquante bouti-

<small>Cordoanniers pour les gentilshommes seulement.</small>

ques. Auprès de ceux cy sont les ceinturiers qui font pour les femmes des ceintures de laine fort grosses et de laide façon. D'autres en y a qui les font de soye, mais aussi mal façonnées, pour ce qu'elles sont faites en cordon et de la grosseur de deux doigs, tellement qu'on en pourroit facilement attacher et retenir une barque. Après ceux cy se trouvent deux ruës où se tiennent les marchans de draps de laine, c'est à savoir de ceux qu'on transporte d'Europe avec quelques draps et bonnetz de soye crue, et sont tous ces marchans Grenadins. Plus outre, sont ceux qui font les materas et cuissins pour l'esté, avec couvertures de cuir. Près de là, est le lieu de la gabelle, pour autant que les draps se vendent à l'encant, et ceux qui en ont la charge les portent premièrement faire marquer aux gabeliers, puis les vont exposer en vente entre les marchans, et sont soissante qui les mettent à l'encant, ausquels il faut donner deux liars pour chaque pièce de drap.

Plus outre, y a troys ruës là où demeurent les couturiers; puis en y a une autre où sont aucuns qui font certaines franges aux bords des ornemens de teste. Après ces ruës, il s'en trouve deux autres, où resident les marchans de toiles et chemises, et linge de femmes, les plus opulens de la cité, pour ce qu'ils ont plus de trafique; et demenent plus grandes affaires que tout le reste. Plus outre, y a une ruë là où sont ceux qui font des fournimens, houpes

Marchans de drap de laine.

Faiseurs de materas.

Le lieu de la gabelle.

Trois ruës de couturiers.

Deux ruës de marchans de toile.

et barnusse. Puis s'en trouve une autre où se vendent les robes de drap, qui est apporté de l'Europe, et les met on tout le soir à l'encant : c'est à savoir, ceux que les citoyens vendent en leur vieillesse ou dour toute autre necessité. Finablement, il y en a une là où se vendent les chemises, napes, essuye-mains et semblables choses de toile usée. Auprès de cette ruë, y a quelques petits magazins où l'on vend les tapis et couvertures de lict à l'encant.

Discours sur le nom des ruës apellées Caisaria, retenans le nom de celuy de Cesar.

Toutes ces rues sont appellées en general la Caisaria, vocable ancien et decendu de Caisar, signifiant Cesar, qui, en son temps, occupa la monarquie de Romme. Toutes les cités maritimes de la Mauritanie furent jadis subjugées par les Romains, puis par les Gots; et y avoit en chacune d'icelles une place retenant tousjours ce mesme nom. Dont les historiens africans voulans donner raison de cecy, disent que les officiers romains tenoyent deçà et delà des magazins, où ils gardoyent les tributz et impositions qu'ils recevoyent des cités lesquelles, se revoltans souventes foys, pilloyent et saccageoyent tout ce qui estoit dedans. Au moyen dequoy, un Empereur se resolut de faire bâtir un lieu en forme d'une citadelle où se

<small>Romains et Gots prenans les villes maritimes.</small>

retiroyent tous les officiers et receveurs de ses tributz, qui retireroyent avec eux tout ce qu'ils auroyent receu, avec les marchans de reputation, qui y tiendroyent et vendroyent les marchandises, estans bien asseurés qu'ils ne la sauroyent deffendre, que, par mesme moyen, ils ne gardassent les magazins de ses tributz et tresors estans là dedans enterrez, qui feroit que les marchans ne sauroyent jamais consentir au sac de ce lieu, que ce ne fust à leur tresgrande perte et dommage ; comme on a vu souventefoys avenir aux Italies, les souldatz en faveur d'une partie mettre le pied dans une cité, qui ayant saccagé la partie averse, ne trouvant plus que mordre, se mettoyent à traiter ceux qui les soudoyent avec autant peu de respect qu'ils avoyent fait les premiers [1].

[1]. Les différents métiers et les diverses espèces d'objets de vente se divisent par classes dans des rues séparées ; en sorte qu'on en voit qui ne sont occupées que par des gens d'une même profession ou d'un même commerce, d'autres sont remplies de magasins de draperies, de soieries, d'effets d'outre-mer et forment ce qu'on appelle *El-Caiseria*. Cet endroit est très bien assorti des produits de l'Europe qui viennent par mer ainsi que ceux du Levant qui sont apportés par les caravanes, comme aussi ceux de l'intérieur de l'Afrique.

El-Caisseria ainsi que beaucoup d'autres rues remplies de boutiques est couverte en bois dont la construction forme des arabesques et laisse des ouvertures ou des fenêtres de différentes formes pour l'entrée de la lumière et de l'air. Ces rues sont très propres en général ; la foule qui s'y trouve est aussi grande que dans une foire ; on pourrait même comparer ce tableau à une grossière imitation des galeries du Palais-Royal à Paris (*Voyages d'Ali-bey*, t. I, p. 124).

Apoticaires et autres artisans en ladite cité.

Tout auprès de la citadelle, devers tramontane, y a des apoticaires, ayant une ruë toute droite, où ils tiennent cent cinquante boutiques ; et se ferme des deux cotez, avec deux portes fort larges et fortes : et pour la garde d'icelles, mettent quelque gens qui vont toute la nuict, tout autour, avec armes, lanternes et chiens. Et là se vendent tant les drogues de medecine que d'apoticairie. Mais ils ne savent faire sirops ny julebs, pour ce que les medecins les ordonnent et les font ensemble en leurs maisons, puis les envoyent en leurs boutiques, là où ils tiennent des garsons qui les distribuent, selon que les recettes l'ordonnent. Et la plus grande partie de ces boutiques sont assemblées avec les maisons des apoticaires mesme ; mais quasi tout le peuple ignore que c'est de medecin et medecine. Ces boutiques dont je vous parle sont fort hautes et bien parées de belles armaires et si sumptueuses que je ne pense, qu'au demeurant du monde, se puisse veoir une telle apoticairerie que cette cy. Il est bien vray qu'en Tauris, cité de Perse, j'ay veu une place de telle grandeur, mais les boutiques sont certains portiques un peu obscurs soutenus par certaines colonnes de marbre, autrement fort bien bâties et avec une bonne industrie. Mais

<small>Les medecins font eux-mêmes les syrops et julebs.</small>

celles de Fez doivent estre preferées à celles de Tauris, d'autant que la lumière devance en tout les tenebres[1].

Pigniers.

Outre les apoticaires, il y a encore des pigniers qui font les pignes de buys et d'autre boys duquel nous avons parlé. Du coté de levant, joignant l'apoticairerie, sont les epingliers qui tiennent environ cinquante boutiques. Plus outre, sont les

Tourniers.

tourniers, ayans peu de boutiques ensemble, pour ce qu'elles sont ecartées et meslées parmy les autres arts et metiers. Après y en a plusieurs qui vendent la farine, savon et ecouettes, qui confinent avec la place du filet, et ne sont pas plus haut de vingt boutiques pour ce que le reste demeure autre part, comme l'on vous dira.

Entre ceux qui vendent le cotton et les lits demeurent ceux qui font les garnitures des lits et pavillons. Puis, se trouvent ceux qui vendent les oiseaux, tant pour manger, comme pour mettre en cage; mais ils tiennent peu de boutiques au lieu là où ils demeurent, qui s'appelle la place des oyseleurs; et en la plus grande, se vendent cordes de chanvre

---

1. Chardin nous a donné une description de cette grande place de Tauriz dont parle Léon l'Africain. « La place de Tauriz est la plus grande place de ville que j'aie vue au monde ; elle passe de beaucoup celle d'Ispahan... Les soirs, cette place est remplie de menu peuple, qui vient s'y divertir aux passe-temps qu'on y donne... Cette grande place n'est pas vuide le soir : c'est un marché de toutes sortes de denrées et de marchandises de peu de prix. » (*Voyages du chevalier Chardin en Perse et autres lieux de l'Orient*, nouvelle édition, Paris, 1811. t. II. p. 326).

ou chenesve. Après sont ceux qui font les mules que portent les gentilshommes quand il y a des fanges par la cité, etans assez subtilement faites, avecques beaux ouvrages et couvertes et cousues de soye, tellement que le plus pauvre gentilhomme n'en sauroyt avoir à moins d'un ducat. Il y en a du pris de deux, quatre, dix et vingt et cinq ducatz. Elles sont faites cotumierement de boys de murier blanc et noir, il y en a aussi de noyer et boys de jujubes qui sont plus propres et jolies que les autres, mais celles de murier sont plus durables. Plus outre, est l'endroit des faiseurs d'arbalétes qui sont maures blans d'Espagne, n'ayans plus haut de dix boutiques. Auprès d'iceux, y a environ cinquante boutiques, de ceux qui vendent les balets de palmes sauvages comme celles qu'on transporte de Sicile à Rome, et les portent ceux cy par la ville, dans de grandes hottes, les donnans pour du son, cendres, savates et autres viels souliers rompus. Le son se vend aux vachers, les cendres aux buyandiers de filet, et les savates aux savetiers qui radoubent les souliers, et après ceux cy sont les marechaux qui forgent les cloux tant seulement. En après, se trouve le canton de ceux qui font de grans vases de boys, comme barrits, qu'ils font en manière de seilles, avec les mesures de grain qui sont visitées et autres par le Consul qui en prend un denier de chacune.

Puis, se trouvent ceux qui vendent la laine, et achètent les peaux des bouchers, les faisans laver par

Pantoufles, ou mules, vingt ducatz.

50 boutiques de baletz de palmes sauvages.

Vendeurs de laine.

des garsons, lesquels ils tiennent expressement pour ce faire; puis en ayant oté la laine, tannent les cuirs en la mesme sorte qu'on fait celles de bouc. Les cordouans et peaux de beuf se tannent plus outre, pour ce que c'est un metier à part. En outre, sont ceux qui font les paniers et certains liens, dequoy ils entravent les pieds des chevaux, et sont joignans d'eux les chauderonniers. Auprès des faiseurs de mesures, demeurent ceux qui font les pignes pour pigner les laines et draps.

 Plus outre, se trouve une place garnie de plusieurs artisans, entre lesquels il y en a aucuns qui liment les ouvrages de fer, comme etriez et eperons; car ceux qui les font n'ont coutume de les limer. Après, demeurent les charpantiers qui font limons de charrettes et charues pour labourer la terre, les roues de moulin, et autres choses qui sont necessaires. Puis, se trouvent les teinturiers qui ont leurs boutiques sur le fleuve, et une belle fontaine où ils lavent leurs ouvrages de soye. Derrière eux sont les batiers, qui travaillent en une grande place, couverte d'aucuns muriers, qui par leur umbrage la rendent la plus fraîche et delectable qui soit en toute la ville. Davantage, sont les marechaux qui ferrent les chevaux et autres bestes; puis s'en trouve d'autres qui montent les arbaletes de leurs arcs d'acier; et d'autres encore qui baillent lustre aux toiles. Voilà tout le contenu des places d'une partie de la cité qui est située devers la partie occidentale, qui fut an-

Tanneurs de cuir.
Faiseurs de paniers.
Teinturiers.
Batiers.

ciennement une cité à part (comme vous avez peu entendre) et fut edifiée après l'autre qui est située à l'object de cette cy du coté de levant, et ayant mis fin à cette première partie je vous raconteray amplement ce qui est contenu en la seconde partie suivante.

Seconde partie de la cité de Fez.

Si cette première partie de la cité dequoy nous avons parlé ci-devant doit estre estimée pour la grande abondance des vivres, et infinité des arts et metiers dont l'ouvrage admirable rend assez ample et suffisant temoignage de l'industrie souveraine des maitres, cette cy (d'ont j'entens maintenant deduire par le menu ce qui s'y trouve de recommandable) ne merite pourtant que la louenge de l'autre surmarche en rien les honneurs de sa gloire, moyennant laquelle elle se peut parangonner et mettre à pair d'icelle, conferant les temples sumptueux, superbes palais, collèges venerables et maisons compassées par une grande et laborieuse architecture de l'une avec l'abondance, honestes meurs et infinité d'ars et metiers de l'autre, qui à dire vray, est beaucoup mieux garnie d'artisans, que cette cy, veu qu'il n'y a marchans, couturiers, ny chaussetiers, sinon de draps et ouvrages bien gros et lourds, avec une petite place d'apoticaires qui ne tiennent pas trente boutiques.

Diversitez d'artisans contenues en cette seconde partie.

Vers les murailles de la cité sont ceux qui font la brique et fourneaux pour cuire la vaisselle de terre. Au dessouz se trouve une place grande, là où se vendent les vases blancs comme sont plats, ecuelles, pots et autres choses semblables. Plus outre, se trouve une place où sont les greniers du grain et une autre au droit de la grande porte qui est toute pavée de brique, en laquelle y a divers arts et metiers. Et sont ces places pour les artisans, après lesquelles sont celles qui sont ecartées çà et là par la cité, fors les apoticaireries et draperies qui ne se trouvent sinon en certains lieux deputés et par rang.

Il y a encore cinq cens et vingt maisons de tissiers, ayans grande montre : et sont drecées en forme de grans palais avec plusieurs etages et salles fort amples dont en chacune travaillent plusieurs d'iceux et sont fournis de leur metiers et outils, car ceux qui leur louent les maisons n'en tiennent aucuns; au moyen dequoy, ils ne leur font payer que le louage seulement; et se trouve plus grand nombre de ceux qui exercent ce metier icy que de nul autre, de sorte qu'on estime qu'ils peuvent estre vingt mille, et se trouve un tel nombre de muniers sur le fleuve, là où est assise la plus grand partie des maisons (qui sont en nombre de cent cinquante) où l'on blanchit le filet, et pour le faire bouillir, ceux qui s'en meslent sont fort bien fournis de charbons et vases murez. Parmy la cité se voyent de grandes hales, là où l'on sie du boys de plusieurs sortes, et font cet office certains esclaves chretiens, qui rendent l'argent de leur gain qu'ils reçoivent à leurs maîtres pour leur faire les depents; mais ils ne leur laissent prendre nul repos, sinon la moitié du vendredy, qui est depuis midy jusques au soir; et huit jours durant l'année, lorsque les Maures celebrent leurs festes.

Il y a encor autres lieux publicz, là où les putains se abandonnent à vil pris, estans suportées des prevôt et gouverneur de la cité. Semblablement, aucuns sans que la court y ait egard, exercent l'office de barlandiers, tenans vin à vendre et femmes abandonnées, dont un chacun s'en peut servir, sans doute, et selon ses affections et voluptez.

Dans la cité se trouvent six cens fontaines vives, qui sont ceintes et closes de portes et murailles, s'ecoulans par canals souz terre dans les temples, colleges, maisons et hoteleries; et estime l'on d'avantage l'eau d'icelles que celle du fleuve, pour ce qu'il tarist souventesfoys, et mesmement en esté; joint aussi que quand l'on veut netoyer les conduits, il faut detourner la rivière hors la cité, au moyen dequoy un chacun prend de l'eau de ces fontaines. Et combien que l'eau du fleuve passe par les mai-

Six cens fontaines en la ville de Fez.

sons des gentizhommes, neantmoins, ils ont coutume en temps d'esté d'en envoyer querir de celles de fontaines, pour estre plus douces et fraîches; mais en yver ils font à l'opposite[1]. La plus grande partie de ces fontaines sort du coté de ponant et de midy, à cause que la partie devers tramontane est toute en montagnes, qui s'appelle Tevertine, où il y a de grandes fosses profondes, là où se gardent les grains par plusieurs années sans empirer; et s'en y trouvent qui tiendront plus de deux cens setiers de blé dont ceux qui habitent en cet endroit là, tirent de louage un pour cent en fin de l'année. Du coté de midy qui est presque la moitié inhabitée y a à force jardins produisans divers et tresbons fruitz, comme pommes d'oranges, limons, citrons et autres, entre lesquels naissent roses damasquines, gensemy et genevres, qui y ont esté transportés de l'Europe, et plaisent fort aux Maures. Outre ce, il y a de beaux arbres, fontaines et citernes, qui sont environnées de gensemy ou de roses ou de certaines oranges, limons, cèdres et plusieurs autres, tellement que ceux qui, en la saison de primevere, s'approchent de ces lieux, il leur semble entrer parmy les plus ex-

---

1. « Ce qui distingue encore Fès des autres villes du Maghreb, c'est que ses fontaines sont fraîches en été et chaudes en hiver, tandis que celles de la rivière et des ruisseaux, qui sont froides en hiver, sont chaudes en été, de sorte qu'en toutes saisons, on a de l'eau froide et de l'eau chaude à volonté, pour boire, faire les ablutions et prendre des bains ». (*Roudh el-Qarthas*, p. 53).

quises fleurs et soueves odeurs que la nature puisse produire, de sorte que joint à cecy, la belle assiete et plaisance du lieu resemble à un autre paradis terrestre. Il reveille merveilleusement les espris de la personne, et laisse les yeux satisfaiz et contens, au moyen dequoy, les gentizhommes de la cité ont coutume d'y demeurer depuis le commencement d'avril, jusques au moys de décembre. Devers ponant, (du coté qui confine avec la cité royale) est la forteresse, qui fut edifiée par les roys de Luntune, se pouvant bien egaler en grandeur à une cité et fut en icelle anciennement le siège des seigneurs et gouverneurs de Fez, qui n'estoit encor cité royale comme on peut facilement entendre par le discours des historiographes, pour ce qu'après que les roys de la maison de Marin eurent edifié Fez la neuve, l'autre fut delaissée, seulement pour la residence des gouverneurs[1].

Dans la forteresse il y a un temple bati du temps

1. La seconde cité est la nouvelle ville de Fès appelée dans l'origine Medinet el-Beidha, مدينة البيضاء, (la ville blanche) et aujourd'hui la Nouvelle Fès. Le Sultan Yaqoub en fit tracer l'étendue et en jeta les fondements le 3 du mois de chewwal 674 (2 mars 1275). Les astrologues indiquèrent l'heure propice pour commencer les travaux : parmi eux se trouvaient deux imams célèbres, Aboul Hassan ibn el-Qaththan et Abou Abdallah ibn el-Habbak. Le Sultan Yaqoub vint s'établir avec sa cour en 694 (1294), et en cette année, la population s'y porta, y construisit des maisons et des palais et établit les conduites d'eau nécessaires à la vie. Le cheikh Ibn Abi Zer' fait remarquer que grâce à l'heureuse influence exercée par les astres lors de la fondation de cette ville, aucun khalife n'y est mort et toutes les troupes qui en sont sorties pour combattre y sont toujours rentrées victorieuses (*Kitab oul istiqça*, t. II, p. 22).

qu'elle estoit habitée; mais tous les edifices et batimens qui estoyent restés ont esté de notre temps demolis et aplanis à fleur de terre, là où on a fait des jardins et de tous ces beaux batimens, n'est demeuré sinon un palais où reside le gouverneur, avec autres lieux pour loger sa famille, là où il y a sieges et sales dans lesquelles le gouverneur sied en jugement pour rendre droit et faire raison à un chacun, comme il apartient. Outre ce, il y a une prison en forme de cave voutée et appuyée sur plusieurs colonnes, et est de telle largeur que troys mille personnes y pourroyent bien entrer, et n'y a aucun lieu secret, ny separé; car il ne s'use en Fez de tenir prison secrette. Par la forteresse passe un fleuve qui est fort commode pour le gouverneur en ses necessitez, qui cause une grande asseurance pour maintenir les droitz de justice.

Des magistrats et manière de gouverner et administrer justice, et de quelle sorte d'habis on use en la ville de Fez.

En la cité de Fez, n'y a sinon petits offices et magistrats dont la justice est administrée. Le gouverneur a egard sur les causes civiles et criminelles ; il y a un juge qui a la preeminence sur les choses qui concernent les loix extraites de l'Alcoran, avec un autre qui est comme substitut du premier, et commis aux choses qui appertiennent à l'etat de mariage, repudiation en iceluy, examinations de temoins, et jugement general. Puis il est l'avocat, selon le conseil duquel on se gouverne en matière judiciaire, et avant qu'on appelle de la sentence des juges ou quand ils jettent une sentence à l'aveu de l'opinion d'un autre docteur de moindre estime. Le gouverneur reçoit grande quantité de deniers des sentences qui se jettent en divers temps ; et quasi la plus grande rigueur d'où on use envers les malfecteurs est de leur donner cent ou deux cens etrillades en presence du gouverneur, et puis de les mener la chaîne au col parmy la cité, tous nus fors les parties honteuses qui sont couvertes avec des brayes, acompaignez du prevôt et bourreau qui les tenans saisis, va tousjours publiant les delis et mefaitz qui les ont conduits à tel vitupère et malheur. *Punition des maifecteurs.*

Puis, sont revetuz de leurs habillemens et ramenés en prison ; et avient le plus souvent qu'on meine plusieurs de ces pendars, attachez tous ensemble, desquelz le gouverneur prend un ducat et le quart pour personne. Semblablement, de tous ceux qui entrent en prison, il reçoyt plusieurs deniers qui luy sont distribuez à terme par aucuns marchans. Mais entre ces autres avantages, il a une montagne d'où il retire tous les ans sept mille ducatz, souz cette condition qu'il doive fournir troys cens hommes d'armes bien equipez de tout ce qui leur apartient, pour virilement servir au roy en temps de guerre, estant tenu de les soudoyer à ses depens.

Les juges du droit canon n'ont aucun salaire ny avantage, pour ce qu'il est defendu par la loy de Mahomet qu'un juge soit salarié aucunement pour exercer son office; mais ils s'adonnent à autres choses, ayans gages comme aux lectures ou à l'etat de prestrise en quelque temple. Quant aux avocatz et procureurs qui sont en la dicte cité de Fez, ce sont personnes idiotes, rustiques et ramassées.

Il y a un certain lieu là où les juges font emprisonner ceux qui sont poursuivis par dettes, et d'autres choses legéres et de petite consequence. Oultre plus, il y a quatre prevots, et non plus, qui marchent depuis les six heures du soir jusques à deux heures après la minuit parmy la ville, acompagnés d'un bon nombre de sergens, sans estre recompensés d'autre salaire que d'une imposition qu'ils se font payer à ceux qu'ils peuvent prendre pour la prinse et aucune legère peine qui leur est enjointe. Il est permis à tous de lever taverne, faire office des brelandiers, rufiens et maquereaux. Le gouverneur ne tient aucun juge ny notaires, mais prononce luy mesmes la sentence de bouche, et la jette comme bon luy semble. D'avantage, il n'y a qu'un homme seul qui arrente la gabelle et douane, qui paye, chacun jour, trente ducatz à la chambre royale, tenant, à toutes les portes de la cité, gardes et notaires faisans payer le droit pour toute chose de tant petit pris soyt elle. Les autres marchandises sont conduites à la douane, accompagnées depuis la porte jusques à celle de l'un des gardes, où avec les notaires (selon le pois ou pris de la marchandise) est ordonné certaine quantité d'argent; et vont le plus souvent hors de la cité pour devancer les muletiers, afin qu'ils ne puissent rien cacher, et avenant qu'ils l'eussent fait, estans decellez, seroyent contrains de redoubler le droit de la gabelle qui ordinairement est de deux ducatz pour cent; et des cormes qu'on y porte en grande quantité, se paye la quatrième partie de ce qu'elles valent. Quant au boys, grain, beufz et poules, on ne paye chose que ce soit, ni des moutons semblablement, et peuvent passer franchement dans la cité, en payans seulement un grand blanc à la boucherie, et deux liars au chef des consuls qui tient ordinairement douze sergens en sa maison, qui l'acompaignent quand il va par la cité essayant le pois des bouchers avec ce qu'ils vendent; puis vient visiter le pain, et s'il ne le trouve pesant son pois, le fait briser en pièces, faisant donner aux boulengers des coups de poing si demesurez sur la nuque du col, qu'on le laisse tout meurtry et enflé. Et à la seconde foys le retrouvant encore leger, fait fouëter celui qui le vend, publiquement le long de la cité. Le roy donne cet office aux gentizhommes qui le demandent à Sa Majesté; mais on en souloit anciennement pourvoir personnes doctes et bien moriginées, toutefoys main-

Punition des boulengers.

tenant, les ignorans et les gens de basse condition l'impetreront plus facilement que d'autres, à qui il seroyt mieux employé.

Les nobles et plus apparens de la cité sont fort civilz, et portent, en temps d'yver, des habits tissus de laines etrangères comme un saye sus la chemise, avec demyes manches, et fort etroites, puis audessus, quelque robe large, cousue devant et couverte encor de leur barnusse. Ilz portent en teste des bonnetz simples, comme l'on voit aucuns en Italies en porter, qu'on appelle bonnetz de nuict, mais sans oreilles, et les enveloupent avec bandes de toiles à deux repliz sus le sommet de la teste et autour de la barbe, et n'ont coutume de porter ny haut ny bas de chausses, fors seulement en temps d'yver, qu'ilz se housent quand ilz veulent chevaucher.

<small>Barnusse une manière d'acoutremens de Fez qu'il portent sus eux en manière de cabans.</small>

Le populaire porte saye et barnusse sans les couvrir d'aucune robe, et sus la teste ne portent sinon bonnetz de petit pris. Les docteurs et gentizhommes qui viennent sus l'âge s'habillent de robes à manches larges, à la mode des magnifiques de Venise, qui sont colloquez aux plus grands honneurs et offices. Finablement, les personnes plus infimes et de moindre reputation, usent d'aucuns gros draps de laine blanche du pays, avec leur barnusse de la mesme etoffe. Les femmes vont assez bien en ordre; mais en temps d'esté, portent seulement une chemise, et se ceignent les tamples avec certains rubans, plus tôt de laide façon qu'autrement. En yver, elles se vetent

<small>Les docteurs.</small>

de certaines gonnelles à manches larges et cousues par le devant à la mode des hommes. Mais quand elles viennent à sortir dehors, elles se mettent des marines si longues, qu'elles leur couvrent toute la greve des jambes, puis avec un voile à la mode de Surie, se couvrent toute la teste et le corps. Et entre autres, j'en vis une qui estoit là venue, cependant que on dansoit, bravement acoutrée, portant un acoutrement de diverses couleurs doré et argenté, et ceinte audessus des hanches ; aussi portoit des marines fort belles, bordées et acoustrées d'une sorte qu'il la faisoit merveilleusement bon veoir, avec ce que elle portoit en teste un acoustrement fort brave, avec ses cheveux qui, partie luy pendoyent en bas, et partie entortillez autour avec quantité de perles, et à force pierreries dont ceux qui estoyent en presence s'en ebaïssoyent aussi bien que moy. Aucunes se cachent le visage avec un linge, tellement qu'il ne leur apparoist autre chose que les yeux. Outre plus, elles portent des anneaus aux oreilles, enrichiz de belle pierrerie, et celles qui sont de plus bas type et marque, ne les portent que d'argent simplement, et aux bras quelques brasseletz d'or qui sont communement du pois de cent ducatz. Celles qui ne sont nobles les portent d'argent, et s'en trouve encor d'aucunes qui en portent aux jambes.

Coutume observée au manger, en la ville de Fez.

Le populaire a coutume de manger ordinairement de la chair fraîche deux foys la semaine; mais les gentizhommes et gens d'etat en mangent journellement, selon que l'appetit leur en vient, faisans troys repas le jour, dont le premier qu'ils font le matin est bien leger, à cause qu'il ne s'y mange que pain et fruit, avec quelque potage plustost clair qu'autrement, en lieu duquel, pour l'yver, il araisonnent du far qu'ils font cuire avec la chair salée. Sur le midy, ils usent de viandes legères, comme pain, chair, salade, fromage et olives, estant le meilleur repas qu'ils puissent faire en temps d'eté. Le soir, ils prennent semblablement des viandes de facile digestion, comme pain, melons ou raisins, et l'yver mangent de la chair salée, avec une viande qu'ils appellent cuscusu, laquelle se fait de pâte, qu'ils font cuire dans des potz de terre percez pour recevoir la fumée des autres qui sont auprès; puis, meslent du beurre par dedans qu'ils détrampent avec du bouillon, ne mangeant du roty aucunement, pour ce qu'il n'est en usage. Tel est le vivre commun des artisans et autres pauvres citoyens.

Ceux qui sont d'apparence (comme gentizhommes, marchans, courtisans) vivent beaucoup mieux et plus delicatement, combien que à com-

(marginalia:) Manière d'assaisonner la viande que les Africans appellent cuscusu.

paraison du vivre d'entre les nobles de l'Europe, celuy des Africans est vil et misérable, non qu'ils ayent faute de viandes, mais par leur sottise et lourde façon de faire qu'ils ont à cuisiner, et à leur manger qui est près terre, sus table basses et sans aucune nape ny serviette; avec ce qu'ilz n'ont d'autres instrumens à trencher leur viande que les mains, dont ils se servent quand ce vient à manger le cuscusu, en lieu de cuilières. Le potage et la chair se mettent dans un grand plat de terre, là où ils peschent tous, et enlevent ce qui leur vient entre les dois, puis l'ayans mis devant eux sans aucune assiete et couteau, la prennent à belles dents, la dechirent, et retiennent ce qui leur demeure entre les dents : gardent le reste dans leurs mains et machent à si grande hâte, qu'ils ne se souviennent, ou bien ne veulent se souvenir de boire, de peur qu'ils ne perdent un coup de dent jusques à tant qu'ils soyent pleins et ronds; puis chacun se met à boire et avaler une grande coupe de la grandeur d'un pot tout comble d'eau. Telle est la mode commune de vivre, sinon qu'il se trouve quelques docteurs usans de plus grande civilité. Mais tant y a que le plus pauvre gentilhomme d'Italie ou d'autre lieu de l'Europe, tient meilleure table et ordinaire, et avec plus grande honnesteté, que le plus grand seigneur qui soyt en Afrique.

Coutumes observées à contracter et faire mariages.

Aux mariages telle coutume est observée, que si aucun veut prendre femme, il n'a pas plustot la promesse du père et de la fille (si aucun en a) qu'il invite ses amys et les assemble dans le temple, acompagné de deux notaires qui passent le contrat, en presence de l'epoux et de l'epouse. Les citoyens de moyenne condition donnent à leurs filles trente ducatz en deniers contans, à une esclave noire, quinze ducatz et une pièce d'un certain drap de soye et lin de diverses couleurs en echiquier, et quelques autres de soye pour porter en teste ; puis luy presentent une paire d'escarpes, deux paires de pantoufles, le tout avec fort gentil ouvrage et plusieurs autres menues besognes, comme pignes, perfums et autres belles choses. Estant finy le contract et promesses, selon qu'une partie et autre se trouve d'acord, l'epoux semond tous ceux qui ont esté presens au diner avec soy, là où il leur fait servir de ce pain frit acompagné de miel et roty. Le père de l'epouse fait semblablement son festin d'autrepart, où il fait devoir d'inviter tous ses amys. Et, en cas qu'il vueille parer sa fille de quelque habillement, il le peut faire par honnesteté ; car outre le douaire qu'il donne, il n'est tenu de frayer autre chose si bon ne luy semble. Mais ce seroit honte à

<small>Pain frit miel et roty pour banquet de noces.</small>

luy de n'y vouloir rien ajouter du sien, tellement que sans avoir egard aux trente ducatz ordinaires, le père (ou celuy qui a charge d'accorder le mariage) a coutume d'employer deux ou troys cens ducatz, tant en habillemens pour l'epouse comme aux ustensiles et choses de menage, sans qu'il soyt question de donner maison, vignes, ny possession.

La coutume est de faire troys gonnelles de fin drap, troys de taffetas, trois de satin et autant de damas, plusieurs chemises ouvrées et linceux avec des bandes de chacun coté, cuissins embellis de plaisans ouvrages, avec oreillers de mesmes. Ils donnent aussi huit materas, en estant mis quatre pour aornement sur les armaires qui sont aux angles des chambres, et pour mieux les separer, ils en tiennent encore deux autres de cuir pour les litz qui sont de laine grosse. Ilz font, outre ce, present d'un tapis à long poil, de la longueur de vingt coudées et troys couvertures de la longueur de huit brasses, estant de drap et toile par un envers, et de l'autre entierement de laine, dont ilz couvrent les litz, mettans une moitié desus, et replians l'autre par desouz : outre cette cy, ils en donnent troys autres de soye, subtilement ouvrées d'un coté, et de l'autre y a de la toile remplie de cotton, mais legerement, pour s'en pouvoir aider en esté ; puis un petit drap de toile fine, divisé en deux parties, ouvrées à flammes, acompaignées d'autre sorte d'ouvrage bordé de cuir, auquel pendent des houpes de soye

Le lotz de mariage ne consiste en fonds.

de diverses couleurs, et sur chacune, y a un bouton de soye pour l'attacher contre la muraille.

Voylà le sommaire de ce qu'on ajoute au douaire, et donnent encore le plus souvent davantage, qui fait que, bien souvent, plusieurs gentizhommes ayans assez suffisamment dequoy en ont esté reduis à pauvreté. Il y en a d'aucuns qui sont d'opinion contraire, et que les hommes ont coutume de porter leur douaire aux femmes. Mais ilz s'eloignent certes autant de la verité comme ce seroyt chose du tout hors les limites de raison, et en parlent comme ceux qui en sont totalement ignorans. Quand le temps vient que les noces doivent estre celebrées, et que l'epoux veut mener l'epouse en sa maison, il la fait premierement entrer en un tabernacle de boys à huit triengles couvert de beaus draps d'or ou de soye, dans lequel elle est soutenue et portée sus la teste de huit faquins ou portefais, acompagnée de ses père et mère et amys avec trompettes, phifres, tabours et grand nombre de torches. Ceux qui sont du coté et parens du mary la precedent, et ceux du père cheminans avec mesmes ordre la vont suyvans par le chemin de la grande place prochaine du temple, là où estans parvenus ainsi pompeusement, l'epous salue le père et parens de l'epouse, laquelle, sans plus attendre autre chose, se transporte à la maison, attendant le mary en la chambre, jusques à la porte de laquelle elle est acompagnée de ses père, frères et oncles, qui, tous ensemble, la viennent pre-

Manière d'épouser et faire noces.

senter à la mère du mary, qui n'est pas plustot entré dans sa chambre, qu'il presse le pied de son epouse, ce qu'ayant fait, s'enferment tous deux dans icelle, où ils demeurent pendant que le festin s'apreste. Et y a une femme dehors, attendant jusques à temps que le mary ayant deflorée l'epouse, tend un petit linge tout teint et mouillé du sang d'icelle à la femme qui est à la porte l'attendant, qui tenant ce drapeau entre ses mains, s'en va criant entre les invités faisant entendre à haute voix que la fille estoit pucelle; puis les parens du mary la font banqueter, et acompagnée d'autres femmes, elle se transporte à la maison de la mère de l'epousée, qui la recevant joyeusement, luy fait un autre petit banquet. Mais si le malheur veut que l'epousée ne soit trouvée vierge, elle est rendue par le mary au père et à la mère, qui en reçoivent une grande honte et deshonneur, avec ce que les invitez s'en retournent l'estomac creus, et sans donner coup de dent.

La coutume est de faire troys banquets quand la chose succéde bien ; le premier se fait le soir en presence de l'epousée : le second, le soir qu'elle est emmenée et ne s'y trouve personne que les femmes ; le tiers se fait le septième jour après les noces, auquel se trouvent la mère et tous les parens, avec ce que le père de l'epousée est tenu d'envoyer plusieurs presens comme confitures et moutons en la maison du mary, qui en sort au bout de sept jours, pour acheter certaine quantité de poisson qu'il emporte ;

puis fait que sa mère ou autre femmes le jettent sus les pieds de sa femme, prenans de cela un bon augure, coutume que leurs ayeuls ont observée et entretenue de toute anciennetê.

On fait encore outre ce, deux banquetz en la maison du père, dont l'un est devant qu'il envoye sa fille au mari, et y ayant invité toutes les compagnes de l'epouse, il leur fait passer toute la nuit en danses et joyeusetez. Le jour ensuivant, les femmes qui se meslent d'atourner les epouses, sont appellées, qui luy teignent le chef et colorent les joues et noircissent les mains et les pieds avec beaux feuillages et entrelas; mais cela est de peu de durée, et ce jour mesme, se fait le second banquet, où on fait faire bonne chère à celles qui ont paré l'epouse, qu'on monte sus un echafaut pour estre exposée à la veuë de qui la voudra regarder; et lorsqu'elle est arrivée à la maison, tous les plus proches parens et amys du mary luy envoyent de grans vases pleins de pain frit en huile et autant d'emmielé, avec plusieurs moutons rotis et entiers, toutes lesquelles choses sont par le mary distribuées à tous ceux qu'il a invités. Et tiennent chantres et joueurs d'instruments au bal qui dure toute la nuit, qui accordans le son avec la voix, rendent assez melodieux accors; et ne danse l'on en compagnie, mais seul à seul; au moyen dequoy celuy qui s'y veut avancer se met en place, là où s'estant bien demené, tire de sa bourse une pièce d'argent qu'il jette sur un tapis devant

L'on noircit les pieds et mains aux epousées.

Mode de baller et la coutume qui y est observée.

les chantres. Mais s'il y a aucun qui vueille honorer son amy lorsqu'il bale, il le fera demeurer à genouils, couvrant sa face de monnoye qui est incontinent par les chantres enlevée.

Les femmes dansent semblablement à part, et separées d'avec les hommes, ayans aussi chantreresses et menetrières. Toutes ces cerimonies s'observent, l'epousée se trouvant vierge; mais si ce sont les secondes noces, on les celèbre avec moindre solennité, servant aux banquets de beuf, mouton et poulets bouillis, avec plusieurs sortes de potages, que l'on met devant les invitez dans douze ecuelles sur un grand tranchouer de boys, ou bien autant comme il y a de personnes, et telle est la coutume des gentizhommes et marchans. Mais le populaire use de faire certaines soupes, avec grandes lèches de pain en manière de lazaignes, qu'ils trempent dans un bouillon de chair trenchée en gros morceaux dans un grand vase auquel est leur potage qu'ils hument sans cuilière, avec la main, estans dix ou douze personnes à caresser l'un de ces vases.

La coutume est encor de faire un cas pareil, quand l'on vient à circoncire un enfant mâle, qui est le septième jour après sa naissance, à laquelle le père fait appeller le barbier, invitant ses amys au souper, après lequel chacun fait un present au barbier, l'un d'un ducat, l'autre de deux, l'autre d'un demy, les uns plus et les autre moins, selon qu'ils se sentent le pouvoir faire. Et sont toutes ces choses

Les femmes dansent à part.

Coutume observée à la circoncision d'un enfant mâle.

posées l'une après l'autre sur le visage du garson du barbier, qui remercie et prononce les noms de ceux qui font ces presens. Puis, le barbier circoncit l'enfant, ce qu'ayant fait, on commence à mener grande joye et danser à la mode que nous avons dit cy dessus; mais d'une fille la rejouissance n'en est si grande.

Autres coutumes gardées les jours de festes, et manière de pleurer les morts.

Dedans Fez, sont encores demeurées quelques anciennes coutumes des festes delaissées par les chrestiens, estans nommées par l'appellation mesme des Africans, combien qu'ils en usent sans l'entendre. Et ont coutume de manger la veille de la nativité de Jesuchrist une soupe assaisonnée de sept herbes diverses qui sont chous, raves, pourreaux et d'autres faisans cuire, par mesme moyen, de toute sorte de legumage, comme feves et lentilles qu'ils mangent la nuict en lieu de confitures delicates. Puis, le premier jour de l'an, les enfans vont en masque par les maisons des gentizhommes, demandans des fruits, avec chansons de peu de sustance; et quand ce vient au jour saint Jan, ils alument de grans feus de paille. Quand un enfant commence à jetter les dens, ses parens font un banquet aux autres

Dentilla, feste. petis enfans, et appellent cette feste icy Dentilla, qui est propre vocable latin. Ils ont beaucoup d'autres usances et manieres d'interpreter augures, comme je l'ay veu faire à Romme mesmes et en autres lieux d'Italie, et qui aura envie d'estre plus amplement informé des festes ordonnées en la loy de Mahommet, il pourra recourrir à un petit traité par moy composé, là où elles sont amplement deduites.

Quand il avient que les maris, pères ou mères des femmes de ce pays là meurent, alors elles s'assemblent toutes, et se dépouillans de leurs habillemens, se revêtent de gros sacs, puis avec l'ordure d'un chaudron se machurent le visage, appellans cette mechante ligue d'hommes, qui sont vitieux et effeminés qui portent tabourins, et avec le son d'iceux, ils acompagnent le chant de lamentables vers, qu'ils font sur le champ, déplorans la mort du defunct, pour reciter particulierement toutes ses louanges, et à la fin de chacun vers, les femmes s'ecrient à haute voys, se meurtrissans le visage si inhumainement, que le sang en sort abondamment. Encor non contentes de ce, s'arrachent les cheveux de la teste avec un dueil tresâpre et pitoyable, et continuent cette manière de faire par l'espace de sept jours, lesquels prenans fin, cessent aussi leurs pleurs et batures quarante jours durans, qui ne sont pas plus tost expirez, qu'elles recommencent leurs lamentations acoutumées, continuans troys jours. Et voilà comment en use le vulgaire. Les gentizhommes plus modestement savent dissimuler leur dueil, sans

Manière de porter le dueil des femmes.

Manière aux gentizhommes de porter le dueil.

se battre ou faire tels autres actes plus superstitieux que profitables, et viennent leurs amys pour les consoler, leur apportans des presens de la part de leurs parens, pour manger, pour ce que là, où il y a quelqu'un mort, tandis qu'il y a demeure, on ne laisse rien plus froid que la cuisine, ny les femmes n'acompaignent les morts, encore qu'ils fussent leurs propres peres ou frères. Mais de la manière comment on les lave et ensevelit, quels offices et cerimonies l'on fait aux funerales, nous en avons traité en l'œuvre cy dessus allegué.

Des pigeons que l'on nourrit en la cité.

Il y en a plusieurs qui se delectent merveilleusement de nourrir des pigeons, au moyen de quoy ils en ont plusieurs de fort beaux et de diverses couleurs, qu'ils tiennent sur le plus haut de leurs maisons, en certaines volières faites en manière d'armaires dont usent les apoticaires, et les ouvrent deux foys le jour, au soir et au matin, recevans un plaisir indicible à contempler le vol d'iceux, et pour autant que le plus souvent ils changent de lieu, allans de maison en autre, dont les citoyens en prennent souventesfoys la pique, et delà s'en ensuyt une grande tuerie. Joint aussi qu'il s'en trouve plusieurs, qui avec une petite rets ou filé en main, se savent tant bien accommoder sur le faiste d'une maison, qu'ils en prennent tant qu'il en peut venir, et se vendent dans sept ou huit boutiques, qui sont au milieu de ceux qui vendent le charbon.

Subtil moyen pour prendre pigeons.

A quels jeux s'adonnent les citoyens de Fez.

Ceux qui entre la modestie et civilité ont prins lieu, ne s'exercent à autre manière de jeu qu'aux echez, imitans en cela la coutume, qui leur a esté delaissée par leurs ayeuls d'ancienneté, combien qu'ils ayent plusieurs autres sorte de jeux, mais mecaniques et usitez seulement du populaire. Ils ont un certain temps en l'année determiné, auquel toute la jeunesse s'assemble, dont ceux qui sont d'une contrée, se bandent contre ceux d'une autre, tous armez de gros bastons, et se mutinent par foys de telle sorte, et d'une ardeur si vehemente, qu'ils en viennent aux armes, non sans la mort de plusieurs, et mesmement les jours de festes où ils s'assemblent hors la cité, ruans des pierres sans cesse, jusques à ce que la nuict leur ôte le moyen de pouvoir plus continuer le jeu; et ne seroit en la puissance du prevôt les departir, quand ils sont ainsi animez. Mais la meslée finie, il prend aucuns des plus seditieux qu'il rend prisonniers; puis après, les fait foueter parmy la cité, d'où plusieurs braves sortent, quand la nuict est close, tous armez et courans par les jardins; si la fortune permet qu'ils se viennent

Jeu d'echès.

Les jeunes gens font guerre avec gros batons.

affronter avec gens autant desesperez comme ils sont mutins et presomptueux, ils donnent commencement à une tres âpre et dangereuse escarmouche, d'où sensuit la mort de plusieurs ; mais ce n'est sans en recevoir, puis après, tel chatiement que peut meriter la grandeur et leur arrogance outrecuidée, combien que pour tout cela, ils ne laissent à se formaliser et porter toujours une haine decouverte.

Des poëtes en vulgaire african.

Il y a encore plusieurs poëtes qui composent vers vulgaires en diverses matiéres, s'adonnans surtout à chanter d'amour, et s'etudient à decrire bien et proprement les passions qui les tormentent, par l'objet des rares et singulières grâces et beautez des idées de leurs dames et maitresses. Et s'en trouve plusieurs d'autres qui, sans vergongne ny respect aucun, osent bien employer les graces que leur ont departies les neuf seurs treschastes, à contaminer leurs papiers, publians par iceux l'amour illicite et desordonné qu'ils portent aux jouvenceaux et adolescens, voire jusques à nommer par son nom celuy de l'amour duquel ils sont eprins. D'avantage, pour montrer quelque paragon de leur savoir, s'exerçans en l'art de poésie, ils ont accoutumé, tous les ans, à la nativité de Mahomet (feste entre eux très recommandée) d'employer le meilleur de leur esprit à composer chansons à la louange d'iceluy¹; et se trouvans tous le matin en la place du chef des consuls, montent en son siège, là où ils recitent les uns après les autres ce qu'ils ont fait, en presence d'une infinité de peuple, et celuy à qui l'on donne la voix d'avoir le mieux ecrit, et plus plaisamment recité ses vers, est, pour cet an, publié prince des poëtes. Mais du temps des illustres roys de Marin, celuy qui regnoit avoit coutume d'inviter à un festin tous ceux qui avoyent le renom d'estre doctes et de bon cerveau dans la cité; et faisant une feste solennelle à tous poëtes (qui par la douceur, gravité ou faconde de leurs vers meritoyent les honneurs de ce titre), ordonnoit que chacun d'eux deût reciter un chant à la louange de Mahommet, en presence de Sa Majesté et de l'assistance. Pour laquelle chose faire, se dreçoit un echaufault où ils recitoyent d'un à autre ce qu'ils avoyent composé, et selon le jugement de ceux qui s'y entendoyent, le roy faisoit present au mieux disant de cent ducatz, un cheval et une esclave, avec les habillemens qu'il portoyt ce jour-là, et faisoit distribuer cinquante ducatz à chacun des autres, tellement que personne d'entre eux ne s'en alloit qu'il ne receût present digne de son merite. Mais il y a environ cent trente ans, que avec la decadence de ce royaume, cette louable et vertueuse coutume est venue à manquer.

Solennité des poëtes.

Present au poëte mieux disant.

1. La fête de la naissance du Prophète est célébrée tous les ans le 12 du mois de Rebi oul-ewwel.

Ecoles aus letres pour les enfans.

Il y a environ deux cens écoles pour les enfans qu'on veut mettre à l'etude, qui retiennent la forme d'une grande sale, ayans autour des marches de degrés qui servent de siège aux enfans. Le precepteur leur enseigne à lire et ecrire sur tablettes assez spacieuses, là où est ecrite leur leçon, qui est d'une clausule de l'Alcoran par jour, lequel ayans ainsi par clausule discouru (qui est au bout de deux ou troys ans), le recommencent tant de foys, que les enfans le retiennent fort bien imprimé dans leur memoire, et n'y sauroyent demeurer plus haut de sept ans, qu'ils ne le sachent de bout à autre. Puis, après, on leur enseigne quelque peu l'orthographe, qui se lit ordinairement avec la grammaire par tous les collèges, comme les autres disciplines, et pour icelles enseigner, les maîtres ont bien petit salaire. Mais quand l'un des enfans est venu à certain point de l'Alcoran, le père est tenu de faire present au maître, et puis, quand l'enfant l'a apris tout au long, alors le père dudit enfant fait un banquet solennel à tous les ecoliers compagnons de son fils, qui, entre eux, est habillé d'ornemens convenans à seigneurs ; puis est monté sur un beau cheval et de grand pris (que le chatelain de la cité doit preter avec tout son equipage) acompagné de tous ses compagnons d'ecole (qui sont semblablement tous à cheval) jusques à la maison. A l'entrée,

Marginalia:
Sept ans à apprendre l'Alcoran.

Solennités et festins pour la cognoissance de l'Alcoran.

ils chantent plusieurs chansons à la louenge de Dieu, et du prophête Mahommet. En après, on fait le banquet à ces enfans et à tous les amys du père, entre lesquels il n'y a celuy qui ne face quelque present au maître, et est, pour lors, l'enfant habillé tout à neuf, comme la coutume le veut. Semblablement les enfans celébrent une feste à la nativité de Mahommet, à laquelle leurs pères sont obligez d'envoyer une torche à l'ecole, au moyen dequoy chacun ecolier y aporte la sienne à lui, dont telle en y a qui est du pris de trente livres, les unes plus et les autres moins, selon la qualité de ceux qui les envoyent, et sont bien faites, belles et ornées de petites fleurs de cire affichées tout autour, demeurans tousjours alumées dès l'aube du jour jusques à soleil levant. Et cependant, les maîtres amenent des chantres lesquels publient avec l'organe et son de la voix les louanges de Mahommet qui prennent cesse, quand le soleil est levé.

<small>Nativité de Mahommet celebrée par les enfans.</small>

Voilà les plus grans avantages, qu'ont les maîtres d'ecoles, lesquels vendent quelque foys à plus de deux cens ducatz de cire, et le plus souvent d'avantage, selon que le nombre des enfans est grand. Et n'y a personne qui paye le louage des ecoles, pour ce qu'elles ont esté fondées par les aumones delaissées de plusieurs seigneurs et citoyens de cette cité. Les fleurs et fruits de ces torches sont les presens qu'on fait aux enfans et chantres, et les ecoliers, tant des écoles comme des collèges, ont

<small>Maîtres d'ecole retirent 200 ducatz de la cire des torches de leurs disciples par an.</small>

<small>Fondation des ecoles et collèges.</small>

deux foys vacations en la semaine, pendant lesquelles il n'est aucunement question de lire, encore moins d'etudier.

Des devineurs.

Je lairray à parler d'aucuns artisans, comme sont les tanneurs et conroyeurs, qui ont leur lieu à part, là où il passe un gros bras du fleuve sur lequel il y en demeure une infinité, qui payent aux gabeliers un douzain pour chacune peau qu'ils acoutrent, qui peut revenir du long de l'année jusques à deux mille ducatz. Je me tais aussi des Barbares et d'autres, pour les avoir mentionez en la première partie de cette cité, combien qu'ils ne soyent pas en si grand nombre, comme le bruit commun en est; mais je veux parler des devineurs, qui sont en grande quantité, et se divisent en troys parties ou qualitez, en la première desquelles sont ceux qui predisent les choses futures par la cognoissance, que leur en donne la geomancie, trassans leurs figures et payent autant pour chacune, comme il s'use à la qualité de quelconque personne[1]. La se-

Troys sortes de devineurs.

---

1. La géomancie est désignée par les Arabes sous le nom de Ilm Erranl, علم الرمل (la science du sable).

« Voici en quoi consiste la géomancie : des points posés sur quatre rangs, forment des figures qui diffèrent les unes des autres selon que les points dans chaque rang sont les uns doubles et les autres simples. On a donc seize figures : l'une dont les points sont simples, une autre dont tous sont

ET DESCRIPTION DE L'AFRIQUE 135

conde est de quelques autres, lesquels mettans de l'eau dans un bacin de verre, et avec une goutte d'huile, qui la rend transparente comme un miroir d'acier, disent qu'ils voyent passer les dyables à

doubles. Un point simple au lieu d'un double placé dans chacun des quatre rangs fournit quatre figures de plus. Le point simple employé deux fois dans chaque combinaison donne six figures. Employé trois fois, il donne naissance à quatre figures. On a ainsi seize figures dont chacune a un nom particulier et on les partage en deux classes, celle du bonheur et celle du malheur, ainsi que les astrologues ont fait pour les astres. On prétend que chaque figure a une mansion qui lui correspond dans le monde naturel ; aussi devons-nous supposer que ces mansions sont les douze signes du zodiaque et les quatre points cardinaux. Outre sa mansion, chaque figure a une signification bonne ou mauvaise : elle désigne aussi d'une manière spéciale une certaine partie du monde des éléments. D'après ces principes, on a établi un art, calqué sur celui de l'astrologie judiciaire, mais qui en diffère sous certain point de vue..... Les gens qui s'occupaient de la géomancie vinrent plus tard, se détournant de l'observation des étoiles et des positions des sphères planétaires, pour ne pas se donner la peine de prendre la hauteur des astres au moyen d'instruments astronomiques et de calculer les positions moyennes des corps célestes, ils inventèrent des figures de géomancie et leur assignèrent seize mansions, celles de la sphère et des quatre points cardinaux. Ils les rangèrent par classes, l'une heureuse, l'autre malheureuse, la troisième mélangée de bien et de mal, ainsi que cela s'était fait pour les planètes..... Dans les grandes villes, on trouve beaucoup de fainéants qui pratiquent la géomancie pour gagner leur vie : ils ont même sur ce sujet rédigé plusieurs traités renfermant les principes fondamentaux de leur art. Parmi eux, nous remarquons Ez-Zenati. *Prolégomènes d'Ibn Khaldoun*, traduits par M. de Slane dans le t. XIX, première partie des *Notices et Extraits*, pp. 232-235. Hadji Khalfa donne, dans son *Dictionnaire bibliographique*, t. III, p. 379 de l'édition de M. Flügel, une liste assez longue de traités relatifs à la géomancie. On n'y voit pas figurer celui d'Ez-Zenati.

Les souverains orientaux entretenaient à leur cour un géomancien. Nous devons à l'un deux, Zeïn-el-Mahally qui était au service de sultan Qançoul Ghoury le récit de la conquête de l'Égypte par le sultan Selim (1517). Cet ouvrage a été traduit en turc par Suheily Efendi et imprimé à Constantinople en 1142 (1730).

grans esquadrons, venans les uns par mer, et les autres par terre, resemblans un gros exercite d'hommes d'armes, lorsqu'ils se veulent camper et tendre les pavillons ; et à l'heure qu'ils les voyent arretez, les interroguent des choses dequoy ils veulent estre plainement informez, à quoy les esprits leur font reponce avec quelques mouvemens d'yeux ou de mains, qui donne assez à cognoître combien sont depourveus de sens ceux qui y ajoutent foy. Aucune foys, ils mettent le vase entre les mains d'un enant de huit ou neuf ans, auquel ils demandent s'il a point aperceu tel ou tel demon ; et le petit enfant, autant simple que jeune, leur repond que ouy sans que toutesfoys, ils le laissent repondre qu'ils ne l'ayent premierement embouché. Et vous asseure qu'il s'en trouve quelques uns tant fols et hebetez qu'ils croyent à tout, qui est cause de leur y faire dependre un grand argent[1]. La tierce espece est de femmes qui font entendant au populaire qu'elles ont grande familiarité avec les blancs demons. Et lors qu'elles veulent deviner, à l'instance de qui que ce soit, se parfument avec quelques odeurs; puis, (comme elles disent) l'esprit qui par elles est conjuré, entre dans leur corps, feignans par le changement de leurs voix que ce soit l'esprit, lequel rend re-

<small>Comment les devins abusent les simples personnes.</small>

<small>Demons blancs.</small>

---

[1]. On peut consulter sur ces pratiques le *Commentaire géographique sur l'Exode et les Nombres*, par M. de Laborde, Paris, 1841, pp. 22 et suivantes, et E. W. Lane, *An account of the customs and Manners of modern Egyptians*, Londres, 1837, t. I, pp. 360-377.

ponce par leur gorge ; ce que voyant l'homme ou la femme qui est venue pour savoir aucune chose de ce qu'elle demande, après avoir eu reponce du demon, laisse quelque don, en grande reverence et humilité, pour ledit demon. Mais ceux qui se sont acquis, outre leur naturelle bonté, le savoir et experience des choses, appellent ces femmes Sahacat, qui vaut autant à dire, comme en la langue latine, Fricatrices[1] ; et, à dire vray, elles sont attaintes de ce mechant vice d'user charnellement les unes avec les autres, ce que je ne sauroys exprimer avec vocable plus propre ny qui convienne mieux à icelles, lesquelles voyans une femme (entre celles qui les vont interroguer et se conseiller de leurs affaires) qui ayt en soy aucune beauté, elles la prendront en amour, comme feroit un homme ; et au nom de l'esprit, pour recompence et payement, luy demandent les copulations charnelles, dont celles à qui elles font cette impudique et deshonneste de-

---

1. Cette superstition des démons blancs est répandue dans tous les pays de l'Orient et du Maghreb soumis à l'islamisme. Ata Melik Djoueïny, dans son *Tarikhi Djihan Kouchay* nous donne quelques détails à ce sujet à propos de la sédition de Taraby (636 = 1238).

Il nous apprend que dans la Transoxiane des gens prétendent être en rapport avec les péris qui leur révèlent les choses cachées. Ce sont surtout des femmes qui se donnent comme pouvant converser avec des génies. Lorsqu'un individu est malade, on prépare un repas, on fait venir une péridar, on exécute des danses et on se livre à toutes sortes d'extravagances. (Cf. *Chrestomathie persane*, t. II, Paris, 1885, p. 127.)

Il faut lire Sahhaqat, سحاقات.

mande, pensans (comme peu rusées) complaire au demon, s'y consentent le plus souvent.

Il s'en trouve aussi plusieurs, lesquelles ayant prins goût à ce jeu et aléchées par le doux plaisir qu'elles y reçoivent, feignent d'estre malades, au moyen de quoy, elles envoyent querir l'une de ces devineresses, et, le plus souvent, font faire ce message au mari mesme. Puis soudainement, leur decouvrent leur maladie, et là où git le remède, mais pour mieux couvrir leur mechanceté, font croire au mari (comme sot et peu rusé qu'il est) qu'un esprit est entré dans le corps de sa femme, la santé de laquelle ayant en recommandation, il faut qu'il luy donne congé de se pouvoir mettre du rang des devineresres et converser seurement en leur compagnie. Ce qu'elles savent facilement persuader à quelque Jan, qui s'y consentant, prepare un sumptueux festin à toute cette venerable bande, à la fin duquel l'on se met au bal avec quelques instrumens, de quoy jouent les noirs; puis la femme a congé de s'en aller là où bon luy semblera. Mais il s'en trouve quelques uns, lesquels finement s'appercevans de cette ruse, font sortir l'esprit du corps de leurs femmes avec un terrible son de coups sours et belles bastonnades. D'autres aussi donnans à entendre aux devineresses estre detenus par l'esprit, les deçoivent par mesme moyen qu'elles ont fait a leurs femmes.

Gentil moyen pour jetter les espritz hors des corps.

Des Enchanteurs.

Il y a encore une autre espèce de devins, lesquels sont appellez Muhazzimin, qui signifie enchanteurs, qu'on estime avoir grande puissance à delivrer aucun qui soit possedé du diable, non pour autre raison, sinon que quelque foys, ils en sortent à leur honneur, et s'en ensuit l'effect tel qu'ils le demandent : ce que n'avenant, ils alleguent pour leur ignorance et fraudulente deception que ce demon est infidèle, ou bien que c'est quelque esprit celeste[1]. La manière de les conjurer est telle : ils forment certains caracteres dans des cercles au milieu d'un foyer, ou autre chose ; puis peignent aucuns signes, sur la main, au front du malade, lequel ayans perfumé de certaines odeurs, commencent à faire l'enchantement, conjurans l'esprit, à qui ils demandent, par quel moyen il est entré dans ce corps, d'où il

Muhazzimin enchanteurs.

Manière de conjurer les espritz.

---

1. Un écrivain du xiiie siècle de notre ère, le cheikh Zeïn Eddin Abderrahim, originaire de Damas et surnommé el-Djoubery, a consacré un long chapitre aux pratiques des magiciens dans son ouvrage qui a pour titre : Le livre choisi pour découvrir les secrets, كتاب المختار فى كشف الاسرار, Kitâb oul-moukhtar fi kechf il-esrar. Damas, 1302, pp. 93-101. Le chapitre traitant des tours secrets des magiciens, فى كشف اسرار المعزمين, Fi kechfi esrar el-mouazzimin, renferme des détails curieux dont quelques-uns ont été révélés par des voyageurs modernes.

140   HISTOIRE

est, comment il a nom, ajoutans à cecy un commandement, qu'il ayt à vuider incontinent.

Il y a encore une autre sorte d'enchanteurs qui se gouvernent par une regle appellée Zairagia[1], c'est-

Zairagia Cabalistes, donnant reponce vraye.

[1]. Ce passage relatif à la zaïrdjêh زايرجه est une traduction du texte d'Ibn Khaldoun et je crois devoir mettre ici sous les yeux du lecteur les notions que cet historien nous fournit à ce sujet : « On prétend posséder encore un système artificiel au moyen duquel on peut obtenir la connaissance des choses qui appartiennent au monde invisible. C'est la zaïrdjet oul-alem dont on attribue l'invention à Abou 'l-Abbas Essibty, natif de Ceuta, l'un des soufis les plus distingués du Maghreb. Vers la fin du VIe siècle, Essibty se trouvait dans la ville de Maroc pendant que Yaqoub el-Mansour, souverain des Almohades, occupait le trône. La construction de la zaïrdjet oul-alem (tableau circulaire de l'univers) est d'un artifice surprenant. Bien des personnes haut placées aiment à la consulter afin d'obtenir du monde invisible des connaissances qui pourraient leur être utiles... La figure sur laquelle ils opèrent a la forme d'un grand cercle qui renferme d'autres cercles concentriques dont les uns se rapportent aux sphères célestes, et les autres aux éléments, aux choses sublunaires, aux êtres spirituels, aux événements de tout genre et aux connaissances diverses.

« Les divisions de chaque cercle sont les mêmes que celles de la sphère qu'il représente; les signes du zodiaque, l'indication des quatre éléments, etc. s'y trouvent : les lignes qui forment chaque division s'étendent jusqu'au centre du cercle et portent le nom de rayons. Sur chaque rayon, on voit inscrite une série de lettres ayant chacune une valeur numérique et dont quelques-unes appartiennent à l'écriture d'enregistrement, c'est-à-dire aux sigles dont les employés de la comptabilité et d'autres administrations maghrebines se servent encore pour désigner les nombres. On y remarque aussi des chiffres appartenant au caractère nommé ghobar. Dans l'intérieur de la zaïrdja, entre les cercles concentriques, on remarque les noms des sciences et les lieux des diverses espèces d'êtres. Sur le dos du tableau des cercles, on voit une figure renfermant un grand nombre de cases, séparées les unes des autres par des lignes verticales et horizontales. Ce tableau offre, dans la direction de sa hauteur, cinquante-cinq cases, et, dans celle de sa largeur, cent trente et une cases. Les cases qui occupent le bord du tableau sont, les unes vides, les autres remplies; de celles-ci les unes renferment des nombres, les autres des lettres. La

à-dire cabale, mais ils n'etudient aucunement cette science pour en avoir la cognoissance pour ce qu'ils l'estiment estre acquise naturellement; et (à dire vrai)

règle qui a présidé à la distribution de ces caractères dans les cases nous est inconnue, ainsi que le principe d'après lequel certaines cases doivent être remplies et les autres rester vides. Autour de la zaïrdja se trouvent plusieurs vers appartenant au mètre nommé taouîl, et dont la rime se forme par la syllabe *la*. Ce poème indique la manière d'opérer sur le tableau lorsqu'on veut obtenir une réponse à la question dont on s'occupe; mais, par l'absence de clarté et le manque de précision, il demeure une véritable énigme. Sur un des bords du tableau se voit un vers composé par Malek ibn Woheïb, l'un des plus habiles devins du pays de l'Occident. Il florissait sous la dynastie lemtounienne (almoravide) et appartenait au corps des uléma de Séville. Voici le vers : C'est une grave question dont je ne puis me rendre compte : je l'ai réservée. C'est un doute extraordinaire, la fortune le tient en réserve pour servir d'exemple.

« On se sert toujours de ce vers lorsqu'on emploie la zaïrdja de cette espèce ou de toute autre dans le but d'obtenir une réponse à une question. Pour avoir la réponse, on met la question par écrit, mais on a soin d'en décomposer les mots en lettres isolées. Ensuite, on cherche (dans les tables astronomiques) le signe du zodiaque et le degré de ce signe qui s'élève sur l'horizon (c'est-à-dire l'ascendant) au moment de l'opération. Consultant alors la zaïrdja, on cherche le rayon qui forme la limite initiale du signe qui est l'ascendant; on suit ce rayon jusqu'au centre du cercle, et de là jusqu'à la circonférence, vis-à-vis de l'endroit où le signe ascendant se trouve indiqué, et l'on copie toutes les lettres qui sont inscrites sur ce rayon, depuis le commencement jusqu'à la fin; on prend aussi les chiffres numériques tracés entre ces lettres, et on les transforme en lettres d'après le procédé nommé hiçab el-djomel. Quelquefois on doit convertir en dizaines les unités obtenues de cette manière, changer les dizaines en centaines, et vice versa, mais toujours en se conformant aux règles qu'on a dressées pour l'emploi de la zaïrdja. Le résultat se place à côté des lettres dont la question se compose. Alors on examine le rayon qui marque la limite du troisième signe du zodiaque, à compter de celui qui est l'ascendant; on relève toutes les lettres et chiffres inscrits sur ce rayon, depuis son extrémité jusqu'au centre du cercle, point où l'on s'arrête, sans passer jusqu'à la circonférence. Les chiffres ainsi trouvés se remplacent par des lettres, selon le procédé déjà indiqué, et ces lettres doivent se placer à

ils donnent reponce infaillible de ce qui leur est demandé ; mais cette regle est tresdifficile, pour autant que celuy qui s'en veut aider ne doit estre moins

côté des autres. Ensuite, on prend pour clef de toute l'opération le vers composé par Malek ibn Woheïb, et, l'ayant décomposé en lettres isolées, on les met à part. Ensuite, on multiplie le nombre du degré de l'ascendant par un nombre qui s'appelle l'ass du signe. Pour obtenir cet ass, on compte en arrière, depuis la fin de la série des signes ; procédé qui est l'opposé de celui dont on se sert dans les calculs ordinaires, en prenant pour point de départ le commencement de la série. Le produit ainsi obtenu se multiplie avec un facteur nommé le grand ass et le dour fondamental. On applique ces résultats aux cases du tableau, en se conformant aux principes qui règlent la marche de l'opération, et après avoir employé un certain nombre de dour. De cette manière, on tire (du tableau) plusieurs lettres dont une partie doit être supprimée, et dont le reste se place vis-à-vis de celles qui composent le vers d'Ibn Woheïb. On range aussi quelques-unes de ces lettres parmi celles qui avaient formé les mots de la question et auxquelles on en a déjà ajouté d'autres. On élimine de cette série de lettres celles dont les places sont indiquées par certains nombres appelés dour ; (voici comment :) on passe sur autant de lettres qu'il y a d'unités dans le dour, et, arrivé à la dernière unité du dour, on prend la lettre qui y correspond et on la met à part ; puis on continue l'opération jusqu'à la fin de la série de lettres. On répète cette opération en employant plusieurs autres dours destinés à cet usage. Les lettres isolées que l'on obtient ainsi se rangent ensemble et produisent un certain nombre de mots formant un vers, dont la rime et la mesure sont les mêmes que celles du vers qui a servi de clef, et qui a pour auteur Malek ibn Woheïb. Nous traiterons de toutes ces opérations dans la section des sciences, au chapitre qui indique comment on doit se servir de cette zaïrdja.

« Nous avons vu beaucoup de personnes haut placées montrer un grand engouement pour la pratique de cet art, et s'y appliquer dans l'espoir de connaitre les secrets du monde invisible. Ils croyaient que l'à-propos des réponses aux questions suffisait pour indiquer que les événements seraient conformes aux réponses » (*Prolégomènes historiques d'Ibn Khaldoun*, trad. par M. de Slane dans les *Notices et Extraits des manuscrits de la Bibliothèque impériale*, Paris, 1862, t. XIX, première partie, p. 245-247).

On doit citer parmi les ouvrages qui ont pour objet la zaïrdjèh, celui

savant astrologue qu'expert arithmeticien. Je me suis trouvé quelque foys là où l'on faisoit quelque figure, à laquelle parfaire failloit demeurer depuis le matin jusques au soir, encore que ce fust au plus longs jours, et se trace en cette maniere. Ils font plusieurs cercles l'un dedans l'autre, au premier desquels forment une croix, et aux extremitez d'icelle les quatre parties du monde, c'est à savoir levant, ponant, tramontane et midy. Au periode colloquent les deux poles, et hors du premier cercle sont situez les quatre elemens. Puis, divisent le cercle en quatre parties, et le suivant finablement, après cela viennent à partir chacune partie en sept, là où ils impriment certains grands caracteres arabesques, qui sont vingt sept ou vingt et huit pour chaque element. En l'autre cercle posent les sept planettes, au sequent les douze signes du zodiaque, et en l'autre les douze moys de l'an, selon les Latins; en l'autre les vingt-huit maisons ou sieges de la lune; au dernier les troys cens soixante cinq jours de l'an, et hors de tout cela, mettent les quatre ventz principaux, puis choisissent une lettre de la chose demandée, et vont multiplians avec toutes les choses nombrées, jusques à tant qu'ils savent quel nombre porte le caractere; après la divisent en certaine ma-

Figure des cabalistes.

d'Aboul Abbas Ahmed Khazerdji de Ceuta qui a été commenté par Abdallah ben Abdelmelik el-Merdjany, la zaïrdjèh chinoise الزائرجة الخطانية du cheikh Ben Ahmed ben Aly el-Khitay, celle des Cheïbanites الزائرجة الشيبانية, enfin celle de Hérat الزائرجة الهراوية.

nière, la mettant en partie selon que le caractere est, et quel element y est situé, tellement qu'après la multiplication, division et dimention, ils savent quel caractere est propre pour le nombre qui est resté. Et font du caractere trouvé en la sorte du premier et ainsi consequemment jusques à ce qu'ils viennent à trouver vingt huit caracteres, desquels ils forment une diction et la diction reduisent en oraison, toujours en vers mesuré, selon la premiere espèce des vers arabesques, qui s'appellent ethauel, c'est à savoir huit pieds et douze batons, selon l'art poetique des Arabes, duquel nous avons traité en la derniere partie de notre grammaire arabesque. Donques, de ces vers qui proviennent des caracteres, sort une vraye et infalible reponce. Premierement, la chose demandée en procede, puis la reponce de ce qui se demande, et ne se mecontent jamais à cela, chose certainement miraculeuse, et d'autant plus admirable si que je ne pense point avoir jamais veu chose qui fut estimée naturelle, avoir tant de divinité, ni qui semblât mieux supernaturelle que cette-cy.

Ethauel, vers arabesques.

J'ay encore veu faire une autre figure au college du roy Abul Henon, en la cité de Fez en un lieu decouvert, lequel estoit pavé de marbre fin, blanc et poly ; et y avoit de distance entre chacun angle l'espace de cinquante coudées, dont les deux tiers furent occupez des choses dequoy se devoit faire la figure, pour laquelle fournir y avoit troys hommes, dont

Autre sorte de figures des cabalistes.

un chacun d'eux prenoit garde de son côté; neantmoins, ils y demeurerent un jour entier.

J'en vey semblablement faire une autre à Thunes par un excellent maître, lequel avoit commencé sur la regle susnommée en deux volumes, et sont tenus en grande reputation ceux qui ont l'intelligence d'icelle.

Je me suis trouvé depuis ma cognoissance aux lieux, là où on en fait troys, et ay encore veu avec ce deux commens sus cette regle, et un autre du Margiani, qui estoit pere du maître que je vey à Thunes, avec un autre d'Ibnu Caldun, historien[1]. Et si quelqu'un avoyt envie de voir cette regle commencée, il ne sauroyt dependre cinquante ducatz, pour ce que, passant à Thunes qui est prochaine d'Italie, on la recouvreroyt facilement. La commodité s'offroit bien à moy, tant du temps comme du maître, si je y eusse voulu vaquer; mais cette doctrine est defendue par la loy de Mahommet quasi comme une heresie, qui fut cause de m'en faire passer l'envie. Et dit cette ecriture, que toute maniere de deviner est vaine, d'autant que Dieu s'est reservé la profondité des secrets, tenant en ses mains les choses futures. A cette cause, les inquisi-

Mahommet reprouve les devinemens, et punist les devins.

---

1. Il s'agit dans ce passage de l'Imam Abdallah ibn Abd el-Melik el-Merdjany qui écrivit un commentaire sur la *Zaïrdjèh* d'Aboul Abbas Ahmed el-Khazerdjy Essebty, chef des Soufis de Merrakech.

M. de Slane a traduit l'autobiographie du célèbre historien Wely Eddin Abderrahman el-Ichbily (de Séville) el-Hadharmy connu sous le nom d'Ibn Khaldoun (*Journal asiatique*, n° 1, 1844; *Notices et Extraits*, t. XIX, Paris, 1862.

teurs de la loy de Mahommet font bien souvent emprisonner cette maniere de gens, sans jamais cesser de persecuter et poursuivre fort vivement ceux qu'ils peuvent trouver faisans profession d'icelle.

Regles et diversitez observées par aucuns en la loy de Mahommet.

On voit encore plusieurs personnages de bon savoir, lesquels se font surnommer sages et bien versez en la philosophie morale, tenans et observans, avec une superstition fort grande, certaines loix, outre celles qui furent commandées par Mahommet, en quoi ils sont, par aucuns, estimez bons catoliques, et par autres non. Mais le populaire les repute saints, combien que ils remettent au liberal arbitre plusieurs choses qui sont defendues en l'Alcoran par Mahommet, comme la loy defend qu'on ne chante nulle chanson lubrique, par art de musique; toutefois, ces maîtres philosofes reprouvent cela, et disent qu'il se peut faire.

Chansons lubriques defendues par la loy de Mahommet.

En cette loy, y a plusieurs ordres et regles dont une chacune est gardée par un chef, ayant plusieurs docteurs qui soutiennent ces regles, avec beaucoup d'œuvres touchant la spiritualité, et print commencement cette secte, quatre vingts ans après Mahommet. Le principal et plus fameux auteur d'icelle s'appelloit Elhesibnu Abilhasen, de la cité de Basra,

De la loy de Mahommet sont sorties plusieurs sectes.

qui, peu à peu, commença à donner certaines regles à ses disciples, mais il ne meit rien par ecrit[1]. A cetuy-cy, cent ans après, succeda un tressavant homme, et bien versé en cette matiere, nommé Elhari Ibim Esed de la cité de Bagaded, qui a ecrit un bel œuvre generalement à tous ses disciples[2]. Puis, par la revolution des années, cette secte fut par les legistes condamnée, remontrans aux pontifes comme elle estoit damnable, tellement que tous ceux qui

1. Il s'agit, dans ce passage, d'Abou Sayd ibn Abi 'l-Hassan el-Baçry qui naquit à Médine deux années avant la mort du khalife Omar ibn el-Khattab.
Il était le fils d'un esclave affranchi par Zeyd ibn Thabit el-Ançary et sa mère était une esclave d'Oumm Selamah, une des femmes du Prophète.
Hassan el-Baçry, un des tabis les plus éminents pour sa science théologique et la profondeur de ses connaissances, fut appelé dans l'Iraq par Omar ibn Houbeïra el-Fazary, gouverneur de cette province au nom du khalife Yezid fils d'Abd el-Melik (103 = 722).
Il mourut à Baçrah le 1er du mois de redjeb 110 (10 octobre 728).
2. Ce nom étrangement défiguré est celui d'Aboul Hassan Aly ben Ismayl el-Ach'ary, descendant d'Ibn Abou Moussa, un des compagnons du Prophète. Il naquit à Baçrah en 270 (884), et mourut à Bagdad en 324 ou 330 (941-2). La doctrine d'el-Ach'ary était un compromis entre les croyances des orthodoxes et celles des Motazélites. Il reconnaissait avec les premiers l'autorité du Qoran, mais il soutenait que le texte que l'on connaissait n'était réellement pas la parole de Dieu.
Mohammed Echcheristany a donné dans son livre des Sectes religieuses et philosophiques un exposé de la doctrine d'el-Ach'ary; cf. l'édition mise au jour par le R. W. Cureton, Londres, 1842, p. 65, la traduction publiée par M. Haarbrücker sous le titre de *Religions-Partheien und Philosophen-Schulen... aus dem Arabischen übersetzt*. Halle, 1850, t. I, p. 98 et suiv. et G. Dozy, *Histoire des philosophes et des théologiens musulmans de 632 à 1258 de J.-C.* Paris, 1878, pp. 143-185. El-Ach'ary a publié cinquante-cinq traités de polémique pour réfuter les erreurs des Motazélites, des Kharidjis, des Rafezy et autres sectes hérétiques. Cf. les travaux de M. W. Spitta et M. A. F. Mehren sur El-Ach'ary.

l'ensuivoyent, estoyent punis rigoureusement, de sorte qu'elle sembloit estre eteinte, quand encor une autre foys, et delà à cinquante ans, elle fut renouvelée par le moyen d'un qui en fut le chef, et suivy de plusieurs disciples, prechoit sa doctrine publiquement, de maniere que les legistes avec le pontife, le condamnerent, ensemble ses adherens, d'avoir les testes tranchées. Ce qu'ayant entendu le chef, ecrit incontinent une lettre au pontife, par laquelle il le prioyt tresaffectueusement luy faire cette grace de luy permettre entrer en dispute et s'affronter avec les legistes, et en cas qu'il fust par eux vaincu, se soumetoit liberalement à la peine par Sa Sainteté ordonnée ; mais s'il leur montroit mieux emparé de la verité mesme, que par force d'argumens, comme sa doctrine devoit estre quant à vraye religion, à la leur preferée, et beaucoup plus recommandée, il n'estoit raisonnable (disoit-il) qu'une si grande multitude de peuple innocente fust, par le faux et calomnieux dire de gens ignares, injustement à la mort condamnée. Les lettres levées bien diligemment, la demande ne sembla estre que tresjuste et raisonnable, au moyen dequoy, il luy fut permis de venir en dispute avec les legistes touchant cette matiere, lesquels tant pour leur peu de savoir et grande ignorance, comme pour ce que le droit estoit de son côté, il rangea facilement et vainquit, leur donnant à cognoître de combien ils se mecontoyent, et que leur opinion estoit autant pleine d'erreur et fauce, comme sa doctrine estoit digne d'estre receuë et invitée, d'autant qu'elle consistoit toute en pure verité. Et avec ce, sceut tant bien emouvoir le pontife, que fondant en larmes, se convertit à son opinion, erigeant monasteres, temples et colleges pour les sectateurs d'iceluy, auquel il porta tresgrand faveur tandis qu'il fut en vie, et dura cette secte par l'espace de cent ans, jusques à ce qu'il sortit un empereur d'Asie majeur, de l'origine des Turcz, mais pour la cruelle persecution qu'il usoit à l'endroit des sectateurs d'icelle, les uns furent contrains de s'enfuyr au Caire, et les autres de gaigner l'Arabie, lesquels demeurerent ainsi en exil par l'espace de vingt ans[1], qui fut jusques au temps que Caselsah neveu de Malicsach[2] regnoyt, qui avoit un conseiller homme fort consommé et de grand esprit, appellé Nidan Elmule[3], qui adherant à cette doc-

1. Sur l'injonction du khalife El-Qaïm bi-amri-illah, Amid oul-Moulk el-Koundery, vizir de Toghroul bek et d'Alp Arslan, avait donné l'ordre de maudire dans les mosquées la personne et les doctrines d'El-Ach'ary.

Cet ordre fut révoqué en 1062 par Nizham oul-Moulk et les docteurs qui s'étaient exilés du Khorassan purent y rentrer. Le célèbre Aboul Mealy Abdelmelik Zia Eddin, surnommé Imam oul-Harameïn à cause de son séjour à la Mekke et à Médine, et le jurisconsulte Aboul Qassem el-Qochaïry se trouvaient parmi eux.

2. Il faut lire Melikchah au lieu de Caselsah. Melikchâh, fils d'Alp Arslan et neveu de Djaghry bek, fut le troisième souverain de la dynastie des Seldjoukides de l'Iraq. Il monta sur le trône après l'assassinat de son père, en 465 (1072), et mourut à Bagdad en 485 (1092) à l'âge de trente-huit ans.

3. Le vizir Abou Aly Hassan ibn Aly ben Ishaq qui reçut le titre honorifique de Nizham oul-Moulk (l'organisateur du royaume) naquit à Nouqan ou à Radekan près de Thous, en l'année 408 (1017). Il remplaça

trine, la remit sus et la soutint; tellement, que par le moyen d'un homme tresdocte nommé Elgazzuli (lequel en composa un volume divisé en sept parties) feit tant qu'il pacifia les legistes avec ceux de la ligue, souz telle condition, que ces legistes retiendroyent le nom de docteurs et conservateurs de loy du Prophete, et ceux-ci seroyent appellez reformateurs d'icelle[1]. Cet acord dura jusques à ce que Bagaded fut ruinée et demolie par les Tartares, qui

---

Amid oul-Moulk Koundery mis à mort par ordre d'Alp Arslan. Les mesures qu'il prit à la mort d'Alp Arslan assurèrent la couronne à Melikchah; il fut assassiné près de Nehavend, au mois de ramazan 485 (octobre-novembre 1092) par un fiday deïlemite nommé Tahir Awany.

1. Le célèbre Ghazzaly surnommé, à cause de la sûreté de ses connaissances, *Houdjet oul-islam*, حجة الاسلام (La Preuve convaincante de l'Islam) portait le nom de Mohammed, le kouniëh d'Abou Hamid et le surnom ou laqab de Zeïn Eddin (L'Ornement de la religion). Il naquit à Thous en 450 (1059) et fit ses études dans cette ville et dans celle de Nichabour. Il eut l'occasion d'être présenté à Nizham oul-Moulk, qui, appréciant son mérite, l'admit au nombre des savants qui se livraient en sa présence à des discussions théologiques et littéraires. Il se rendit à Bagdad en 484 (1091) pour donner des leçons dans la medressèh fondée par Nizham oul-Moulk et son érudition excita un étonnement et une admiration universels. Il renonça, de son plein gré, à son enseignement et fit en 488 (1095) le pèlerinage de la Mekke, au retour duquel il alla à Damas, puis à Jérusalem. Il visita le Caire et demeura pendant quelque temps à Alexandrie. Il retourna à Damas, et revint se fixer à Thous, sa patrie, où il renonça au commerce du monde pour se livrer à ses études et composer des ouvrages qui ont consacré sa renommée de théologien et de juriste consommé. Les plus célèbres sont le *Ihya oul-ouloum*, حياء العلوم (La vivification des sciences), et *Djewahir oul-Qour'an* جواهر القرآن (Les perles du Qoran), *Yaqout etta'aouil fi tefssir il-tenzil* ياقوت التأويل فى تفسير التنزيل (Le rubis de l'explication pour servir de commentaire au livre descendu du ciel), la *Michkat oul-anwar fi lathaïf il-akhbar* مشكاة الانوار فى لطايف الاخبار (La lampe des lumières éclairant les beautés des traditions) et

fut en l'an sept cens cinquante et six de l'hegire[1]. Mais cette division ne fut aucunement à leur desavantage ny à eux dommageable, pour ce que desja l'Asie et l'Afrique estoyent toutes semées de cette doctrine et pleines des sectateurs d'icelle.

De ce temps là, on ne permettoit faire profession de cette secte à autres, sinon à personnes doctes, et surtout bien versez et entendus en l'ecriture, pour avoir meilleur moyen de soutenir plus facilement leur opinion, laquelle, depuis cent ans en ça, un chacun veut ensuivre, disant qu'il n'est pas besoing pour en avoir l'intelligence avoir vaqué aux lettres, pource que le saint esprit inspire ceux qu'il trouve sans tache ny macule, leur donnant entiere cognoissance de la pure verité. Et alleguent encor d'autres raisons pour leur deffence bien froides et frivoles; et ainsi laissant les commandemens tant inutiles comme necessaires à cette règle, ne gardent autre loy que celle des legistes. Mais trop bien se savent donner tous les plaisirs qui sont permis par

---

le traité de morale politique intitulé *Ettibr el-mesbouk fi nassihat il-moulouk* التبر المسبوك في نصيحة الملوك (L'or fondu, conseils aux rois). Ghazzaly, qui avait fondé un couvent de soufys et un collège dans sa ville natale, mourut le 14 djoumazy second 505 (19 novembre 1111). Cf. Ibn Khallikan, *Biographical Dictionary*, trad. par M. de Slane, t. II, p. 621-5; Ibn el-Athir; *El-Kamil*, t. X, p. 345, et Djamy, *Nefehat oul-ouns*, pp. 423-425.

1. La ville de Bagdad fut prise d'assaut par les troupes de Houlagou-Khan, le vendredi 15 safer 656 (15 février 1258). Le khalife Moustassim billah et son fils Abderrahman furent mis, six jours après, dans un sac et foulés aux pieds des chevaux dans la plaine de Vacaf jusqu'à ce qu'ils eussent expiré.

icelle, pource qu'ils font souventesfois des festins, chantent chansons lubriques et frequentent fort les dances ; aucune foys se dechirans selon que le sens des vers qu'ils chantent le requiert et comme il leur vient en fantaisie, ces voluptueux disent qu'ils font tels actes, estans rechaufez par les flammes de l'amour divin ; mais je me feroys bien plus tôt à croire que la fumeuse liqueur, acompagnée par plus grande quantité de viande qu'il ne leur seroyt metier, leur feit ainsi tourner le cerveau et entrer en cet humeur : ou (ce qui me semble encore plus vraysemblable) font ces cris et grandes exclamations, interrompues souvent par sanglots et gemissements, pour l'amour desordonné qu'ils portent aux jeunes jouvenceaux sans barbe qui les rendent ainsi perplex et passionnez. Et avient le plus souvent que quelque gentilhomme convie à la feste de ses noces l'un de ces principaux maîtres, avec tous ses disciples, lesquels à l'entrée de table prononcent, et chantent quelques oraisons et chansons spirituelles, puis, à la fin, les plus apparans commencent à mettre leurs robes en pièces. Et s'il avient en dançant que quelqu'un d'entre eux pour estre caduque et debilité d'aage, ou pour avoir la teste enfumée se laisse tomber, il n'est à peine par terre qu'il est par un bel adolescent relevé en le baisant fort lascivement. Pour cette cause, est venu ce proverbe dans la cité de Fez, « le banquet des hermites », par lequel ont veut inserer que le banquet achevé, il se fait une metamorfose de ces

Proverbe de Fez.

adolescens, qui deviennent epouses de leurs maîtres, lesquels ne se peuvent marier, à raison de quoy on les appelle hermites.

Autres diverses regles et sectes, avec des opinions superstitieuses de plusieurs.

Parmy cette doctrine, il y a quelques regles estimées heretiques, tant par les docteurs comme par les reformateurs, pource qu'elles ne contrarient seulement à la loy, mais à la foy aussi. Et certes, en y a plusieurs qui croyent fermement que l'homme par le seul merite de ses bonnes œuvres, par jeusnes et abstinences, se puisse acquerir une evangelique nature, disans que, par ce moyen, on se purifie le cœur et l'esprit, tellement qu'il ne sauroyt pecher, combien qu'il s'en mît en devoir ; mais devant que d'attaindre à cette perfection et beatitude celeste, (disent-ilz) il faut monter cinquante degrez de discipline. Et encore qu'on vienne à tomber en peché, autant qu'il soyt parvenu jusques au cinquantième, Dieu ne lui impute plus les fautes commises contre sa divinité. Au moyen dequoy, et par les raisons cy dessus alleguées, cette maniere de gens fait de grands jeusnes et etranges, au commencement, qui les fait plus enhardir, puis après, à se donner tout le bon temps et prendre tous les plaisirs et voluptez que leur voulonté lascive leursauroyt representer. Ils ont aussi une etroite regle, qui leur a esté delaissée, ecrite en quatre volumes, par un homme de grand savoir et treseloquent, nommé Essehravardi, de Sehravard, cité en Corasan[1]. Et ont semblablement un autre auteur nommé Ibnu Farid, lequel se meit à reduire toute sa doctrine en vers fort exquis et fluides, mais tous farcis d'allegories, tellement qu'ils

1. Deux personnages, également célèbres par leur piété et leur mysticisme, ont vu le jour à Sohrawerd, ville voisine de celle de Zendjan dans la province de Djibal. Le premier est le cheikh Aboul Nedjib Abd el-Qahir ben Abdallah el-Bekry. Il se rendit à Bagdad, au temps de sa jeunesse, pour y suivre les leçons du traditionniste Aly ben Nehban et celles du jurisconsulte Essad el-Moheyny. Il se consacra ensuite entièrement aux exercices de dévotion et se fit un devoir de distribuer par humilité de l'eau aux gens altérés et de payer sa nourriture avec le gain que lui procurait son travail journalier. Il devint administrateur du collège fondé par Nizam-oul-Moulk, et fit en 558 (1162) le voyage de Syrie dans le but d'accomplir le pèlerinage de Jérusalem. Il dut y renoncer par suite de la rupture de la trêve entre les musulmans et les chrétiens. Il fut, pendant le court séjour qu'il fit à Damas, traité avec la plus grande considération par Nour Eddin Mahmoud ben Zenguy. Il retourna à Bagdad et y mourut en 563 (1163). Il était né en 490 (1096). Il initia aux doctrines du soufisme son neveu Chihab Eddin Abou Hafç Omar qui fut pendant longtemps investi à Bagdad de la dignité de Cheikh des Cheikhs (Cheikh oul-Chouïoukh). Les chefs des communautés religieuses accouraient de toutes parts pour recueillir ses décisions. Il excellait dans la prédication et le khalife Nassir lidin illah dont il avait conquis la faveur lui confia plusieurs missions importantes. Il composa de nombreux ouvrages parmi lesquels est le *Awarif oul-mearif* عوارف المعارف (Les bienfaits des connaissances) qui renferme soixante-six chapitres et le *Ilam oul-houda fi aqidet erbab itteqa* أعلام الهدا في عقيدة ارباب التقا (Signes de la voie droite pour servir à la croyance des personnes pieuses), Chihab Eddin Sohrawerdy avait vu le jour au mois de redjeb 539 (janvier 1144). Il mourut en 632 (1234). Cf. Ibn el-Athir, *El-Kamil*, t. XI, p. 110-115; Yaqout, *Moudjem el-Bouldan*, t. III, p. 203; *Nefehat oul-ouns*, p. 544.

semblent ne traiter d'autre chose que d'amour¹. Ce qu'incita un personnage nommé Elfargani à commenter iceluy œuvre, duquel il tira la regle et degré qu'on doit passer pour pouvoir parvenir à la cognoissance d'icelle. Ce poëte orna ses ecris d'une si grande et parfaite eloquence, que les sectateurs de la secte ne chantent autre chose à leurs festins que les vers lesquels il a composés, pour autant qu'il ne s'est trouvé homme depuis trois cens ans en ça qui ayt ecrit si disertement que luy. Ceux cy estiment que toutes les spheres celestes, le firmament, les planettes, etoiles et elemens soyent dieux, et qu'on ne sauroyt errer en aucune foy ny loy que ce soit, à cause que les humains pensent d'adorer celuy qui le merite, et croyent qu'en un seul homme qu'ils ont entre eux, soit posée toute la sapience de Dieu; au moyen dequoy ilz l'appellent Elcoth, qui signifie participant avec Dieu et egal à luy quant à la cognoissance des choses².

Merveilleuse opinion.

Elcoth.

1. Le célèbre poëte mystique Abou Hafç Omar ibn el-Faridh el-Hamawy el-Miçry rattachait son origine à la tribu des Beni Sa'ad à laquelle appartenait Halimèh, nourrice du prophète Mohammed. Son père était un des docteurs de la loi les plus célèbres du Caire. Les poésies d'Ibn el-Faridh qui jouissent en Orient d'une réputation universelle ont été l'objet de nombreux commentaires dont le plus estimé est celui du cheikh el-Bouriny. Ibn el-Faridh mourut au Caire, le 2 du mois de djoumazi ewwel 632 (24 janvier 1235). Djamy lui a consacré une longue notice dans sa biographie des soufis intitulée *Nefehat oul-ouns*. Calcutta, 1858, pp. 625-633.

2. « Dans le langage des adeptes du mysticisme le mot *qouthb* قطب qui a la signification de « pôle », désigne le personnage unique qui, en

Il y a quarante hommes entre eux lesquels sont appellez Elauted, c'est à dire les trons, pour ce que[1] les autres les surmontent en savoir et degré, et appertient à ces quarante, quand l'Elcoth meurt, d'elire un autre qu'ils choissisent parmy le nombre soissante, pour le colloquer en cette place et dignité. Il y en a encore d'autres jusques à la quantité de sept cens soissante et cinq, du titre desquels il ne me souvient à present, mais comme l'un des sois-

tout temps, est celui vers lequel sont tournés les regards de Dieu. Dieu lui a donné le grand talisman qui vient de lui et il parcourt toutes les substances tant intérieures qu'extérieures comme l'esprit parcourt le corps..... C'est le pôle qui répand l'esprit de vie sur la nature supérieure et inférieure. » Cf. le mémoire consacré aux *Définitions du Seïd Djordjani* par M. Silvestre de Sacy dans le tome X des *Notices et Extraits des manuscrits de la Bibliothèque royale*, Paris, 1818, p. 80-81 ; *Les haleines de la familiarité provenant des personnages éminents en sainteté par Abderrahman Djami*. Ces vies des des Soufis ont été insérées par M. Silvestre de Sacy dans le tome XIII des *Notices et Extraits*. Paris, 1831, p. 287-436.

On trouve un long article sur le *qothb* dans le *Kechchaf istilahat il-founoun* كشاف اصطلاحات الفنون ou Dictionnaire des termes techniques employés dans les ouvrages scientifiques des musulmans, publié par les Maulewy Mohammed Wadjih, Abdelhaqq et Ghoulam Qadir. Calcutta, 1862, pp. 1166 et suiv.

1. Autad اوتاد est le pluriel du mot Watad وتد qui a la signification de pieu. Ce nom est donné à quatre personnages et non quarante, qui résident aux quatre points cardinaux du monde, à l'orient, à l'occident, au nord et au midi. On lit dans le *Mira't essoufièh* مرأت الصوفية (Le miroir des Soufys) que le Watad de l'orient porte le nom d'Abderrahman, celui de l'occident Abdelwedoud, celui du midi Abderrahim et celui du nord Abdelqaddous. Ils assurent la tranquillité et la stabilité du monde, de même que les montagnes assurent la stabilité de la terre.

Cf. *Les définitions de Seyyd Djourdjany* dans le tome X des *Notices et Extraits des manuscrits de la Bibliothèque royale*, p. 81 et l'article *Watad* dans le *Kechchaf istilahat* cité dans la note précédente.

sante est expiré, on en elit un autre d'un semblable nombre. Leur regle commande qu'ils voisent incogneus par la terre, ou en guise de fols, ou de grans pecheurs, ou de la plus vile et mecanique personne qui se puisse trouver, qui fait que sous cet ombre, plusieurs barbares et personnes vitieuses vont courans le pays d'Afrique tous nus, montrans leurs parties honteuses, et sont tant dehontez, qu'à l'imitation des bestes brutes se couplent charnellement avec les femmes au milieu des places, publiquement, et neantmoins, ils se sont acquis telle reputation à l'endroit des Africans, que tout le peuple les estime saintz. Secte maudite qui use publiquement des femmes.

Dedans Thunes se trouve de cette canaille une grande multitude, mais il y en a beaucoup d'avantage en Egipte et mesmement au grand Caire. En la principale place d'iceluy appellée Bain Elcasrain[1], je vey un d'iceux saisir une fort belle jeune femme, laquelle, de ce pas mesme, sortoyt de l'etuve, et l'ayant jetée par terre, usa avec elle charnellement. Ce qu'il n'eut pas plus tost fait, qu'on accouroit de toutes pars pour toucher les accoutremens de la femme, comme à chose religieuse, d'autant qu'elle avoyt esté touchée par un saint

---

1. Beïn el-qaçreïn (Entre les deux palais) est le nom de la place qui s'étend entre l'emplacement occupé par chacun des deux palais des khalifes Fatimides. L'un portait le nom de *qaçr el-gharby* (le palais de l'occident), l'autre celui de *qaçr echcharqy* (le palais de l'orient). C'est une des places les plus fréquentées du Caire.

homme, lequel (comme publioyent ceux qui s'estoyent trouvez à cet acte) feignoit de commettre le peché, combien qu'il s'en fust totalement abstenu. Et cecy ayant esté rapporté au mari de la femme, s'estima bien heureux, reputant cela pour une grande grace, de laquelle il rendit louanges à Dieu, faisant banquets et festins solennels, acompagnés de grandes aumones, pour un si grand heur qui luy estoit avenu. Les juges et docteurs de la loy, voulans effacer l'abomination d'un tel delit et enorme cas (par une peine digne du forfait scandaleux de ce pandart) se mirent en grand danger de leur vie, à cause de la soudaine emotion et mutination du peuple, qui a ces truans en grande veneration, moyennant laquelle on leur fait à tous des presens et dons inestimables. Vous asseurant que la honte me contraint de mettre sous silence plusieurs autres choses particulieres, ausquelles j'ay prins garde, autant ou plus abominables, comme temeraires et meritans cruelle punition.

Des Cabalistes et d'autres de plusieurs sectes.

Il y a une autre regle d'aucuns qui s'appellent cabalistes, lesquels font d'autres jeusnes, sans manger chair de quelque animal que ce soyt, mais ils usent de certaines viandes et condimens ordonnés pour chacune heure du jour et pour la nuict, selon les jours et mois quelques oraisons particulieres qu'ils presentent par conte et en nombre, ayans coutume de porter sur eux certains petits tableaux peins, avec caracteres et nombres entaillez par le dedans. Ceux-cy sont d'opinion que les bons esprits s'aparoissent, si à eux leur parlent, leur donnent cognoissance et acertement de toutes les choses qui se font parmy le monde.

Un grand docteur appellé le Boni, se rangea de leur secte, composant leur regle, et comment se doivent faire les oraisons, trouvant l'invention de ces petits tableaux. Je ay veu son œuvre qui me semble plutot estre tiré de la magie que de la cabale, et ce qui est le mieux receu de ce qu'il a fait se divise en huit volumes, dont l'un s'appelle Ellumha Ennoramita, c'est à dire, demonstration de lumiere, là où est contenue la maniere de faire les jeûnes et oraisons. L'autre s'appelle Semsul Meharif, qui signifie le Soleil des sciences, qui traite et enseigne comment il faut faire ces petits tableaux, et demontre le profit qu'on en peut tirer ; le tiers est intitulé Sirru Lasmei Elchusne, qui vaut autant à dire la vertu contenue aux nonante noms de Dieu ; et vey cet œuvre icy, tandis que j'estoys à Romme entre les mains d'un Hebreu Venitien[1].

[Marginalia: Meharif.]
[Marginalia: Sirru Lasmei Elchusne]

1. Les titres de ces trois ouvrages sont transcrits d'une manière fautive. Au lieu de *Ellumha ennoramita*, il faut lire *Ellama't ennouranyèh fil aourad irrebanyèh* اللمعة النورانية في الاوراد الربانية (L'éclat lumineux au sujet des

Sunach, règle des hermites.

Il y a encore une autre regle entre ces sectes, qui s'appelle la Regle de Sunach, qui est de certains hermites, lesquels vivent au boys et lieux solitaires, où ils ne prennent leur sustance que d'herbes et fruits sauvages, sans qu'il se puisse trouver aucun qui peut au vray acertener les autres de leur maniere de vivre, pource qu'ils font residence aux lieux qu'ils voyent estre eloignez de toute conversation humaine, la fuyans tant qu'il leur est possible[1]. Mais je lairroy de trop loing le droit fil de mon œuvre commencée, si je vouloys de point à autre m'etandre sur toutes les particularités des diverses sectes de Mahommet. Qui sera curieux d'en veoir davantage et d'en estre plus amplement informé, lise l'œuvre d'un qui s'appelle Elacfani, et (en le lisant) luy satisfera quant à cecy[2], car il traite là de-

invocations adressées à Dieu). Cet ouvrage de piété a été commenté par le cheïkh el-Bisthamy.

Le *Chems oul-mearif* شمس المعارف (Soleil des connaissances), ainsi que le *Sirr oul esna fil esma el-housna* سر الاسنى فى الاسماء الحسنى (Le plus beau secret au sujet des noms si beaux de Dieu) sont également dus à la plume du cheïkh Cheref Eddin Aly ben Youssouf el-Qourachy el-Bouny, né à Bône et mort en 622 (1225).

Les attributs de Dieu dans la liturgie musulmane sont au nombre de quatre-vingt-dix-neuf et non de quatre-vingt-dix, comme le porte le texte imprimé.

1. Il faut lire Souwwah; Souwwah سواح est le pluriel du mot سائح qui a la signification de « voyageur », d' « homme errant, et sans domicile qui lui soit propre.

2. Il faut Chehristany au lieu de Acfahany. Mohammed Chehristany est l'auteur de l'histoire des sectes religieuses et philosophiques cité dans la note 2 de la page 147.

dans amplement de diverses sectes, qui procedent de la loy de Mahommet, lesquelles sont en nombre de soissante-deux principales, et estime chacun la sienne bonne et vraye, dont il avient et s'ensuit qu'ils pensent tous s'aquerir une beatitude eternelle; mais maintenant il ne s'en trouve gueres plus de deux. L'une des Leshari qui est tenue par toute l'Afrique, Egypte, Surie, Arabie et Turquie ; l'autre est de l'Imamié, laquelle est gardée par toute la Perse, en aucune cité de Corasan, et par le Sofi mesme, qui a, plusieurs foys, voulu contraindre les peuples d'Asie, par force d'armes, de se ranger à icelle, qui a esté cause que la plus grand part de l'Asie fut detruite, pource qu'auparavant, on y souloyt ensuivre celle des Leshari. Quant aux Mahommetans, tout leur domaine est quasi embrassé par une seule secte [1].

Soissante-deux sectes procedantes de la loy de Mahommet.

De ceux qui s'amusent à cercher les tresors.

Dedans Fez se trouvent encore d'aucuns qui s'ap-

---

[1]. Il est question dans ce passage de Châh Ismayl, fondateur de la dynastie des Séfévis et qui, dans les premières années du XVI⁰ siècle, fit triompher en Perse les doctrines chiites reconnaissant Aly comme successeur direct et légitime du prophète Mahomet et les douze imams comme ses héritiers. Un médecin vénitien a fait paraître en 1508 une relation des premières années du règne de Châh Ismayl. La traduction française, parue en 1517, a été insérée à la suite de l'*Estat de la Perse en* 1660 du P. Raphaël du Mans. Paris, Leroux, 1890.

Elcanesin.

pellent Elcanesin[1], lesquels s'adonnent et se travaillent fort à trouver les tresors qu'ils pensent estre cachés souz les fondemens des ruines anciennes; et va cette sotte generation hors la cité, puis entre dans certaines cavernes creuses, pensans trouver iceux tresors, qu'ils croyent fermement avoir esté en ces lieux delaissez et enterrez par les Romains, lorsque l'empire d'Afrique leur fut ôté et qu'ils s'enfuyrent vers la Betique d'Espagne, avec opinion qu'ils enterrerent plusieurs gemmes et bagues precieuses (lesquelles ils ne pouvoyent porter avec eux) aux environs de la cité, avec grans enchantemens. Parquoy ils tachent à s'acointer de quelques enchanteurs qui puissent par la vertu de leur art rompre et deffaire les enchantemens des Romains. Et en y a plusieurs qui disent avoir veu en une cave ou antre, de l'or, et autres de l'argent, mais qu'ils ne l'ont peu tirer, pour ne savoir, ny avoir les enchantemens et perfuns appropriez, dont deceuz par une vaine esperance, se travaillent l'ame et le corps à caver la terre. Au moyen dequoy, il avient souvent qu'ils demolissent plusieurs beaux batimens et sepultures antiques, allans par foys dessouz dix ou douze journées loing de Fez. Tellement que la chose est venue si avant, qu'ils tiennent des livres, lesquels ils ont comme pour oracles, et font mention de quelques montagnes et lieux là où sont clos et cachez les

---

1. Il faut lire El-Kennazin الكنازين.

tresors. Avant que j'en feisse depart (suivant leur sotte entreprinse), creèrent un consul, puis ayans obtenu congé de ceux à qui appartenoyent les places, cavoyent à leur plaisir, reparans tous les dommages qui s'en ensuivoyent.

Des Alquemistes.

Et ne se faut persuader qu'il y ait faute d'Alquemistes, car tant s'en faut que le nombre soit petit; il y a une infinité de ceux qui s'etudient à telle folie, mais la plus grande partie est de personnes ignares, de rude esprit, et qui puent demesurement pour le soufre qu'ils manient ordinairement, avec d'autres odeurs, qui ne sont gueres plus plaisantes à sentir[1]. Ils ont coutume de se retirer le plus

Alquemistes, ignares et puants.

---

1. Ibn Khaldoun a également consacré dans ses *Prolégomènes* un long chapitre à l'alchimie. « Cette science, dit-il, a pour objet la substance qui s'emploie dans un procédé artificiel pour amener à la perfection l'or et l'argent..... Ils prétendent (les alchimistes) retirer de toutes leurs opérations un corps naturel auquel ils donnent le nom d'*élixir* (el-ikcir) et qui, étant projeté sur un corps minéral, le plomb, par exemple, ou l'étain ou le cuivre, le convertit en or pur, quand on aura disposé ce corps ou ce métal par une opération, assez facile du reste, à recevoir la *forme* de l'or ou de l'argent, après l'avoir chauffé dans le feu. Dans la terminologie obscure et énigmatique de cet art l'élixir s'appelle l'âme et la masse inorganique sur laquelle on le projette est désignée par le mot *corps*. Cette science a aussi pour but d'expliquer ces termes techniques et le procédé par lequel on donne la forme de l'or ou de l'argent à des corps préparés d'avance pour subir cette transmutation... De tous les auteurs, celui que les alchimistes regardent comme le grand maître de l'art est Djaber ibn Haiyan. Ils vont

souvent au temple majeur, pour plus à leur aise, et hors de tumulte disputer des choses concernantes leurs fanastiques imaginations, se reglans selon ce qui est ecrit dans une grande quantité de volumes qu'ils ont, traitans de telle matiere et composez par hommes doctes et eloquens. Le premier de ces volumes a prins le nom de Geber, qui fut cent ans aprés Mahommet, et (comme l'on dit) fut un Grec renié, ecrivant son livre et ses receptes toutes par allegories. Il y a encor un autre auteur qui a fait un grand œuvre, lequel estoit appellé Attogrephi[1],

Geber, Grec renié.

Attogrephi.

même jusqu'à nommer l'alchimie, la science de Djaber... Maslama el-Madjrity, philosophe espagnol, a écrit sur l'alchimie un livre intitulé *Retbat el-Hakim* et devant servir de pendant à un autre ouvrage qu'il avait composé sur la magie et les talismans et auquel il avait donné le nom de *Ghaiât el-Hakim* (*Prolégomènes d'Ibn Khaldoun*, publiées par M. de Slane dans le tome XXI des *Notices et Extraits des manuscrits de la Bibliothèque impériale*, Paris, 1866, p. 207 et suiv.).

1. Il faut lire Et-Toghray (fonctionnaire chargé de tracer le chiffre du sultan).

Le personnage dont le surnom est ainsi défiguré dans le texte de Léon l'Africain est Mouayyd Eddin Abou Ismayl Houssein ben Aly qui avait reçu les titres honorifiques de Amid Eddaulèh عميد الدولة (La colonne de l'empire) et de Fakhr el-Kouttab فخر الكتاب (La gloire des secrétaires). Il était originaire d'Isfahan et fut mis à mort par le sultan Seldjoukide Mahmoud, vainqueur de son frère Melik Massoud, le 15 du mois de rebi ewwel 514 (16 juin 1120), à la bataille d'Essedâbad. Houssein et-Toghray a laissé un recueil de poésies dont la plus célèbre est la *Lamiet oul-Adjam* qu'il composa à Bagdad en 505 (1111).

Ibn el-Athir rapporte dans son *Kamil* (t. X, p. 396) qu'Et-Toughray s'occupa d'alchimie et écrivit sur cette matière des traités qui causèrent la ruine de bien des gens. Il a commenté le livre de Djaber ibn Hayyan intitulé الرحمة *Errahmèh* (La miséricorde) et lui a donné le nom de *Sirr oul-Hikmèh* سر الحكمة (Le secret des sciences naturelles).

qui fut secretaire du soldan de Bagaded, comme nous avons recité en la vie des philosophes arabes[1], et un autre composé en cantiques, je dy tous les articles et principaux pointz de cet art, l'auteur duquel s'appelloit Mugairibi, Grenadin; et fut commenté par un Mammaluc de Damas, homme fort docte et expert en cette science; mais la glose est beaucoup plus obscure et moins intelligible que le texte. Ces alquemistes sont divisez en deux bandes, dont les uns vont cerchans l'elissir, c'est à savoir la matiere qui tient toute veine et metal, et les autres s'etudient à avoir la cognoissance de la multiplication des metaux pour les incorporer. Mais j'ay prins garde, que, le plus souvent, cette maniere de gens se met en fin à falsifier la monnoye, qui est cause qu'on en voit la plus part sans poing en la cité.

Charmeurs et enchanteurs de serpens.

Finablement, on ne trouve quasi autre chose par la cité, que de cette inutile canaille, qu'on appelle en Italie charmeurs, qui vont chantans parmy les places publiques, chansons, sonnets et telles autres sottises

---

1. La notice de Jean Léon l'Africain consacrée à Et-Toghray se trouve à la suite de celle qui a trait à Ghazzaly dans son *De viris quibusdam illustribus apud Arabes libellus*. Voir le t. XIII de la *Bibliotheca græca* de Fabricius, pp. 276-278.

au son de leurs tabours, vielles et harpes, vendans au populaire ignorant quelques buletins et mots lesquels, disent-ils, peuvent garder la personne de tomber en plusieurs dangers et inconveniens. Outre ceux-cy, se trouvent d'autres truans, qui sont tous d'une famille, lesquels vont parmy la cité, faisans dancer les singes, et portans autour du col et des bras grande quantité de serpens entortillez. Ils font encor aucunes figures de geomantie, et par icelles predisent aux femmes ce qui leur doit avenir, et en leur compagnie menent quelques uns qui savent faire pouliner les jumens.

Or maintenant, je pourroys poursuivre et raconter quelques autres petites particularitez touchant les habitans de la cité; mais il me suffit de vous faire entendre comme ils sont (ou la plus part) envieux et deplaisans, ayans en peu d'estime et conte les etrangers, combien qu'il ne s'en y adrece peu, à cause que la cité est distante de la mer environ cent miles, avec ce que les chemins sont fort âpres et scabreux, pour ceux qui s'y veulent acheminer. Et je vous oze bien asseurer que les seigneurs sont fort superbes et hautains, que peu de gens ont envie de les frequenter, ny avoir rien à demeler avec eux. Ce que se pourroyt aussi bien dire des juges et docteurs, sans s'eloigner aucunement de la verité, d'autant qu'ils tiennent leur gravité, avec un port hautain et de rare conversation.

Neantmoins, pour toute resolution, la cité est

tresbelle, commode et bien ordonnée. Et combien, qu'en temps d'yver, elle soit si fangeuse qu'il faille porter certaines mules de boys par les rues, si est ce qu'on y met tel ordre, que l'on donne ouverture à quelques canals, tellement que l'eau, laquelle provient d'iceux, lave et nettoye toutes les ruës, joint aussi que la part où il n'y a nul canal, l'on fait reduire la fange en monceaux et après l'avoir chargée sur des bestes, on la jette dans le fleuve.

Des fauxbours qui sont hors la cité de Fez.

Au dehors de la cité, du côté de ponant, y a un fauxbourg qui contient environ cinq cens feus; mais les maisons (habitées de viles gens et basse condition) sont fort laides, comme celles où habitent ceux qui guident les chameaux qui portent l'eau et coupent le boys en l'hotel du roy; il est toutefoys garny de plusieurs boutiques et de toute sorte d'artisans, entre lesquels plusieurs charmeurs font encore residence, avec joueurs d'instrumens peu estimez et femmes abandonnées en grand nombre, mais laides, vilaines et difformes. En la grande ruë, y a plusieurs caves, taillées à ferremens, à cause que le lieu est en rocher de pierre tivertine et en icelles souloyt on tenir le grain des seigneurs, qui ne demouroyent pour lors en ce lieu ny autres, sinon ceux qui es-

Dans les rochers, pour tenir le grains.

toyent commis à la garde des grains. Mais par les guerres qui survindrent, on les deplaça pour les mettre dans quelques greniers, qui furent drecez en la cité de Fez neuve et ceux qui estoyent dehors furent abandonnez, estans d'une merveilleuse grandeur, voire et tant spatieuse que le plus petit pouvoit tenir mille setiers de blé; et sont en nombre de cent cinquante fosses, maintenant decouvertes, de sorte que bien souvent plusieurs n'y pensans, se laissent tomber dedans. Vray est que pour obvier aucunement à ce danger, on a elevé certains murs au devant l'entrée d'icelles, dans lesquelles le chatelain de Fez fait jetter les corps de ceux qui ont esté executez par justice, après avoir fait faire quelque execution, ce qu'il peut faire fort commodement, car il y a, dans la forteresse un guichet, qui repond droit à ces fosses. Dans ce bourg se tient le barlan, mais on n'y use d'autre maniere de jeu qu'aux dez et y peut-on vendre vin, faire taverne et tenir putains publiquement, dont à bonne raison, se peut appeller ce lieu là l'egout des immondices de toute la cité.

Les boutiques se serrent après soleil couché, sans qu'il y demeure personne, pour ce que tous se mettent à baler, jouër, paillarder et yvrongner.

Ladres traitez avec bonne police. Il y a un autre bourg hors cette cité, qui contient environ deux cens maisons, là où habitent les ladres qui ont des chefs et gouverneurs, recevans le revenu de plusieurs possessions qui leur ont esté données pour l'amour de Dieu, par quelques gentizhommes et autres; et par ce moyen, ils sont tant bien traitez et accommodez que je ne leur souhaiterois que santé. Ces chefz ont la charge de faire vuider la cité à ceux qui sont entachez de cette maladie, pour les faire mener et demeurer en ce bourg là, où avenant que quelqu'un d'entre eux vienne à mourir sans heritiers, la moitié du bien revient à la commune de ce bourg, et l'autre demeure à celuy qui donne la cognoissance de cecy; mais survivant quelque enfant, il herite, sans qu'on luy puisse rien quereler. Il faut aussi noter que tous ceux qui se trouvent avoir taches blanches sur leurs corps, et autres choses incurables, sont comprins au nombre des malades. Outre ce bourg icy, il s'en trouve encore un autre petit, contenant environ cent cinquante feus, où habitent les muletiers, potiers de terre, maçons et charpantiers. Sur le grand chemin du coté de ponant, est situé un autre grand bourg qui fait environ quatre cens feus, mais pauvrement bâty, et auquel demeurent des gens fort pauvres et mecaniques, qui ne veulent, ou bien ne peuvent demeurer au contour.

Auprès de ce bourg, y a une grande campagne, laquelle s'étend jusques au fleuve qui en est à deux milles et se jette sur le ponant environ troys milles. Là se fait un marché tous les jeudis, auquel s'assemble grande quantité de personnes avec bestail, et de merciers, qui y deployent leur marchandise pour vendre sous des pavillons, et là s'y observe une telle coutume. Il y a une petite compagnie de gentizhommes qui se reduisent ensemble, faisans tuer un mouton à quelque boucher qui prent la depouille pour son salaire, puis ils divisent la chair entre eux et vendent la peau aux marchans de laine. On paye si peu de gabelle pour les choses qui se vendent en ce marché, que le reciter sembleroyt quasi une chose superflue, combien que je ne passeroy plus outre sans vous avertir que je ne fu jamais en marché ou foire, par l'Afrique et l'Italie, là où s'assemblât si grande multitude de gens, ny tant de marchandise, comme en cetuy-cy, de sorte que c'est une chose admirable.

<small>Grande foire, et marché merveilleux là où trafiquent aussi les gentizhommes.</small>

Il y a encore, hors de la cité, certains rochers trés-hauts, qui environnent une combe large de deux milles, et sur iceux taillent les pierres desquelles on fait la chaux. Dans cette fosse, y a plusieurs fournaises fort grandes, là où l'on fait la chaux des pierres, qui se tirent de ces rochers, et en y a de telles qui pourroyent tenir jusques à six mille setiers de chaux, que les genstizhommes plus nobles qu'opulens font cuire. Du côté de ponant, hors le pourpris de la cité, y a environ cent cabanes, fabriquées sur le rivage du fleuve, qui sont habitées par ceux qui blanchissent les toiles, lesquelles ils trampent quand le temps est beau et calme, puis les etendent sur un pré le plus prochain des cabanes, et lorsqu'elles sont essuites, ils puisent de l'eau du fleuve avec des seilles de cuir à anserons de boys, et l'epandent sur ces toiles,

les lessans en cette sorte jusques au soir, qu'ils les retirent dans leurs cabanes, dont les prez qui les environnent entretiennent leurs herbes tout le long de l'année tousjours en verdeur et fleurissantes, object qui recrée merveilleusement la veuë et qui satisfait grandement aux personnes, lesquelles contemplent de loing, souz parfaite blancheur, une naïve verdure, qui par sa reverberation, rend les ondes de ce fleuve azurées ; subjet qui incite plusieurs poëtes à composer des carmes pleins de faconde et elegance.

Sepultures communes hors le pourpris de la cité.

Autour de la cité, il y a plusieurs lieux deputez pour mettre les corps morts, que les gentizhommes font ensevelir et mettre en commune sépulture, qui est telle : ils mettent sus le corps mort, quand il est en terre, une pierre en forme triangulaire, mais longue et plate. Aux personnes notables et de reputation, ils ont coutume de mettre devers le chef une lame de marbre et une autre aux pieds, sur icelles faisans graver des vers, en consolation d'un tel passage tant craint et amer ; puis au dessouz, est ecrit le nom et la lignée d'un chacun, avec l'an et le jour qu'ils decedèrent. Ce que voyant, avec la meilleure diligence que je peus, je retiray tous les epitafes que je trouvay non seulement à Fez, mais

L'auteur fit un recueil des épitafes tant de Fez, que de toute la Barbarie.

par toute la Barbarie, dans un petit volume, duquel je fey present au frere du roy (qui regne aujourd'huy) lors que son pere passa de ce monde en l'autre. Entre ces vers il y en a aucuns qui sont pour encourager les mortels contre les assaus de la mort; les autres sont d'un stile qui induit à tristesse et melancolie ceux qui les lisent.

Sepultures des roys.

Il y a un palais hors de la cité, du coté de tramontane, sur un assez haut coutau, là où se peuvent veoir plusieurs et diverses sepultures d'aucuns roys de la famille de Marin, lesquelles sont decorées de fort beaux ornemens et pierres de marbre, avec epitafes et lettres gravées en icelles, enrichies de vives couleurs, tellement qu'elles laissent les regardans non moins emerveillez par l'object de leur superbe structure, comme grandement satisfaits par l'artifice non pareil de l'ouvrage incomparable qui y est representé.

Vergers et jardins.

De la partie de tramontane, devers le levant et midy, y a grande quantité de jardins, qui sont arrousez par petits ruisseaux provenans du fleuve; et là sont produits des fruits de toute sorte, sus arbres qui sont hauts et fort gros et de telle epesseur, que ce lieu semble mieux avoir montre de boys qu'autrement; là n'est la coutume cultiver le terroir qu'il ne soyt partout arrousé, ce qui cause qu'il produit des fruits en grande abondance et d'une perfaite bonté, fors les pesches, qui n'ont gueres bonne saveur. La commune opinion est qu'on vend en la saison, tous les jours, cinq cens sommées de ces fruits qui sont portez en un lieu de la cité où l'on paye la gabelle, et là se vendent à l'ancant, en presence des fruitiers, en la place où se vendent semblablement les esclaves et en payent la gabelle d'iceux. Outre ce, de la partie de devers ponant, y a un terroir qui contient quinze milles en largeur et trente en longueur, estant de la dependance du temple majeur, qui est tout couvert de fleuves et fontaines pour cette commodité; les jardiniers la tiennent à louage, y semans grande quantité de lin, coucourdes, citrouilles, pourreaux, raves, refort, chouxvers, pommes et telles autres herbes. Tant y a, que ces jardins rendent en temps d'esté quinze mille charges de fruits et autant en yver, au moins la commune opinion est telle. Et n'y a autre incommodité, sinon que l'air du lieu, ou des environs est mauvais, tellement que la pluspart des habitans est de couleur jaunatre, sujette à fievres ordinaires qui tuent une grande multitude de peuple.

Description de Fez, cité neuve.

La neuve cité de Fez[1] est toute ceinte de hautes et fortes murailles, edifiée en une belle plaine, près du fleuve, distante de Fez l'ancienne, environ un mille du coté de ponant, et tirant quasi devers le midy. Entre les deux murailles, se voit entrer et passer une partie du fleuve du coté de tramontane, là où sont les moulins, et l'autre partie du fleuve se divise en deux, dont l'une prend son cours entre Fez la neuve et l'ancienne, là où elle vient à entrer du coté de midy. L'autre partie passe par la forteresse et college du roy Abu Henon.

Abdultach, premier roy de la maison de Marin, dans Fez.

Cette cité fut edifiée par Jacob fils d'Abdultach, premier roy de la maison de Marin, lequel expulsant les roys de Maroc, s'empara de leur royaume[2]; et du temps qu'il leur faisoit guerre, il estoit grandement

1. La cité neuve de Fès (Medinet el-beidha مدينة البيضا) fut édifiée par l'émir Abou Youssouf Yaqoub el-Mansour Billah, fils d'Abdel-Haqq, de la dynastie des Mérinides. « Le troisième jour du mois de chewwal 674 (1275), dit l'auteur du *Roudh el-Qarthas*, l'émir décréta la fondation de la nouvelle ville de Fès et le jour même, les premiers fondements furent jetés sur la rive du fleuve en présence de l'émir à cheval et les fequis Aboul Hassan ben Kehtan et Abou Abdallah ben el-Habak en tirèrent l'horoscope. La ville fut fondée sous l'influence d'un astre propice et d'une heure bénie et heureuse, comme on l'a vu depuis, puisque le khalifat n'a jamais péri dans ses murs et que jamais un étendard ni une armée, qui en sont sortis, n'y sont rentrés vaincus ou en fuite » (*Roudh el-Qarthas*, p. 460).

2. L'émir de Tlemcen était Yaghmourassen ibn Zyan. On peut consulter sur les campagnes d'Abou Joussouf Yaqoub, l'*Histoire des Berbères d'Ibn Khaldoun*, t. III, pp. 340 et suivantes, et l'*Histoire des Beni-Zeiyan du cheikh Abd el-Djelil el-Tenessy*, traduite par l'abbé Bargès. Paris, 1852.

molesté du roy de Telensin, tant en faveur de celuy
de Maroc, comme pour ne laisser prendre plus
grandes forces à la maison de Marin, et l'empecher
de tout son pouvoir qu'elle ne vint à se faire grande.
Or, comme Jacob eut heureusement (et non autrement qu'il le souhaitoit) donné fin à cette guerre
contre les roys de Maroc, il luy print envie de se resentir du travail et ennuy que luy avoit fait endurer
le roy de Telensin, pour à quoy mieux faire sortir
son effet, delibera de construire cette cité au lieu où
elle est et en icelle poser le siege royal. Ce qu'il feit,
la nommant, cité blanche : mais ce nom luy fut puis
après par le vulgaire transmué, qui l'appella Fez la
neuve, que le roy feit diviser en troys parties, en
l'une faisant edifier le palais royal et d'autres pour ses
enfans et freres, ordonnant que chacun d'iceux fust
garny d'un beau verger. Puis, il feit eriger auprès de
son palais un temple fort somptueux, bien orné et en
bon ordre. En la seconde, il feit bâtir des grandes
etables pour les chevaux de son ecuyrie avec plusieurs autres palais pour ses capitaines et plus familiers de sa personne. Depuis la porte, du coté de
ponant jusques à celle qui regarde vers levant, il
feit faire la place de la cité, qui contient en longueur
l'espace d'un mille et demy. De chaque coté sont les
boutiques de toute sorte de marchans et artisans.
Près la porte du ponant (qui est à la seconde muraille), il feit faire une grande loge environnée d'autres petites, là où demeuroyt le capitaine, garde de

Jacob, fils de Abdul-
tach, edifie Fez la
neuve.

la cité, avec ses souldats : là auprès, voulut faire edifier deux etables, où pourroyent demeurer au large deux cens chevaux deputez à la garde du palais. La tierce partie fut ordonnée pour les logis des gardes de corps de Sa Majesté, cette garde estoit d'une certaine generation orientale, qui avoit bonne provision, et portoit des arcs pour ses armes, à cause que de ce temps là, les Africans n'avoyent encor l'usage d'arbaletes. Maintenant, cette place est couverte de plusieurs temples et etuves fort belles et somptueuses.

Le lieu où se bat la monnoye est auprès du palais du roy et en forme d'une place carrée, estant environnée d'aucunes petites logettes, là où demeurent les maîtres ; puis, au milieu d'icelle y a une loge seule, qui est le logis du maitre de la monnoye, avec notaires et ecrivains ; pour ce, le roy peut disposer de l'office de cette monnoye ne plus ne moins comme aux autres lieux.

Près de là, y a une autre place où sont les boutiques des orfevres, de leur consul et de celuy qui tient le seau et la forme de la monnoye. Car dans Fez, il n'est permis de faire un anneau, que premierement le metal ne soyt seellé, sinon au grand prejudice de celuy qui le voudroit vendre ; mais le signet y estant ajouté, on le peut exposer en vente et mesme en user comme de la propre et legitime monnoye. La plus grande partie de ces orfevres est de nation judaïque, qui fait les ouvrages dans Fez la neuve, pour, puis après, les porter vendre dans l'an-

Metal seellé.

cienne, en une place qui est ordonnée pour ce faire, tout auprès des apoticaires, à cause qu'on n'y oseroit batre monnoye ny argent; joint aussi qu'il n'est permis aux mahommetans de exercer le metier d'orfevrerie, car ils estiment estre usure de vendre les choses d'or ou d'argent plus qu'elles ne pesent; mais il plait ainsi aux seigneurs qui permettent aux Juifs de le faire, entre lesquels il y en a d'aucuns qui font des ouvrages pour les citoyens, sans y faire autre gaing, sinon ce qu'on leur donne pour leur manifacture. *Orfevrerie defendue même aux Mahommetans.*

Cette partie que souloyent anciennement tenir les archers, est habitée par les Juifs pour raison que les roys de notre temps ont cassé cette garde. Car ils demeuroyent premierement à l'ancienne cité; mais la mort d'un roy n'estoit pas plus tôt divulguée, qu'ils estoyent par les Mores incontinent saccagez.

Or, pour à ce remedier, il falut que les roys les feissent deloger de Fez l'ancienne pour venir resider en la neuve, leur imposant double tribut, pour les avoir jetez hors d'un tel danger et remis en lieu où ils sont maintenant en assurance, qui est en une fort longue et large place où sont leurs synagogues, maisons et boutiques; et est allé ce peuple fort en augmentant, de sorte qu'on n'en sauroit aujourd'huy savoir le nombre, mesmement depuis que les Juifs furent dechassez par le roy d'Espagne. Ils sont en derision à tous, et il ne leur est permis de porter souliers, au moyen dequoy ils sont contrains de faire pantoufles de joncs marins, avec certains turbans noirs en teste et ceux qui ont envie de porter bonnets ne le peuvent faire sans y atacher une piece de drap rouge; et sont tributaires au roy de Fez de quatre cens ducatz par moys. Tant y a, que cette cité fut par l'espace de cent quarante ans ceinte de fortes murailles, sumptueux temples et beaux palais et colleges et de tout ce qui est necessaire pour rendre une cité magnifique. Et je pense que ce qui fut dependu aux ornemens surmonta la somme des murailles et du principal de la cité. Au dehors d'icelle, furent faites certaines grandes rouës sur le fleuve pour epuiser l'eau d'iceluy et la jetter sur les murailles, là où il y a quelques canals par où elle s'ecoule et prend son cours aux palais, temples et vergers; ces rouës ont esté faites de notre temps, c'est à savoir depuis cent ans en ça, pour autant qu'auparavant l'eau entroit dans la cité par un aqueduct qui sortoit d'une fontaine distante environ dix milles et s'appuyoit l'aqueduct sur des arcs bien mignonnement dorez, par l'invention d'un Genevoys qui de ce temps estoit fort favori du roy; et les rouës furent faites par un Espagnol, qui les rendit (à dire vray) admirables, veu que la force et choc continuel des vagues et ondes impetueuses ne les sauroyt faire tourner que vingt et quatre tours, tant le jour que la nuict. Il reste encore à dire que peu de gens nobles font demeurance en la cité et n'y a que ceux qui descendent du vray tyge des sei-

C'est un conduit à mener l'eau en quelques lieux.

gneurs et quelques courtisans. Ce qui s'y trouve de plus, est de personnes non nobles et exerçans les offices que se dedaignent tenir les hommes de reputation et d'honneur, etans encor beaucoup plus scrupuleux de donner aucune de leurs filles à ceux qui les frequentent.

Ordre et police gardée, quant à la maniere du vivre, de la court du roy de Fez.

Entre tous les seigneurs, il ne se trouve qu'aucun ayt esté creé roy ou prince par election, ny appellé au gouvernement de quelque cité ou province : car, en la loy de Mahommet, il n'y a personne qui se peut dire seigneur naturel de quelque lieu que ce soyt, sinon les pontifes seulement. Mais incontinent que leur puissance commença à s'ebranler et amoindrir, tous les principaux et conducteurs des peuples qui demeuroyent au desert ne furent endormis ny negligens à s'accoster aux païs habitez, establissans par force d'armes plusieurs seigneurs contre la loy de Mahommet et droit des pontifes, comme il est avenu en Levant que les Turcs, Curdes, Tartares et autres, venans de celle part prindrent l'autorité de commander à ceux qu'ils cognoissoyent en force leur estre inferieurs. Semblablement en Occident, et par mesme moyen, regna le peuple des Zenetes, si feit celuy de Luntune, puis après les predicateurs,

Les pontifes ont seulz la seigneurie par la Loy de Mahommet.

Loy de Mahommet abbatue, et le droit des pontifes cassé.

et finablement la famille de Marin s'empara des seigneuries. Vray est que le peuple de Luntune vint en faveur et au secours des peuples du Ponant, pour les delivrer des mains des heretiques, qui fut cause qu'ils acquirent l'amytié et benevuolence des peuples susnommez : mais, sous couleur de se montrer affectionnés à la liberté d'iceux, ils commencerent puis après à les tyranniser comme il s'est veû. Donques, pour cette raison, les seigneurs ne viennent maintenant à s'emparer des lieux comme vray possesseurs et heritiers legitimes, encore moins par election du peuple, des capitaines, ny des principaux : mais avant que les princes soyent de mort prevenus, ils contraignent et lient par serment les plus grans de la court, à elire et creer princes leur enfans ou freres après leur decès. Si est-ce, que rarement on voit observer telles convenances et juremens, pour ce qu'il se voit ordinairement, que celuy qui revient mieux au peuple, soit retenu pour seigneur.

Creation du roy de Fez et de ses ordonnances.

En cette sorte procede l'on à l'election du roy de Fez, lequel après sa creation et, estant publié roy, choisit un des plus nobles du royaume pour conseiller, et pour son revenu, il luy assiet la tierce partie. Puis en prend un autre qui le sert de secretaire, tresorier et maître d'hôtel. Il elit après les capitaines de la cavalerie deputée à la garde du royaume, et demeurent ceux-là le plus souvent à la campagne. Après, il etablist un gouverneur en chaque cité de son domaine, qui jouist des usufruits d'icelles, sous la charge de tenir à ses propres frais et depens un tel nombre de gens, qu'il est dit, tous appareillés à tous avenemans qui pourroyent survenir au roy, et toutes et quantes foys qu'il semblera bon à Sa Majesté d'assembler une gendarmerie. Outre ce, il ordonne certain nombre de commissaires et facteurs sur ceux qui habitent aux montagnes et encor sur les Arabes, qui sont comprins dans les limites de son domaine, là où les commissaires administrent justice, selon la diversité des loys de ce peuple. Les facteurs sont deputez pour lever et recevoir le revenu des lieus, et tenir bon conte et suffisant des payemens tant ordinaires qu'extraordinaires. Davantage, il retient quelque barons, qui sont appellez en leur langue gardes ; un chacun de ceux-cy tient un chasteau, ou bien deux vilages d'où ils peuvent tirer un revenu qui est suffisant pour leur vivre, et pour les maintenir en bon equipage, pour honnorer le roy de leur presence en l'exercite. Il tient encor quelques chevaux legers, ausquels il fait les depens, quand ils sont au camp, et en temps de paix, leur fait distribuer du grain, du beurre, et de la chair salée pour un an, et un bien peu d'argent, mais en recompense de ce, Sa Majesté les fait vetir une foys l'année, sans qu'ils ayent aucun soin de leurs chevaux qui sont dehors et dedans la cité; pour ce que le roy les fournist de tout ce qui leur est besoin.

Tous les valets d'etable sont esclaves chretiens, qui ont les pieds entravez d'une grosse chaine de fer, horsmis que quand l'exercite marche, on les fait monter sur chameaux, combien que pour iceux gouverner y a encor un autre commissaire, lequel donne party aux pasteurs, leur divisant les campagnes, faisant provision d'un tel nombre de chameaux qu'il pense être necessaire pour les affaires du roy; puis, chacun chamelier tient tousjours deux chameaux en ordre, pour charger selon ce qui luy est commandé. Ce seigneur tient encor un vivandier (qui a la superintendance sur les valets de cuisine) ayant charge de fournir, garder et distribuer les vivres pour Sa Majesté et exercite d'icelle; et tient cetuy-cy dix ou douze pavillons fort grans, où il met les vivres, changeant et rechangeant continuellement de chameaux pour refraichir tousjours le camp, de peur qu'ils n'y viennent à manquer. Il y a puis un maitre d'hotel qui a la cure et soin de tous les chevaux, mulets et chameaux du roy, etant fourny de tout ce qu'il luy est besoing par le vivandier, tant pour cecy, comme pour la famille, qui en a le gouvernement. Sur les avoines, semblablement est ordonné un commissaire, lequel fait porter l'orge pour les bestes ayant souz soy notaires et ecrivains pour tenir par ecrit la quantité de l'avoine, et orge, qui se distribue, pour puis après, en rendre conte au maitre d'hotel. Davantage, il tient un capitaine de cinquante chevaux, qui sont en guise de courriers, faisant les impositions de par le secretaire au nom du roy. Il tient encor plus un autre capitaine fort honorable qui est comme le chef de la garde secrete, ayant puissance de commander de la part du roy aux autres officiers ce qu'ils ont à faire, comme confiscations, executions et administration de justice. Il peut faire saisir au corps les grans personnages mêmes, les mettre en prison et user envers eux de toute rigueur de justice, au moindre commandement du roy. lequel tient auprès de soy un fidele chancelier qui a en main et garde le seau et cachet de Sa Maiesté, dictant luy mesmes les missives pour icelle, qu'il cachette aussi avec le seau. Quant aux laquets ou estafiers, ils sont en grande quantité, ayans un capitaine qui les peut recevoir et demettre, et leur assigner plus grand ou moindre salaire, selon qu'il les cognoit être suffisans. Et lors que le roy sied en audience, ce capitaine y assiste tousjours, faisant quasi l'office d'un chef de chambre. Outre ce, il tient encore un autre capitaine sur les charroys, qui est un office de faire porter les pavillons pour loger les chevaux legers de Sa Majesté, lesquels se portent sur mulets, et ceux des soldats sur chameaux.

Le roy aussi tient une bande de porte-enseignes, qui portent les etendars pliés, fors l'un d'entre eux, qui porte devant l'exercite l'enseigne en l'air depliée, et sont tous guides, sachans les chemins, les guez des rivieres et passages des boys, portans à cheval certains tabours faits de cuivre, en la forme d'un grand bacin, larges dessus, etroits par desouz et couvers de peau au-dessus; mais ils tiennent au devant quelques contrepois, pour ce qu'ils sont assez pesans. Les chevaux que chevauchent ceux-cy sont des meilleurs, plus adrois et mieux courans qu'on en sauroyt trouver; à cause de quoy ce ne leur est peu de honte et reproche, quand ils laissent perdre leurs tabourins qu'ils touchent si fort, que le son horrible et vehement en est ouy de bien loing, n'epouvantant seulement les braves chevaux, par leur terrible tintamarre, mais faisans trembler le cœur aux chevaliers de tant magnanine courage soyent ils accompagnés, car ils sont frapez d'un bras roide et puissant, avec le membre nerveux de taureau et endurcy. Les trompettes qui sont aussi bien employées à la table du roy, comme aux escaramouches et batailles, ne sont tenus aux depens d'iceluy, ains ceux de la cité sont obligez de leur faire une certaine somme de deniers. Outre ce, il y a un maitre des cerimonies, qui demeure ordinairement aux pieds de Sa Majesté, lorsqu'elle entre en conseil, ou donnant audience; et est son ofice d'ordonner les places, et faire parler les uns après les autres, selon que la qualité des etas le requiert.

La plus grande partie de la famille du roy consiste en esclaves noires, desquelles s'elisent ses damoyselles et chambrieres. Neantmoins, il prend tousjours sa femme blanche, tenant de esclaves chretiennes qui sont espagnoles ou portugaloises, et commet toutes ses femmes souz la charge d'eunuques noirs et esclaves. Vous asseurant qu'il a un petit revenu, à comparaison de la grande etendue des païs qui sont souz sa puissance de sorte que ce qu'il en retire ne sauroit monter à la valeur de troys cens mille ducatz dont la cinquantieme partie ne revient pas encor entre ses mains; pour ce qu'elle est assinée comme nous avons desja dit. Et la plus part de ces deniers provient des grains, du bestail, des huiles et du beurre, qu'il faut retirer par diverses manieres. D'aucuns en y a, qui payent un ducat, et le quart par an, pour autant de terre que sauroyt labourer une couple de beufs en une journée.

En d'autres lieux se paye une certaine somme pour tant de feus. Il y en a d'autres, là où pour tous hommes de quinze ans en sus, on est obligé à la même somme, et en d'autres, les hommes et femmes sont tenus à semblable tribut. Mais dans la cité il n'y a si grosse imposition qui se puisse egaler à la gabelle, laquelle est excessive et demesurée, combien qu'il soyt expressement defendu par la loy mahommetane de n'imposer autres subsides que ceux qui furent par Mahommet ordonnez qui sont tels : Tous ceux qui auront cent ducatz comptant, seront tenus de payer au seigneur deux ducatz et demy, par chacun an, tant qu'ils auront le maniment de ces deniers. Et tout homme qui recueillera de ses terres dix setiers de grain en donnera la disieme partie; et veut que tel revenu soyt consiné

<small>Subsides imposez par Mahommet.</small>

entre les mains des pontifes, qui hors les necessitez des seigneurs, les peuvent distribuer pour l'utilité publique, en subvenir aux pauvres malades, et à soutenir la guerre contre les ennemys. Mais depuis que la puissance d'iceux a commencé à decliner, (comme on vous a fait entendre auparavant), les seigneurs se sont incontinent jetez et adonnez à grandes tyrannies et extorsions sur le populaire, et il ne leur sufit pas d'avoir usurpé par une convoitise insatiable tout ce beau revenu, l'avoir distribué selon que bon leur a semblé, et là où leur afection les a tirés, mais (chose fort dure à supporter) ont de surcroît imposé de griefs subsides, tailles et tribus, tellement qu'il se retrouvera peu de païsans en Afrique, qui se puissent veoir le moyen pour epargner, tant qu'ils ayent pour eux couvrir et sustanter leur cors : dont avient que nul homme docte, ou craignant de maculer sa conscience, ne veut en sorte que ce soyt converser en la compagnie des seigneurs temporels, encore moins se seoir à leur table, savourer de leurs viandes, ny accepter aucuns presens qu'ils sachent venir de la main d'iceux : pour ce que leur bien (disent-ils) est plus injustement aquis, que s'il avoyt eté derobé.

Or outre ce, le roy tient encore continuellement six mile chevaux soudoyez, cinq cens arbaletiers, et autant d'harquebusiers à cheval, tousjours apareillés à choquer au moindre rencontre qui leur sauroit survenir. Mais en temps de paix, ils s'eloignent de

Sa Majesté environ un mille; et cecy s'entend, quand il est à la campagne, car dans Fez il n'a que faire de garde. Et s'il avient que trop importuné par les Arabes; ses ennemys, il soit contraint de leur mouvoir guerre, six mille chevaux ne sont pas sufisans pour icelle soutenir, mais il demande secours aux Arabes, qui luy sont sujets, et à leur depens et frais, il met en la campagne une grande cavalerie, qui est beaucoup plus experimentée aux ruses de guerre, que ne sont les six mille chevaux ordinaires du Roy, lequel ne se delecte guère des pompeuses cerimonies, mais venant les jours de festes par eux solennellement celebrées, il faut qu'il s'y acommode et y procede en cette maniere. Quand il veut chevaucher, le maître des cerimonies en fait premierement avertir les courriers, au nom du seigneur, qui le font incontinent entendre aus parens de Sa Majesté, capitaines, gardes et autres chevaliers, qui se trouvent tous ensemble sur la place qui est hors le palais, et par toutes les rues prochaines. Puis sortant le roy du palais, ces courriers divisent l'ordre de toute la cavalerie. Premierement marchent les porte-enseignes, puis les tabourins; après suit le maître d'ecurie avec ses familiers et ministres. En après vient le vivandier, acompagné de tous ceux qui sont souz luy; après marchent les gardes, puis le maitre des cerimonies, consequamment: les secretaires du roy, le tresorier, le juge et le capitaine de l'exercite. Après tous ceux-cy chevauche le roy, acompagné

Ordonnance et compagnie du roy quand il chevauche.

du conseiller et de quelque prince, puis l'un des officiers, qui vont devant Sa Majesté, porte l'epée, l'autre l'ecu, et un tiers l'arbalete. Autour de luy sont les estafiers dont l'un d'iceux porte la pertuisanne, l'autre la couverture de la selle avec le licol du cheval que chevauche Sa Majesté, laquelle prenant envie de mettre pied à terre, on couvre la selle avec icelle couverture, et met on le licol sur la bride du cheval pour le tenir. Il y a un autre estafier qui porte les mules du roy, faites à beaux ouvrages, pour plus grande pompe et reputation. Suivant le roy, chevauche le gouverneur des estafiers, puis les eunuques, ensuivis par ceux de la maison du roy ; derrière icelle marchent les chevaux legers, puis après, et en dernier rang, s'acheminent les harquebusiers et arbaletiers.

Le roy n'est point trop excessif en habis, ains use d'une telle mediocrité en iceux, voire et si grande, que sans l'avoir cogneu premierement, on ne le sauroyt discerner d'entre un autre homme privé ; et ses estafiers memes sont vetus plus richement que luy.

<small>La loy mahommetane defend de ne porter corone en tête.</small>

Outre plus, la loy mahommetane defend à tous seigneurs de ne porter coronne en tête ou autre diadieme. Si le vouloir du roy est de demeurer en campagne, on drece premierement sa tente, qui est en forme quadrangulaire, retirant à la muraille d'un chateau, avec ses creneaux ; et sont les angles par egale distance eloignés l'un de l'autre en longueur de cinquante coudées, etant à chacun coin une tour-

ET DESCRIPTION DE L'AFRIQUE 189

nelle faite de toile, avec ses merles et couvertures, et quelques belles pommes resamblantes à l'or, posées sur le sommet d'icelles tournelles, puis à chaque face y a une porte là où est assise la garde des eunuques : et au milieu de ce tabernacle y a quelques pavillons. La chambre où repose le roy est acoutrée en sorte qu'elle se peut trousser et drecer, sans grande difficulté. Alentour du tabernacle, y a tentes pour les oficiers et plus favoris du roy : autour d'iceux sont ordinairement drecés les pavillons des gardes, qui sont faits de peaux de chevres, en la sorte de ceux des Arabes. Quasi au milieu est la cuisine, depence et tinel où mange la famille du roy, qui sont tous fort grans pavillons; et là auprès sont ceux où logent les chevaux legers, qui mangent tous au tinel de Sa Majesté d'une maniere fort vile. Un peu plus loin sont les etables, qui sont quelque peu couvers, où se logent les chevaux par rang, et les uns pres des autres. Hors le circuit des pavillons, sont les muletiers des charroys du roy, les boutiques des bouchers, merciers et celles des poissonniers. Les marchans et artisans qui suivent le camp se parquent auprès des muletiers, tellement, que les habitations du roy viennent à prendre la forme d'une cité, à cause que les pavillons des gardes servent comme de rampars ou murailles, etans tellement disposés et serrés si pres l'un de l'autre, qu'on n'y sauroyt entrer, sinon par les portes ordonnées. Et se fait le guet tout le long de la nuit

L'ordre que le roy tient allant sur les champs.

autour le tabernacle du roy, mais de personnages bien vils et abjets, qui ne portent aucunes armes ofensibles, ny defensibles. Semblablement se fait la garde à l'environ des etables ; mais il avient souventes foys par la poltronnerie et nonchaloir de ceux qui y sont ordonnés, que non seulement les chevaux sont derobés, mais qu'on vient à trouver des ennemys dans le pavillon du roy meme, et y sont autrefoys entrez en propos deliberé pour le faire mourir.

La plus grande partie de l'année, Sa Majesté fait residence en la campagne, partie pour seure garde de son royaume, partie aussi pour maintenir en paix et union les Arabes ses sujets; en quoy faisant, il s'adonne à la chasse et se delecte grandement au jeu des echés. Je ne doute pas que je ne me soys rendu peu moleste, m'arretant à une si longue et particuliere description de la cité de Fez, mais il m'etoit necessaire de m'etendre sur cette matiere, tant pour ce que c'est le lieu, où git le comble de toute la civilité et ornement de Barbarie, et auquel consiste le tout et meilleur de l'Afrique, comme pour donner ample information de la moindre qualité et condition qui soit en cette cité.

MACARMEDA, CITÉ PREMIÈRE, PRES LA MEME CITÉ DE FEZ

Macarmeda est une cité prochaine de Fez environ vingt milles du coté de levant, qui fut edifiée par les seigneurs de Zenete en une belle plaine, sur une petite riviere, ayant à son rivage plusieurs vergers et vignes. Anciennement le circuit d'icelle sailoyt avoir une grande etendue, et etoyt en mœurs fort civile. Les roys de Fez avoyent coutume de la bailler aux chefs des chameliers, mais par les guerres de Sahid elle fut sacagée et abandonnée, sans qu'il en apparoisse aujourd'huy autre chose que les murailles. Le territoire s'arrente aux gentizhommes de Fez et à quelque païsan.

---

1. *De Maçarméda*, مقرمدة. « A sept lieuës de Fez du costé du levant, on voit les ruines d'une ancienne ville bastie par les Africains de la tribu de Cinhagie, dans une fort belle plaine, sur le bord d'une petite riviere, et les murs sont encore debout. Elle fut destruite dans les guerres de Sayd, et ne s'est jamais repeuplée, depuis, quoique le pays soit fort bon et abondant en bleds et en pasturages ; mais il est possédé par des Arabes, qui n'aiment pas à se renfermer dans des villes. Quelques historiens disent que cette ville a été bastie par le mesme prince qui bastit Maroc ; mais on voit bien, à la structure des murs, que c'est un ouvrage plus ancien et fait par les Africains ; car presque tous les conquérants de l'Afrique ont eu une différente façon de bastir. Mon avis est donc que c'est l'Eripide de Ptolomée, qu'il met à dix degrez vingt minutes de longitude, et à trente-trois degrez quarante-cinq minutes de latitude » (Marmol, *L'Afrique*, t. II, p. 195).

Idris fils d'Idris fit dresser ses tentes à Maqarmeda pendant que l'on bâtissait la ville de Fez. Sayd y établit son camp en 643 (1245) à son retour de son expédition contre Sidjilmessa et il y conclut une trève avec les Beni

HUBBED, CHATEAU

Hubbed[1] est un chateau edifié sur une haute montagne, distant environ seize milles de Fez, laquelle avec sa campagne se peut decouvrir de ce lieu : et fut bâty par un hermite, qui par le populaire de Fez, etoyt estimé saint. Il n'y a pas autour grand territoire inhabité à cause dequoy, les maisons sont tombées en ruine, fors les murailles du temple, toutefoys ce peu de terre qui y est depend du temple de la cité.

J'ay logé en ce chateau quatre etez, pour ce que l'air y est fort doux et temperé, le lieu fort solitaire, mais trescommode à ceux qui auroyent envie de vaquer aux lettres, et y logeay encore de rechef, pour autant que mon pere acensa le lieū par longtemps de la garde du temple de Fez.

Merin. En 715 (1315) l'émir Abou Aly Omar, qui s'était révolté contre son père le sultan Abou Sayd Osman, lui livra bataille à Meqardema et le força de se réfugier à Taza où il alla l'assiégier (*Roudh-el-Qarthas*, p. 35; *Histoire des Berbères*, t. III, p. 215; *Kitâb oul-istiqça*, t. II, p. 73).

1. Marmol donne fautivement à Oubbad, عباد, le nom de *Habar*; Oubbad a la signification de dévots, d'ascètes et cette dénomination est donnée à plusieurs localités du Maghreb. « A deux lieuës de Fez, du costé du levant, dit-il, est une ville bastie sur la pente d'une haute montagne, d'où l'on découvre non seulement celle de Fez, mais tout le païs d'alentour. Elle doit sa fondation à un Morabite de ces quartiers, qui estoit premier alfaqui de la grande mosquée; mais elle a esté destruite en la guerre de Sayd; de sorte qu'il n'en reste que les murailles et les temples. Sa contrée est petite, et les terres en sont données à ferme tous les ans par l'alfaqui de la grande mosquée, à qui elles appartiennent » (Marmol, *L'Afrique*, t. II, p. 195).

ET DESCRIPTION DE L'AFRIQUE 193

ZAVIA, CITÉ

Zavia[1] est une petite cité edifiée par Giu, second roy de la maison de Marin, et distante de Fez par l'espace de quinze milles, en laquelle ce seigneur feit fonder un grand hopital, ordonnant d'être inhumé dans cette cité; mais fortune empecha son dessein, rendant vainés ses pensées, pour ce qu'il fut tué au siege de Telensim, là où il etoit campé. Depuis, Zavia fut demolie, fors l'hopital, qui demeura en son entier, mais le revenu vint au temple majeur de Fez, et fut cultivé le terroir par les Arabes qui confinent avec le territoire d'icelle cité.

1. De *Zavia*, زاوية. « On voit encore les ruines d'une autre ville à quatre lieuës et demie de Fez, du costé du levant, qui a esté bastie par le second roy des Bénimérinis. Elle estoit fort petite, mais il y a un grand palais, qui servoit autrefois d'hospital où ce prince avoit fait dresser son sépulcre, quoyqu'il ne semble pas qu'il ait esté enterré, car il fut assassiné par un de ses gens au siège de Treméçen. Il ne reste de la ville que les murailles et le palais que nous avons dit, le reste ayant esté destruit dans les guerres de Sayd. Les terres d'alentour appartiennent à la grande mosquée de Fez, quoyqu'elles soient fréquentées de quelques Arabes. Le nouveau Ptolomée, dans les cartes de la Libye, dit que c'est Bobrise, qu'il met à neuf degrez vingt minutes de longitude, et à trente-quatre degrez quinze minutes de latitude. Mais le Chérif, historien arabe, attribue sa fondation au prince que nous avons dit, et Bobrise, à mon avis, estoit à l'endroit où est maintenant Lampta, qui est dans la mesme province et en la mesme hauteur » (Marmol, *L'Afrique*, t. II, p. 196).

Le mot *zawiah* a la signification d'angle, de cellule, d'oratoire et de bâtiment affecté à la prière et à la pratique de l'ascétisme. « Toute zaouïa, dit le général Daumas, se compose d'une mosquée, d'un dôme (*koubba*) qui couvre le tombeau du marabout dont elle porte le nom, d'un local où on

CHAULAN, CHATEAU

Chaulan[1] est un antique chateau sur le fleuve de

ne lit que le Koran, d'un second réservé à l'étude des sciences, d'un troisième servant d'école primaire pour les enfants, d'une habitation destinée aux élèves et aux tolbas qui viennent faire ou perfectionner leurs études, enfin d'une autre habitation où l'on reçoit les mendiants et les voyageurs; quelquefois encore destinée aux personnes pieuses qui auraient sollicité la faveur de reposer auprès du marabout. La zaouïa est tout ensemble une université religieuse et une auberge gratuite. Sous ces deux points, elle offre avec le monastère du moyen âge une multitude d'analogies » (*La Grande Kabylie*, Alger, 1847, p. 60).

Le second souverain de la dynastie des Beni Merin est l'émir Abou Sayd Osman, fils de l'émir Abou Mohammed Abdelhaqq, qui périt assassiné en 638 (1240).

1. Le nom de cette localité est *Hammet Kholan*, حمة خولان (Le bain chaud de Kholan). « Non loin de Fès, dit l'auteur de l'*Istiqça*, à la distance de quatre milles, on trouve une grosse source thermale, appelée Hammet Kholan, dont l'eau est extrêmement chaude. Près de celle-ci, on rencontre d'autres sources minérales dont l'une est appelée Hammet Ouechanah, حمة وشانة, l'autre Hammet Abi Yaqoub, حمة ابي يعقوب. Cette dernière jouit, dans tout le Maghreb, d'une réputation universelle. Les habitants attribuent la construction des bains à l'émir Abou Yaqoub el-Mansour, le fondateur de la ville de Ribath el-Feth, qui mourut en l'année 595. » (1198).

Marmol donne à Kholan le nom de Haloua.

« A trois lieues de Fez, dit il, du costé de midy, est une ville sur les bords du Cébu, qui a esté bastie, à ce que disent ceux du pays, par un roy des Zénètes; mais un autre de la race des Benimérinis, a construit tout proche un beau palais sur un bain naturel, qui met la ville en grande réputation, parce que les habitans de Fez s'y vont baigner au mois d'avril, et demeurent là à se réjouir sept ou huit jours. Les habitants sont gens rustiques et barbares, qui vivent fort pauvrement de quelques terres qu'ils tiennent à rente de l'alfaqui de la grande mosquée de Fez. Il n'y a point d'autre ville ni de bourgade formée dans cette province, si ce n'est dans les montagnes qui sont peuplées de Bérébères; mais il y a de pauvres Arabes qui errent dans les plaines » (*L'Afrique*, t. II, p. 196).

Sebu, loin de Fez environ huit milles du coté de
midy, au dehors d'iceluy, y a un bain d'eau qui est   Bain d'eau chaude.
chaude, là où Abulhesen, quatrieme roy de la famille
de Marin, feit drecer un somptueux edifice, de telle
beauté et commodité, que les gentizhommes de
Fez ont coutume de s'y transporter une foys l'année,
au moys d'avril ; et là sejournent quatre ou cinq jours,
par maniere d'ebat, mais les habitans sont fort in-
civils et avares outre mesure.

ZELAG, PREMIÈRE MONTAGNE EN LA REGION DE FEZ, CITÉ NEUVE

Zelag[1] est une montagne, laquelle prend son com-

---

1. *De Zalag*, زلاج. « Cette montagne commence à la rivière de Cébu, et s'estend du couchant au levant par l'espace de cinq lieuës. Son plus haut faiste regarde le septentrion et aboutit à une lieuë de Fez. Tous les costaux du costé du midy sont déserts ; mais ce qui regarde le nort est fort peuplé et plein de vignes, qui portent le meilleur raisin de toute l'Afrique. Les arbres fruitiers qui sont répandus partout en grand nombre, à cause de la bonté de la terre, portent de fort bon fruit, et entre autres, des olives, parce que le pays est un peu sec. Les bourgeois de Fez ont la plus grande partie de leurs héritages sur cette montagne qui est au bas et est remplie de jardins et de terres labourables qui s'arrosent avec l'eau de la rivière, par le moyen des rouës que nous avons dites. La principale habitation est la ville de Lampta, qui est sur la pente du mont, au bas des ruines d'une ancienne ville, qui paroist avoir esté bastie par les Romains, et qui est, à mon avis, la Bobrise de Ptoloméé, qu'il met à neuf degrez vingt minutes de longitude, et à trente quatre degrez et quinze minutes de latitude, car ce n'est pas Zavia, comme nous avons dit au chapitre vingt-cinquième. Tous les habitans de cette montagne sont laboureurs et jardi-

mencement au fleuve de Sebu qui tient de la partie du levant et s'etend devers ponant, environ quatorze milles dont la sommité est prochaine de Fez, environ sept milles. Le coté qui repond devers midy, est tout inhabité, mais celuy, qui est à l'oposite de tramontane est plein de petis costaux, où il y a une infinité de vilages, chateaux, et peu s'en faut que tout le territoire ne soit couvert de vignes, qui produisent les meilleurs et plus doux raisins qu'il me souvienne avoir jamais gouté. De semblable bonté sont les olives, eten somme, tous les fruits de ce territoire, pour autant qu'il est en lieu aride et sec, rend les habitans fort riches et opulens, tellement qu'il ne s'en trouvera pas un entre eux, qui ne possède quelque maison en la cité, outre ce, que les gentizhommes ont quelques vignes en cette montagne, là où il y a du coté de tramontane, et au pied d'icelle, de fort belles plaines fertiles en grain et bonnes pour jardinages, à cause que le fleuve de Sebu arrouse la plaine du coté de midy, et font les

niers, et ont quelques troupeaux. Leur principal trafic est dans Fez, aussi en dépendent-ils et courent la mesme fortune » (Marmol, L'Afrique, t. II, p. 197).

El-Bekry mentionne le château de Zalegh que l'on voit sur la route qui conduit de Maghila à Fès après avoir gravé l'Aqabat el-Afarec, عقبة الافارق, la côte des Africains (Description de l'Afrique septentrionale, p. 260).

Les historiens du Maghreb nous apprennent qu'en l'année 724 (1323) un violent orage mêlé d'une grêle, dont les grêlons pesaient jusqu'à quatre rotls, fut suivie d'une pluie torrentielle qui fit périr les hommes et les troupeaux qui se trouvaient à Zalegh et déracina les vignes, les oliviers et tous les autres arbres » (Kitab oul-istiqça, t. II, p. 88).

jardiniers avec leurs ferremens certains conduis par
où ils font sortir l'eau dequoy ils arrosent la terre,
tant que deux cens paires de beufs en sauroyent
labourer. Cette plaine est assignée pour provision,
au maitre des cerimonies ; mais il n'en sauroyt tirer
de revenu, par an, plus de cinq cens ducatz, à cause
que la decime va à la chambre du roy, qui en reçoit
quasi troys mille setiers de grain.

ZARHON, MONTAGNE

Zarhon¹, montagne, commence à la plaine d'E-

1. *De Zarhon ou Zarahanum,* زرهون. « C'est une grande montagne qui est fort belle et peuplée d'Azuages, qui sont riches, belliqueux et en grand nombre, quoyque les plus anciens habitans soient Bérébères, mais ils ne sont pas maintenant si illustres. Certaine montagne commence à la plaine d'Ezéis, à trois lieuës et demie de la ville de Fez, et s'estend dix lieuës vers le couchant, ayant en quelques endroits trois lieuës et demie de large. Elle paroist de loin comme une épaisse forest de chesnes et de hestres fort hauts, quoyque ce ne soient que des oliviers. Elle est des dépendances du Méquinez, et contient plus de quarante bourgs et villages ou hameaux, épars parmi ces arbres. Il y avoit autrefois quelques villes, dont nous parlerons ensuite. Les naturels du païs sont fort robustes et courageux, qui s'employent fort au labourage ; de sorte qu'il n'y a pas un pouce de terre qui ne soit cultivé. Ils sont fort blancs, et les femmes se piquent d'estre belles et bien parées, et ont force brasselets et pendans d'oreille d'or et d'argent. Ils font des estoffes de laine qui ne sont pas bien fines ; mais leur principal trafic est d'huile qu'ils portent vendre à Fez, à Méquinez et ailleurs. Ils s'exercent à la chasse des lions qu'ils prennent vifs, et les mènent à Fez où l'on les court, comme on fait les taureaux en Espagne » (Marmol, *L'Afrique*, t. II, p. 198).

Les tribus voisines du mont Zahroun sont celles de Guerouan et des Lem-

sais[1], distante de Fez par l'espace de dix milles, et s'etend devers ponant en longueur environ trente milles et dix en largeur ; elle ressemble de loin une forest grande et deserte dont les arbres sont tous oliviers, et contient environ cinquante hameaux et chateaux. Les habitans d'iceux sont fort riches pour ce que le mont est situé entre deux grosses cités, ayant du coté d'orient celle de Fez et du ponant la cité de Mecnase.

Les femmes tissent les draps de laine à l'usance du païs, et vont magnifiquement aornées d'anneaux et brasselets d'argent. Les hommes sont tresfors et dispos, qui s'adonnent à chasser et prendre les lyons qu'ils presentent au roy, qui a coutume de faire une chasse en une court fort large dedans la citadelle, là où il a des casses de telle hauteur, qu'un homme y peut facilement demeurer sur pied, et dans chacune d'icelles, y en a un tout armé avec une pertuisane en main. Lors, on vient à delier un lyon en cette court, et d'autre coté, ceux qui sont armés deserrent un petit guichet, lequel le lyon n'apperçoit pas plus tôt ouvert, qu'il marche vers le premier, qui le voyant près de la porte, la reserre incontinent,

---

mous. M. de La Blanchère nous apprend que la pierre du mont Zahroun qui a servi à construire sous la domination romaine des villes dont les ruines existent encore est un calcaire d'une dureté extraordinaire (*Comptes rendus de l'Académie des inscriptions et belles-lettres*, janvier 1890).

1. La plaine d'Esaïs, *Fahç Essaïs*, فحص السائس, avait été choisie par Rachid comme présentant tous les avantages jugés nécessaires pour y fonder la capitale de l'empire d'Idris.

et continuent tant qu'ils le rendent merveilleusement emeu et provoqué, tant que sus cette furie et rage, on luy presente un taureau en front, au moyen de quoy, tous deux donnent commencement à une melée fort terrible et dangereuse escarmouche.

Combat du lion et du taureau, et aussi des hommes.

Que si en icelle poursuivant, avient que le lyon soyt accablé et tué par le taureau, ce jeu prend fin pour ce jour là, mais avenant le contraire, il faut que les hommes armés sortent en place pour donner le choc au lyon, tenant en main certaines pertuisanes qui ont près de troys pieds d'alumelle; et si les hommes le rangent, le roy fait diminuer leur nombre. Mais si le lyon leur peut faire teste et resister à leurs forces, à l'heure, Sa Majesté avec les courtisans decoche des fleches du haut des galeries où il est, et luy fait on rendre les abois. Toutefois, le plus souvent, il ne meurt pas, que quelqu'un des assaillans ne sente combien est dangereuse la flamme de sa rage, en luy faisant compagnie, avec ce qu'il en laisse tousjours quelqu'un, qui par l'atainte de sa poignante pate, porte temoignage qu'il y a touché. Le roy donne à chacun des combatans dix ducatz pour se hazarder à tel peril, et les fait habiller tout à neuf. Mais homme n'est receu en ce combat, qu'on ne le sente de cœur magnanime, vaillant et habitant de la montagne de Zalag, ou de ceux qui poursuivant les lyons par les campagnes et forets font leur residence en la montagne Zarhon.

GUALILI, CITÉ EN LA MONTAGNE DE ZARHON

     Gualili est une cité jadis edifiée par les Romains sur la sommité de la montagne, du temps qu'ils possedoyent la Betique de Grenade, et l'environnerent de murailles et de grosses pierres et entaillées, contenant en leur circuit environ six milles avec les portes, qui etoyent hautes et spatieuses; neantmoins, la cité fut ruinée, mais elle fut remise en estre par Idris scismatic, si tôt qu'il parvenu en cette region; vray est, qu'apres son deces, il laissa un fils qui, abandonant cette cité, feit edifier celle de Fez, comme il a esté desja dit; toutefoys, Idris fut dans Gualili inhumé, là où sa sepulture est venerée et visitée quasi de tous les peuples de Moritanie, pour ce qu'il ne fut guere moins que pontife; joint aussi qu'il etoit extrait du lignage de Mahommet. Maintenant, il ne se trouve en la cité que deux ou troys maisons deputées au service du sepulcre : mais à l'entour du circuit, le territoire est fort bien cultivé, et y a de gentilz jardins et belles possessions, à cause que dans la cité sourdent deux fontaines, qui s'ecoulent par certains cotaux et valées, là où sont situées icelles possessions[1].

Betica, province d'Espagne prenant son nom du fleuve Betis.

    1. Marmol désigne l'ancienne ville de Oulily, اوليلى, sous la forme berbère de *Tiulit*. « C'est une ancienne ville bâtie par les Romains sur le faiste de la montagne, dont nous venons de parler. Elle est fermée de bons murs de pierre de taille, qui ont plus de deux lieuës de tour. Elle fut dé-

PALAIS DE PHARAO, CITÉ

Le palais de Pharao est une petite et ancienne cité, que les Romains edifierent sur le haut d'une montagne, prochaine de Gualili, environ huit milles. Le peuple de cette montagne (selon plusieurs historiens) est d'opinion, que Pharao, roy d'Egypte, edifia cette cité du temps de Moyse, la nommant de son nom. Ce qui ne me semble vraysemblable, pour ce qu'on ne trouve point que Pharao, ny les Egyptiens subjugassent jamais ces parties-cy; mais cette opinion est causée par la lecture d'un livre,

---

truire d'abord par les Méquinéciens et rétablie ensuite par Idris, père du premier fondateur de Fez, qui en fit la capitale de toute la province, qu'on nommoit alors Bulibile. Mais depuis que Fez fut bastie, et que la puissance de ces princes vint sur le déclin, elle décheut beaucoup de sa première splendeur, et fut détruite à la fin par le roy Josef de la race des Almoravides, sans se repeupler depuis. Car les habitans se sont répandus par toute la montagne où ils se sont establis en divers lieux. Il ne reste donc que quinze ou vingt maisons autour de la mosquée où demeurent quelques alfaquis pour honorer une sépulture qui est en grande vénération parmi ces barbares, et où l'on vient en pèlerinage de tous les costez de la Mauritanie. On croit que c'est le tombeau du premier Idris. Il y a, au milieu de la ville, deux belles fontaines qui descendent dans les vallées où les Azuagues ont leurs habitations et leurs héritages » (Marmol, *L'Afrique*, t. II, p. 198).

Bulibile est le nom de Volubilis légèrement altéré. Oulily fut la résidence d'Idris fils d'Abdallah lorsqu'il eut réussi à se réfugier au Maghreb et à s'assurer la protection des Berbères. Il y mourut au mois de djoumazy el-akhir de l'année 174 (oct.-nov. 790). Oulily porte aujourd'hui le nom de Zawièh Maulay Idris. Son tombeau, dont l'approche est rigoureusement interdite aux juifs et aux chrétiens, est le but de nombreux pèlerinages.

intitulé en leur langue : « Livre des paroles de Mahommet », qui fut composé d'un auteur appellé Elcalbi[1], racontant dans son œuvre (s'aidant du temognage memes de Mahommet) qu'il y eut quatre roys sous la puissance, qui eurent tout l'univers souz leur main, dont les deux furent fideles et les autres infideles : ceux qui se trouverent fideles, furent Alexandre et Salomon fils de David : les infideles furent Nembroth et Pharao de Moyse. Mais aucunes lettres latines qui sont gravées sur les murailles m'acertenent assés et me font croire que les Romains edifiérent cette cité. Dans le circuit d'icelle, passent deux fleuves, s'ecoulans l'un de çà et l'autre de là : et les cotaux et valées qui sont au contour de la cité sont tous couvers d'oliviers. Un peu plus là, se trouve en un boys où repaire grande quantité de lyons et leopars[2].

1. L'auteur nommé dans ce passage par Léon l'Africain est le célèbre Aboul Moundir Hicham...... ibn Amr El-Kelby. Il a écrit de nombreux ouvrages généalogiques dont le plus célèbre est le *Djemharet oul-anssab*, جمهرة الانساب (La collection des généalogies). Hicham ibn El-Kelby naquit à Koufah et mourut en 204 (809-810).

2. *De Caçar Faron ou Chasteau Pharaon*, قصر فرعون. « Sur l'une des cimes de cette montagne, à trois lieuës de Tiulit, est une autre petite place, qui a esté bastie, à ce qu'on dit, par les Gots, quoyque les habitans en attribuent la fondation à Pharaon roy d'Égyte, d'où ils disent qu'elle a pris son nom, fondez sur l'autorité d'un historien arabe, qui fait quatre grans conquérans, dont celuy-cy en est un. Mais on ne lit point dans l'histoire que Pharaon, ni les Égyptiens ayent jamais esté maistres de l'Afrique, et les historiens les plus célèbres la nomment le Palais de Zarahanum, et non pas de Pharaon. On voit encore en divers endroits des murailles des inscriptions en lettres gotiques, qui font voir qu'elle a esté bastie par les Gots. Près de la ville, passent deux petites rivières qui sortent du haut de la montagne, et toutes les colines et les valées d'alentour sont couvertes

PIETRA ROSSA, CITÉ

Pietra rossa est une certaine cité en la cote de la susnommée montagne bâtie par les Romains; mais elle est fort petite et prochaine d'un boys, tant que les lyons entrent bien souvent dedans, d'une privauté si grande, qu'ils recueillent et mangent les os et telles autres choses qu'ils trouvent eparses parmy les ruës, tellement que les femmes et enfans y sont tant acoutumés qu'ils ne leur aportent aucune frayeur ny crainte. Les murailles sont de pierres fort grosses, mais ruinées en divers endrois, etant la cité

Lyons privez et traitables.

d'oliviers et de plusieurs hameaux d'Azuagues et de Bérébères. Elle a esté ruinée en mesme tems que Tiulit, et comme ces peuples aiment mieux demeurer épars par les montagnes que dans les villes, elle ne s'est point repeuplée. On tient un marché tous les mercredis sur un tertre qui est tout proche où l'on accourt de Fez et de Méquinez, et de tout le païs d'alentour. Mais ceux qui y veulent passer la nuit, doivent prendre bien garde à eux, à cause de la multitude des lions qui attaquent les hommes et les troupeaux » (Marmol, *L'Afrique*, t. II, p. 199).

« Les ruines de Qasr Faraoun, dit M. Tissot, sont celles de Volubilis; cette synonymie est assurée par deux documents épigraphiques... Les ruines de Qasr Faraoun couvrent une éminence de forme elliptique projetée par un contrefort de Zerhoun. Deux profonds ravins défendent à l'ouest et à l'est le plateau sur lequel s'élevait Volubilis; l'oued Faraoun le baigne au sud-est et au sud..... Volubilis a longtemps servi de carrière; c'est de là qu'ont été tirés les matériaux employés à la construction des principaux édifices de Meknès. Une des portes de l'enceinte du palais impérial, Bab Mansour el-Euldj, est ornée de colonnes du plus beau marbre et de chapiteaux corinthiens d'un travail remarquable » (*Recherches sur la géographie comparée de la Mauritanie Tingitane*, dans les *Mémoires présentés par divers savants à l'Académie des inscriptions et belles-lettres*, Paris, 1877, pp. 148-155).

comme un vilage ou hameau, et le terroir prochain la plaine d'Azgar est abondant en grains et olives[1].

MAGHILLA, CITÉ

Maghilla est une petite et ancienne cité edifiée par les Romains, assise sur la pointe de la susnommée montagne, c'est à savoir du coté qui repond devers Fez. Elle est environnée d'un beau territoire

---

[1]. Pietra rossa désigne la localité de *Dar el-Hamra* دار الحمرا (la maison rouge). Marmol lui a conservé son nom arabe. « C'est l'Epticienne de Ptolomée, qu'il met à neuf degrez de longitude, et à trente quatre degrez et vingt minutes de latitude. Elle a esté bastie par les Romains, et destruite avec la pluspart des autres du pays. Elle est sur la pente de la coline, où se fait le marché dont nous venons de parler, et est ceinte de hauts murs de pierre de taille, qui sont fondus en plusieurs endroits, et les maisons ne sont pas en meilleur ordre. Le trafic des habitans est en huile, et comme ils sont près des plaines de la province d'Azgar, qui rapportent beaucoup de bled, ils sont fort riches. Il y a tant de lions dans le pays, qu'on ne s'en effraye point à cause qu'on les voit perpétuellement rôder autour des enclos pour chercher à vivre. Comme j'estois là, une nuit un lion prit une petite fille en un logis, mais comme il l'emportoit, la sœur qui n'avoit pas plus de douze ans courut après, et le prenant par le pied luy donna en criant tant de coups de baston, qu'il quita l'enfant, que nous vismes ensuite avec quelques meurtrissures aux endroits par où il l'avoit pris, quoyqu'il ne l'eust point mordue. Comme nous nous estonnions de cet accident, les habitans nous dirent que cela estoit ordinaire au pays, et qu'il estoit arrivé une fois que le mary et la femme estant couchez dans un lict avec leurs enfans, il estoit venu un lion en emporter un du milieu d'eux; mais que courant après, ils luy avoient arraché à coups de baston, tant la coustume a rendu ces habitans hardis contre des animaux si farouches » (*De l'Afrique*, t. II, p. 200).

Le nom de cette localité ne se rencontre dans aucun des écrits des auteurs qui ont traité de la géographie et de l'histoire du Maghreb.

en la montagne qui est tout planté d'oliviers, avec une belle plaine, en laquelle sourdent plusieurs fontaines, et où l'on recueille grande quantité de lin et chanvre[1].

LA VERGOIGNE, CHATEAU

Ce chateau est fort ancien et fut edifié en la montagne susnommée sur le grand chemin par lequel on va de Fez à Mecnese, portant ce nom de la Vergoigne, pour autant que les habitans furent grandement adonnés à l'avarice, comme c'est la coutume

---

1. *De Maguila*. مغيلة. « A la pointe ce mont, qui regarde l'orient du costé de Fez, est une petite ville fondée par les Romains, qui a une grande contrée d'oliviers sur la montagne, et au bas, une belle plaine, qu'on arrose de plusieurs fontaines qui naissent aux environs ; de sorte qu'elle rapporte beaucoup de bled, de chanvre, de camomil, de carvi, d'alhegna et de moutarde, qui se portent vendre à Fez; ce qui rend les habitans fort riches; mais ils n'ont que de meschantes maisons, et les murailles de la ville sont fondues en divers endroits » (Marmol, *L'Afrique*, t. II, p. 201).

Maghila est le nom d'une tribu berbère et d'une montagne qui s'élève dans le canton occupée par elle (Bekry, *Description de l'Afrique*, pp. 260-264-267).

C'est à Meghila qu'Aly ben Youssouf ben Tachefin établit son camp lors de la révolte de son neveu Yahia ben Abi Bekr qui eut lieu à la fin de l'année 500 (1006).

Maghila est la première étape des voyageurs qui vont de Fès à Meknasa. « De Fès, on se rend à Maghila, dit Edrissy, ville autrefois populeuse, commerçante, possédant beaucoup de champs cultivés, située dans une plaine parfaitement arrosée, couverte de verdure et de fleurs, d'herbes et d'arbres fruitiers, mais aujourd'hui ruinée. Le site de ce lieu est agréable et la température modérée » (*Description de l'Afrique et de l'Espagne*, trad. par R. Dozy et M. J. de Goeje, Leyde, 1866, p. 87).

<small>Dit de l'auteur.</small> de ceux qui habitent dans les cités qui sont assises sur les grans passages. On dit donques qu'il y passa une foys un roy qui fut invité à disner par ceux du chateau, ce qu'il ne voulut, et par honneteté ne peut refuser, dont le peuple luy feit cette requete d'oter ce nom à ce chateau, pour luy en imposer un autre plus honorable. Ce qu'il leur acorda; puis s'en alerent les habitans tuer quelques moutons et remplir de grans vases de lait (comme porte l'usance) pour presenter au roy le matin avant son depart. Mais pour ce qu'ils trouverent les vases un peu trop larges et profonds, tous d'une voix s'acorderent d'y meler moitié eau, faisans conte que nul, tant bien y print il garde, ne s'en apercevroit; au moyen de quoy, ils executerent la chose comme ils l'avoyent proposée et s'en vindrent trouver le roy, qui, voulant deloger à bonne heure, n'avoyt pour lors grande envie de leur lait, mais ils importunerent tant les ministres d'iceluy seigneur, qu'ils le receurent, tant que voulans vuider les vases, decouvrirent incontinent la cautele de leur ruse qu'on feit incontinent entendre à Sa <small>Apophthegme.</small> Majesté, qui, en riant, leur dit : «Amys, ce que Nature donne, l'on ne pourroyt ôter» ; puis se departit. Aujourd'hui le chateau est vuide et ruiné, et le terroir d'iceluy cultivé par quelques pauvres Arabes.

BENI GUARITEN, CONTADE

Beni Guariten est un contade prochain de Fez, environ dix huit milles du coté du levant, et plein de costaux fertiles et bon terroir qui produit grande quantité de grains, consistant la plus grande partie en plaines et patis parfaitement bons pour le bestail. Il y a environ deux cens vilages, mais les maisons en sont mal bâties, avec ce que les hommes sont de petite valeur, ne cultivans vignes, ny jardins et n'ont nuls arbres fruitiers. Le roy a coutume d'en proveoir ses freres et seurs, qui sont encor de jeune aage. Les habitans sont riches en grains et laines, mais non bien acommodés d'harnoys, et ne chevauchent que sur ânes, tant que leurs voisins memes s'en moquent incessamment[1].

---

1. *De Beniguariten*, بني وارتن. « Il y a une autre habitation d'Arabes à sept lieuës de Fez du costé du levant, qui logent dans des maisons, comme les Bérébères, et non pas sous des tentes comme les autres. Ils ont plus de deux cens villages et recueillent quantité de bled; car encore qu'il y ait beaucoup de montagnes et de valées, le pays est fort bon pour le labourage et pour la nourriture des troupeaux, et l'on y pourroit planter quantité de vignes, d'oliviers et de fruits. Mais leur trafic est de bled et de bestial, avec quantité de ris qu'ils portent vendre à Fez et ailleurs. Ce sont gens rustiques, continuellement occupez à leur ménage, sans se piquer de police ni de puissance, c'est pourquoy ils n'entretiennent point de cavalerie. Il y a quelques autres peuples du mesme nom, meslez d'Arabes et de Bérébères, qui errent en ces quartiers, sans domicile certain, et qui ne laissent pas d'estre fort riches en bled et en bestail, et d'avoir de grans haras de chevaux et de chameaux. Les rois de Fez donnent ordinairement ce pays en apennage à

ASEIS, CONTADE

Aseis est encor un autre territoire prochain de Fez, vingt milles du coté de ponant, et n'y a que plaines où l'on dit qu'il souloyt avoir plusieurs chateaux et vilages. Mais maintenant, il ny aparoit nuls vestiges, ny la moindre chose qui soyt par laquelle on puisse dire, ny conjecturer qu'il y ait eu autrefoys quelques edifices, mais les noms demeurent encor aux lieux des places, qui ne se voyent nullement. Cette plaine s'etend devers ponant environ dix huit milles et vingt du coté du midy. Le terroir en est fort fertile, mais il produit le grain noir et mal nourry, sans qu'il y ait de puys et fontaines, sinon bien peu. Il avoit tousjours eté tenu et cultivé par des Arabes ruraux, toutefoys, le roy de Fez le donne maintenant au chatelain de la cité[1].

---

leurs frères et à leurs neveux, tandis qu'ils sont en bas âge, à cause qu'il est près de la ville » (Marmol, *L'Afrique*, t. II, p. 20).

Les Benou Ouaretin sont une fraction de la grande tribu sanhadjienne, qui s'est établie dans les plaines et les montagnes des environs de Fez avec les Boutouïa, les Madjaça et les Lokaï. Ces peuples, dit Ibn Khaldoun, paient tous l'impôt, mais c'est plutôt par condescendance que par nécessité.

1. *De l'habitation d'Etéis*, فحص السائس, *Falç essais* (la plaine du palefrenier). « A sept lieuës de Fez du costé du couchant, sont des habitations qui s'estendent jusqu'aux costeaux de la montagne de Gureygura, qui regardent le nort. C'est un pays plain, où il y avoit autrefois plusieurs villes et chasteaux de Bérébères, dont on ne voit plus aucune trace. Ce pays a six lieuës de long,

TOGAD, MONTAGNE

La montagne de Togad est prochaine de Fez, du coté de ponant environ sept milles, qui se jette fort en hauteur, mais elle s'etend peu en largeur, qui est jusques au petit fleuve de Bunasr, par l'espace de cinq milles. La partie qui regarde devers Fez est toute en vignoble, et le coté qui est à l'object d'Essich (Essais), consiste tout en terroir, produisant du grain en abondance. Il y a au coupeau d'icelle montagne plusieurs cavernes et creux, qui entrent souz terre, lesquels sont estimez de ceux qui vont cerchans les tresors en quelques lieux bien secrets où les Romains, lorsqu'ils feirent depart de cette region, cacherent (comme il a eté dit) les tresors qu'ils avoyent. En temps d'yver qu'on cesse de cultiver les vignes, ces simples gens et vuides de cerveau, se travaillent, tant que la force de leurs ners se peuvent etendre, à creuser le dur et âpre terroir; mais pour tout ce qu'ils y peuvent faire, on n'entend point

du levant au couchant, sur sept de large, et l'on y recueille force bled, mais qui est petit et noir. Il y a une sorte d'Arabes (les *Beni Mecil*) qui errent, par ces montagnes dans des aduares (*douars*) mais qui ne laissent pas de vivre à la façon des Bérèbères, et ont grande disette d'eau, à cause qu'il y en a peu dans ces plaines. Le roy donne ordinairement le revenu de ce pays au gouverneur de la ville de Fez » (Marmol, *L'Afrique*, t. II, p. 202).

Fahç essaïs est la plaine qu'avait explorée Omeïr lorsque Idris ben Idris manifesta le désir de quitter sa résidence d'Oulily pour fonder une nouvelle ville destinée à être la capitale de ses États (*Roudh-el-Qarthas*, p. 33).

dire que quelqu'un d'entre eux y ait trouvé aucune chose de ce qu'ils vont cerchant. Or, comme les fruis de cette montagne sont de mauvaise saveur, ainsi la couleur du raisin est laide et deplaisante à l'œil, procedant cette imperfection de ce qu'ils sont tousjours plus avancés que les autres, qui les fait ainsi trouver mal fades[1].

GURAIGURA, MONTAGNE.

Guraigura est une montagne prochaine d'Atlas, et distante de Fez environ quarante milles, dont

---

1. *De Tagat*, تاغت. « C'est une montagne fort longue et étroite, à deux lieuës de Fez du costé du couchant, et qui s'étend vers le levant jusqu'à la rivière de Bu Nacer, par l'espace de deux petites lieuës. Toute la face de la montagne, qui regarde la ville de Fez, est couverte de vignes ; mais l'autre costé aussi bien que le faiste sont terres labourables. La plus grande partie de ces vignes sont aux habitans de Fez ; mais les raisins et les autres fruits qui y naissent n'ont pas grand goust, aussi sont-ils plus hastifs que les autres. Les habitans demeurent dans des hameaux, et sont tous gens de travail, qui vont perpétuellement aux champs, de sorte qu'il n'y a ni bourg ni chasteau. Tous les hyvers il y a de pauvres habitans de Fez qui viennent dans ces montagnes chercher des trésors, qu'ils prétendent que les Romains y ont laissez à leur départ. Ils disent qu'ils ont des mémoires, qui contiennent les endroits où ils sont, sans qu'on les puisse guérir de cette opinion qu'ils ont succée de père en fils ; de sorte qu'ils perdent leur tems et leur bien à creuser toute la montagne. Ils disent que ces trésors sont enchantez, et qu'on ne les trouvera point que l'enchantement ne soit fini. Cependant il y a plus de cinq cens ans qu'ils travaillent à cette vaine recherche, et plusieurs d'entre eux disent qu'ils en ont découverts ; mais qu'ils ne les peuvent avoir, pour la raison que nous avons dite, tant cette chimère est enracinée dans l'esprit de ces brutaux, qui font grand estat des livres qui en traitent » (Marmol, *L'Afrique*, t. II, p. 203).

sourd un fleuve qui prend son cours devers ponant, et se joint avec celuy de Bath. Elle est située entre deux tresamples plaines, l'une (qui est ce contade duquel nous avons parlé cy dessus) qui s'appelle Aseis repond devers Fez : et l'autre (que l'on nomme Adecsen) regarde du coté de midy, là où il y a de belles plaines pour semer du grain, et fort bonnes pour le paturage des bestes qui sont tenues par aucuns Arabes nommés Zuhair, estans vassaux et tributaires au roy : mais il assine le plus souvent les usufruits de cette plaine à quelqu'un de ses freres, qui en retire, tous les ans, plus de dix mille ducatz. Il est vray que ces Arabes sont souventefoys molestez par d'autres appellez Elhusein, habitans au desert qu'ils abandonnent en eté, puis se transportent en la plaine. Et pour la defence d'icelle, le roy de Fez met aux champs quelques chevaux et arbaletiers pour faire front et resister à ces Arabes. Par tout ce pays, sourdent plusieurs claires et belles fontaines, fleuves et ruisseaux, et s'y trouve de grans boys, là où repairent plusieurs lyons doux et paisibles, tant qu'un homme le plus pusillanime, ou femme que ce soyt, leur peut donner la fuite avec un baton au poing seulement, sans qu'ils facent aucun deplaisir à personne [1].

<small>Lyons doux, traitables.</small>

1. *De Gureygura*, كريكرة. « C'est une montagne fort peuplée, d'où sort le fleuve d'Agubel, qui se va rendre dans le Behet vers le couchant. Elle est près du grand Atlas à treize lieuës de Fez, dont elle est séparée par les plaines d'Eceys. Mais il y en a encore de plus grandes au delà entre elle et

DESCRIPTION D'AZGAR, REGION DE FEZ

La region d'Azgar, du coté de tramontane, se termine à la mer Oceane, du coté de ponant au fleuve de Buragrag, et du levant se confine avec aucunes montagnes de Gumera, en une partie de Zarhon, et au pied du mont de Zalag; devers midy prend fin aux rivages du fleuve Bunasar. Tout ce qu'elle contient est en fort bon terroir, et y feit jadis

le grand Atlas, qui sont peuplées d'Arabes sédentaires, comme les Bérébères. Il vient encore tous les ans de la Numidie des Arabes avec leur bestial, qui ont guerre perpétuelle avec ceux-cy, et les rois de Fez envoyent, tous les ans, des troupes, tant de cavalerie que d'infanterie, pour les combatre, parce qu'ils ne sont pas ses vassaux comme les autres Il est vray qu'ils reconnoissent maintenant le Chérif qui règne aujourd'huy. Aussi les laisse-t-il paistre là avec leurs troupeaux, parce qu'il prétend que le pays luy appartient, et non aux Arabes, qui le possèdent, et ils s'en retournent l'hyver en leurs déserts. Il naist plusieurs sources dans ces plaines, et il y passe quelques rivières qui descendent du mont Atlas. Aussi y-t-il de grandes et épaisses forests remplies de lions et de léopards si privez ou si lascives, que les femmes les font fuir à coups de bastons, comme des chiens. Les habitans portent le nom de leur montagne et sont fort riches et belliqueux, recueillent beaucoup de bled et d'orge, et ont quantité de gros et menu bestial. Ils ont beaucoup de villages fort peuplez; mais il n'y a ni ville, ni chasteau, ni bourg fermé parce que la difficulté des avenues leur sert de défense » (Marmol, *L'Afrique*, t. II, p. 202).

Goureyguera est aussi le nom d'une petite rivière qui prend sa source dans cette montagne. L'auteur du *Kitab oul-istiqça* nous apprend qu'en l'année 1184 (1770) le sultan Sidy Mohammed ibn Abdelmelik chargea son fils Moula Yezid de réprimer une insurrection des Berbères Tcheraouan. Ce prince, sorti de Merrakech, les poussa dans la vallée de Goureyguera, les battit, s'empara de leurs biens et les transporta dans la plaine d'Azghar où ils furent dispersés dans les tribus arabes (t. IV, p. 107).

residence un grand peuple, qui y edifia plusieurs belles cités et chateaux, en après tous ruinés et demolis du temps des guerres, tellement qu'il n'en reste aujourd'huy nulle aparence, fors aucunes bien petites viles, qui sont demeurées en être et habitées. Elle a en longueur environ octante milles et soissante en largeur, etant traversée par le fleuve Subu, et par tout habitée des Arabes appellés Eleuluth, extraits de l'origine des Muntafic, qui sont tous souz la puissance du roy de Fez, qui leur fait payer grand tribut, d'autant qu'ils sont riches et vont bien en ordre; tellement qu'on les peut dire l'elite et fleur de l'exercite du roy, qui se sert d'eux seulement aux guerres urgentes et dangers eminens. Tant y a que cette province est celle qui fournist de vivres, betail et chevaux, toutes les montagnes de Gumere et la cité de Fez entierement dont le roy a coutume d'y resider en temps d'yver et primevere, à cause que le païs est merveilleusement sain et delectable, et là où se trouve tousjours grande quantité de gibier, comme lievres et chevreuls, combien qu'il y ait peu de boys[1].

---

1. *De la province d'Azgar*, ازغار. Azghar a, en berbère, la signification de plaine. « Cette province, dit Marmol, commence à la rivière de Burregreg du costé du couchant, s'estend de l'autre costé à une des montagnes d'Errif, et aboutit en quelques endroits à celles de Zarhon et de Zalag. Elle a l'Océan au septentrion, et au midy la rivière de Bunacer, on la nomme Asgar, ou Mer-Fuyante, parce qu'on dit qu'elle estoit autrefois couverte de la mer, qui venoit jusqu'à la ville de Tezar, quarante lieuës au dedans du pays, et qui s'est depuis retirée et a laissé toutes

EL GIUMHA, CITÉ PREMIERE EN LA REGION D'AZGAR

Elgiumha est une petite cité, edifiée de notre temps par les Africans sur un petit fleuve en une plaine, au milieu de la region susnommée, sur le chemin par lequel on va de Fez à Lharais, et dis-

ces grandes plaines découvertes qui sont fertiles en moissons. Elle estoit habitée autrefois d'un peuple riche et puissant, et avoit plusieurs villes et bourgades, qui ont esté détruites et rasées ; mais quelques-unes depuis longtems sont peuplées de Bérébères. Sa longueur est de vingt-sept lieuës du levant au couchant, et sa largeur de vingt du septentrion au midy. Le grand fleuve de Cébu passe tout à travers. Elle est possédée des deux plus puissantes races des Arabes de la Mauritanie Tingitane, qui sont vassaux du roy de Fez, et le viennent servir avec quantité de cavalerie ; car ils sont fort braves ; mais pour peu que la guerre tire en longueur, ils retournent chez eux à la première occasion, particulièrement s'ils ne trouvent de quoy piller. C'est la plus riche province d'Afrique en bled, troupeaux, laine, beurre et cuirs dont ils fournissent la ville de Fez, et toutes les montagnes de la province d'Errif, qui sont du ressort de Velez et de Gomère » (*L'Afrique*, t, II, p. 204-205).

Parmi les montagnes qui s'élèvent près de Fès, dit l'auteur de l'*Istibçar*, se trouve la montagne de Ghoumara, une des plus fertiles du Maroc ; elle est peuplée par la nombreuse tribu des Ghoumara. Elle s'étend en longueur sur un espace de trois journées de marche et en largeur de six journées. Elle est arrosée par de nombreux cours d'eau et on y trouve d'épaisses forêts, de larges vallées et des endroits de plaisance que l'on ne rencontre pas dans les hautes montagnes. Le raisin, les fruits, le lait et le miel y sont fort abondants. Il y a des pics très élevés et des châteaux forts dans lesquels se réfugient les Ghoumara pour échapper aux exactions des agents du gouvernement. C'est dans ce massif que se fit passer pour prophète l'imposteur Hamim : la montagne où il résidait porte encore son nom. Elle est située non loin de Tetouan.

Les Arabes appelés par Léon l'Africain Eleuluth forment la tribu d'El-Kholt, الخلط, au sujet de laquelle on peut consulter l'*Histoire des Berbères* d'Ibn Khaldoun, t. I, pp. 63 et suiv.

tante de Fez environ trente milles. Elle a eté bien habitée et civile ; mais les trop longues guerres de Sahid l'ont detruite et mise à neant, tellement qu'il ne s'y trouve pour le present qu'aucunes fosses, où les Arabes qui en sont prochains tiennent leur blé, laissans pour garde d'iceluy aucuns pavillons, et des moulins auprès pour le faire moudre[1].

LHARAIS, CITÉ

Lharais est une cité bâtie par les anciens Africans sur la mer Oceane, à l'entrée du fleuve Luccus, sur lequel est assise une partie d'icelle, et l'autre sur l'Ocean dont toutes les parties etoyent assez bien peuplées, tandis que les Mores tindrent Arzilla souz leur seigneurie avec Tangia. Mais après que ces deux cités furent par les chretiens subjuguées, elle demeura deserte par l'espace de vingt ans, puis après un fils de roy de Fez, qui est à present, delibera de

---

1. Cette localité est appelée par Marmol *Gemaa el-Carvax*, جمعة الكروش, *Djoumadt el-Karvouch*, le marché du vendredi du liège. « C'est une petite ville bastie par Jacob, roy des Bénimérinis, au bord d'une rivière (le Ouad Erguila), et dans une plaine sur le grand chemin de Fez à l'Arache. Elle estoit riche et fort peuplée du vivant de ce prince et de ses successeurs ; mais elle fut destruite dans les guerres de Sayd, et ne s'est point repeuplée depuis. Les Arabes possèdent le pays d'alentour, resserrent leurs bleds dans les caves de la ville, dont les murs sont maintenant par terre, et les font moudre en deux moulins qui sont sur la rivière. Cette rivière entre dans une autre (Gorgoi), qui se décharge dans l'Ommirabi, et tous ensemble dans l'Océan près de la ville d'Azamor » (*L'Afrique*, t. II, p. 205).

la peupler et la fortifier, ce qu'il feit, y tenant tousjours bonnes gardes, à cause que les habitans sont en continuelle crainte des Portugalois, et y a un port tresdifficile à prendre à qui veut entrer dans la bouche d'iceluy fleuve. Cetuy-cy feit encor edifier une forteresse en laquelle demeure ordinairement un capitaine avec deux cens harquebusiers et troys cens chevaux legers. Dans le pourpris de la cité, y a plusieurs prés et marés, là où se peschent des anguilles en quantité, et s'y trouve force gibier; puis sur le rivage du fleuve y a grans boys, dans lequel se nourrissent plusieurs lyons et autres cruels animaux. Les habitans de cette cité ont une ancienne usance de faire charbon qu'ils envoyent par mer en Arzilla et Tangia; tant qu'il est venu en commun proverbe entre ceux de Mauritanie, quand ils veulent signifier une chose qui a plus belle montre qu'elle ne vaut. « Cela est comme la nave de Lharais; laquelle porte marchandise de charbon et a les voiles de coton », que les campagnes d'autour de cette cité produisent en grande quantité[1].

Proverbe de Mauritanie.

---

1. *El-Araich*, العرايش (Les treilles). *De l'Arache.* « C'est une ancienne ville bastie par ceux du pays sur la coste, où la rivière de Lisse entre dans l'Océan. Elle est bordée de la mer d'un costé, et de l'autre du fleuve, et estoit fort peuplée avant qu'Arzile fust aux chrestiens; mais les habitans l'abandonnèrent alors d'appréhension, jusqu'à ce que Muley Nacer la fortifia et repeupla pour servir de rempart contre les chrestiens de Tanger et d'Arzile, quoyqu'il craignist, à tous coups, qu'ils ne la vinssent enlever; c'est pour quoy elle estoit toujours pourveuë d'artillerie, de munitions et de vivres. L'entrée du fleuve est assez dangereuse pour les navires, et Muley Nacer a fait bastir un chasteau tout proche. La ville est fermée de

CASAR EL CABIR, C'EST-A-DIRE LE GRAND PALAIS, CITÉ

Cette cité est grande, et fut edifiée au temps de Mansor, roy et pontife de Maroc, en son ordre, le- murailles et environnée de grandes prairies et d'estangs, où il y a force anguilles et quantité d'oiseaux de rivière. Sur les bords du fleuve, il y a des bocages fort épais remplis de lions et d'autres bestes farouches. La plupart des habitans sont charbonniers, et leur principal trafic est de charbon, qu'ils portoient vendre sur des petites barques aux villes de Tanger et d'Arzile, lorsqu'elles appartenoient aux Maures, et depuis aux chrestiens pendant la paix. On recueille force coton aux champs d'alentour, et l'on prend plusieurs alozes dans le fleuve. Il y a un assez bon port pour les petits vaisseaux, où abordent les marchans chrestiens avec les marchandises de l'Europe, qu'ils portent à Fez ou ailleurs. Ils sont maintenant en plus grande seureté qu'ils n'étoient avant que le roy de Portugal abandonnast Arzile. Le Chérif qui règne aujourd'hui n'a qu'un gouverneur pour les trois villes d'Arzile, d'Alcaçar-quivir et de l'Arache, qui a cinq cens chevaux et plus de mille arquebuziers, pour courre vers Tanger; mais il fait sa résidence ordinaire à Alcaçar, quoyqu'il aille, de tems en tems, visiter la frontière d'un bout à l'autre.

Rencontre de Mansor, pontife et roy de Maroc avec un pescheur.

« A cinq lieuës de l'Arache est Arzile, qui tenoit les Maures en perpétuelle inquiétude, parce que les chrestiers faisoient de là des courses dans le pays. Comme les fustes de Tétuan et d'autres lieux se retiroient au port de l'Arache, les Maures s'en servoient pour ravager les costes de la chrestienté. L'an mil cinq cens quatre donc estant sortis de ce port avec une galère royale du gouverneur de Tétuan et cinq galiotes de conserve, ils prirent quatre caravelles portugaises, qui portoient des vivres sur la frontière, et retournant avec cette prise, tirèrent tous leurs vaisseaux à terre. Sur ces nouvelles, Dom Jean de Menésez, qui estoit alors gouverneur d'Arzile, embarqua aussitost de bons soldats dans quatre caravelles qui estoient à bord, et prit la route de l'Arache, après avoir envoyé cinq cavaliers par terre, et une barque le long de la coste, pour reconnoistre l'endroit où l'on avoit tiré à sec les vaisseaux. Lorsqu'il fut bien informé de tout, il se rendit au point du jour avec ses quatre caravelles à l'embouchure du fleuve. La

que₁ (comme l'on dit) se trouvant un jour à la chasse, fut surprins d'une si grande pluye poussée d'un vent impetueux, avec une si grande obscurité,

galère du gouverneur estoit à sec près d'un boulevart, et les Maures qui estoient de garde ayant reconnu que c'estoient des vaisseaux chrestiens, sonnèrent aussi-tost l'alarme et commencèrent à tirer l'artillerie. Mais Dom Jean de Menésez fit garnir le bord d'une de ses caravelles de matelas et de sacs de laine, et envoya le pilote se poster devant le boulevart, pour faire entrer les trois autres. Cet ordre ayant esté exécuté, elle passa facilement, à cause que la marée étoit haute, et les autres à sa faveur, sans recevoir aucun dommage, quoyqu'on tirast fort dessus, tant du boulevart que de la galère qui estoit à sec. Alors les chrétiens mettant pied à terre combattirent vaillamment contre les Maures qui accouroient de la ville à la défense, et les ayant fait retirer, mirent le feu à la galère, et traînant en mer les cinq galiotes avec un brigantin et une des caravelles que les Maures avoient prise, les emmenèrent à Arzile, après avoir brûlé la galère et les autres caravelles, parce qu'ils ne les pouvoient retirer du lieu où elles estoient sans danger; mais on eût pillé l'Arache, si l'on en eust fait le dessein, tant l'entreprise fut exécutée hardiment et heureusement. »

« Il y a en Barbarie, dit Osorio, une ville renommée qui s'appelle Larache à dix lieuës loin d'Arzille arrousée du fleuve Zile (le Louccos), lequel se desgorge dans la mer Océane. Les Maures s'estoient saisis de cinq navires portugaloises qui estoyent lors à l'ancre au port de Larache (1504) dont Menesez fut grandement indigné si tost qu'on luy en eust apporté la nouvelle et fut sur le point d'aller assaillir le port pour ramener les navires. Or, il y a à l'embouchure de ce fleuve une tour forte d'assiette, bien munie de canon et de toutes sortes d'armes avec guet ordinaire » (*Histoire de Portugal*, fº 82 vº, 83 rº).

M. Gräberg de Hemsö donne sur la ville de Larache quelques détails que je crois devoir reproduire ici. Elaraïch, dit-il, communément appelée Larache, est probablement la Lixos de Ptolémée, la Lixa de Pline : les Arabes lui donnent le nom de l'*Araich beni l'arous*, عرايش ني العروس, les treilles des Beni Arous, puissante tribu arabe qui forme la population de la province d'Azgar dont cette ville est la capitale. Elle a peu d'étendue et peut contenir au plus quatre mille habitants, dont deux mille trois cents sont Maures et treize cents Juifs, qui vivent dans six cents maisons situées sur la pente septentrionale d'une colline qui s'étend vers la mer et au pied de laquelle se trouve l'embouchure du Loccos qui forme un port très sûr pour les gros

qu'il egara sa compagnie, sans savoir où il etoyt, ny de quel coté se tourner ; dont il ne se promettoyt autre logis pour la nuit, que la decouverte et spatieuse campagne, durant cet orage de temps, ne s'ozoit tant hazarder, que d'avancer un pied devant l'autre, qui le rendoyt fort perplez et faché, tant que apercevant de loin une lumiere, cogneut à l'aprocher que c'etoyt un pescheur, qui venoyt là pour pescher des anguilles, et l'ayant abordé, luy demanda s'il luy pourroyt enseigner la demeurance du roy, à quoy il repondit qu'il en etoyt à dix milles loin, dont le roy commença bien fort à le prier de luy vouloir conduire. Si le Mansor etoyt icy en personne (dit le pescheur) je luy refuseroys pour cette heure, en temps si tenebreux, de peur qu'il ne se noyât dans ces lieux marecageux. « En quoy te touche la vie du Mansor, repliqua le roy ? en quoy (dit le pescheur) ? Il merite que je luy porte telle afection et bon vouloir, comme à moy même. » « Tu en as donc receu (dit le roy) quelque grand et singulier benefice ». « Quel plus grand benefice

se trouve l'embouchure du Luccos qui forme un port très sûr pour les gros bâtiments. L'entrée en est difficile, car les navires qui jaugent plus de deux cents tonneaux ne peuvent franchir sa barre et sont obligés de décharger leurs cargaisons dans la rade. La ville est bien bâtie : on y voit une place de marché entourée de galeries soutenues par des colonnes de pierre. Les fortifications construites par les Espagnols sont solides... On cultive le coton et on fait du charbon dans les environs de la ville. Les lions et les panthères de la montagne des Beni Arous descendent quelquefois jusqu'au près des murailles de la ville » (*Specchio geografico e statistico dell' impero del Marocco*, pp. 45-46).

(dit le pescheur) se peut esperer et recevoir d'un roy, que la justice egalement, sans partialité et acception de personnes, administrée avec une bonté naturelle, une tresgrande afection et naïve amour, qu'il montre à l'endroit de ses sujets et au gouvernement d'iceux. Or, luy etant de toutes ces vertus icy doué, autant ou plus que prince qui se puisse trouver, n'ay-je pas bonne ocasion de luy être afectioné? d'autant que je puis jouyr en paix avec ma femme et petite famille, de ce qu'il plait au Souverain me donner en ma pauvreté, tellement que je sors librement et entre quand bon me semble et à toutes heures dans ma petite cabane, sans qu'il se trouve homme vivant qui die ou face chose qui me doive tourner à deplaisir. Et vous, mon gentilhomme, venez-vous en (s'il vous est agreable) prendre logis en ma pauvre loge, là où je vous auray pour hôte; puis, le matin à telle heure qu'il vous plaira faire depart, vous m'aurez pour seure et fidele guide jusques là, où bon vous semblera. » Le roy ne refusa cet ofre que luy faisoyt ce bon homme, avec lequel s'achemina en sa cabane; là où etans parvenus, après avoir donné l'avoine au cheval, le pescheur servit devant son hôte (qui avoit tandis essuyé ses habillemens près d'un bon feu au mieux qu'il avoit peu) de ses anguilles qu'il avoit fait rotir, lesquelles ne revenans peu à son goût, demanda si on ne pourroit avoir autre viande.

Toute ma richesse (dit le pauvre homme) consiste en une chevre et un chevreau de lait; mais j'estime bien fortuné l'animal, la chair duquel on peut honorer et satisfaire à un tel homme que je vous pense être : car, ou votre port brave et magistrale aparence me deçoivent, ou vous etes quelque grand seigneur et de noble extraction. Et, sans dire autre chose, egorgeta le chevreau, le feit apareiller et rotir à sa femme, puis le servit devant le roy, qui après avoir repeu, s'en alla reposer jusques au matin, qu'il delogea de la petite cabane avec son hôte. Mais il n'eut pas à peine outrepassé les marets qu'il rencontra une grande multitude de chevaliers et veneurs, qui tous troublés s'etoyent mis en la quête du roy, lequel etant par eux decouvert, d'autant qu'ils etoyent fachés, se trouverent joyeus et soulagés. Alors Mansor ne se voulut plus celer au pescheur, l'avertissant qu'il n'oublieroyt jamais la grande courtoisie qu'il avoit usé en son endroit. Et de fait, luy feit don à son depart (pour recompense du bon traitement qu'il s'etoit eforcé luy faire) de plusieurs maisons et palais qu'il avoit fait bâtir lorsqu'il se delectoit à demeurer en la campagne, mais le pescheur luy fit requete pour plus ample demonstration de sa bonté et grande liberalité, que son bon vouloir fût de les faire environner de murailles. Ce qui luy fut acordé, au moyen de quoy, il demeura seigneur de cette neuve et petite cité, laquelle multiplia et acreut tellement, qu'elle contenoit plus de quatorze cens feus, à cause de la grande abondance du païs où le roy souloyt tousjours sejourner en temps d'eté, dont est semblablement avenue en partie la perfection de cette cité, prés laquelle passe un fleuve nommé Luccus, qui deborde par foys si fort, qu'il entre par les portes de la ville, qui est toute pleine de marchans et artisans. Il y a plusieurs temples, un college et un hôpital; mais il ne s'y trouve puys ny fontaine, à faute dequoy les citoyens s'aident de citernes; et sont gens de bien et liberaux : mais plus tôt simples qu'autrement, se tenans bien en ordre, avec certains draps en maniere d'un linceul qu'ils entortillent autour d'eux.

Hors la cité, se trouvent plusieurs jardins et possessions, ayans le terroir qui produit merveilleusement bons fruits, entre lesquels le seul raisin se trouve de mauvais goût, à cause que toutes les terres sont en prez. Le lundy, il se fait un marché à la campagne, auquel s'assemblent tous les voisins arabes; et au moys de may, les citoyens ont coutume d'aller aux champs oyseler, là où ils prennent des grives en grande quantité. Le terroir est assés fertile, rendant le plus souvent trente pour un. Mais les habitans ne le sauroyent cultiver plus au large que de six milles autour de la cité, à cause qu'ils sont continuellement molestés par les Portugaloys, qui habitent en Arzilla, et de là cette cité est prochaine de dix huit milles; dont le capitaine s'en fait bien resentir, car il a troys cens chevaux, avec lesquels il va courir jusques sur les portes d'Arzilla¹.

1 *D'Alcaçar-quivir*, El-qaçr el-kebir, القصر الكبير (Le grand château) est l'ancienne *novum oppidum*. « Cette ville, qui signifie en arabe un grand palais, a esté bastie par le quatrième roy des Almohades. » Marmol rapporte l'anecdote de la rencontre de Mansour avec le pêcheur dans les mêmes termes que Léon l'Africain. Je m'abstiendrai donc de la reproduire.

« Le palais prit le nom de ce pescheur, quoy qu'on l'ait depuis appelé Alcaçar-quivir ou le grand palais, pour le distinguer d'Alcaçar-saguer, qui signifie le petit. La Lisse passe si près de la ville, qu'elle entre dedans quand elle se déborde, et entraîne souvent les maisons. La ville est peuplée de marchans et d'artisans, et a plusieurs mosquées et un hospital que Jacob Almansor fit bastir. Il n'y a ni puits, ni fontaine d'eau douce; mais des citernes partout, qui reçoivent les eaux de la pluye, dont les habitans se servent, celle de la rivière n'est pas bonne, et est chaude l'esté comme un bain. Ce sont bonnes gens, peu malicieux, qui s'ajustent assez bien, et ont des jardins hors de la ville, où ils recueillent toute sorte de fruits, sans parler de leurs vignes, dont le raisin n'a point de goust, à cause qu'elles sont dans un pré. Il se fait un marché près de la ville tous les lundis, où abordent les Arabes et les Bérébères de la contrée avec du bled, du bestail, des dattes, du beurre, de la laine, des cuirs et autres marchandises. Et depuis que le roy de Portugal a abandonné Arzile, ils sont riches et plus en repos qu'ils n'étoient. Parlons maintenant d'une entrée de Portugais en ces quartiers.

« L'an mille cinq cens trois, le vieux Dom Jean de Menesez, qui estoit prieur d'Ocrate, résolut, avec son neveu qui s'appelloit comme luy, d'aller courre jusqu'aux portes d'Alcaçar-quivir, sur la nouvelle que la garnison en estoit sortie avec le gouverneur, et que les habitans ne se tenoient pas sur leurs gardes. Ils s'y rendirent donc sur le minuit avec quatre cens chevaux; mais le gouverneur, qui estoit revenu le soir, sortit sur eux avec les Arabes de ces quartiers qui l'accompagnoient et descendant d'une coline escamourchoient bravement, lorsque les deux chefs des chrestiens, baissant la lance et se couvrant de leurs boucliers, donnèrent sur eux de telle furie, qu'ils les mirent en fuite, et les poursuivirent jusqu'auprès des portes, où ils en tuèrent plus de deux cens, sans que les habitans voulussent ouvrir; au contraire, ils crioient à leurs gens, du haut des tours, qu'ils tournassent testes pour charger les chrestiens qui estoient en désordre. Cela les obligea à tourner teste, et trouvant les chrestiens écar-

DE LA REGION DE HABAT

Cette province prend son commencement au fleuve Guarga du coté de midy, et de celui de tramontane se termine à la mer Oceane; devers ponant confine avec les marets d'Azgar, et de la partie du levant aux montagnes, qui sont sur le detroit des colonnes d'Hercules, ayant de longueur cent milles et octante en largeur, et est admirable quant à l'abondance et fertilité : d'autant que la plus grande partie d'icelle consiste en plaine, qui est, par le cours de plusieurs fleuves, arrousée[1]. Du temps

---

tez, ils en tuèrent et blessèrent plusieurs; les chefs rallièrent le reste du mieux qu'ils pûrent, et retournèrent à Azile un peu matez de leur perte. » *L'Afrique*, t. II, p. 208-210.

Osorio nous fournit sur Qaçr el-ekbir les détails suivants : « Il y a une ville en Barbarie nommée Caserquibir assez près du détroit de Gibraltar et au long duquel passe le fleuve Lusso qui n'est pas grand, mais les pluies l'enflent quelques fois de telle sorte qu'il se desborde et entre dans la ville. On dit que cette ville fut bastie par Mansor, roy de Maroc, qui etoit roy et pontife ensemble comme les autres que les mahométans appellent caliphe. Il n'y a de fontaines ni puits en ceste ville, ains seulement l'eau des cisternes et de la rivière. Néantmoins, elle est fort marchande et fréquentée des gentilshommes. Il y avoit eschole de philosophie et des sciences libérales, tellement que de toutes parts y arrivoyent gens pour étudier. Semblablement, il y avoit un grand hospital où l'on pansoit plusieurs pauvres et malades tourmentez de diverses maladies. Le pays estoit couvert d'arbres et d'herbes potagères, ayant des vergers fort beaux et bien disposez. Le terroir est fertile et gras tellement que, souventes fois, il rapporte trente pour un » (*Histoire du Portugal*, f° 64 v°).

1. La prononciation exacte du nom de cette province qui s'étend au sud

des anciens, elle etoyt plus noble et de plus grande renommée qu'elle n'est à present, veu qu'il y a plusieurs anciennes cités edifiées, partie par les Romains et partie par les Gots, et je pense que ce soit cette region que Ptolomée nomme Moritanie, laquelle commença à decliner si tost que les premiers fondemens de Fez furent jetés, dont le premier fondateur fut appellé Idris[1], qui laissa par son

de Tetouan, entre Qaçr el-kebir et les Ghoumara, est هِبْت Hibt et non Habat ou Hebet.

De la province de Habat. « Cette province, dit Marmol, qui est la quatrième de l'Estat, selon l'ordre que nous tenons, commence vers le couchant aux marais de celle d'Asgar, et s'estend vers le levant jusqu'aux montagnes d'Errif, comprenant les autres, qui sont sur le détroit de Gibraltar. La rivière d'Erguile la borne au midy, et l'Océan au septentrion. Elle a vingt sept lieuës du couchant au levant, et plus de trente cinq du midy au nort. Cette province est une plaine qui foisonne en bleds et en troupeaux, et est arrosée de plusieurs grandes rivières qui descendent des montagnes et se rendent dans cette mer. Les historiens d'Afrique parlent fort de cette province, parce que ç'a esté la plus illustre de tout le pays, et celle qu'on nommoit la Tingitane, et où il y avoit plus de villes basties par les Romains et par les Gots. Mais depuis la fondation de Fez, les meilleurs habitans de la province s'y sont allez habiter pour éviter les désordres de la guerre, particulierement depuis que les Portugais conquirent les principales villes de la coste dont ils en possèdent encore quelques-unes aujourd'huy » (*L'Afrique*, t. II, p. 210).

1. Idris ben Idris mourut le 12 du mois de djoumazy oul-akhir 213 (28 août 828).

Il laissa douze enfants mâles : Mohammed, Abdallah, Issa, Idris, Ahmed, Djafer, Yahia, Qassim, Omar, Aly, Daoud et Hamzah.

Il accorda à titre de fief, sur le conseil de sa grand'mère Kenza, à Qassim les villes de Tanger, Ceuta, Hadjer-Ennisr, Tetouan, Qaçr Masmouda et les territoires et les tribus qui en dépendaient; à Omar : Tigsas, Targha et les tribus des Sanhadja et des Ghoumara. Il accorda à Daoud le pays occupé par les Haoura, Tessoul, Meknassa et la montagne des Ghiatha; à Yahia : les villes de Baçrah, Acila, El-Araich et leurs dépen-

deces (comme l'on dit) le royaume entre les mains de ses enfans, qui le diviserent en parties, au moyen de quoy, cette region icy parvint entre les mains de leur ainé. Après, survint une revolte de plusieurs seigneurs et heretiques, lesquels appellans, chacun de son coté, à son secours, les seigneurs de Cairavan, furent vaincus et expulsez par un pontife de Cairavan, qui fut entierement heretique et s'empara de cette region, là où ayant laissé aucuns de ses capitaines et gouverneurs, feit retour en ces païs. Alors, le grand chancelier de Cordouë y envoya un gros excercite, et, par ce moyen, en peu de temps, reduit tout ce païs souz sa puissance jusques à la region de Zab. De là à cinquante ans, Joseph de Luntune expulsa iceux de Grenade, et finablement, après tant de changemens, s'est trouvée entre les mains du roy de Fez.

EZAGGEN, PREMIÈRE CITÉ EN LA REGION DE HABAT

Ezaggen est une cité distante de Fez environ septante deux milles, contenant environ cinq cens feus;

---

dances jusqu'à Ouargha. Il donna à Abdallah : Aghmat, le pays de Neffis, les Maçmouda et le Sous el-Aqça; Ahmed reçut les villes de Meknaça, Tedla et la province de Fes. Hamzah fut investi du gouvernement de Tlemcen et de ses dépendances.

elle fut edifiée par les anciens Africans sur la cote d'une montagne prochaine du fleuve Guarga environ deux milles, qui sont en plat païs, auquel se fait le labourage et jardinage ; mais le terroir de la montagne est beaucoup plus ample. Le territoire d'icelle peut rendre de revenu jusques à la somme de dix mille ducatz, et celuy qui en est jouyssant, doit tenir pour le roy de Fez quatre cens chevaux, pour seure garde et tuition du païs sur lequel les Portugalois font souvent des courses soudaines de quarante ou cinquante milles. La cité n'est pas fort civile, combien qu'il y ait assez d'artisans de toutes choses necessaires; mais elle est fort belle et embellie par la vive source des eaux crystalines de plusieurs fontaines qui sourdent en icelle.

Les habitans sont fort opulens, mais il ne se trouve personne d'entre eux qui porte etat de bourgeoys. Les roys de Fez leur ont octroyé ce privilege qu'ils peuvent boire du vin, qui est defendu par la loy Mahommetane ; mais on n'en trouvera un seul qui en vueille gouter et qui ne s'en abstienne, tant ils sont conscientieux et pleins de religion[1].

Boire vin, defendu par la loy de Mahommet.

---

1. D'*Ezagen*, ازكًل. « A trois lieuës de la rivière d'Erguile sur la pente d'une montagne, est une ville ancienne bastie par ceux du pays, qui a une belle plaine entre elle et le fleuve, où il y a force jardinages, et où l'on recueille beaucoup de bled, aussi bien que sur la montagne, dont les terres sont fort bonnes. Elle est à vingt-trois lieuës de Fez, et a quelque sept cens habitans, avec plusieurs hameaux à l'entour, qui sont de sa juridiction, sans parler des autres qui sont du mesme gouvernement. Mais le gouverneur est obligé d'entretenir cinq cens chevaux pour la garde de

BANI TEUDE, CITÉ

Bani Teude est une tresancienne cité, edifiée par les Africans en une plaine sur le fleuve Guarga, distante de Fez environ quarante-cinq milles, laquelle souloit faire jadis près de huit mille feus ; mais elle fut detruite par les guerres des pontifes de Cairavan, fors les murailles du circuit ; et y ay veu plusieurs sepultures de nobles gens et quelques fontaines murées de pierre vive qui etoyent admirables. Elle est prochaine des montagnes de Gumera, environ quatorze milles, ayant le terroir fertile et abondant[1].

la province, à cause des Portugais de la frontière, qui couroient autrefois quinze ou vingt lieuës au dedans du pays. Cette place a de bonnes murailles et belles à voir, et les habitans sont riches, et s'accommodent la pluspart comme les habitans de Fez, quoyque quelques-uns s'habillent à la façon des Bérébères. Le roy leur permet de faire du vin et d'en boire, aussi le font-ils excellent, et ont de grands vignobles. Il y a plusieurs fontaines dans la ville, qui sortant de là, arrosent les campagnes où l'on recueille à cause de cela quantité de lin et de chanvre. Il s'y tient un marché, tous les mardis, où accourent les Arabes et les Bérébères de la contrée, avec des marchandises du pays, et des vivres » (Marmol, *L'Afrique*, t. II, p. 210).

1. *De Béni Teudi dans la mesme province*, بني تاودي (Beni Taoudy). « Cette ville est sur les bords de la rivière que nous venons de nommer, et donne son nom aux Bérébères qui demeurent dans les campagnes d'alentour. Elle a esté bastie par les anciens Africains, et se nommoit Baba ou Julia-Campestre, selon le nouveau Ptolomée, qui la met à huit degrez dix minutes de longitude et à trente-quatre degrez vingt minutes de latitude. Elle est dans une belle plaine à dix-huit lieuës de Fez, du costé du septentrion ; et selon les apparences, devoit avoir autrefois six mille maisons. Mais le calife schismatique Caim la ruina en la guerre qu'il eut contre ceux d'Idris, quand il conquit cette province ; de sorte qu'il n'y a plus que les murailles et des

MERGO, CITÉ

Mergo est une cité posée sur le coupeau d'une montagne prochaine de l'autre environ dix milles. Et dit on qu'elle fut edifiée par les Romains pour ce qu'il y a certaines masures antiques, là où se lisent quelques ecritures latines. Elle est aujourd'huy deshabitée, mais il s'en trouve une autre petite en la côte de la montagne assés bien habitée, là où il y a plusieurs tissiers de grosses toiles. Autour du Mergo, il y a une campagne, qui est en bonne terre et decouvre l'on d'icelle deux gros fleuves desquels elle est distante, d'un coté et d'autre, par l'espace de cinq milles. L'un d'iceux est Subu, du coté de midy, et l'autre Guarga, devers tramontane. Les habitans voudroyent être estimés gentishommes ; mais ils sont avares, ignorans et sans aucune vertu[1].

restes de quelques vieux et superbes édifices. Il y a trois fontaines avec de grans bassins de marbre et d'albastre, et quelques anciens tombeaux de mesme, qui témoignent que ce sont des sépulcres de personnes de condition. Il y a cinq lieuës depuis ses ruines jusqu'aux premières montagnes de la Gomère et ce pays est fertile et possédé par les Bérébères que nous avons dit ; mais ils relèvent de quelques Arabes, qui sont plus puissans qu'eux et riches en bleds et en troupeaux » (Marmol, *L'Afrique*, t. II, p. 211).

Un des principaux commentateurs du traité de jurisprudence d'Ibn Acim, Abou Abdallah Mohammed ibn Soudah porte le nom ethnique de Taoudy.

1. *D'Amergue*, امركوا (Amargo). « A trois lieues de la ville précédente, sur la cime d'une haute montagne, il y en a une autre qu'on nommoit autrefois Tocolosie, selon Ptolomée, qui la met à sept degrez dix minutes de longitude,

TANSOR, CITÉ

Tansor est une cité bâtie sur une petite montagne distante de Mergo environ dix milles, en laquelle y a trois cens maisons, mais petit nombre d'artisans. Les habitans sont gens de rude entendement, qui ne tiennent vignes, ny jardins ; ains cultivent et labourent seulement la terre pour y semer du grain, et ont du betail en grande quantité. La cité est droitement assise sur la moitié du chemin qui va de Fez au mont de Gomera, ce qui les rend avares jusques à l'extremité et deplaisans au possible[1].

et à trente-trois degrez trente minutes de latitude. Elle a esté ruinée par le mesme calife qui ruina toutes celles des environs : mais les murs sont encore debout, où l'on voit quelques inscriptions latines, qui montrent qu'elle a été bastie par les Romains, il y a long-tems. Depuis sa destruction, on a fait une grande habitation sur la pente de cette montagne, qui porte le nom de la ville, et est peuplée de tisserans, et la plaine qui est au-dessous est un fort bon pays. Cette montagne découvre de part et d'autre deux grandes rivières, à quatre lieuës l'une de l'autre, qui sont le Cébu et l'Erguile, l'une au midy, et l'autre au septentrion. Elle est peuplée de çà et de là de Bérébères, qui se piquent d'estre les plus nobles de toute l'Afrique, et font fort les braves ; aussi sont-ils superbes et meschans. » (*L'Afrique*, t. II, p. 212).

Amargo est le lieu de la sépulture du cheikh Mohammed ibn Mouça Ech-Chaoui surnommé Abou' ch-Chita, le père de la pluie, à cause de celle que fit tomber ses prières pendant une époque de sécheresse. Le cheikh Abou' ch-Chita mourut en l'année 997 (1589). (*Kitab oul-ictiqça*, t. III, p. 97).

1. *De Tenzert*, تنزرت (Tenzirt). « Cette ville, que les historiens arabes nomment Tehart, et que Ptolomée met à neuf degrez dix minutes de latitude, sous le nom de Trizide, a esté bastie par les Romains sur une coline, et a quelque sept cens habitans, qui n'ont soin que du labourage et de leurs troupeaux, à quoy le pays est fort propre. Aben Gézar dit, en sa

AGLA, CITÉ

Agla est une ancienne cité edifiée par les Africans sur le fleuve Guarga ; autour d'icelle, y a bon territoire cultivé par les Arabes, à cause que la cité fut ruinée aux guerres passées, mais les murailles sont encor sur pied, avec quelques puys qui sont demeurés au dedans d'icelles. On fait, toutes les semaines, en la campagne, un fort beau marché où s'assemblent plusieurs Arabes païsans, et autres marchans de Fez pour faire leur emplette de cuirs de beuf, de laines et cire, pour ce qu'il y en a en ce païs abondamment. En la campagne, repairent plusieurs lyons, mais de tant peu de cœur et vile nature, que le cry des enfans seulement les intimide et leur donne la fuite. De là est venu le proverbe dans Fez, qu'on jete sur ceux qui n'ont force ny vertu en effet, ains seulement en bravades et paroles : « Tu es vaillant comme les lyons d'Agla, à qui les veaux mangent la queue »[1]. *Proverbe de Fez.*

Géographie, qu'elle doit sa fondation à des géans, et que de son tems on y a trouvé des sépulcres où il y avoit des testes dont le crâne avoit deux pieds en tout sens. Cette ville fut ruinée par le calife que nous avons dit, mais des Bérébères en ont depuis repeuplé quelques quartiers ; tout le reste est désolé » (Marmol, *L'Afrique*, t. II, p. 212). — *Tenzirt*, dans la langue berbère, a la signification de « nez ».

1. D'*Aguila*, اڭيلا. « Sur les bords de l'Erguile, paroissent les ruines d'une ville ancienne bastie par ceux du pays, et ruinée par le calife schismatique de Carvan. Il n'y a plus que les murs debout, et l'on tient près de là tous

NARANGIA, CHATEAU

Narangia est un chateau edifié par les Africans sur une petite montagne près du fleuve Luccus[1], prochain d'Ezaggen par l'espace de dix milles, situé en bonne terre, mais fort montueuse. Sur le rivage du fleuve y a de grans boys touffus, là où il se trouve fort grande quantité de fruits sauvages, mêmement de cerises marines. Il fut prins et sacagé par les Angloys, au moyen de quoy il est maintenant inhabité, et avint cela en l'an huit cens nonante cinq de l'hegire[2].

Cerises marines.

les samedis un marché, où accourent les Arabes et les Bérébères de la contrée, et plusieurs marchans de Fez et d'ailleurs, pour vendre et acheter des marchandises du pays. Le terroir d'alentour est fort béau et habité d'Arabes et de Bérébères, qui vivent sous des tentes... Il reste quelques puits au dedans des bastimens, dont ceux qui vont au marché boivent de l'eau, car il n'y en a point en tous ces quartiers » (Marmol, *L'Afrique*, t. II, p. 213).

1. Marmol donne à cette localité le nom de Fricha. De Frixa, فريشة, Fricha. « A trois lieuës d'Ezagen, sur une petite montagne que borde la Lisse, on voit les ruines d'une petite place bastie par les anciens Africains, dont les champs d'alentour sont fort bons, quoyque ce soit un pays haut et bas et plein de ravines. Mais il y a d'épaisses forests le long du fleuve, remplie de bestes farouches. Les Portugais de Tanger et d'Arzile la saccagèrent l'an mil quatre cent quatre-vingts un, et y mirent le feu ; de sorte qu'elle ne s'est point repeuplée depuis. » (Marmol, *L'Afrique*, t. II, p. 213.)

Narandjiah, نارنجية, a, en arabe, la signification d' « endroit planté de cédrats. »

2. 1489 de l'ère chrétienne. Il s'agit sans doute, dans ce passage, d'une des expéditions faites par les Normands de Dieppe sur la côte d'Afrique.

GEZIRA, ILE

Gezira est une ile à la bouche du fleuve Luccus, là où il entre dans la mer Oceane, laquelle en est loin environ deux milles et distante de Fez près de cent milles. Dans cette ile, y eut jadis une petite cité ancienne qui fut abandonnée au commencement des guerres des Portugalois, et autour du fleuve y a plusieurs boys et peu de terres labourables. En l'an octante quatre de l'hegire[1] le roy de Portugal expedia une grosse armée, laquelle le capitaine general n'eut pas plustot conduite jusques au fleuve, qu'il commença à fabriquer une forteresse dans l'ile, faisant son conte que d'icelle, on pourroit decouvrir et occuper toutes les prochaines campagnes. D'autre part, le roy de Fez (pere de celuy qui est à present), prevoyant à veuë d'œil le grand danger que facilement il pourroyt encourir, s'il n'empechoit que le dessein des Portugalois ne vint à sortir effet, leva une grosse armée, qu'il feit marcher à la volte de cette forteresse commencée pour prevenir ses ennemys et outrepasser ; mais il s'efforça en vain, ne pouvant faire les aproches plus que de deux milles près, pour le grand fracas de l'artillerie, avec laquelle les Portugalois jour et nuit ne cessoient de canonner, faisans une grande tuerie, ce qui mena quasi

Le capitaine de l'armée du roy de Portugal fait batir une forteresse dans l'ile de Gezira.

1. Il faut lire : huit cent octante quatre : 1479 de l'ère chrétienne.

le roy au dernier desespoir, n'eut eté, que par le conseil d'aucuns, il feit drecer certains boulevars de boys, qui furent elevés au milieu du fleuve et au-dessouz de l'île environ deux milles, là où etant couvert par le moyen de ses rampars, après avoir fait mettre bas un boys, qui etoit prochain de l'armée, les Portugalois s'aperceurent incontinent que la bouche du fleuve leur etoit serrée par les tronses des grans arbres qui leur rendoyent l'yssue impossible. Au moyen de quoy, le roy de Fez se voyant tenir la victoire en sa main, feit conte de faire ranger en ordre ses gens, et marcher en bataille pour se ruer sur l'ennemy; mais d'autre coté, prenant compassion de la grande multitude des personnes qui y pourroyent laisser la vie, comme celuy qui etoit plus affectionné au bien et salut commun, que non à son profit particulier, joint aussi, que le vaincre se tourneroyt en plus grande perte capitale, il acorda avec le general de l'armée portugaloise, qu'outre une grosse taille qui luy fut imposée, il moyenneroit avec le roy de Portugal de luy faire restituer certaines filles siennes qu'il detenoit prisonnières. Laquelle chose promettant mettre en effet, et de point en point observer, il lui promettroit qu'il s'en peut retourner bagues sauves, sans le molester en sorte que ce fût. Ce qu'il accorda liberalement et feit retirer l'armée en Portugal[1].

1. *D'Egézire*, الجزيرة (El-Djezirèh). « Au milieu de la Lisse, à trois lieuës de

BASRA, CITÉ

Basra est une cité de moyenne grandeur, contenant environ deux mille feus, laquelle fut edifiée en une plaine entre deux montagnes par Mahommet fils d'Idris, qui jeta les premiers fondemens de Fez, d'où elle est distante environ octante milles, et vingt de Casar devers midy, portant le nom de Basra, en souvenance de Basra, cité de l'heureuse Arabie, là où fut occis Hali, quart pontife, qui etoyt le bisayeul

l'Océan, en tirant vers le détroit de Gibraltar, et à trente de Fez, est une isle que les Portugais nomment l'Agréable, où l'on voit les ruines d'une ancienne ville bastie par les Africains. Quand les Portugais commencèrent à s'establir en Afrique, il n'y avoit que des pescheurs et de pauvres gens ; mais le roy de Portugal trouvant à propos de la fortifier, à cause qu'elle pouvoit estre secourue aisément par mer, y envoya une grande armée navale, qui remonta jusques là par le fleuve, et commença à y bastir une forteresse. Sur ces entrefaites, le roy de Fez assembla le plus de gens qu'il pust pour empescher leur dessein ; mais il s'arresta à demi-lieuë de l'isle, et n'osa passer outre, à cause de leur artillerie qui batoit toute la plaine d'alentour. Comme ce prince étoit en suspens pour empescher l'ouvrage, qui seroit la ruine de la province, un renegat luy proposa une invention pour ruiner toute l'armée navale des chrestiens sans perdre un seul homme. Il fit donc couper quantité de bois aux forests qui sont sur les bords du fleuve, et boucha le passage de la rivière d'une digue ou estacade, qu'il fit tirer tout à travers, demi-lieuë plus bas que l'endroit où estoient les Portugais. Mais pour n'en point venir à un combat dangereux, le roy de Fez leur laissa le passage libre, moyennant quelques prisonniers de condition qu'ils rendirent, et l'on dit que ce fut pour récompense du bon traitement que le roy de Portugal avoit fait à ses enfans, lorsqu'ils estoient prisonniers. La forteresse fut donc abandonnée sans estre habitée, depuis, non plus que la ville » (Marmol, *L'Afrique*, t. II, p. 214).

Les Portugais donnèrent à El-Djezirèh le nom de Ilha Graciosa.

de Idris¹. Elle fut environnée de fort belles et hautes murailles, se maintenant tousjours en honnete civilité pendant que la maison d'Idris fut en regne, et là aussi ses successeurs souloyent au temps d'eté faire demeurance, pour autant qu'elle est en belle assiete et plaisante, tant en montagne comme en plaine. Autrefoys, elle a esté garnie de plusieurs jardins, et y a encor terres labourables et bonnes en toute perfection, à cause qu'elles sont prochaines de la cité, prés de laquelle passe le fleuve Luccus, et fut aussi bien ornée de temples; avec ce, que les habitans etoyent de gentil esprit; mais prenant fin la maison d'Idris, elle commença aussitot à decliner, et enfin fut ruinée par les ennemys, qui laissérent les murailles sur pied, qui sont encor en être, avec quelques jardins non cultivés, et sans aucun fruit, pour ce que le terroir n'est labouré aucunement².

1. Le calife Aly fut assassiné à Koufah et non point à Baçrah.
2. Le nom de Baçrah, بصرة, a été singulièrement altéré par Marmol et changé en celui de Bézat, Basia ou Bésara, à sept lieues d'Alcaçar-quivir. « Cette ville a esté bastie sur la Lisse, dans une plaine qui est entre deux montagnes, par le fils du fondateur de Fez, dont elle est éloignée de vingt-quatre lieuës. Il la nomma Bézat, en mémoire d'une autre de mesme nom, qui est en l'Arabie Heureuse, où Ali, l'un de ses prédécesseurs, est en grande estime, et où quelques-uns disent qu'il est mort. Il y a eu plus de deux mille maisons, et les habitans estoient fort riches en bled et en bestail, à quoy le pays est très propre. Les rois de Fez avoient coustume d'y aller passer l'esté, à cause de la fraicheur des eaux et des bois et que c'est un fort beau lieu pour la chasse. Mais elle fut détruite avec le reste de la province par le calife que nous avons dit, et les Arabes, pour jouir en paix de la contrée, n'ont pas souffert qu'on la repeuplast depuis. On voit encore les

HOMAR, CITÉ

Homar est une cité edifiée par un qui fut appellé Ali, fils de Mahommet cy dessus mentionné, la-

murs où il y a quelques bresches, et les ruines des palais et des mosquées, et les jardins d'alentour sont devenus une forest, faute de culture » (Marmol, *L'Afrique*, t. II, p. 215). El-Bekry donne de la Baçrah du Maghreb, une description intéressante. « De Casr Denhadja, dit-il, l'on se rend à El-Basra, ville qui occupe un grand emplacement et qui surpasse toutes les localités voisines par l'étendue de ses pâturages et le nombre de ses troupeaux. On y trouve une telle abondance de lait que la ville a reçu le nom de *Basrat ed-dobban*, la Basra des mouches. Elle s'appelle aussi *Basrat el-kittan*, Basra du lin, parce que à l'époque où elle commença à se peupler, on y employait du lin en guise de monnaie dans toutes les opérations commerciales. Elle s'appelle aussi *el-Hamra* (la rouge) parce que le terrain sur lequel elle est bâtie est d'une couleur rougeâtre. Cette ville, située entre deux coteaux, est ceinte d'une muraille qui est percée de dix portes et construite en pierre et en brique. On y remarque une mosquée à sept nefs et deux bains. Le principal cimetière est sur une montagne à l'orient de la ville; le cimetière occidental porte le nom de *Macbera Codaa*. Comme l'eau qui se trouve dans la ville est saumâtre, les habitants tirent celle qu'ils boivent d'un puits situé auprès de la porte principale et nommé *Bir ibn Delfa*. Les jardins en dehors de Basra renferment de nombreuses sources et des puits qui fournissent de l'eau douce. Les femmes de cet endroit se distinguent par l'éclat de leur beauté et les charmes de leur figure : il ne s'en trouve pas de plus belles dans aucune partie du Maghreb... Ajoutons que Basra est une ville de construction moderne, ayant été fondée vers la même époque qu'Asila » (*Description de l'Afrique septentrionale*, p. 251).

Baçrah avait perdu une partie de son importance à l'époque d'Idrissy : « La ville d'El-Baçrah, dit-il, fut autrefois assez considérable. Ceinte de murs et non point forte, elle est entourée de villages et de champs cultivés. Les principales productions consistent en coton, en blé et en autres céréales. Elles y sont très abondantes » (*Description de l'Afrique et de l'Espagne*, p. 202).

« La station de Tremulae placée par l'Itinéraire à dix-neuf milles de la précédente et à douze milles d'Oppidum Novum, dit M. Tissot, nous paraît cor-

quelle est sur un cotau pres d'un petit fleuve, distante de Casar environ quatorze milles devers tramontane et seze d'Arzilla, du coté de midy. Elle fut beaucoup plus belle que grande, etant environnée de belles et amples campagnes, pleines de bonnes terres, plantées de vignes et ornées de vergers delectables, produisans des fruits singulierement bons et savoureux. La plus grande partie des habitans etoyent tissiers, à cause que le terroir porte des lins en grande quantité, mais la cité fut abandonnée, lors que Arzilla fut reduite souz l'obeissance des Portugalois[1].

respondre aux ruines de Basra. Fondée vers le milieu du ixe siècle par Mohammed ibn Idris, Basra était située sur un plateau qui commande à l'ouest la vallée de l'Oued Mda, à l'est la route de Ouezzan, au nord-est une vallée qui débouche dans le bassin du Loukkos, au sud enfin, la route conduisant de Ksar el-Kebir à Fès et Meknès. L'importance d'une telle position permet de supposer que Basra n'avait fait que succéder à une ville antique. Basra est un des exemples les plus frappants de la rapidididité avec laquelle disparaissent, au Maroc, des centres de population qui, partout ailleurs, laisseraient au moins des vestiges de leur ancienne prospérité. De cette grande ville qui couvrait deux collines, et dont l'enceinte, au rapport d'El-Bekri, ne comptait pas moins de dix portes, il ne reste plus aujourd'hui que l'angle nord-ouest du rempart : tout le reste, murailles et monuments, a été complètement anéanti. Le sol est jonché de moellons et de menus débris. On n'y trouve pas un bloc entier. Edrisi qui écrivait un siècle après Abou Obeïd parle déjà de Basra comme d'une ville qui avait été *autrefois* considérable » (*Recherches pour la géographie comparée de la Maurétanie Tingitane*, Paris, 1877, pp. 160-161).

1. *D'Homara*, الحمرا (El-Hamra). « Entre Arzile et Alcaçar-quivir, à cinq lieuës de l'une et de l'autre, est une petite ville bastie, à ce qu'on dit, par le fils de celuy qui a basti la précédente. Son assiète est assez forte, car elle est sur un tertre, au bord d'une petite rivière et il fait beau voir ses murs de loin. Lorsque les Portugais prirent les villes de Tanger et d'Arzile, les

ARZILLA

Arzilla, que les Africans appellerent Arzella, fut grande cité edifiée par les Romains sur la mer Oceane, prochaine du detroit des Colonnes d'Hercules, environ soissante milles, et distante de Fez cent quarante. Elle fut soumise au domaine du seigneur de Sebta, qui etoyt tributaire aux Romains; depuis fut par les Gots subjuguée, lesquels confirmerent ce seigneur memes au gouvernement d'icelle; puis de là à quelque temps, elle fut prinse des Mahommetans en l'an nonante quatre de l'hegire[1], qui en furent jouissans par l'espace de deux cens ans, jusques à ce que les Anglois, à l'instinct des Gots, meirent sur mer une grosse armée, laquelle ils feirent marcher à la volte de cette cité : neantmoins, ils conceurent puis après de grandes inimitiés les uns contre les autres, à cause que les Gots recognoissoyent Jesuchrist et les Anglois servoyent aux idoles. Mais ils

Arzilla subjuguée par les Gotz, prinse par les Mahommetans et depuis par les Anglois, faisant passer tous les habitans par le fil de l'espée.

habitans se retirèrent sans estre revenus depuis; mais quand Arzile fut abandonnée, elle commença à se repeupler de Bérébères, parce que le pays est beau et uni, abondant en bled et en pasturages. Il y a plusieurs arbres fruitiers alentour et quelques vignes; et l'on recueille beaucoup de lin dans la campagne, à cause de la rivière dont on l'arrose. Mais les habitans y sont si tourmentez des Arabes, qu'ils sont fort pauvres, et la plupart tisserans » (Marmol, *L'Afrique*, t. II, p. 215).

Le nom de Hamra (la rouge) a été donné à cette localité soit à cause de la couleur du terrain sur lequel elle a été bâtie, soit à cause de celle des briques qui entraient dans la construction des maisons.

1. 712 de l'ère chrétienne.

avoyent fait cela expressement pour contraindre les Mahommetans à lever le pied et se deplacer de l'Europe. L'entreprinse succeda bien aux Angloys, lesquels ayant prinse la cité à force d'armes, feirent passer tous les habitans d'icelle par le fil et trenchant de leurs epées, mettans tout à feu et à sang, tellement qu'ils n'y laisserent creature vivante; ainsi demeura environ trente ans inhabitée[1]. Mais regnans les seigneurs et pontifes de Cordouë en Moritanie, elle fut redrecée et remise en meilleur etat et forteresse qu'auparavant, dont les habitans se rendirent, en peu de temps, riches et opulens. Le territoire est fertile en grains et fruits; mais à cause que la cité est distante des montagnes par l'espace de deux milles, il y a grande faute de boys, dont il faut qu'on use de charbon qu'on amene de Lharais, comme nous avons dit auparavant.

Arzilla en l'an 882 de l'hegire, assaillie et prinse par le Portugalois; et Mahommet aujourd'huy roy de Fez, prisonnier qui estoit dedans, et autres.

En l'an huit cens octante deux de l'hegire[2], elle fut de rechef assaillie et reprinse par les Portugalois qui retindrent et menerent prisonniers en Portugal tous ceux qu'ils trouverent, entre lesquels etoit Mahommet, qui est aujourd'huy roy de Fez, lequel, pour lors encor enfant, fut prins, avec une sienne seur de meme aage car de ce temps là leur pere etoyt en Arzilla, pour cause de la revolte de

1. Jean Léon l'Africain donne le nom d'Anglais aux pirates normands qui, à partir de la première moitié du IXe siècle de notre ère, ravagèrent les côtes d'Afrique et d'Espagne.
2. 1477 de l'ère chrétienne.

Habat; et après que Habdulac, dernier roy de la maison de Marin, fut occis par les mains d'Esserif, noble et puissant citoyen de Fez, fut luy-meme, par le consentement de tous, eleu et creé roy.

Quelque temps après un Saic Abra vint pour assieger Fez et s'en emparer pour usurper le royaume; mais Esserif imitant l'avis d'un sien conseillier (qui estoit proche parent de ce Saic) le repoussa bien vivement avec sa grande perte et honte. Depuis, ayant envoyé le conseillier en Temesne pour pacifier le peuple, survint Saic avec un secours de huit mille chevaux arabes, avec lesquels s'etant campé devant Fez, y entra au bout de l'an par trahison que les citoyens trainerent, ne pensans pouvoir resister à telles impetuositez, et se trouvans en une necessité trop extreme. Ce que voyant, Esserif se sauva avec toute sa famille au royaume de Thunes; et pendant que Fez etoit assiegée, le roy de Portugal envoya une armée en Arzilla qui fut prinse. Au moyen dequoy, (comme il vous a eté recité) le roy qui regne pour le jourd'huy, avec sa seur, fut mené prisonnier en Portugal, là où tous deux ensemble furent detenus captifs par l'espace de sept ans, mais pendant ce temps ils seurent fort bien apprendre et retenir la langue du païs[1]. Finablement, le pere avec grande

Fez gaigné par Saic Abra.

---

1. Cette période de l'histoire du Maghreb est des plus obscures et les détails nous font complètement défaut sur les événements qui se déroulèrent lors de la chute de la dynastie des souverains Mérinides.

Le personnage désigné par Jean Léon sous le nom de Chérif est

somme de deniers, paya la rançon du fils, lequel, parvenu au gouvernement du royaume, fut appellé pour cette occasion, le roy Mahommet Portugalois, tellement qu'il assaillit à l'impourveu la cité d'Arzilla, dont il demolit les murailles en partie, et entra dedans, mettant en liberté tous les Mores, qui etoyent esclaves ; mais les chretiens se retirerent au chateau, entretenans toujours le roy de paroles paliées par une mensonge couverte de dire qu'ils le vouloyent rendre. Et seurent si bien dire, que les treves par deux jours leur furent octroyées, pendant lesquelles survint Pierre de Navarre avec plusieurs vaisseaux bien armés et en bon equipage, lequel à force de canonnades contraignit le roy de quiter non seulement la cité, mais de gaigner le haut avec toute sa gendarmerie. Lors, les Portugalois se meirent à fortifier la cité, mais pour icelle recouvrer le roy employa depuis toutes ses forces; vray est, que son efort fut tousjours trouvé de nulle valeur en cet endroit-là. Je me trouvay tousjours present à tous les sieges en la gendarmerie du roy, de laquelle demeurerent sur le champ cinq cens hommes et davantage. Ces choses passerent ainsi en l'an neuf cens quatorze, jusques à neuf cens vingt et un de l'hegire (1508-1515)[1].

Mohammed ben Aly el-Djouty surnommé Eccherif et le Saïc Abra est probablement le Cheikh Mohammed Abou Zakaria Yahia ben Zian.

1. Asila ou Azila, اصيلا, ازيلا, l'ancienne ville de Zilis, est appelée par les Européens Arzile. Les indigènes prononcent son nom Azaila.

« Asila, première ville du litoral africain à partir de l'occident, est située

TANGIA, CITÉ

Tangia est nommée par les Portugalois Tangiarra, et est grande cité, edifiée anciennement selon

dans une plaine entourée de petites collines. Elle a la mer à l'ouest et au nord. Autrefois, elle était entourée d'une muraille percée de cinq portes. Quand la mer est agitée, les vagues vont atteindre les murs du *Djami*, édifice composé de cinq nefs. Tous les vendredis, il se tient dans cette ville un marché qui est très fréquenté. Les puits qui se trouvent dans l'intérieur de la place ne fournissent qu'une eau saumâtre, mais le *Bîr âdel*, le *Bîr essania* (puits de la machine hydraulique) et plusieurs autres puits de l'extérieur, donnent une eau de bonne qualité. Le cimetière est à l'est de la ville. Le port, dont l'entrée est du côté de l'orient, offre un bon abri aux navires; une jetée formée de pierres de taille, se déploie en segment de cercle au nord de ce bassin et protège le mouillage contre la violence de la mer.

« Asila, ville de construction moderne, doit son origine à un événement que nous allons raconter. Les *Madjous* (Normands) avaient débarqué au port deux fois. Lors de leur première descente, ils se présentèrent comme de simples visiteurs et prétendirent avoir caché dans cette localité beaucoup de trésors. Voyant que les Berbères s'étaient réunis pour les combattre, ils leur adressèrent ces paroles : Nous ne sommes pas venus ici avec des intentions hostiles; mais ce lieu renferme des trésors qui nous appartiennent; allez vous placer plus loin et lorsque nous les aurons déterrés, nous en ferons le partage avec vous. Les Berbères acceptèrent cette condition et pendant qu'ils se tenaient à l'écart, ils virent les Madjous creuser la terre et en retirer une grande quantité de *doukhn* (millet) pourri. Voyant la couleur jaune de ce grain et croyant que c'était de l'or, ils accoururent pour s'en emparer et mirent les étrangers dans la nécessité de s'enfuir vers leurs vaisseaux. Ayant alors reconnu que leur butin était du millet, ils eurent du regret de ce qu'ils venaient de faire et invitèrent les Madjous à débarquer de nouveau pour déterrer leurs trésors. Non, répondirent ceux-ci, nous ne le ferons pas; vous avez violé votre engagement et vos excuses ne nous inspirent aucune confiance. Ils partirent alors pour l'Andalousie, et firent une descente sur le territoire de Séville. Cela eut lieu en l'année 229 (843-844 de J.-C.), sous le règne de l'imam Abd er-Rahman ibn el-Hakem. La

le faux jugement de quelques historiens, par un seigneur appellé Sedded, fils de Had, qui, comme ils disent, dompta et gouverna tout l'univers. Au moyen de quoy il luy print envie de faire bâtir une cité conforme et resemblante au paradis terrestre. Et,

seconde fois qu'ils débarquèrent au port d'Asila, leur flotte venait d'être chassée des parages de l'Andalousie par un fort coup de vent. Plusieurs de leurs navires sombrèrent à l'entrée occidentale du port, au lieu qui s'appelle encore *Bab el-madjous* (la porte des païens). Les habitants du pays s'empressèrent alors de bâtir un ribath sur l'emplacement d'Asila et d'y installer une garnison qui devait se renouveler régulièrement au moyen de volontaires fournis par toutes les villes du voisinage. On y tenait une grande foire aux trois époques de l'année que l'on avait fixées pour le renouvellement de la garnison, c'est-à-dire au mois de ramadan, au 10 de dou'l-hiddja et au 10 de moharrem. Sur ce terrain qui appartenait à une tribu louatienne, quelques Kotamiens bâtirent un édifice pour leur servir de *djami*. Les habitants de l'Andalousie et d'autres contrées ayant entendu parler de cet établissement, y apportèrent, aux époques déjà indiquées, diverses espèces de marchandises et y dressèrent leurs tentes. Alors on commença à construire des maisons et on finit par y former une ville.

« El-Cacem ibn Idris ben Idris, qui vint alors prendre possession de cette place, bâtit la muraille et la citadelle qui la protègent encore. On y voit son tombeau. Ibrahim, son fils et son successeur dans le gouvernement d'Asila, fut remplacé par Hocein ibn Ibrahim. El-Cacem fils de Hocein prit ensuite le commandement. Après lui, un membre de la même famille, nommé Hacen et surnommé El-Haddjam y installa des officiers qui gouvernaient en son nom. Asila fut enlevée aux Idrîcides par Ibn Abi'l-Afiya et reçut un gouverneur nommé par ce chef. Le mot *Asîla*, dit-on, signifie bonne » (El-Bekry, *Description de l'Afrique septentrionale*, pp. 253-256).

Edrissy ne consacre que peu de mots à Asila. « Azîlâ, dit-il, est une très petite ville dont il ne reste actuellement que peu de chose. Aux environs, on voit des marchés qui sont proches l'un de l'autre. On l'appelle aussi Acîlâ; elle est ceinte de murs; elle est située à l'extrémité du Zoqaq. On y boit l'eau de puits (*Description de l'Afrique septentrionale*, p. 169). Le lecteur trouvera à l'Appendice, outre les notices consacrées par Marmol à Acila, à Tanger, à Ceuta et à Velez de Gomera, le récit des événements dont ces villes ont été le théâtre.

persistant en son opinion, feit eriger les murailles, et couvrir les maisons d'or et d'argent, expediant en toutes pars des commissaires pour recevoir les tribuz. Mais les vrays historiens sont d'opinion que les Romains la fonderent du temps, qu'ils subjuguerent la Grenade; elle est distante du detroit des Colonnes d'Hercules, par l'espace de trente milles, et cent cinquante de Fez, d'où etans puis les Gotz possesseurs, cette cité fut ajoutée au domaine de Sebta, jusques à ce que les Mahommetans s'en emparerent qui fut lorsqu'ils subjuguerent Arzilla. Elle se montra tousjours civile, noble et bien habitée; avec ce qu'elle etoit embellie par la superbe structure des somptueux palais tant anciens que modernes. Le territoire n'est pas fort bon pour semer; mais il y a aucunes vallées prochaines, qui sont arrousées par l'eau d'une vive fontaine, et là se trouvent plusieurs vergers qui produisent oranges, limons, citrons et autres especes de fruits. Il y a semblablement hors la cité quelques vignes, mais le terroir est tout sablonneux. Et vequirent les habitants en grande pompe et magnificence jusque à tant qu'Arzilla fut occupée; de quoy estans avertis, trousserent bagages, prenans leurs plus cheres hardes, et quitans la cité, escamperent, suivans la route de Fez. *Maisons couvertes d'or et d'argent.*

Sur ces entrefaites, le general du roy de Portugal y envoya un capitaine avec bonne compagnie, qui la tint au nom du roy, lequel y transmit un sien parent, pour autant que c'est une cité d'importance, *Comme Tangia fut conquise par les Portugalois.*

et limitrophe des montz des Guimare (Ghoumara), ennemys des chretiens. Mais avant qu'elle parvint entre les mains des Portugalois environ vingt ans, le roy y feit passer une grosse armée, estimant qu'elle ne peut être à temps secourue, d'autant que le roy de Fez etoit detenu en guerre contre un sien vassal, qui s'etoit revolté et luy avoit enlevé Mecnase, cité. Mais contre l'opinion de tous, ayant fait treves avec son ennemy, expedia un sien conseillier, accompagné d'un gros amas de gens, moyennant lequel il meit en route la gendarmerie des Portugalois, qui furent troussés et defaits en grande quantité ; entre les morts se trouva le capitaine qu'il feit serrer dans une quesse, puis le feit porter à Fez, là où il fut mis en un haut lieu et eminent pour être exposé à la veuë de tous. Le roy de Portugal ne se montrant en rien intimidé par cette premiere route qu'il avoyt receuë, remit sus une autre armée, qui fut caressée et traitée de memes qu'avoit eté l'autre avec un grand carnage, combien que les Portugalois assaillissent de nuit la cité et d'emblée. Mais ce que la fortune leur denia, emparés des forces de deux armées, elle leur octroya puis, avec petit nombre de soldats et sans aucune effusion de sang en la maniere qui vous a eté recitée. Il est vray, que de notre temps, Mahommet, roy de Fez, feit dessein de s'en emparer, mais la chose ne succeda comme il l'avoit proposé, pour ce que les Portugalois ont tousjours montré combien ils ont le cœur grand et fecondé de forces guaillardes et

Portugalois rompuz et defaits.

invincibles deffences. Cecy avint en l'an neuf cens dix
sept de l'hegire (1511)¹.

CASAR EZZAGHIR. C'EST A DIRE LE PALAIS MINEUR,
CITÉ

Cette petite cité fut edifiée sur la mer Oceane, distante de Tangera environ douze milles, et dix-huit de Sebta, par Mansor, roy de Maroc, lequel passant tous les ans en Grenade, trouvoit un certain pas entre quelques montagnes par où l'on va à la mer, qui etoit dificile à passer; au moyen dequoy, il fabriqua

---

1. « Tandja, طنجة (Tanger), dit El-Bekry, appelée en langue berbère Oulîli, fut prise d'assaut par Ocba ibn Nafé, qui tua toute la partie mâle de la population et emmena le reste en captivité. Une ceinture de murailles solidement construites entoure cette ville qui est située sur le bras de mer appelé Ez-Zocac, le détroit. Ce lieu est fréquenté par des navires de petite dimension qui viennent y décharger leurs cargaisons; les grands navires n'y vont pas parce que la rade est très dangereuse quand le vent souffle de l'est. Ceci est la localité que les livres d'histoire désignent sous le nom de Tindja el-baida. On y trouve beaucoup de monuments antiques, tels que des chapiteaux, des voûtes, des cryptes, un bain, un aqueduc, des marbres en grande quantité et des pierres de taille. Lorsqu'on creuse dans ces ruines on trouve diverses espèces de bijoux, surtout dans les anciens tombeaux.

« Tanger forme l'extrême limite de l'Afrique du côté de l'occident. On rapporte que la juridiction de cette ville s'étendait sur un territoire dont la longueur et la largeur étaient également d'un mois de marche On ajoute que dans les temps anciens les rois du Maghreb y avaient établi le siège de leur empire et qu'un de ces princes avait dans son armée trente éléphants » (Description de l'Afrique septentrionale, p. 248). Ibn Hauqal a consacré à la description de Tanger quelques lignes reproduites par Yaqout dans son Mouâjem oul-bouldan, t. III, pp. 550-551.

cette cité en une belle plaine, qui decouvre toute la riviere de Grenade, qui est à l'object d'icelle. Or la cité etoit fort civile, combien que les habitans fussent quasi tous mariniers, faisans ordinairement le voyage de Barbarie en Europe. Il y avoyt pareillement des tissiers de toiles, plusieurs riches marchans et gens de reputation. Le roy de Portugal la print d'emblée, dont le roy de Fez a, depuis plusieurs foys, ̆ hé avec tous les moyens qu'il a peu, de la recouvrer : mais il s'est travaillé en vain, en l'an huit cens soissante et troys de l'hegire (1458 de J.-C.)[1].

Casar prinse par les Portugalois.

---

1. *D' Alcaçar-Céguer*, El-Qaçr Essaghir, القصر الصغير. « C'est une petite ville bâtie par Jacob Almansor sur la coste de l'Océan, presque à my-chemin de Ceute et de Tanger, à l'endroit le plus serré du détroit, qui n'est que de cinq milles de trajet vis-à-vis de Terif. Ce prince estoit si belliqueux qu'il venoit presque tous les ans faire la guerre en Espagne, et parce que le chemin jusqu'à Ceute où il s'embarquoit ordinairement estoit incommode pour le passage d'une armée, il bâtit cette ville en un lieu plus commode qui n'est qu'à trois lieuës de la coste d'Espagne, à l'endroit le plus avantageux du détroit, où il y a un assez bon port pour les navires. Il envoyoit de là son armée et ses vaisseaux avec moins de peine et de danger que de Ceute, et la nomma Alcaçar-Céguer ou le petit Palais, parce qu'il n'y bâtit d'abord qu'un petit logis à comparaison de celuy d'Alcaçar-Quivir et des autres. Mais en peu de tems il fit construire plusieurs maisons et mosquées, et la remplit de quantité de marchans, d'artisans et de gens de mer. Elle s'augmenta toujours depuis, mais comme on y équipoit des fustes pour courre les costes de la chrestienté, à cause de la commodité des bois d'alentour, et qu'on incommodoit fort les navires qui passoient par le détroit, Alfonse, roy de Portugal, qui prit Arzile depuis, l'alla attaquer avec 17,000 hommes prests pour aller à la conqueste de la Terre Sainte à la solicitation du Pape, qui avoit publié une croisade. Mais voyant que l'entreprise se déconcertoit par la division des princes chrestiens, il tourna ses armes contre l'Afrique pour ne laisser pas une si belle armée inutile, avec tant de peine et de dépense. Il s'embarqua donc avec son frère Dom Henry, et le petit-fils de Dom Pedre, et prit la route d'Alcarça-

SEBTA, GRANDE CITÉ

Sebta est une grande cité par les Latins nommée Civitas, et des Portugalois Seupta, laquelle, selon

Céguer avec cent quatre-vingts voiles. Comme il fut arrivé à la plage de Tanger, il y attendit un jour quelques navires, et le vent n'étant pas favorable, il voulut changer de dessein et assaillir Tanger; mais l'Infant et les chefs n'en estant pas d'avis, il tourna contre Alcaçar-Céguer, et la prit comme nous dirons ensuite. Ptolomée nomme Valone, la rivière qui entre près de là dans la mer, et met son embouchure à sept degrés de longitude, et à trente-cinq de latitude, et cinquante minutes.

« Si-tost que le roy fut arrivé devant la place, il fit préparer toutes les barques et les chaloupes, pour faire sa descente, et l'on ne tarda point à se rendre à bord, à cause de la multitude des petits vaisseaux, et le désir que chacun avoit de combatre. Mais la descente ne fut pas si facile qu'on pensoit, à cause de cinq cens chevaux qui vinrent s'y opposer, avec quantité d'infanterie; de sorte qu'il y en eut plusieurs de tuez et de blessez. Mais à la fin les Maures laschèrent le pied, et regagnèrent les uns la ville, et les autres la montagne. Sur quoy, la nuit estant survenue, le roy fit venir de la flote tout ce qui estoit nécessaire pour l'ataque de la place. Cependant, les habitans se voyant en danger de leurs biens, de leurs vies et de leur liberté, commencèrent à se fortifier le mieux qu'ils purent et à réparer leurs bresches. Mais on ne leur donna pas tout le tems qu'il faloit pour cela, car tout estant en bon ordre, le roy fit sonner la charge et ataquer les dehors de toutes parts; ce qui se fit avec tant de furie, qu'encore que les Maures se défendissent fort bien, à la faveur de l'artillerie et des feux d'artifice, ils furent contraints de se retirer dans la ville. Les chrestiens les poursuivirent jusqu'aux portes, et essayèrent en vain de les rompre et de les brûler, parce qu'elles estoient couvertes de lames de fer et bien défendues d'en haut; de sorte qu'ils furent contraints de se retirer, laissant quelques-uns de leurs morts sur la place. Le déplaisir du roy fut si grand, de voir la résistance des assiégez et la perte qu'il avoit faite, qu'il fit aussi-tost approcher les mantelets pour saper le mur, et commanda à l'Infant Dom Henry de planter les échelles pour donner l'assaut. Le combat fut grand, le roy alant partout luy-mesme avec ses gardes, pour encourager les siens, et donner ordre qu'il ne manquast rien de ce qu'il

la vraye opinion de plusieurs, fut edifiée des Romains sur le detroit des Colonnes d'Hercules, et fut jadis

> faloit ; et les Maures se défendant vaillamment, et faisant sauter en bas des échelles ceux qui y montoient. Cela dura sans discontinuation jusqu'à minuit, avec quantité de morts et de blessez de part et d'autre. Alors l'Infant, qui estoit entendu et expérimenté dans les armes, fit pointer un gros canon contre le plus foible endroit du mur, et en ayant renversé une partie du premier coup, les habitans qui estoient las et hors d'espérance de secours, firent signe avec un bonnet du haut d'une tour, qu'ils vouloient parlementer. L'Infant ayant fait cesser le combat pour entendre ce qu'ils vouloient dire, ils s'offrirent de rendre la place le lendemain dès le point du jour, pourveu qu'on les laissast aller vies et bagues sauves ; ce qui leur fut accordé, à la charge de rendre les esclaves chrestiens, et de donner des ostages. Ils prièrent qu'on fist cesser l'attaque, tandis qu'ils chargeroient leur petit équipage ; ce qu'on ne leur accorda qu'à condition de donner des ostages sur l'heure, à quoy il fallut obéir ; et l'Infant les fit mener au roy, qui luy avoit permis de traiter. Le combat cessa donc, après un grand meurtre de part et d'autre, et le lendemain, les habitans se retirèrent vers la montagne avec leurs femmes et leurs enfans, et tout ce qu'ils purent emporter, sans qu'on leur fist aucun déplaisir. Le roy entra dans la ville à pied, et fut en procession jusqu'à la mosquée, qu'il fit consacrer au nom de Nostre-Dame de la Conception, rendant grâces à Dieu en toute humilité d'un si grand succès. Alors laissant la ville pourveue de tout ce qui estoit necsssaire pour sa défense, il en donna le gouvernement au fils du comte de Villa-Real et alla à Ceute. Mais le roy de Fez la vint assiéger au mois de décembre suivant avec une puissante armée, ayant avec luy le plus brave chef de toute l'Afrique. Quelques jours après le roy Alfonse partit de Ceute avec son armée navale, et ne pouvant débarquer les troupes pour le secours de la place, parce que toute la coste estoit bordée d'infidelles, il se retira en Portugal. Mais la garnison se défendit si bien, que les assiégeans furent contraints de se retirer quelque tems après, sans avoir rien fait. Ils y retournèrent pourtant au bout de six mois avec une armée de cent mille combatans et quantité d'artillerie ; mais après cinquante trois jours de siège, n'ayant rien avancé, ils se retirèrent, comme la première fois, avec peu d'honneur et beaucoup de perte. On l'abandonna depuis aussi bien qu'Arzile, à cause du peu de fruit et de la grandeur de la despense, sans garder d'autres places que Ceute, Tanger et Mazagan » (Marmol, *L'Afrique*, t. II, p. 233).

chef de toute la Moritanie, pour autant qu'elle fut par les Romains ennoblie, joint aussi qu'elle etoit fort civile et bien habitée. Depuis, les Gots l'usurpèrent, et y constituèrent un seigneur, tellement que le gouvernement d'icelle demeura entre leurs mains, jusques à ce que les Mahommetans vindrent à s'emparer du païs de Moritanie et prindrent cette cité, qui fut alors que Julian, comte de Sebta, reçut une grande injure de Roderic, roy des Gots et de toute l'Espagne, dont s'etant alié avec les Infideles, les introduit dans Grenade, parquoy Roderic en perdit le royaume et la vie en un même instant. Alors les Mahommetans conquirent la cité de Sebta, qu'ils tiendrent au nom de leur pontife, appellé Elqualid, fils de Habdul Malic, qui pour l'heure avoit son siège en la cité de Damas, et fut en l'an de l'hegire neuf cens et deux[1].

Cette cité depuis ce temps là jusques à present est tousjours alée en augmentant, tant en civilité comme en nombre d'habitans, tellement qu'elle s'est rendue la plus belle et mieux peuplée cité, qui se trouve en Moritanie. Il y avoit en icelle à force temples, coleges, artisans, hommes doctes et de gentil esprit, avec plusieurs maîtres singuliers à faire ouvrages en cuivre, comme chandeliers, bacins et telles autres choses, qui se vendoyent autant que si c'eust été

---

1. Il faut lire nonante deux. Le khalife Omeyyade Walid, fils d'Abdel-Melik, régna de l'an 86 à l'année 96 de l'hégire (705-715).

argent mêmes. J'en ay veu en Italie, qu'on pensoyt certainement être damasquinés; mais (à dire vray) ils etoyent encor plus exquis et subtilement fais.

Hors la cité y a de fort belles possessions et edifices : memement en un lieu qui, pour le grand vignoble qui y est, s'appelle vignones, mais la campagne est maigre et sterile, qui cause une grande cherté de blé ordinairement dans la cité de laquelle, tant du dedans comme au dehors on peut veoir la rivière de Grenade sur le detroit, et peut on discerner les especes d'animaux d'un coté à autre, pour ce qu'il n'y a d'espace entre deux sinon douze milles en largeur. Mais elle a été grandement endommagée dernierement par Habdul Mumen, pontife et roy, contre qui elle tenoit, lequel l'ayant subjuguée, a demoly les maisons, et condamné plusieurs des nobles à perpetuel exil en diverses parties. Elle receut encor une grande antorce depuis par le roy de Grenade, qui l'ayant conquise, et ne se contentant de l'avoir ruinée, feit passer tous les nobles et plus opulens en Grenade. Davantage en l'an neuf cens dix-huit[1] elle fut prinse par une armée du roy de Portugal, au moyen dequoy, ceux de dedans l'abandonnerent, gaignans le hault. Mais Abu Sahid, pour lors roy de Fez, pour sa paresse et nonchaloir, ne se daigna mettre en devoir de la remettre en son obeissance; ains quand il fut averty de la prinse d'icelle, ainsi

---

1. 1512 de l'ère chrétienne.

qu'il etoyt à banqueter en un festin, ne voulut que, par ces tristes nouvelles, les cœurs des assistans fussent rendus passionnés, de sorte qu'il feit tousjours continuer le bal, sans vouloir aucunement permettre qu'il print cesse; et Dieu (qui se montre juste en tous ses faits, qui parfoys difere la vengeance, et delaisse par temps les vices impunis) permit enfin qu'il fût privé de vie par les mains de son secretaire (lequel il pensoyt luy être bien fidele) avec six de ses enfans, pource que ce roy vouloyt decevoir et suborner sa femme, qui fut en l'an de l'hegire huit cens vingt et quatre[1]. Ainsi demeura le royaume de Fez sans seigneur par l'espace de huit ans, et à la fin d'iceux, on trouva un sien petit-fils né d'une chretienne, laquelle s'etoit sauvée à Thunes, la nuit que ce cruel et inhumain homicide fut commis et s'appella Habdulhac, dernier roy de la maison de Marin, qui fut semblablement mis à mort par le peuple d'un commun consentement : comme nous avons dit cy-dessus[2].

Abu Sahid, roy de Fez, tué par son secretaire avec six de ses enfans.

1. 1421 de l'ère chrétienne.
2. *Ceuta, Sebta,* سبتة. « La ville de Ceuta, située vis-à-vis d'Algeziras, est bâtie sur sept collines qui se touchent. Elle est bien peuplée et sa longueur de l'est à l'ouest est d'environ un mille. On voit à deux milles de distance le Djebel Moussa, montagne ainsi nommée à cause de Moussa ibn Noçair, personnage qui fit la conquête de l'Espagne dans les premiers temps de l'Islamisme. Ceuta est entourée de jardins et de vergers qui produisent des fruits en abondance. On y cultive la canne à sucre et le citronnier dont les fruits sont transportés aux villes voisines. La contrée qui produit tout cela porte le nom de Balyounich. Il y a de l'eau courante, des sources d'eau vive et de bons pâturages. Il existe à l'orient de cette ville une moutagne

TETTEGUIN

Tetteguin est une cité edifiée par les Africans, distante du Detroit environ dix huit milles et six de l'Ocean. Les Mahommetans la subjuguerent au temps qu'ils conqueterent Sebta sur les Gots et l'ayans subjuguée (comme l'on dit) ils en donnerent le gouvernement à une comtesse qui n'avoit qu'un œil, laquelle s'acheminoyt une foys par semaine dans la cité pour lever son droit, qui luy apertenoyt; et pour autant qu'elle etoyt privée d'un œil, les habitans nommerent leur cité Tettequin, qui en langue africane, vaut autant à dire comme œil. De là à cer-

dite Djebel-oul-Mina et sur le plateau qui couronne cette montagne, une muraille construite par ordre de Mohammed ibn Abi Amir lorsqu'il passa d'Espagne à Ceuta. Il voulait transférer la ville sur ce plateau, mais la mort le surprit lorsqu'il venait d'en achever les murs. Les habitants de Ceuta n'eurent pas la possibilité de se transporter à Al-Mina ; ils demeurèrent dans leur ville et Mina demeura privée de population.. Quant au nom de Sebta, il lui fut donné, parce qu'en effet, elle est bâtie sur une presqu'île close par la mer de toutes parts, excepté du côté du couchant, en sorte qu'il ne reste à sec qu'un isthme de la largeur de moins d'un jet de flèche. La mer qui baigne ses murs au nord se nomme mer du Détroit (Ez-Zocac); celle du côté du midi porte le nom de mer de Bosoul. Ceuta est un port excellent où on est à l'abri de tous les vents... On pêche aux environs de Ceuta du corail dont la beauté surpasse ce qu'on peut voir de plus admirable en ce genre dans toutes les autres mers. Il s'y trouve un bazar où l'on s'occupe à tailler, à polir, à arrondir, à percer et enfin à enfiler le corail, c'est un des principaux articles d'exportation ; la majeure partie en est transportée à Ghana et autres villes du Soudan où l'on en fait grand usage » (Edrisi, *Description de l'Afrique et de l'Espagne*. pp. 199-201). Ceuta est depuis 1688 au pouvoir des Espagnols.

tain temps, les Portugalois l'assiegerent, si bien qu'apres quelques assauts, ils la prindrent dont le peuple print la fuite, au moyen de quoy elle demeura inhabitée par l'espace de nonante cinq ans, au bout desquels elle fut redrecée et habitée par un capitaine de Grenade, qui passa avec le roy à Fez, après que dom Fernand, roy d'Espagne, l'eut expulsé de son royaume. Ce capitaine fut un homme rare et merveilleusement exercé et expert aux ruses de guerre, de sorte qu'il feit preuves de son corps admirables aux guerres de Grenade, et est par les Portugalois appellé Almandali, lequel obtint le congé de mettre en nature le territoire, et jouyt du domaine de cette cité; par quoy, il feit retourner toutes les murailles sur pied, lesquelles environnoyent une forteresse qu'il feit fabriquer et environner de beaux et profonds fossés. Ce qu'ayans mis à fin, s'acquit une tresgrande envie des Portugalois, mais il ne cessoyt de molester et fort endommager Sebta, Casar et Tangera, pour ce qu'il etoyt tousjours fourny de troys cens chevaux de la fleur et elite de Grenade, avec lesquels il faisoit de soudaines courses par ces païs, là où il prenoyt souventesfoys plusieurs chretiens, qu'il faisoit continuellement travailler à la fabrique de la forteresse. Et m'y trouvay une foys, que j'en y vey plus de troys mile, tous vetus de sacs de laine dormans la nuit dans certaines fosses souz terre, fort bien enchainés. Cetuy-ci fut un homme fort liberal et caressant merveilleusement les etrangers, qui passoyent par sa cité, là où il mourut depuis, que par cas d'aventure l'un des yeux lui fut oté avec la pointe d'un poignard et fut privé de la lumiere de l'autre en sa vieillesse. Il delaissa au gouvernement de la cité un sien neveu, qui est aujourd'huy vaillant homme et de grand courage[1].

1. *Tétouan*, تطوان. Ahmed ibn Nassir Es-Selaouy rapporte en ces termes l'histoire de la fondation de la ville de Tétouan :

« Le sultan (Abou Thabit) ordonna de tracer les fondements de la ville de Tétouan qu'il voulait faire occuper par ses troupes afin de tenter d'étouffer la ville de Ceuta. Telle est l'indication fournie par Ibn Abi Zera' et par Ibn Khaldoun.

« Sachez que cette ville de Tétouan est l'ancienne Tétouan. Nous avons dit précédemment que la casbah avait été construite en l'année 685 (1286) au commencement du règne du sultan Youssof ben Ya'qoub ben Aldelhaqq. Le sultan Abou Thabit édifia une ville autour de cette casbah à l'époque dont nous parlons, c'est-à-dire au commencement de l'année 708 (juin 1308). Les maisons construites à la légère étaient pareilles à des maisons de village et la casbah seule était une construction forte et solide. Cette ville fut prospère jusqu'au commencement du ixe siècle de l'hégire. Elle fut ensuite ruinée et se releva de ses ruines quatre-vingt-dix ans après, ainsi que nous le rapporterons d'une manière détaillée, s'il plaît à Dieu.

« Le mot de Titaouïn (Tétouan) est, dit-on, formé de deux mots dont l'un, en langue berbère, signifie l'œil et l'autre est un terme appellatif analogue à l'expression : « Eh! un tel. » La ville fut ainsi nommée parce que, à l'époque où on la construisait, on avait placé des gardes sur les remparts dans la crainte d'une attaque imprévue de l'ennemi. Nuit et jour ces gardes criaient : Tithaouïn, c'est-à-dire : « Eh! un tel, ouvre ton œil », cri habituel des sentinelles. Ce sont ces mots qui auraient été employés ensuite comme nom propre de la ville. Cette explication donnée par le peuple ne paraît avoir aucun fondement. Il en est de même de cette autre explication : *tith* signifie *œil* et *ouin*, la *prunelle*. La réunion de ces deux mots donnerait le sens de : « la prunelle de l'œil » en formant l'annexion avec une inversion, comme cela a lieu dans certaines langues étrangères. Ceci ne repose non plus sur rien de sérieux.

« Quand le sultan Abou Thabit eut commencé la construction de la ville de Tétouan, il envoya en ambassade le principal jurisconsulte de sa cour,

MONTAGNES DE HABAT

En Habat, y a huit montagnes renommées sur toutes les autres, qui sont habitées du peuple de Gu-

Abou Yahia ben Abou's-Saba, auprès d'Ibn El-Ahmar, seigneur de Ceuta, pour l'engager à lui abandonner cette dernière ville et il attendait la réponse à cette demande dans la casbah de Tanger. Sur ces entrefaites, il tomba malade de la maladie à laquelle il devait succomber. Il mourut le dimanche 8 du mois de safar de l'année 708 (28 juillet 1308) et fut enterré tout d'abord sous les murs de Tanger, puis son corps fut transporté dans la sépulture de ses ancêtres à Chedla où il fut définitivement enseveli. Dieu lui fasse miséricorde! » (*Kitab oul-istiqça*, t. I, p. 75).

« Cette ville qui a été bastie par ceux du pays est sur le bord de la rivière de Cus qui descend du grand Atlas et se va rendre dans l'Océan à sept lieuës de Ceute du costé du levant à l'endroit qu'on nomme l'embouchure de Tétouan. Elle est à une lieuë de la coste en montant le fleuve, dans une belle plaine, environnée de vergers et a esté possédée par les Gots depuis les Romains et ensuite par les Arabes qui y équipoient des fustes de corsaires pour courre les costes de la Méditerranée. Elle estoit fort peuplée alors, mais elle fut depuis saccagée par une flotte de Castille, et presque tous les habitans faits esclaves, après quoy elle demeura déserte l'espace de quatre-vingt-dix ans jusques à ce que Almandari qui passa en Afrique après la conqueste de Grenade l'obtint du roy de Fez, pour en incommoder les chrétiens. Il la repeupla donc et fit réparer les murs et bastir un chasteau bien fossoyé où il se retiroit et aloit courre delà les frontières de Ceute, d'Alcaçar et de Tanger avec quatre cens chevaux qu'il avoit amenez d'Andalousie et d'autres Mores de ces montagnes, travaillant les Espagnols tant par terre que par mer, car il avoit quelques petits vaisseaux sur la rivière dont il ravageoit les costes d'Espagne avec tant de succès qu'il fit jusques à trois mille esclaves qu'il obligeoit de travailler tout le jour à la structure de ses murailles et les renfermoit la nuit dans de grands cachots avec des fers aux mains. Il laissa pour successeur un petit-fils qui ne fut pas moins brave que luy et ensuite des descendans qui furent tous seigneurs de Tétouan. Mais il y avoit deux factions dans la ville, dont l'une chassa l'autre, le jour du Saint-Sacrement l'an 1567. Toutefois le capitaine des bannis rentra dans la ville en l'absence du gouverneur et, tuant tous ceux

mera, dont tous les habitans menent une meme vie, et ne diferent en rien quant à la coutume, pour ce qu'ils vivent tous souz la loy de Mahommet, contre le commandement duquel ils boivent du vin ordinairement, et sont fort dispos de leurs personnes, suportans plusieurs travaux, avec ce qu'ils sont en mauvais equipage. Le roy de Fez les a rendus ses tributaires, au moyen de quoy, il leur impose de grans subsides et tribus, de sorte qu'ils ne se sauroyent bien tenir en ordre, fors quelques-uns, qui ont meilleurs moyens, lesquels vous seront particuliement recités.

de la faction contraire, fit soulever la place. Sur ces nouvelles, le Chérif y envoya mille chevaux et deux mille mousquetaires qui estant entrez paisiblement dans la ville, se saisirent du chef et l'envoyèrent prisonnier à Fez, puis chassèrent le reste de sa faction. Ensuite, celuy qui commandoit les mille chevaux demeura dans la ville, y renvoya à Maroc celui qui commandoit l'infanterie pour en porter la nouvelle au Chérif qui demeura par ce moyen maistre de la place. Elle n'est forte ni par art, ni par nature, n'ayant que des murs de terre fort bas et la pluspart du fossé estant empli de sorte qu'en deux endroits, on peut venir de plein pied jusqu'au mur. Elle est bastie sur une colline avec un petit chasteau sur le haut du costé du septentrion mais qui n'est fermé que de méchans murs de terre. Hors de la porte du chasteau par où l'on descend au faubourg, il y a un cavalier sur une plate-forme et sur ce cavalier quatre pierriers et une couleuvrine avec quelques autres pièces de fer. Autour du chasteau, il y a douze arquebuses à croc entre les créneaux, plustot pour la mine que pour la défense, parce qu'elles ne sont pas bien montées et qu'il n'y a que de méchantes munitions et encore en petite quantité. La force de la ville consiste donc en quatre cens bons chevaux et quinze cens hommes de pied qui sont augmentez depuis la révolte des Grenadins. Il y aborde plusieurs fustes et galiotes de corsaires d'Alger pour se fournir d'eau et de biscuits et pour joindre quinze petits vaisseaux qui appartiennent aux habitans avec lesquels ils courent les costes de la chrestienté et ont fait soulever depuis peu quelques lieuës de Grenade de ce costé là » (Marmol, *L'Afrique*, t. II, pp. 242-244).

RAHONA, MONTAGNE

Rahona est une montagne prochaine d'Ezzagen, qui a en longueur trente milles et douze en largeur, abondante en huile, miel et vin. Les habitans ne s'adonnent à autre chose qu'à faire le savon et nettoyer la cyre. Ils recueillent à force vins blans et vermeils, qui ne se transportent aucunement, mais se boyvent tous sur le lieu. Cette montagne rend au roy, tous les ans, de revenu troys mile ducatz, qui sont assignés au capitaine et gouverneur d'Ezzaggen, pour entretenir quatre cens chevaux au service de Sa Majesté[1].

[1]. *D'Arhon, ou d'Arahon*, رهونة, Rahounah. « Il y a dans cette province plusieurs montagnes peuplées de Bérébères, dont on compte huit principales habitations ; ils sont de la tribu des Gomères, et vivent à peu près comme les autres, hormis qu'ils boivent du vin, contre la défense de Mahomet. Ce sont gens robustes et patiens dans le travail ; mais pauvres, parce qu'ils sont accablez d'imposts, de sorte qu'ils se traitent fort mal. Ils sont ennemis mortels des chrestiens, et c'estoient les meilleures troupes qu'eussent les rois de Grenade dans les guerres d'Espagne. La première montagne, selon l'ordre que nous tenons, est celle d'Arhon près d'Esagen, qui a dix lieuës de long du levant au couchant, et quatre de large. Les habitans recueillent beaucoup d'huile, de miel et de vin, tant blanc que clairet ; mais ils ne mangent guère que de l'orge parce qu'ils ont peu de froment. Leur principal trafic est de savon, qui est liquide. Il ne s'en fait point d'autre dans toute l'Afrique ; le reste sert à les entretenir et à payer les imposts au roy de Fez, hormis qu'ils gardent le vin pour boire toute l'année. Ils sont sujets au gouverneur d'Esagen, qui entretient ses troupes de ce qu'il tire de ses peuples, et se sert d'eux dans l'occasion, car ils font dix mille combattants, mais quoy-qu'ils soient de grand travail, on ne les emploie guère qu'au service du camp, parce qu'ils n'ont point de chevaux et

BENI FENSECARE, MONTAGNE

Cette montagne icy confine avec la precedente, et contient, en longueur, environ vingt et cinq milles et huit en largeur, etant beaucoup mieux habitée que l'autre; et y a plusieurs tissiers de toiles, avec des tanneurs de cuirs de vache en grand nombre. Les habitans d'icelle assemblent de la cyre en quantité, et font le samedy un marché où se trouvent des marchans de toute qualité, chargés de chacune espèce de marchandise, voire jusques aux Genevoys, lesquels s'y transportent pour acheter de la cyre et des cuirs de vaches, qu'ils font tenir en Portugal et à Gennes. Cette montagne rend de rente six mile ducatz, dont la moitié revient au capitaine d'Ezzaggen, et l'autre est appliquée pour la chambre du roy de Fez[1].

---

fort peu d'armes; de sorte qu'on leur en fournit quand on les veut employer, et on les reprend quand l'entreprise est finie, particulièrement les arquebuses et les arbalestes » (Marmol, *L'Afrique*, t. II, p. 244).

El-Bekry mentionne le nom de Rehouna : « à l'occident de ce lieu (Hadjer en-Necer, le nid de l'aigle, résidence des Beni Mohammed, famille Idrisside) est situé le canton de Rehouna » (*Description de l'Afrique septentrionale*, p. 259).

Le nom de la tribu berbère des Rehouna est cité par Idrisy et par Ibn Khaldoun.

1. Je crois qu'il faut substituer aux noms altérés de Béni Zeker et de Béni Fensacare celui de Fenzikar, فنزكر. Le texte d'El-Bekry nous donne celui de Feterkan, فتكرن, qui me paraît mal écrit par le copiste.

El-Bekry nous apprend que le territoire de cette branche de la tribu des Ghoumara s'étendait à l'orient de celui des Rehouna (*Description de l'Afrique septentrionale*, p. 259).

De *Béni-Zéquer*, que quelques-uns appellent mal à propos *Béni Fensecare*.

BENI HAROS, MONTAGNE

Ce mont icy est prochain de Casar et s'etend devers tramontane huit milles et vingt du coté de ponant, contenant six milles en largeur. Il fut habité jadis par aucuns gentilshommes et chevaliers et bien peuplé et abondant ; mais ces nobles exercèrent une si grande tyrannie, que, à la nouvelle venue de la prinse d'Arzilla par les Portugalois, le populaire abandonna incontinent cette montagne, qui n'a aujourd'huy en cime autre chose qu'aucuns hameaux ecartés, et le reste tout inhabité. On en souloyt tirer troys mile ducatz de revenu, qui etoyent distribués au capitaine de Casar[1].

« Cette montagne commence à la précédente, et a huit lieuës de long du couchant au levant, et trois de large. Les habitans sont plus riches que ceux de l'autre ; et il y a parmi eux plusieurs conroyeurs et tisserans ; outre qu'ils recueillent grande abondance de miel et vendent quantité de cire tous les samedis, en un marché qu'ils tiennent, où se rendent les marchans de Fez et d'ailleurs, et particulièrement les chrestiens qui trafiquent en Barbarie, tant pour acheter de la cire que des cuirs. Ils ne recueillent que de meschante orge, et peu de froment ; mais ils ont force troupeaux, et vivent plus à leur aise que ceux de l'autre montagne, parce qu'ils sont moins tourmentez des rois de Fez. Ils font quinze mille hommes de combat, gens orgueilleux, barbares et de mauvaise humeur, qui s'entretuent souvent par jalousie. On les nomme Benizéquers, et ils sont d'entre les Gomères » (Marmol. *L'Afrique*, t. II, p. 245).

1. *De Béni Aroz* (Beni'l-Arous, بني العروس). « C'est une montagne près d'Alcaçar-quivir, qui a sept lieues de long du levant au couchant, et trois de large. Elle payoit tribut au roy de Portugal, lorsqu'il estoit maistre d'Arzile, et estoit alors peuplée d'une nation vaillante d'entre les Gomères.

CHEBIB

En cette montagne sont situés six ou sept châteaux, habitez de gens civils et fort honnetes, pour ce que lorsque Tangera fut prinse des Portugalois, plusieurs citoyens vindrent faire leur demeurance en cette montagne, pour n'en être eloignée plus de vingt et cinq milles; mais ceux qui y habitent reçoivent de grandes facheries et ennuis de la part des Portugalois. Et endommagea la perte de Tangera cette montagne de la moytié, avec ce qu'elle va tousjours en empirant, à cause qu'elle est distante du lieu où reside le capitaine environ trente milles, qui fait qu'elle ne peut être secourue à temps, toutes les foys que les Portugalois y vont courir pour butiner, gatans tout le païs, et emportans tout ce qu'ils peuvent enlever[1].

Elle abondoit en toutes choses, et avoit un bourg, qui estoit comme la capitale, où demeuroient plusieurs gentilshommes, qui devinrent si grans tyrans du peuple que la pluspart les abandonna pour s'aller establir ailleurs; de sorte qu'il n'est resté que quelques hameaux sur le haut, qui sont peuplez de Bérébères, quoyque depuis que les Portugais ont abandonné Arzile, quelques-uns soient retournez demeurer à ce grand bourg que nous avons dit. C'est de là qu'estoient sortis les Laroces, qui aidèrent le Chérif à conquérir le royaume de Fez et ce sont les principaux du pays. Cette montagne qu'on nommoit autrefois Epta-delfe, est mise par Ptolomée à sept degrés quarante minutes de longitude, et à trente trois degrez cinquante minutes de latitude » (Marmol, *L'Afrique*, t. II, p. 246).

1. Je crois qu'il faut substituer au mot Chebib celui de Zebib, زبيب, qui est le nom de la montagne contiguë à celle d'Anjera dont il sera question

BENI CHESSEN, MONTAGNE

Beni Chessen est une treshaute montagne et fort dificile à prendre aux ennemys, parce qu'outre la qualité du lieu, elle est habitée de gens magnanimes et courageux, qui ne pouvant soufrir l'insuportable tyrannie d'aucuns d'entre eux, rabaissérent leurs orgueil par force d'armes. Au moyen de quoy, un jeune adolescent d'entre ces nobles, trouvant fort etrange s'asujetir à ses sujets, emeu d'un tresjuste et noble dedain, passa en Grenade, là où par aucun temps, bataillant à la soulde des chretiens, se rendit tresexpert et rusé soldat. Depuis, il s'en retourna demeurer en l'une de ces montagnes, là où s'etoyent retirés ses semblables, et après avoir assemblé quelque petit nombre de chevaux, demouroit par garent à la montagne, soutenant d'un invincible courage la fière impetuosité de tous les Portugalois. Ce que voyant le roy de Fez, et admirant la constance et magnanimité de cœur de cetuy-cy, luy acreut sa compagnie de cinquante arbaletiers, avec lesquels il feit de sorte qu'il en repoussa l'ennemy, mais retenant le revenu de cette montagne donna occasion au roy de s'animer encontre luy, tellement qu'il

---

plus loin. Zebib a en arabe la signification de raisin, raisin sec, et ce mot en désigne encore une espèce que l'on recueille en Sicile et dans l'Italie méridionale.

feit marcher une grosse armée à la volte d'icelle. Ce que voyant l'autre, et sentant ses forces trop petites pour reprimer la fureur d'un tel roy, se repentit incontinent de son arrogance, qui luy fut remise par Sa Majesté, le confirmant en la seigneurie de Sensavon, et de tout ce qui en dependoit, qui après luy, vint entre les mains d'un, qui fut seigneur, de l'origine de Mahommet, et extrait de la race d'Idris, lequel edifia Fez. Il est fort cogneu des Portugalois, lesquels l'ont en grande estime, tant pour sa renommée, comme pour la maison des Helibenres, d'où il est yssu[1].

[1]. *De Béni Haseen*, بني حسن (Les Beni Hassan). « C'est une montagne fort haute et fort droite, dont les avenues sont si difficiles, que les habitans y sont en assurance, sans autre fortification. Ce sont les plus belliqueux de tous ces montagnars, et les historiens du pays disent qu'ils estoient autrefois vassaux de la noblesse; mais que ne pouvant souffrir sa tyrannie, ils se révoltèrent, et s'en estant rendus maistres, luy imposèrent tribut. Mais un jeune gentilhomme ne pouvant souffrir cet affront, passa en Espagne avec quelques autres, et après avoir rendu de grans services au roy de Grenade contre les chrestiens, il retourna en Barbarie tout aguerri, et fut demeurer à la montagne de Chéchuan, où s'estoient retirez quelques-uns de ses camarades. Il fit là une compagnie de cavalerie avec laquelle il résista si courageusement aux Portugais de la frontière, que le roy de Fez le renforça de quelques troupes de cavalerie et d'infanterie, avec quoy il fit la guerre au peuple qui avoit assujetti la noblesse, et l'ayant domté, se fit nommer seigneur de Chéchuan, puis prit tous les revenus du roy de Fez et se sousleva. Mais ce prince l'estant venu attaquer avec une puissante armée, il luy vint demander pardon, et obtint de luy la confirmation de l'Estat qu'il avoit usurpé, à la charge de quelque reconnoissance; ce qui luy fut accordé en considération de sa famille, qui estoit descendue du fondateur de Fez. Les habitans de cette montagne sont belliqueux, et font plus de quinze mille combatans, aussi ont-ils passé plusieurs fois en Espagne contre les chrestiens. Ils ont force troupeaux et quantité de miel, de cire et de cuirs; mais ils n'ont pas beaucoup de froment ni d'orge,

ANGERA, MONTAGNE

Angera est une montagne près de Casar environ huit milles du coté de midy, contenant en longueur dix milles et troys en largeur. Il y a bon territoire, pour ce que les habitans coupèrent tous les arbres pour faire des navires à Casar, là où il y avoit un arsenal. On y souloyt semer du lin, et ceux qui y residoient furent tous tissiers de toiles ou mariniers. Mais quand Casar fut reduite souz la puissance des Portugalois, ils abandonnèrent la montagne. Toutefois, les batimens et possessions sont encor

parce que le pays est trop raboteux pour estre cultivé » (Marmol, *L'Afrique*, t. II, p. 247).

Ibn Khaldoun rapporte que, dans le pays occupé par la tribu des Ghomara, « on rencontre successivement plusieurs chaînes de hautes montagnes formant des barrières qui s'élèvent à perte de vue et aux cimes desquelles les oiseaux, — que dis-je — l'imagination même ne saurait atteindre. Entre les crêtes de ces montagnes s'ouvrent plusieurs défilés qui offrent un passage aux voyageurs et qui renferment des pâturages, des terres cultivées et des bocages semblables à des jardins..... Les Beni Hassan, peuplade ghomarienne, se trouvent établis sur les côtes de l'Océan depuis Azgar et Asila jusqu'à Anfa, où leur territoire touche au pays des Berghouata et des Dokkala » (Ibn Khaldoun, *Histoire des Berbères*, t. II, pp. 134-135).

« Les Beni Hassan sont de race et de langue tamazirt. Ils sont dits Qebaïl. Tout le massif montagneux auquel ils ont donné leur nom leur appartient. Cette tribu me paraît riche et nombreuse, à voir la quantité et l'importance des villages, la fertilité du pays, les belles cultures qu'il renferme, le monde qu'on y rencontre sur les routes. Elle est fort dévote, à en juger par la grande proportion des hadjs qui s'y trouve, par le nombre de ses qoubbas et de ses zaouïas » (Vicomte de Foucauld, *Reconnaissance au Maroc*, p. 10).

Le mot de Helibenres est la corruption du nom de Aly ben Idris, de la famille des Idrissides.

aussi saines et entieres comme si elles eussent eté tousjours depuis habitées et cultivées[1].

QUADRES, MONTAGNE

Quadres et une fort haute montagne entre Sebta et Tetteguin, habitée de personnes dextres et agiles qui feirent prouves merveilleuses de leurs corps en la guerre qu'eut le roy de Grenade contre les Espagnols, pour ce que ces montagnars etoyent coutumiers de se transporter à Grenade, et recevoir la soulde comme souldats aventuriers, etans plus mettables et suffisans que tout le reste de la gendarmerie des roys dont nous avons parlé. Il s'en trouva un de cette montagne, nommé Hellul, qui se

---

1. Le mot Andjera, أنجرة, doit être substitué à celui d'Amegara que lui donne fautivement Marmol. « C'est une montagne, dit-il, à deux lieuës et demie d'Alcaçar Céguir, du costé du midy, qui a trois lieuës de long du couchant au levant et une de large. Il y a partout de grans bocages et de fort bon bois pour des navires ; c'est pourquoi les rois de Fez faisoient construire autrefois des fustes et d'autres vaisseaux dans Alcaçar. Mais quand les Portugais prirent cette ville, les habitans de cette montagne se retirèrent vers les autres qui sont plus au dedans du pays. Depuis, ils y sont revenus lors que les Portugais l'ont abandonnée, parce que le pays est fort bon, et qu'on y recueille beaucoup de bled, de vin, outre qu'on y peut nourrir force troupeaux ; mais on n'y est pas trop en sureté de la garnison de Tanger » (*L'Afrique*, t. II, p. 248).

L'auteur du *Nozhet el-hadi* nous apprend qu'en l'année 1027 (1617-1618) Abdallah ben Eccheikh envoya son vizir Hammou ben Omar avec Merbou à Andjera, localité située dans la montagne de Ezzebib dans le but d'y prélever les impôts (*Nozhet el-hadi*, p. 392).

porta vaillamment, se trouvant en dures rencontres et dangereuses escarmouches contre les Espagnols, tellement que ses vaillances et proësses servent de conte entre le commun peuple d'Afrique, et sont redigés par ecrit ses vertueux actes, les uns en histoires, les autres en vers, comme ceux de Roland en Europe. Mais il fut finablement occis aux guerres des Espagnols, quand Enesir, roy et pontife de Maroc, fut vaincu au-dessus d'un chateau en Catalogne, qui est appellé chateau de l'Aigle par les Mores, desquels moururent soissante mile hommes, sans qu'autre de cette armée se peut vanter d'être echapé, fors que le roy et quelque petit nombre des siens. Cela avint en l'an de l'hegire six cens et neuf[1], qui peut être au milième de Jesuchrist, mile cent soissante. Après cette defaite, les chretiens commencerent à se veoir victorieux dans les Espagnes, tellement qu'ils reconqueterent toutes les cités qui avoyent eté subjugées par les Mores, et de cette tant grande et memorable route jusques au temps que Fernand conquit la Grenade, il y eut d'espace deux cens octante cinq ans selon le nombre des Arabes[2].

Deffaite de soissante mile hommes de la part d'Enesir par les Mores.

---

1. La bataille de Las Navas de Tolosa, appelée par les musulmans d'Espagne la bataille de Hisn el-Ouqab, fut livrée par Alphonse VIII de Castille le 14 safer 609 (16 juillet 1212).

2. Il faut lire Ouad Ras, واد راس, au lieu de Quadres de Léon l'Africain et au lieu de Huat-Idris de Marmol. — « C'est une montagne entre Ceuta et Tanger, qui est fort haute, et peuplée d'une nation qui s'est signalée dans les guerres d'Espagne, où on les enroloit contre les chrestiens. C'estoient les meilleurs soldats qu'eussent les rois de Grenade,

BENI GUEDARFETH, MONTAGNE

Cette montagne est prochaine de Tetteguin et bien habitée, mais elle est de petite etendue, dont les habitans sont vaillans hommes et de qualité, qui sont souz la charge du capitaine de Tetteguin, auquel ils portent grande obeissance, d'autant qu'ils l'accompagnent au pillage quand il va sur les apertenances de la cité que tiennent les chretiens. Au moyen dequoy, ils sont exemps de tous impos et subsides envers le roy de Fez, fors que d'un petit cens pour leurs terres. Mais cela leur est peu, au respect des grans deniers que leur rend la montagne, pour ce qu'en icelle y a grande quantité de buys, dequoy se servent les pigniers de Fez à faire leurs

et en qui ils se fioient le plus. Ils en avoient ordinairement une garde de cinq cens qui logeoient dans la rue qu'on nomme, à cause d'eux, la rue des Gomères. Les historiens d'Afrique disent que Buha-lul, dont les Maures chantent les exploits en vers et en prose, comme on fait ceux de Renaud et de Roland, estoit de ce pays, et qui, après s'estre signalé en divers combats, mourut en la bataille des campagnes de Tolosa, commandant l'armée du roy de Maroc » (Marmol, *L'Afrique*, t. II, p. 248).

« Le nom de Or. Ras, dit El-Bekry, est celui d'une bourgade qui s'élève sur le bord d'une rivière que Mohammed ibn Youssouf, appelle le Medjekiça et qui dans cette localité est assez large pour permettre aux navires de remonter depuis la mer jusqu'à Tetouan. La mer est à dix milles de cette ville qui forme le chef-lieu du territoire appartenant aux Beni Sikken » (*Description de l'Afrique septentrionale*, pp. 243-244).

Marmol donne encore deux orthographes différentes de ce nom : Vateres ou Guadres.

ouvrages, et en prennent tous les ans une grande quantité[1].

ERRIF, REGION DE FEZ

Errif est une region du royaume de Fez, laquelle prend son commencement du detroit des Colonnes d'Hercules de la partie du ponant, et s'etend devers levant jusques au fleuve Nocor, par l'espace de cent quarante milles. Devers tramontane se termine à la mer Mediterranée, c'est à savoir en sa première partie, et se drece du coté de midy, environ quarante milles, jusques aux montz, qui repondent devers le fleuve Guarga, qui passe par le territoire de Fez.

Cette region est en païs scabreux et plein de

---

1. Il faut lire Beni Ouad el-Fetḥ, بنى واد الفتح, au lieu de *Béni Ouardfeth* ou *Béni Huedfileh* que donne Marmol. « C'est une petite montagne près de la ville de Tétuan, mais fort peuplée de gens robustes et belliqueux, qui ont toujours esté sujets aux seigneurs de cette ville. La garnison de Ceute les a tourmentez quelque tems, particulièrement à la mort d'Almandari, qu'elle courut jusqu'aux portes de Tétuan. Aussi sont-ils exempts pour cela de tous imposts, quoyqu'ils payent quelque chose au gouverneur de Tétuan pour les terres qu'ils labourent, qui ne sont pas fort bonnes, parce que le pays est un peu stérile. Il y a quantité de bouys, qu'on vient acheter de Fez et d'ailleurs, pour faire des peignes et d'autres petits ouvrages. C'est icy que finissent les habitations de cette province : parlons maintenant de celle d'Errif, qui est la cinquième du royaume de Fez, à commencer par le couchant » (Marmol, *L'Afrique*, t. II, p. 249). Cet auteur écrit aussi le nom de cette localité Beni Ouad el-Fetoh, بنى واد الفتوح.

montagnes tresfroides, là où il y a plusieurs boys hauz et droits; mais il n'y a nuls grains. Neantmoins, il y a assés vignes, oliviers, figuiers et amendiers. Les habitans sont gens fort courageux et vaillans, mais ils se tiennent mal en ordre, et se chargent volontiers de vin. Là se trouvent bien peu d'animaux, sinon chevres, anes et singes, qui sont en grande quantité dans la montagne. Il y a peu de cités, mais assés chateaux, vilages et pauvres batimens, à un etage seulement, en la forme des etables qu'on batist en Europe. Les couvertes sont de je ne say quelle ecorce et de paille. Finablement, tous les habitans de cette montagne ont de grosses gourmes souz la gorge et sont tous en general diformes et ignorans[1].

---

1. *De la province d'Errif*, الريف. « Cette province commence du costé du couchant à la contrée de Tétuan, et se va rendre vers le levant à la rivière de Nocor le long d'une plaine de plus de cinquante lieuës. Elle a au nort la mer Méditerranée, qui regarde l'occident d'Espagne, et s'estend trente cinq lieuës vers le midi jusqu'aux montagnes que borde la rivière d'Erguil sur la frontière de la province de Fez. Le pays est plein d'oliviers et de jardinages, où il y a quantité de beaux fruits, et les habitans sont Bérébères, qui se piquent fort de valeur. Ils ont force chèvres, mais peu d'autre bestail, parce que le pays n'y est pas propre. Ce sont barbares mal accommodez, qui vivent la pluspart dans ces montagnes en des maisons de terre couvertes de feuillages ou d'escorces d'arbres. Il n'y a pas plus de six villes dans toute la province; le reste ne sont que villages et hameaux épars çà et là parmi des roches et des montagnes si froides, que les hommes et les femmes y ont de grosses gorges, causées par la fraîcheur de l'eau. Enfin ils ressemblent en tout à ceux des montagnes précédentes, et sont tous de la tribu des Gomères, l'une des cinq principales d'Afrique » (Marmol, *L'Afrique*, t. II, p. 249). On peut consulter, sur la province du Rif et sur les principales tribus qui l'habitent, *Le Maroc inconnu*, publié par M. Mouliéras. Oran, 1895.

TERGA, PREMIÈRE CITÉ EN LA REGION DE ERRIF

Terga est une petite cité, qui, selon l'opinion d'aucuns, fut edifiée par les Gots sur la mer Mediterranée, distante du detroit environ octante milles, dont les murailles sont plustot foibles qu'autrement, et les habitans (au moins la plus grande partie) sont pescheurs, qui salent leur poisson, puis le vendent aux marchans montagnars, qui le transportent à cent milles de là, du coté de midy. Cette cité souloyt etre bien peuplée et civile ; mais depuis que les Portugalois meirent le pied aux cités, lesquelles nous avons cy-dessus mentionnées, elle commença fort à manquer en honnetété acoutumée et habitation. Autour d'icelle, y a plusieurs boys fort apres, et froides montagnes. Il est vray que les habitans sont gens de bon cœur ; mais d'autant plus bestiaux, ignorans, yvrongnes et qui vont tresmal en ordre[1].

[1]. *De Targa*, الدرقة. « C'est une petite ville, dont on attribue la fondation aux Gots, lors qu'ils estoient maistres du pays. Elle est sur la coste de la mer Méditerranée, à sept lieuës de Tétuan vers le levant, dans une plaine qui est entre deux montagnes; et est ceinte de vieux murs, ayant du costé de la mer un chasteau qui n'est pas bien fort, quoyqu'il soit basti sur un roc. Elle estoit autrefois fort peuplée, et s'est maintenue quelque tems en liberté à l'occasion de la guerre. Quand le roy de Portugal gagna Ceute, la pluspart des habitans, et les plus nobles, se sauvèrent aux autres montagnes, et il n'y demeura que quelque six cens maisons de pescheurs. Ils salent leur poisson pour le vendre aux muletiers qui viennent de tous les endroits de la contrée, jusqu'à plus de trente lieuës loin.

BEDIS, CITÉ

Bedis est une cité assise sur la mer Mediterranée, laquelle contient environ six cens feus, et par les Espagnols Velles de Gumera nommée. Aucuns his-

La pesche y est si bonne, qu'on tient qu'elle pourroit fournir de poisson la moitié du royaume de Fez. Toute la ville est environnée de grandes forests épaisses remplies de singes, et les montagnes voisines sont très froides et fort escarpées, quoyqu'il y ait un petit quartier où l'on sème de l'orge; de sorte que tout le bled qu'on y mange vient de dehors, et est apporté par ceux des montagnes et de l'Algarbe, qui viennent acheter le poisson. Ces peuples sont brutaux et grans yvrognes, qui se piquent de bravoure, et sur le moindre soupçon de quelques vaisseaux chrestiens, quittent la ville et se sauvent dans les bois. Cette ville fut saccagée l'an mille cinq cens trente-trois par six galères du vieux Dom Alvare Baçan : mais de peur que les Turcs ne s'en emparassent, le Chérif qui règne aujourd'huy l'a fait fortifier; et au plus haut de la place, du costé du midi à fait un chasteau, qui est maintenant en défense : où il a mis des troupes et un gouverneur, avec cinquante pièces d'artillerie, quatre pierriers et quarante-six fauconneaux ou arquebuses à croc. Il n'y a point de port, toute la coste n'estant qu'une rade découverte. On nommoit autrefois cette ville, Targat, selon Ptolomée, qui la met à huit degrez et vingt minutes de longitude et à trente cinq degrez et six minutes de latitude; mais les Maures changeant l'*a* en *e*, l'ont nommée Tergat » (Marmol. *L'Afrique*, t. II, pp. 250-251).

Nous trouvons cette bourgade mentionnée sous le nom de Derega dans la *Description de l'Afrique septentrionale* d'El-Bekry. « Le Derega, montagne entre laquelle et Tetouan il y a la distance d'un relais de poste, est la demeure des Beni Merzouc ibn Aoun, tribu Masmoudienne. La partie de cette montagne où ils ont établi leurs habitations s'appelle Sadina. C'est une bourgade où l'on trouve des eaux courantes et des champs cultivés qui sont les plus beaux de cette contrée. Le Derega est une montagne abrupte et presque inabordable, mais le sommet est couvert de vastes pâturages et de grasses prairies qui servent à la nourriture des troupeaux. La bourgade est bâtie sur la partie méridionale de la montagne » (p. 244). Le mot de Djebel Derega a la signification de montagne du bouclier.

toriens disent qu'elle fut edifiée des Africans, les autres par les Gots ; mais comme qu'il en soyt, elle est située entre deux fort hautes montagnes et près d'une grande valée, laquelle, en temps de pluye, reçoit un si grand amas d'eau qui s'ecoule des lieux adjacens, qu'elle resemble à un grand fleuve. Dans la cité, se trouve une place garnie de plusieurs boutiques et d'un temple de moyenne grandeur, mais il n'y a eau qui soyt bonne à boire. Au dehors se void un puys, où est la sepulture d'un de leurs saints, mais, pour la grande quantité des sansues qui y sont, il il est fort dangereux de tirer l'eau de nuit. Les habitans sont divisés en deux parties, dont les uns sont pescheurs, et les autres corsaires, qui avec leurs fustes, vont ecumans et robans sur la mer des chretiens. La cité est environnée de hautes montagnes, roides et scabreuses, là où l'on prend de fort bons boys pour faire fustes et galères, et n'ont les montagnars autre moyen pour gaigner leur vie, qu'à porter ce boys en plusieurs et divers lieux. Le froment y est rare, qui cause que les habitans n'usent d'autre pain que d'orge, mais ils ont des sardines en grande quantité, et d'autre poisson qu'ils prennent en telle abondance, qu'il faut, coup sur coup, quelqu'un auprès d'eux pour leur aider à tirer les rets hors de l'eau, au moyen de quoy, plusieurs pauvres hommes ont coutume de venir, tous les matins, sur le rivage, qui, pour recompense, reçoivent une bonne partie des poissons de la pesche, de laquelle on fait semblablement part à ceux

Sansues en grande quantité.

Sardines.

qui s'y trouvent presens, et salent les sardines pour les transporter, et vendre çà et là par les montagnes. Dedans la cité, il y a une fort belle ruë et large, là où se tiennent les juifs, entre lesquels se vend le vin, qui semble aux habitans (après en avoir arrousé leur langue) une divine et supernaturelle liqueur ; et s'en vont, quasi tous les soirs, sur leurs barquettes, avec lesquelles ils s'eloignent assés de terre, ne se delectans à autre chose qu'à boire et à chanter.

Il y a dans la cité un lieu plus beau que fort, là où le seigneur fait sa demeurance, et tout auprès, un palais sumptueux, avec un fort plaisant jardin. Davantage, hors d'icelle, à coté de la marine, y a un petit arsenal, là où se faisoit coutumièrement quelque fuste, galère ou barque, à cause que le seigneur et ses citoyens souloyent armer aucunes fustes qu'ils envoyoyent courir sur les limites et rivages des chretiens dont ils faisoyent de grans dommages. Au moyen de quoy, dom Ferrand, roy d'Espagne, meit sus une grosse armée qui print, de prime abordée, une ile qui etoyt à l'objet de cette cité, et distante d'icelle par l'espace d'un mille, et là feit elever une forteresse sur un roc qu'il garnit de braves souldats, munitions et bonne artillerie, laquelle molestoit et ravageoit en sorte ceux qui tenoyent bon dans la cité, qu'elle bâtoyt les personnes jusques aux temples et ruës, dont le seigneur se voyant reduit à telle extrémité, envoya demander secours au roy de Fez qui expedia une grande fanterie pour tirer à la volte de

Dom Ferrand, roy d'Espagne, gaigne une ile proche de Bedis.

cette ile, à laquelle etant parvenue, fut rambarrée d'une si brave sorte, que partie fut mise à cruelle mort; ce qui resta fut detenu fors quelques-uns, qui trouvérent moyen de s'en retourner à Fez, tellement que les chretiens tindrent cette ile par l'espace de deux ans, au bout desquels (par la menée secrette d'un souldat espagnol, qui tua le capitaine pour luy avoir fait les cornes), elle fut mise et retourna entre les mains des Mores, qui ne faillirent de faire passer tous les chretiens par le fil de leurs epées, fors celuy, qui, par trahison, avoit livré la place, dont il fut assés bien recompensé par le roy de Fez et seigneur de Bedis. Je fus assés amplement acertené du contenu de cette histoire, et comme les choses etoyent passées, par ceux mesmes qui s'y etoyent trouvés en presence, en l'an mil cinq cens et vingt, au nombre des chretiens.

Le seigneur garde aujourd'huy cette ile fort diligemment, et luy porte le roy de Fez fort grand faveur, parce que là est le plus prochain port de la cité de Fez, combien qu'il y ait d'intervalle d'un à autre lieu environ trente milles. Et ont coutume les galeres Veniciennes de surgir en ce port au bout de deux ou troys ans, pour troquer marchandise, de laquelle ils vendent encore en contant, et en y aménent les Mores semblablement, memes depuis ce port jusques à Thunes, et souventefoys à Venise, ou jusques en Alexandrie et Barut[1].

1. « Badis. باديس, est une ville bien habitée où l'on trouve des bazars et quelques fabriques et où les Ghoumara viennent chercher les objets qui

IELLES

Ielles est une petite cité assise sur la mer Mediterranée, distante de Bedis environ six milles. Là y a un fort bon, mais petit port où se retirent les naves qui vont à Bedis, lorsque fortune court sur mer, et auprès d'icelle, y a plusieurs montagnes qui sont couvertes de grands boys de pignes. De notre temps, elle est demeurée inhabitée à cause des coursaires espagnols, fors quelques cabanes des pescheurs, qui demeurent continuellement sur leur garde, et ne decouvrent pas plustôt une fuste, qu'ils prennent la fuite devers la montagne, d'où ils descendent soudainement, accompagnés d'un grand nombre de montagnars pour leur secours [1].

leur sont nécessaires : 'c'est l'extrême limite de leur pays Non loin de Badis, du côté du sud, s'élèvent des montagnes qui s'étendent jusqu'à la distance de quatre milles de la ville des Beni Taouda. Ces montagnes étaient habitées autrefois par les Berbers de la tribu de Mezguelda, gens téméraires, insensés et sans cesse incommodes à leurs voisins; mais le glaive des guerres civiles les a détruits, Dieu en a délivré le pays » (Edrissy, *Description de l'Afrique et de l'Espagne*, pp. 204-205). El-Bekri se borne à citer le nom de Badis parmi ceux des ports de la côte du Rif et Aboulféda ne consacre que peu de mots à cette ville : « Entre les villes du Barr-el-Adoué, on peut encore citer Badys, nom de l'un des principaux ports du pays des Gomera. La situation de Badys est au sud-est de Ceuta, à la distance d'environ cent milles. En effet, la mer Méditerranée, quand elle a dépassé Ceuta, se détourne au sud vers la montagne des Gomera : c'est là que se trouve Badys. Badys, autant qu'en peut juger par induction, est sous le 10° degré 30 minutes de longitude et le 34° degré 25 minutes de latitude » (*Géographie*, t. II, p. 173).

1. D'Yellez, يلش. « C'est une petite place le long de la coste, bastie à ce

TEGASSA

Tegassa est une petite cité fort habitée et assise sur un fleuve, distante de la mer Mediterranée par l'espace de deux milles, ne contenant guère moins de cinq cens feus ; mais elle est fort mal acommodée de maisons. Les habitans sont tous pescheurs et barqueroles qui aportent les vivres dans la cité, pource que le territoire est tout montueux et bocageux, ne produisant aucun grain. Il est bien vray qu'il y a plusieurs arbres fruitiers et grand vignoble ; mais au reste, la terre est toute stérile. Les habitans ne vivent d'autre chose que de pain d'orge, sardines et oignons, de sorte, que je ne peu jamais demeurer en cette cité, à cause de la puanteur et infection qui provient des sardines [1].

qu'on tient par les Gots, à deux lieuës de Vélez du costé du levant. Elle a un petit port, où les grans vaisseaux qui vont à Vélez viennent relâcher pendant la tempeste, et n'est habitée que de pescheurs qui sont en perpétuelle appréhension des chrestiens, et n'ont pas plustost découvert en mer un navire, qu'ils se sauvent sur la montagne, où à une forest de grans pins, qui est proche. Ils relèvent de Vélez, et demeurent dans des cabanes de rameaux sur le bord de la mer, ou en quelques meschantes maisons de terre ; de sorte que leur demeure semble toute autre chose qu'une ville, quoy qu'elle passe pour cela » (Marmol, *L'Afrique*, t. II, p. 266).

1. *De Tagaz*, تغزا. « C'est une autre petite ville de quelque six cens habitans, bastie a demy lieuë de la coste par les anciens Africains sur le bord du Tagaze, dont Ptolomée met l'embouchure à huit degrez trente minutes de longitude et à trente cinq degrez de latitude sous le nom de Talud. Le pays d'alentour est montueux et plein de rochers, de sorte que les habitans

GEBHA

Gebha est une petite cité, ceinte de bonnes murailles, edifiée par les Africans, sur la mer Mediterranée, distante de Bedis environ vingt et quatre milles, etant aucunefoys habitée, d'autrefoys non, selon que sont provisionnés ceux qui en ont la garde et gouvernement. Le terroir du contour est fort scabreux et apre, encor qu'il soyt arrousé de plusieurs fontaines qui y sourdent : et le long du circuit des murailles, y a quelques vignes et fruits, mais on n'y peut veoir nulle belle maison ny edifice[1].

---

ont venir par mer tout ce qu'il leur faut. Ils trafiquent de la pesche et de quelques petites vignes et jardins qu'ils ont sur le bord de la rivière. Leur manger ordinaire est du pain d'orge et des sardines avec quelques herbes potagères, parcequ'ils n'ont point de viande. Leurs coutumes et façons de faire sont brutales, aussi sont-ils ennemis mortels des chrestiens comme tout le reste de la province » (Marmol, *L'Afrique*, t. II, p. 267).

1. *De Gebha*, ڨبها. « C'est une petite ville qui a de bonnes murailles, et a esté bastie par les anciens Africains le long de la coste à huit lieuës de Vélez du costé du levant. Elle est toute ruinée, quoyque quelques Bérébères s'y retirent à cause de quelques jardins et de quelques vignes qui y sont, et des eaux qui viennent des bois d'alentour. Tout le reste du pays est sec et stérile sans porter aucun bled. Ils demeurent là, quand ils ont quelques troupes pour les défendre; autrement, ils se retirent dans les montagnes, où ils sont plus assurez que dans leurs murailles. Il y a un cap tout proche, que les anciens nommoient des Oliviers à cause de la multitude des oliviers sauvages qui y sont. Ptolomée luy donne neuf degrez de longitude et trente-quatre de latitude avec cinquante-six minutes » (Marmol, *L'Afrique*, t. II, p. 267).

MEZEMME

Mezemme est une grande cité, assise sur une petite montagne prochaine de la mer Mediterranée, aux confins de la province de Garet, au dessouz de laquelle y a une plaine grande qui contient environ dix milles en largeur et vingt huit en longeur du coté de midy. Par le milieu de cette plaine passe le fleuve Noccore, qui divise Errif de Garet, et y habitent quelques Arabes qui cultivent la terre dont ils recueillent une grande quantité de grains, desquels le seigneur de Bedis a pour sa part environ vingt mille setiers de grain.

Cette cité fut anciennement fort civile et bien habitée, et en icelle avoit posé son siege le gouverneur de la province; mais elle fut par deux foys ruinée, l'une par le pontife de Cairavan pour un dedain qu'il print contre le seigneur, à cause qu'il refusoyt de luy rendre le tribut accoutumé, et l'ayant prinse la feit sacager et demolir, puis feit trancher la tête à ce seigneur qu'il envoya à Cairavan sur la pointe d'une lance, en l'an neuf cens dix huit. Depuis demeura quinze ans sans être habitée aucunement, mais enfin sous la protection et defense du pontife, elle fut repeuplée par aucuns seigneurs, mais celuy de Cordoüe en fut piqué, s'en sentant fort interessé pour la veoyr prochaine de ses confins par l'espace d'octante milles, qui est de la largeur que contient la

Mezemme par deux fois sacagée.

mer entre Melaga en Grenade et cette cité, laquelle est en Moritanie, cause qu'il incita davantage cetuy-cy à essayer s'il en pourroyt premierement retirer le tribut, ce que luy etant denié, y envoya son armée qui la subjugua en un moment, pource que le secours du pontife n'y peut arriver à temps pour la grande distance du Cairavan à icelle, qui en est eloigné deux ou trois cens milles, de sorte qu'elle fut prinse avant que la demande du secours fut parvenue au pontifé; ainsi fut saccagée et detruite, et le principal seigneur detenu prisonnier à Cordouë, là où sa captivité print fin avec sa vie. Et de la cité n'aparoist aujourd'huy autre chose, fors les murailles, qui sont encor sur pied. Cecy avint en l'an huit cens nonante et deux[1].

---

1. El-Mezimma, المزمة, est la localité qui est inscrite sur les cartes européennes sous le nom de Alhucemas : mais je crois qu'il s'agit non point du rocher qui est un des presidios de l'Espagne sur la côte du Maroc, mais bien de El-Mezimma, port de Nakor, ناكور, qui fut une ville florissante et bien peuplée et dont El-Bekri donne une assez longue description : « Le territoire de Nokour a pour limite, du côté de l'orient, le pays des Zouagha qui est à environ cinq journées de cette ville et qui avoisine le Djeraoua d'El-Hacen ibn Abi 'l-Aïch..... Les ports qui dépendent de Nokour sont : Moulouïa, Herek, Garet, Merça'd-Dar et Aouktis, mouillage qui avoisine la montagne de Temçaman.... A ces ports il faut ajouter le Ouadi 'l-Bacar (rivière des bœufs) et El-Mezemma qui est à cinq milles au nord de Nokour. Vis-à-vis, sur la côte de l'Andalousie, est située la ville de Malaga. Une journée et demie suffit pour en faire la traversée du *Ghadir* qui les sépare Parmi les autres ports du même territoire, on distingue Badis, Bacouia et Balich (Yalich) ; celui-ci appartient aux Sanhadja.

« Nokour est environnée de collines dont celle qui fait face à la ville se nomme *El-Mosalla*. La mosquée est soutenue par des colonnes en bois de thuya, espèce d'arbre qui, avec le cèdre, se trouve en abondance dans

ET DESCRIPTION DE L'AFRIQUE

BENIGARIR, PREMIÈRE MONTAGNE EN LA REGION D'ERRIF

Maintenant, ayant parlé des cités, je viendray à vous reciter quelque chose particuliére des montagnes, entre lesquelles Benigarir est habitée par une lignée de Gumera, et est prochaine de Terga. Elle s'etend en longueur dix milles et quatre en largeur. Il y a beaucoup de boys, vignes et oliviers ; neantmoins, les habitans sont fort pauvres, et vont mal en ordre avec ce qu'ils ont peu de betail. Mais ils

ce pays. La ville a quatre portes : au sud, le *Bab Soleyman* ; entre le midi (sud-est) et le nord, le *Bab Beni Ouriaghel* ; à l'ouest, le *Bab el-Mosalla*, et au nord, le *Bab el-Yahoud* (la porte des Juifs). La muraille de la ville est construite en briques. Dans l'intérieur, on trouve plusieurs bains et quelques bazars bien garnis et bien achalandés... La ville de Nokour est située à cinq milles de la mer vers le sud : elle possède beaucoup de jardins et de vergers dont les arbres sont presque tous des poiriers et des grenadiers » (El-Bekri, *Description de l'Afrique septentrionale*, pp. 208-210).

Marmol donne à cette ville le nom de Megeyma ou Mezemmé. Il nous apprend que les Arabes n'ont point permis de la repeupler, « afin de jouir d'une belle plaine qui est au-dessous de dix lieuës de long et de quatre de large par où passe la rivière de Nocor. Ces Arabes sont vassaux du seigneur de Vélez et fort riches en bleds et en troupeaux. Lorsque Dom Sanche de Leyve fut attaquer le Pegnon, quelques compagnies estant entrées dans cette campagne pour prendre quelques troupeaux, les Maures donnèrent dessus et tuèrent cent douze soldats » (*L'Afrique*, t. II, p. 268).

Le pontife de Qairouan est le Mehdy Obeid Allah, qui, en 917 de J.-C., envoya le chef des Miknaça Mess'ala contre Sayd, seigneur de Nakour. Abderame est le khalife Omeyade Abd er-Rahman III. On peut consulter sur ces événements l'*Histoire des Berbères* d'Ibn Khaldoun, t. II, p. 141 ; Dozy, *Les Musulmans d'Espagne*, t. III, pp. 37 et suiv., et Fournel, *Les Berbers*, Paris, 1881, t. II, p. 125 et suiv.

font beaucoup de vins et le terroir produit l'orge en petite quantité[1].

BENI MANSOR

Cette montagne icy peut contenir en longueur environ quinze milles, et cinq en largeur, etant couverte de plusieurs boys et grand nombre de fontaines. Les habitans d'icelle sont gens de grandes forces, mais pauvres, à cause que la montagne ne leur raporte autre chose que le raisin. Ils nourrissent quelques chevres, et ont coutume de tenir le marché une foys la semaine, mais je n'y seu jamais veoir (tant soigneusement peussé-je regarder) autre chose sinon aulx, oignons, raisins secz, sardines salées, quelque peu d'avoine, et graine de navette qu'ils ont pour

---

1. La tribu des Beni Ouaghir de Léon l'Africain est mentionnée par Marmol sous le nom de Béni Oriégan.

De Béni Oriégan, ورِيكَان. « C'est une montagne, dit Marmol, près de Targa, qui a trois lieues de long sur une et demie de large, et est plantée de vignes et d'oliviers. Mais l'on n'y recueille qu'un peu d'orge, et il n'y a guère de bestail, ce qui rend les habitans pauvres, quoyqu'en récompense, ils boivent et vendent beaucoup de vin. C'est une nation orgueilleuse et fort jalouse, à cause de la lasciveté des femmes, quoyqu'elles ne soient guère propres, non plus que leurs maris. Il y a quantité de cèdres, aussi bien que dans toutes les autres montagnes de cette province, c'est un bois odorant, très propre à faire des galères, parce qu'il est dur et léger, et l'on en fait de beaux ouvrages qui sont estimés dans le pays. Cette montagne est la première de la province du costé du couchant, et des dépendances de Targa. Quelques-uns la nomment Béniguarir (*L'Afrique*, t. II, p. 269).

M. Mouliéras a, dans l'exploration du Rif, donné sur cette contrée de longs détails qui lui ont été fournis par un derviche errant, Mohammed ben Thayyeb. *Le Maroc inconnu*, Oran, 1895, pp. 94-95.

faire du pain. Ceux qui habitent sur le rivage de la mer Mediterranée sont sujets au seigneur de Bedis[1].

BUCCHUIA

Cette montagne s'etend en longueur, environ quatorze milles et huit en largeur, dont les habitans sont d'une bonne partie plus riches, que tous les autres montagnars; au moyen dequoy, ils se savent tenir fort bien en ordre, ayans plusieurs chevaux, pour ce que la montagne est environnée de bonnes terres, exemptés de tout tribut et impos à cause qu'un saint homme de Bedis fut ensevely en cette montagne[2].

---

1. *De Béni Mansor*, بَنِي مَنْصُور, (Beni Mançour). « Cette montagne est au levant de la précédente, et s'estend le long de la coste par l'espace de cinq lieuës, n'en ayant que deux de large, et il y a de grands bocages épais remplis de quantité de belles fontaines. Ses habitans sont forts et légers, mais pauvres, qui ne vivent que d'un peu d'orge avec quelque millet, de raisins secs; toutefois ils boivent du vin de quelques vignes qui sont sur les costeaux, et ont quelques chèvres. On y tient un marché toutes les semaines, où l'on ne vend que des vivres. Ils sont trois mille combattans et relèvent des seigneurs de Vélez; mais ils n'ont pour armes que des dards, des poignards, et des frondes. Il est vrai que depuis peu, ils ont quelques arquebuses ou arbalestes; mais ils ne s'en savent pas servir » (Marmol, *L'Afrique*, t. II, p. 269).

2. Le mot Bekkouya, بقوى, en berbère, a la signification d'intrépide. M. Mouliéras a donné quelques renseignements sur la tribu qui porte ce nom. « La ville principale qui s'élève sur son territoire est Adouz, bâtie au sommet d'un monticule et qui renferme une population d'environ trois mille habitants. Les étudiants y sont nombreux et elle est le rendez-vous des marchands de toute la contrée. On compte dans la ville et aux environs

284   HISTOIRE

BENI CHELID

Ceux qui partent de Bedis pour s'acheminer à Fez tiennent leur chemin par ce mont icy, plein de froidures et de fontaines, qui ne sont guére plus chaudes, avec ce, qu'elle ne produit aucuns grains ny fruits, sinon quelques raisins. Les habitans sont tributaires au seigneur de Bedis, mais le grand tribut qu'ils luy rendent annuellement, les reduit en telle misére et pauvreté, qu'ils sont forcés de commettre grans larrecins et voleries[1].

Habitans de Beni Chelid, voleurs.

cent dix sanctuaires ou tombeaux de saints personnages » (Mouliéras, *Le Maroc inconnu*, Oran, 1895, pp. 91-93).

El-Bekri et Marmol donnent à cette montagne et à la tribu qui l'habite le nom de Bouthouya, بوطية.

« *De Botoye*. Cette montagne est aussi au levant de la précédente et peuplée d'un peuple belliqueux d'entre les Gomères qu'on appelle Beni Botoye. Elle a cinq lieuës de long du levant au couchant et trois de large du midi au nord. Il y a au bas un vallon où l'on recueille quantité de bled, aussi bien que sur les costeaux; car la montagne, quoyque rude, abonde en bled et en bestail et a plusieurs vignes et vergers. Ses habitans sont donc les plus riches Bérébères de la province, d'autant qu'ils ne payent ni taille, ni imposts, en considération d'un morabite du lieu qui est enterré près d'un puits hors de la ville de Vélez. Ces peuples vont bien équippez et sont belliqueux et adroits aux armes et ont quelques chevaux et plusieurs arquebuzes et arbelestes, mais du reste si barbares qu'ils font main basse sur tout ce qu'ils rencontrent, et haïssent fort les chrétiens. Ils sont plus de quinze mille combattans qui en valent bien trente mille dans leurs montagnes, mais ils ne sont si bons ailleurs » (Marmol, *L'Afrique*, t. II, p. 270).

1. *De Beni-Quilib ou Beni-Quelid*, بني خالد (Beni Khalid). « C'est une petite montagne sur le grand chemin de Vélez à Fez dont les habitans sont vassaux des seigneurs de Vélez. Elle est fort froide et couverte d'une épaisse forêt de grands arbres où il y a force cèdres et plusieurs fontaines. Mais la

BENI MANSOR

Cette montagne a d'etendue environ huit milles, et est autant eloignée de la marine, comme les deux autres cy dessus nommées. Les habitans sont fort braves hommes et adroits, mais ils sont sujets à s'enyvrer ordinairement. Ils recueillent assés bonne fourniture de vins, mais d'autant plus petite de raisins. Leurs femmes menent le betail au paturage et ce pendant, se mettent à filer; mais il ne s'en trouve pas une qui garde foy ny loyauté à son mari[1].

BENI JOSEPH

Ce mont contient en longueur environ douze

---

terre est si stérile qu'on n'y recueille point de bled. Il y a quelques vignes dont on fait du vin et des raisins secs. On y compte trois mille combattans qui volent sur les grands chemins pour payer leurs imposts tant ils sont pauvres » (Marmol, *L'Afrique*, t. II, pp. 270-271).

1. *De Béni-Mansor, autre montagne.* « Elle est au midi de celle de Botoye, et a trois lieuës de long de levant au couchant, et un peu plus d'une de large, estant habitée d'un peuple robuste et courageux, mais fainéant, qui ne fait que boire tout le jour ; aussi a-t-il peu de bled et beaucoup de vin. Ils sont cruels et si jaloux, qu'ils s'entretuent sur le sujet de leurs femmes, qui vont toujours après leurs troupeaux, et ne sont pas moins lascives qu'ils sont yvrognes ; de sorte que ceux de Fez pour dire qu'une femme n'est pas chaste, disent qu'elle est de l'humeur de celles de Béni-Mansor, qui filent tandis que leurs maris boivent. Les hommes sont redoutéz de leurs voisins, à cause de leur orgueil et de leur extravagance, et font bien trois mille cinq cens combattans; mais ils ne combattent qu'à pied » (Marmol, *L'Afrique*, t. II, p. 271).

milles, et huit en largeur; mais les habitans sont pauvres, qui les fait tenir plus mal en ordre que tous les autres leurs voisins. Joint aussi, que leur montagne ne produit aucune chose, qui soyt bonne, fors quelque petite quantité de grains de navette qu'ils mêlent avec les grains de raisin, dequoy ils font un pain fort bis, et encore plus apre et de tresmauvais goût : et avec ce, ont coutume de manger assés oignons, beuvans d'eau de fontaines, qui sont assés troubles; mais ils ont des chevres en grande quantité, estimans le laît d'icelles, une viande fort exquise et delicieuse[1].

BENI ZARVOL

En cette montagne y a fort grand vignoble et bon terroir d'olives et autres fruits; toutefoys les habitans d'icelle sont fort pauvres, et sujets au sei-

1. *Les Béni-Josef*, بني يوسف, (Beni Youssouf). « A l'orient de la précédente montagne, il y en a une autre qui a quatre lieuës de long du levant au couchant sur trois de large et est peuplée de pauvres misérables qui sont en plus mauvais état que ceux de la province. Car le pays est si stérile qu'on y recueille qu'un peu de millet qu'on fait moudre avec des pépins de raisin, ce qui fait du pain comme du charbon, de sorte que c'est un grand régal quand on en peut manger d'autre. Ils ont quelques chèvres et un peu d'héritages qu'ils arrosent de l'eau des fontaines. C'est de quoy ils vivent avec des herbes potagères. Ils ont aussi quelques vignes parmi des rochers et ne laissent pas, tout misérables qu'ils sont, de payer un tribut aux seigneurs de Vélez. Ils font plus de trois mille combattans, tous gens de pied » (Marmol, *L'Afrique* t. II, p. 271).

gneur de Sensaoen, qui leur impose de griefs subsides et tributs, tellement que les pauvres miserables ne sauroyent rien reserver du revenu de leurs vins. Ils tiennent le marché une foys la semaine, où ne se trouve autre marchandise que figues seiches, raisins secs et huiles, et tuent ordinairement grand nombre de boucs et vieilles chevres[1].

1. Le nom donné à cette montagne dans le texte de Léon l'Africain est fautif; il faut lire Beni Zeroual.

De Bénigua Zéval ou Bénizarval, زروال نى (Beni Zeroual). « Ce sont trois montagnes qui n'en font qu'une et qui sont frontières des deux précédentes dont elles sont séparées par de petites rivières qui en proviennent. Ce peuple est fort libre, courageux, mais il ne jouit pas de la liberté des autres, parce que les seigneurs de Vélez le tourmentent et luy font payer tribut. Il y a beaucoup de vignes, d'oliviers et de figuiers, dont le fruit est très bon et en quantité, avec force lin dont l'on fait de la toile et grand nombre d'orge, de millet. Il y a plus de six vingts villages de cent et de deux cens feux, et à l'endroit le plus fertile est une ville fermée et bien peuplée qui a, aux environs, quantité de couverts et d'arbres qui portent des fruits excellens que l'on vend à Fez et ailleurs, à cause qu'ils sont meilleurs qu'à Fez mesme. Dans cette ville, il y a plus de cent maisons de marchans et d'artisans juifs, mais le peuple est si superbe, que pour peu de chose il s'entre-tue. Ils font plus de vingt-cinq mille combattans, et ont quelques arquebuziers et gens de cheval, et guerre perpétuelle avec leurs voisins. Comme leur pays n'est pas fort, et qu'il y a plusieurs avenues, ils s'offrent volontairement au service des seigneurs de Vélez et des rois de Fez lorsqu'ils en ont besoin. Au plus haut de la montagne, il y a une ouverture d'où sortent quantité de flammes de soufre, comme de celle de Lipare ou de Sicile, et le peuple dit que c'est la gueule d'enfer. Ces trois montagnes ont ensemble dix lieuës de long sur trois de large et payent plus de vingt-cinq mille ducats par an au roy de Fez. Il se tient un grand marché dans la ville, où tous les montagnards abordent » (Marmol, *L'Afrique*, t. II, p 279).

BENI RAZIN

Cette montagne est assés prochaine de la mer Mediterranée, aux confins de Terga, les habitans sont assés bien acommodés et à leur aise, pource que la montagne est fort fertile, sans qu'ils soyent tenus de payer tribut ny imposition aucune. Il y croît grande quantité d'olives, et y a plusieurs vignes, dont le terroir en est bon, memement aux cotes de la montagne. Les femmes s'y adonnent au paturage des chevres et à cultiver les terres[1].

SENSAON

Cette montagne icy est couverte de beaux grans boys et de fontaines qui y sourdent en grande quantité, lesquelles la rendent la plus plaisante et delectable de toutes celles qui sont en Afrique. Joint aussi, qu'en icelle se trouve une petite cité

---

1. *De Beni-Hascin, ou Béni-Rasin,* بني راسن يا بني حصين. « Cette montagne est éloignée de la coste, et s'estend vers la ville de Targa. Elle est habitée de gens riches et superbes, et qui ne payent pour tout tribut que la disme de leurs troupeaux et de leurs moissons, et recueillent quantité de bled, d'huile et de vin ; ont force troupeaux, et ne sont point troublez de guerres estrangères, à cause de la difficulté des avenuës. Les seigneurs de Vélez sont bien aises de les avoir pour amis, parce qu'ils sont vaillans et font plus de quatre mille hommes de combat bien équipez, avec quantité d'arquebuses et d'arbalestes. Ils laissent à leurs femmes le soin du ménage, du labourage et des troupeaux, pour s'occuper à la chasse, à cause qu'ils ont quantité de sauvagine » (Marmol, *L'Afrique*, t. II, p. 272).

pleine de marchans et artisans, parce qu'il demeure un seigneur qui tient souz sa main plusieurs montagnes, et fut celuy qui commença à reduire les habitans de cette-cy à civilité, et s'appelloit Sidiheli Berrased (Sidy Aly ben Rachid) qui se revolta contre le roy de Fez, et feit encor guerre contre les Portugalois. Les habitans de cette cité et des vilages qui sont ecartés par la montagne, se tiennent en assés bon equipage et ne sont aucunement tributaires à leur seigneur, à cause que la plus grande partie d'iceux suit les armées à pied ou à cheval[1].

1. *De Chéchuan, ou Sesavou et de la ville du mesme nom*, شفشاون (Chefchaouen). « C'est une montagne des plus agréables de toute l'Afrique, qui a une petite ville du mesme nom, peuplée de marchans et d'artisans fort à leur aise; mais les montagnars sont Bérébères de la mesme tribu que les autres de la province. Elle est devenue fameuse par Ali Barrax, qui s'en rendit maistre par sa valeur, aussi bien que des montagnes voisines, et se fit appeler roy et seigneur de Chéchuan; car, il apportoit dans cette ville toutes ses dépouilles, ayant toujours guerre avec les Portugais des places frontières, et en ayant remporté diverses victoires, tant sur terre que sur mer, en la compagnie d'Almandari, seigneur de Tetuan, et d'autres braves chefs. Ce petit Estat luy demeura avec le nom de roy, depuis qu'Abu Sayd, roy de Fez, l'y eut confirmé, jusques à ce qu'Abdala l'osta à ses descendans, pour le donner, depuis peu, au petit-fils de Mumen Belelche, qui le possède encore au nom du Chérif et la postérité d'Ali Barrax a esté reléguée dans Maroc, où elle vit pauvrement. Ce peuple est belliqueux, tant à pied qu'à cheval, et se pique de bravoure. Aussi Ali Barrax l'avoit-il exemté de tout tribut; mais il en paye aujourd'huy. Il est en bon équipage pour le pays, et il y a, autour de la ville, plusieurs fontaines dont on arrose les terres qui rapportent quantité de bled, d'orge, de chanvre et de lin. Il y a aussi force vergers et jardins d'herbes potagères, avec plusieurs troupeaux. Ils font plus de cinq mille combatans, dont il y a plusieurs arquebuziers et arbalestriers, et quelques compagnies de cavalerie, outre les trois cens chevaux de la garnison » (Marmol, *L'Afrique*, t. II, p. 273).

« La ville de Chechaouen fut fondée dans les environs de l'année 876 (1471)

BENI GEBARA

Cette montagne icy est fort apre et haute; au pied d'icelle prennent leurs cours aucuns petis fleuves, et est abondante en vignes et figuiers; quant au grain, elle n'en produit en sorte que ce soyt. Les habitans vont mal en ordre, nourrissans des chevres en grande quantité, avec quelques petis bœufs qui n'ont pas plus grande montre que veaux de huit moys. Toutes les semaines, on y tient le marché, quasi sans marchandise, neantmoins, il y a aucuns marchans de Fez qui s'y acheminent et les muletiers aussi y portent les fruits. Ce lieu là apartient à un parent du roy, qui en reçoit, tous les ans, de revenu environ dix mile ducatz[1].

sur un bord de la rivière de ce nom, pour arrêter les incursions de la garnison de Ceuta, par un Chérif de la famille des Beni Rachid connu sous le nom d'Abou Djouma'a el-Allamy. Il ne put achever l'œuvre qu'il avait entreprise, il périt dans l'incendie d'une mosquée où, pendant la nuit, il luttait contre les chrétiens. Son cousin, l'émir Aboul Hassan Aly, se reprit à construire Chechaouen sur l'autre rive. Il y bâtit une casbah qu'il fortifia solidement et il établit dans la ville sa famille et ses gens. Des constructions s'élevèrent de tous côtés et Chechaouen jouit de la plus grande prospérité jusqu'à sa mort arrivée en l'année 917 (1511). Ses descendants la possédèrent jusqu'à l'époque où la dynastie Saadienne fut maîtresse de tout le Maghreb » (Kitab oul istiqça, t. II, p. 161). Cf. en outre : Vicomte Ch. de Foucauld, Reconnaissance au Maroc, pp. 5-8.

1. De Béni Gébara, بني جبارة . « C'est une montagne droite et fort haute, sur le chemin de Tetuan à Chéchuan, d'où sortent plusieurs fontaines, aussi bien que des autres d'alentour, qui composent un fleuve qu'on nomme Halef-Ugus, qui signifie passe en jurant, parce qu'il le faut traverser plus de quarante fois en alant d'une ville à l'autre. Il y a par toute la montagne beaucoup de vignes et de figuiers; mais on n'y recueille ni bled ni orge.

BENI-IERSO

Cette montagne icy souloyt être habitée et avoit un colége de loix, et à raison d'iceluy, les habitans de ce lieu etoyent exempts de toute imposition; mais un tyran avec l'ayde du roy de Fez reduit leur franchise en odieuse servitude, sacageant le lieu avec ce colége où l'on trouva telle quantité de livres, qu'ils montoyent jusques à la valeur de quatre mile ducats, et feit priver de vie plusieurs grans personnages et de bonne reputation, en l'an de l'hegire neuf cens dix huit[1].

TEZARIN, MONTAGNE

Tezarin est une montagne prochaine de la sus-

On voit de grans troupeaux de chèvres parmi ces bruyères, et de si petites vaches qu'elles ne paroissent que des génices. Elle est habitée d'un peuple du mesme nom, qui est pauvre et orgueilleux, et paye tribut au seigneur de Chéchuan. Ils sont plus de deux mille combatans, parmi lesquels il y a quelques arquebuziers, mais point de cavalerie » (Marmol, L' Afrique, t. II, p. 274).

1. Les Beni Yousr, بني يسر, ou Beni Yerso, بني يرسو.

On trouve mentionnée dans la Géographie d'Aboul Féda une montagne du pays des Ghoumera portant le nom de montagne de Yosr. « La situation de la montagne de Yosr est à l'orient de celle des Madyana. Des flancs de cette montagne descend la rivière Yosr très connue dans le pays » (Géographie, p. 95).

Marmol consacre une notice à cette localité et il nous donne sur cette montagne et sur l'université, abolie en 1512, les mêmes détails que Léon l'Africain.

nommée, garnie de plusieurs boys, vignes et fontaines. Au dessus d'icelle se voyent plusieurs antiques edifices, qui furent (selon mon jugement) batis par les Romains, là où ceux qui cerchent les tresors (comme nous avons dit auparavant) ont coutume de faire caver. Les habitans sont simples, ignorans et pauvres, à cause des griefs impos qui leur sont quasi insuportables[1].

BENI BUSEIBET

Cette montagne est sujette à grandes froidures, qui la rendent sterile en grains, et n'y peut on nourrir aucun betail, pour autant que cette apre froidure reserre et fait seicher la terre, et sont les arbres de telle qualité que les chevres ne sauroyent être paturées des fueilles. Il y a grande abondance de nois,

---

1. *Tezarin*, تازارين, Tazarin. Marmol donne à cette montagne et à cette tribu le nom de Beni Tiziran Tazarin a en berbère la signification de sec, desséché.

« Cette montagne qui est attachée à la précédente et peuplée de Barbares a eu autrefois des chasteaux et des villes qui montrent par leurs ruines qu'elles ont été basties par les Romains. Ces pauvres gens que nous avons dit, qui cherchent des trésors en la montagne de Tagat, en viennent encore chercher icy et l'ont creusée presque partout, quoyqu'ils n'ayent pas été plus heureux en cet endroit qu'en un autre. Il y a quantité de vignes et de grands bois d'arbres fruitiers d'où naissent plusieurs fontaines dont l'eau est très fraische. On n'y recueille qu'un peu d'orge et il y a fort peu de gros bestail, mais quantité de chèvres, parce que le pays y est propre. Les habitans sont pauvres et payent tribut aux seigneurs de Chechuan. Ils sont quelque mille combattans, mal équipez et tous à pied » (Marmol, *L'Afrique*, t. II, p. 275).

dont on fait bonne provision à Fez, et aux autres prochaines cités. Tout le raisin qu'on y recueille est noir, et s'en fait de confit et doux, avec du moust et autres fort grans vins. Les habitans vont tous vetus de sacs de laine, faits en mode d'esclavines, et bandés de bandes noires et blanches, avec certains capuchons qui se mettent en tête, tellement qu'à les veoir ainsi mignonnement acoutrés, on les jugeroit plustot betes que creatures raisonnables. En temps d'yver, les marchans de nois et raisins confis se transportent en cette montagne, là où ils ne trouvent ny pain ny chair, mais à force oignons, sardines salées qui s'y vendent bien cherement. Ils usent de vin cuit et potage de feves qu'ils estiment la meilleure viande qui soyt entre eux, et mangent leur pain dans le vin cuit[1].

Habits des habitans de Beni Buseibet.

1. *De Béni Buzeybet,* بني بو سيبت. « Celle-cy est si froide et si rude, qu'on n'y sème point de bled, et l'on n'y nourrit point de troupeaux ; mais il y a de grandes forests de noyers, qui fournissent de noix la ville de Fez et les autres de la contrée. Les habitans sont d'une branche des Gomères, qu'on nomme Bénizeybet, et les plus brutaux de tout le pays. Ils portent sur la chair des tissus de laine en forme de saye, avec des bottines à leurs pieds, et des bandes de laine roulées autour de leur teste, avec quoy, ils resistent aux neiges de ces montagnes. Leurs armes sont des frondes et des dards ; leur manger du pain d'orge et du raisiné, avec des fèves, quelques sardines salées, des oignons ou ciboules. Ils sont grans buveurs, ont quantité de vignes qui portent de fort bon vin clairet, et font force raisiné, et les meilleurs raisins secs de toute l'Afrique. Ils se piquent de valeur et sont fort robustes et de grand travail. Ils payent tribut au roy de Fez, et font trois mille hommes de combat, parmi lesquels il n'y a point de cavaliers et fort peu d'arquebuziers » (Marmol, *L'Afrique,* t. II, p. 275).

BENI GUALID

Beni Gualid est une montagne fort haute et apre, garnie d'habitans fort opulens pour ce qu'ils ont grande quantité de vignes noires pour faire les raisins que l'on confit, et un ample territoire produisant figuiers, amendiers et oliviers. Joint aussi qu'ils ne sont en rien tenus de rendre tribut au roy de Fez, fors que pour chacun vilage, un quart de ducat par an, de sorte qu'ils se peuvent seurement acheminer à Fez pour vendre et acheter. Que si en ce faisant, ils reçoivent quelque tort ou injure en la cité, ils le dissimulent jusques à tant que quelque parent de celuy qui les a ofensés, vienne en la montagne, là où etant parvenu, ils le saisissent, sans qu'ils le lachent jamais, qu'ils ne soyent par le menu satisfais de l'honneur qu'on leur pourroit avoir blecé, ou du dommage qu'ils en ont receu. Les hommes se maintiennent bien honnetement en ordre. Se trouvant quelqu'un dedans Fez avoir commis quelque delit, s'il peut gaigner la montagne, il est en franchise et seurté, avec ce que les habitans l'entretiennent tandis qu'il y sejourne. Si le roy de Fez les pouvoit reduire souz sa puissance, il en recevroit tous les ans plus de six mile ducatz de revenu, pour ce qu'en son pourpris sont situés soissante vilages tous riches et bien accomodés [1].

Beni Gualid, lieu d'immunité.

1. *De Gualid*, بني وليد, Beni Oualid. « C'est une montagne fort haute et si

MERNIZA

Cette montagne etend ses confins jusques auprès de ceux de la precedente, et sont les habitans de l'une et l'autre extrais de même origine et egaux en richesse, liberté et noblesse. Mais ils ont en cecy une coutume diferente, qu'une femme pour la moindre injure qu'elle puisse recevoir de son mary, s'enfuyt aux montagnes prochaines, et abandonant ses enfans, se vient joindre à un autre mary en secondes noces. Au moyen dequoy, les hommes ordinairement en suscitent de grandes noises et debas. Et pour iceux amortir et decendre à quelque acord, il est necessaire, que celuy vers lequel s'est retirée la femme, rambource les depens frayés par le pre-

Divorce frequent entre les habitans de la montagne Merniza.

rude, qu'on a de la peine à y voyager. Elle est habitée d'un peuple riche et bien vestu, qui n'est point chargé d'imposts, et a plusieurs vignes de raisins noirs fort excellens, qu'on fait sécher, et dont l'on fait aussi du vin, sans parler d'un grand nombre d'arbres fruitiers. Les habitans ont ce privilège du roy de Fez qu'ils font confirmer à chaque changement de prince, qu'on ne peut aller prendre un criminel qui se retire parmi eux, et l'on ne leur veut pas oster ce droit, parce qu'on a intérest de les contenter. Car s'ils venoient à se souslever, on auroit bien de la peine à les reduire, à cause de la difficulté des avenues de leur montagne, où il y a soixante bons villages, qui font plus de six mille hommes de combat, et le pays rapporte tout ce qui est nécessaire pour l'entretenir, sans avoir besoin d'en aller chercher ailleurs. Lorsqu'ils trafiquent à Fez, ou quelque autre part, si on leur fait tort, ils ne s'amusent point à demander justice, mais vont prendre quelque parent de celuy qui les a offensez, et ne le relaschent point qu'on ne les ait satisfais. S'ils ne vouloient point aller à Fez, ils ne payeroient aucun tribut, et ne payent pas trois réales par an pour chaque feu » (Marmol, *L'Afrique*, t. II, p. 276).

mier mary aux epousailles de la femme, et pour demener et resoudre tels affaires, ils ont des juges entre eux, qui pour ce fait, ne leur depouillent seulement la peau de dessus les epaules, mais d'une avarice ardente et insatiable les rongent jusques aux entrailles[1].

HAGUSTUN

Hagustun est une montagne fort haute et froide, où il y a plusieurs fontaines et vignes de plant noir,

---

1. *Les Mernissah.* Les Mernissah, مرنيسة, étaient une fraction de la grande tribu des Nefzaoua (Ibn Khaldoun, *Histoire des Berbères*, t. I, p. 171). El-Bekri les désigne sous le nom de Mernissah d'el-Kadiat-el-beïda, مرنيسة الكدية البيضا (les Mernissah du tertre blanc), et nous dit qu'ils sont fixés près du Djeraoua d'El-Hassan ibn Abi-Aïch, non loin de la frontière du territoire de Nokour (*Description de l'Afrique septentrionale*, p. 208). Cette tribu est désignée par Marmol sous les noms de Béni-Usa ou Bervira. « Celle-cy (la montagne des Mernissa) touche à la précédente et les habitans (Gomera) sont de même sorte; mais ils ne sont jamais d'accord ensemble parce que les femmes, pour peu qu'on les maltraite, s'enfuyent de l'une à l'autre, où elles se remarient, ce qui cause de la jalousie entre eux et du dépit. Ils s'entre-font la guerre pour les ravoir, et s'ils font quelquefois la paix, c'est à la condition que le nouveau mari quittera sa femme ou remboursera les frais des noces qui sont grans parmi les Maures. Ils ont quelques alfaquis qui les règlent là-dessus, mais qui ont plus de soin de s'enrichir que de maintenir la justice.

« Ce peuple est riche en troupeaux et en vignes qui portent du raisin noir dont l'on fait du vin, des raisins secs et du raisiné. Ils ont aussi plusieurs figuiers et oliviers qui rapportent quantité de figues et d'huile que l'on porte vendre à Fez et ailleurs. Ils ne payent pas grand tribut et font bien cinq mille combatans, armez à l'usage du pays, mais ils n'ont point de chevaux et fort peu d'arquebuziers » (Marmol, *L'Afrique*, t. II, p. 277).

figues bonnes en toute perfection, pommes de coing fort belles, tresodoriferantes et semblables aux citrons, lesquelles naissent en la plaine, qui est souz la montagne. Il y a aussi plusieurs rancs d'oliviers, dont les olives rendent de l'huile en grande quantité. Les habitans sont frans de tout tribut, mais, par honneteté, ils ont de coutume, tous les ans, de faire au roy de Fez quelque beau present et honnorable, au moyen de quoy, ils peuvent frequenter la cité, et franchement acheter des grains, laines et toiles. Parquoy ils tiennent etat de gentizhommes quant aux habillemens, mêmes ceux du principal vilage, là où demeure la plus grand part des artisans, marchans et nobles personnes [1].

BENI IEDIR

Cette montagne est grande et fort habitée;

[1]. D'Hagustan, اجوستن. « C'est une haute et froide montagne, d'où naissent plusieurs fontaines, et dont la pente est couverte de figuiers, qui produisent les meilleures figues de tout le pays, et il y a des vergers au bas dans la plaine qui portent toute sorte de fruits fort beaux et fort excellens, et parmi les vignes, des oliviers qui rapportent beaucoup d'huile. Et parce que les habitans ne payent au roy de Fez que quelque reconnoissance, ils sont riches et ont un grand bourg tout ouvert, où il y a plusieurs artisans et marchans, qui trafiquent à Fez, d'où ils rapportent du lin, de la laine, de la toile et les autres choses qui leur manquent. Ils font trois mille combatans bien équipez, et entre eux quelques arquebuziers, parce qu'il y a plusieurs gentils-hommes et riches marchans » (Marmol, L'Afrique, t. II, p 277).

mais elle ne produit sinon raisins noirs, desquels l'on en fait de confit semblable aux raisins de Damas ou Corinte, et vin fort bon et delicat. Les habitans souloyent être jadis libres, et exempts de toute imposition et tribut; mais, pour l'extrême pauvreté qui les pressoit, ils voloyent et depouilloyent tous les passans, dont le seigneur de Bedis (moyennant l'aide et faveur que luy donna le roy de Fez), les subjuga et priva de leur ancienne liberté. Dans le circuit de cette montagne sont comprins cinquante vilages, assés grans, mais on n'en sauroit tirer du tout quatre cens ducatz, par an[1].

LUCAI

Cette montagne icy est fort haute et roide, garnie d'habitans tresopulens, pour ce qu'il y a force vignes, qui rencontrent bien toutes les années; et de quelque partie des raisins, il s'en fait de confit pour vendre comme les raisins de Damas. Elle est

---

1. Il faut lire Beni-Yedir, بدير.

De Beniyedi. « C'est une grande montagne qui a plus de cinquante vilages et six mille combatans, tous gens de pied, mais les habitans sont pauvres et grans voleurs, qui détroussent les passans et sont toujours mal avec leurs voisins, à cause de leurs brigandages. Ils estoient libres autrefois, mais les seigneurs de Vélez, indignez de leur mauvaise vie, les assujetirent à la faveur des roys de Fez, et leur firent payer tribut. Ils ont quantité de vignes qui portent des raisins séchez au soleil, mais ils n'ont ni bled ni orge, à cause de l'aspreté de la montagne, et fort peu de troupeaux » (Marmol, *L'Afrique*, t. II, p. 278).

semblablement abondante en figues, olives, pommes de coing, amandes et citrons et portent tous ces fruits dans la cité de Fez, pour les y vendre, à cause que ce lieu n'en est distant sinon de trente cinq milles ; et s'y trouve des hommes nobles et chevaliers superbes sur tout, tellement qu'ils ne se sont jamais voulu abaisser de tant que de se rendre tributaires à personne vivante, etant fort bien ramparés et defendus par la forteresse naturelle de la montagne, là où ils reçoivent en leur compagnie tous ceux qui sont bannis de la cité de Fez ; les entretenant avec toutes les caresses et meilleur visage qu'il leur est possible, fors les adultères, pour ce qu'ils sont jaloux desesperement, ce qu'il leur fait haïr telle manière de gens outre mesure. Le roy leur permet tout ce qu'ils veulent pour le profit, qui revient à Fez de leur montagne[1].

---

1. D'Alcai, الكاي. « C'est une montagne aspre et fort haute, où il y a quantité de vignobles dont l'on fait de la rosette et des raisins séchez au soleil. Il y a aussi de grans clos de figuiers, d'oliviers et d'autres arbres, qui rapportent quantité d'huile et de très bons fruits comme en Europe, avec des citrons, des limons, des oranges et des grenades. Les habitans sont fort riches et se piquent plus de noblesse que tous les autres de la province, estant exemts de tribut, quoy-qu'ils ne soient qu'à douze lieues de Fez, à cause de la difficulté des avenues de leur montagne et de leur nombre. D'ailleurs, on ne les peut afamer, à cause qu'ils ont chez eux tout ce qui leur faut. Ils recueillent beaucoup d'orge et de millet ; et ont quantité de gros et menu bestail. Ils donnent retraite chez eux aux criminels de la ville de Fez, quand ce n'est point pour larcin ni pour adultère, parce qu'ils sont fort jaloux de leurs femmes et de leur bien. Ils sont maintenant vassaux ou plûtost aliez du Chérif qui les traite fort bien à cause qu'il y a quantité de noblesse parmi eux, et qu'ils font plus de cent mille combatans

BENI GUAZEVAL

Cette montagne a d'etendue en longueur environ trente milles et quinze de largeur. Mais elle est divisée en troys montagnes, entre lesquelles et les deux precedentes, prennent leur cours quelques petis fleuves. Les habitans sont braves hommes, et pleins de grande hardiesse, mais foulés outre le devoir par le capitaine du roy de Fez, qui les contraint à luy rendre par an dix huit mile ducatz. La montagne est fort fertile en raisins, figues, lins et olives dont il s'en fait de bons vins cuits, et toiles grosses et huiles, mais toutes lesquelles choses se convertissent en argent, pour satisfaire à la somme par ce capitaine imposée, lequel y tient ordinairement commissaires et facteurs pour recevoir les deniers de ces montagnars. Il y a une infinité de vilages, dont les uns contiennent cent, les autres deux cens feus, en sorte qu'il y a environ cent et vingt tant vilages que hameaux, desquels on peut lever vingt et cinq mile combatans, qui sont journellement en guerre contre

dont il a quelques arquebuziers et gens de cheval » (Marmol, *L'Afrique*, t. II, p. 278).

C'est dans le bourg d'Alcay que Yahia ibn Idris fut interné pendant vingt ans, après avoir été fait prisonnier par Meçala. Yahia ibn Idris mourut de misère à Mehdya, dans les environs de l'année 332 (943).

Alcay était au iv⁰ siècle de l'hégire une place fortifiée dans laquelle se retira en 323 (935) Ibn Abil Afiah, lorsque l'eunuque Meïssour envahit le Maghreb au nom d'Obeïd Oullah el-Mehdy.

leurs voisins, et de là s'en ensuyt de grans meurtres, tant d'un coté que d'autre, qui fait que le roy leve des amendes sur toutes les deux parties qui montent à une grande somme de deniers, tellement que cette guerre civile luy aporte un merveilleux profit. En cette montagne se trouve une petite cité mais d'autant plus civile, bien garnie d'artisans, et est environnée de plusieurs vignes, pommiers de coing et citrons qui se transportent à Fez et s'y font, outre ce, des toiles en grande quantité. Davantage, il y a juges et avocats assés experimentés en la loy, qui est cause que plusieurs montagnars viennent au marché qui s'y tient. Outre ce, on y peut veoir une combe, où il y a une entrée en guise de caverne, qui jete continuellement grandes flammes de feu, et ay veu plusieurs etrangers se transporter en ce lieu là pour contempler une chose tant rare, puis jetent des fagots et tronses de boys qui sont soudainement par l'âpre et vive chaleur consommés, vous asseurant que ce feu me semble le plus admirable spectacle que j'aye veu entre les choses naturelles. Au moyen de quoy, plusieurs se laissent tomber en cette opinion que ce soyt une des bouches d'enfer[1].

Caverne jettant le feu.

BENI GUERIAGHEL

Cette montagne se confine avec la precedente,

[1] Le lecteur a lu la note de Marmol relative à la montagne habitée par les Beni Zeroual, à la page 287.

mais les habitans de l'une et de l'autre ont conceu entre eux une perpetuelle inimitié. Il y a d'assés belles plaines, qui s'etendent jusques sur les confins des montagnes du territoire de Fez, et par icelles passe le fleuve Guargua, et sont adjacentes à cette montagne, là où se recueille grande quantité de grains, huile et lin, dont se font de belles toiles. Mais le roy se tient tousjours saisi du bien des habitans, car ceux qui en possèdent davantage que les autres, par l'injuste et demesurée avarice des seigneurs, seroyent reduits à plus grande pauvreté que les pauvres mêmes. Les habitans sont naturellement adrois et courageux, qui peuvent faire de dix à douze mille hommes de guerre, et ne tiennent guère moins de soissante villages de fort ample etendue[1].

1. *Les Beni Urieguil ou Beni Gueriagel*, اورياغل ںى (Beni-Ouriaguil). « C'est une montagne voisine des précédentes qui a plus de soixante et dix villages peuplez de gens courageux et fort légers, car c'est de là que viennent les plus grands sauteurs et coureurs de toute la Barbarie. Ils font bien douze mille combatans, tous gens de pied dont il y a quelques arquebuziers et arbalestriers. Au pied de cette montagne sont de grandes plaines qui s'étendent jusqu'à la province de Fez et sont arrosées de la rivière d'Erguil qui cause leur fertilité, de sorte qu'on y recueille quantité de bled, d'orge, d'huile et de lin. Les habitans seroient donc fort riches si les seigneurs de Vélez et les rois de Fez ne les chargeoient de tant d'imposts qu'ils sont toujours en arrérages, parce que le pays n'étant pas fort, ils sont contraints de subir le joug. Ils ont toujours querelle avec leurs voisins pour les terres qu'ils cultivent » (Marmol, *L'Afrique*, II, p. 280).

Ibn Khaldoun nous apprend que les Beni-Ouriguil d'el-Mezemma sont une branche de la tribu des Boutouïa (*Histoire des Berbères*, t. I, p. 123).

M. Mouliéras a, dans son *Maroc inconnu*, donné d'amples détails sur les Beni-Ouraguel et sur les différentes fractions de cette tribu, pp. 94-102.

BENI ACHMED

Beni Achmed est une montagne fort scabreuse, qui contient en longueur dix huit milles, et sept en largeur. Elle est couverte de boys en la pluspart, et il y a assés bon vignoble, avec plusieurs oliviers et figuiers; mais il s'y trouve peu de terre bonne à produire grain. Dans et autour le circuit de la montagne, y a à force fleuves et fontaines, mais troubles et améres, dont l'arène est quasi semblable à la chaux, et plusieurs des habitans (comme nous avons déja dit autre part) ont une apostume tresgrosse au gosier, sans qu'ils laissent pour cela à boire le vin pur, qui se peut garder quinze années en sa force et perfection, après qu'il a un peu bouilly. L'on en fait encor du vin cuit, venant de la vigne, que l'on tient dans aucuns grans vases etrois par en bas, et larges par haut. Le marché s'y tient une foys la semaine, où se vend l'huile et vin rouge en grande quantité. Ces montagnars sont fort pauvres, donnans manifestement à cognoitre leur necessité par leurs habits usés et rompus, joint aussi qu'ils sont fort foulés par le roy de Fez, et toutefois ainsi necessiteux et mal traités, ils donnent encore lieu à la partialité qui cause qu'ils sont journellement aux armes entre eux-mêmes[1].

Vin qui dure 25 ans.

---

1. Il faut lire Beni Hamid, بنى حامد. Cette tribu fait partie des tribus

HISTOIRE

BENI JEGINEFEN

<small>Vin réputé pour le Dieu des habitans de Beni Jeginesen.</small>

Cette montagne confine avec la precedente, ayant d'etendue environ dix milles, et entre les deux prend son cours un petit fleuve. Les habitans sont tant adonnés au vin, qu'ils en viennent à l'idolâtrer, comme si c'etoyt un dieu ; et ne leur sauroit produire la montagne un seul grain de blé, mais il croyt des raisins une infinité. Ils nourrissent un grand nombre de chèvres, lesquelles sont tousjours dedans les boys, et ne mangent d'autre chair que de bouc et d'icel-

---

sanha djiennes qui habitent les territoires de Ouergha et d'Amergo. Elles s'appliquent à l'agriculture et à confectionner des habits, circonstance qui leur a fait donner le nom de Sanhadjat el-Bezz (*les Sanhadja drapiers*). On les compte au nombre des tribus soumises à l'impôt (*Histoire des Berbères*, t. II, p. 123)

De Benihamet ou Beniacmet. — « Elle est rude et inégale, et a six lieuës de long du levant au couchant et deux de large. Du reste elle est chargée de vignes, d'oliviers et de figuiers avec de grands bois d'arbres portant fruit, mais on n'y recueille point de bled. L'eau des fontaines est amère et trouble, et la terre de couleur de chaux, les habitans sont grans buveurs, et font cuire le vin pour le conserver ; de sorte qu'il se garde quinze ou vingt ans. Ils en font tant, et de raisiné aussi, qu'ils en ont pour toute l'année, et en vendent à leurs voisins qui se rendent toutes les semaines à un marché de vivres qui s'y fait, où les marchans de Fez viennent acheter du raisiné, des cabats de raisins et de figues et de l'huile. Ils sont quatre mille combatans, tous gens de pied, mais pauvres, et si brouillons et superbes qu'ils sont toujours en querelle avec leurs voisins : mais les rois de Fez d'un costé et les seigneurs de Vélez de l'autre les tourmentent, de sorte qu'ils sont misérables, sans qu'ils se puissent affranchir à cause de leur faiblesse ; outre qu'ils sont toujours en querelle entre eux pour les diverses factions qui y sont de tout tems » (Marmol, *L'Afrique*, t. II, p. 280).

les. Je prins grande cognoissance et familiarité avec ces gens icy, pour autant que mon père souloyt exercer quelques ofices entre eux ; mais, il avoyt grande peine et facherie de retirer les usufruits des terres et vignes, à cause que ces montagnars sont fort retifs et durs à payer leurs dettes[1].

BENI MESGALDA

Les confins de cette montagne icy confinent avec ceux de la precedente et du fleuve Guargua. Les habitans s'adonnent tous à faire du savon, mais ils ne sauroyent trouver moyen de le faire venir dur. Au-dessouz de la montagne, y a de grandes campagnes, qui sont detenues par aucuns Arabes, au moyen dequoy, ils s'escarmouchent si vivement, qu'il en y demeure le plus souvent en la place. Le roy de Fez leur fait payer de grosses tailles et trouve tousjours quelques nouveautés pour les accroître. Entre ces

1. Les Beni Iguinesen, بني يكنيسن, occupent « une petite montagne de trois lieuës et demie de long sur un peu plus d'une de large qui est séparée de la précédente par un grand ruisseau, lequel prend sa source des fontaines d alentour. Il y a quantité de vignes dont l'on fait des raisins secs et du vin ; aussi les habitans sont-ils grans yvrognes. Ils ne recueillent pas de bled, parce que la terre n'y est pas propre, mais ils ont de grands troupeaux de chèvres, qui est leur principal soutien, outre que la montagne est couverte de vergers. Ce sont gens pauvres, mais glorieux, qui ont toujours guerre avec ceux des autres montagnes et sont trois mille combatans tous gens de pied. Ils payent tribut aux seigneurs de Vélez et aux rois de Fez » (Marmol, L'Afrique, t. II, p 281).

montagnars plusieurs se trouvent qui sont doctes en la loy, ayant souz eux des ecoliers, lesquels font de grans maux parmy ces montagnes, et memement aux lieux là où on ne leur fait si grandes caresses et traitemens, comme ils pensent bien le valoir. Ils boivent du vin secrettement, donnans à entendre au populaire qu'il est defendu; toutefoys, il ne se trouve personne (tant ebeté soyt-il) qui touchant ceci, ajoute foy à leur dire. Les habitans ne sont pas fort opprimés ny foulés, à cause que ces docteurs et ecoliers sont par eux fort constamment maintenus[1].

---

1. « Les Beni Mezguelda, مَنْجَلِدَة, dit Ibn Khaldoun, font partie des peuplades qui se tiennent dans le voisinage des montagnes occupées par les Ghoumara et, de nos jours, elles se servent généralement de la langue arabe » (*Histoire des Berbères*, t. II, p. 123).

De Beni Mesgilda. « Cette montagne est grande, voisine de la précédente et de la rivière d'Ergil et a partout de grandes contrées d'oliviers qui rendent beaucoup d'huile. Les habitans trafiquent de savon qu'ils portent vendre à Fez et ailleurs, et ont toujours guerre avec les Arabes qui errent par les campagnes voisines et font plus de douze mille combatans, dont il y a quelques arquebuziers et arbalestriers. On y enseignoit autrefois la négromancie publiquement et les docteurs et les escoliers avoient accoustumé de gâter par leurs sortilèges les vignes et les moissons de leurs voisins. Mais le Chérif Mahomet défendit cette science, quoyque on ne laisse pas de l'enseigner encore en particulier, et augmenta les imposts qui estoient fort petits à cause que les habitans entretenoient les docteurs et les escoliers. Les Arabes de ces campagnes se rendent à Vélez quand il paroit quelque flotte chrestienne sur la coste, aussi bien que quelques Berbères des montagnes. Ils boivent tous du vin et leurs docteurs qui le défendent ne laissent pas d'en boire aussi en secret jusqu'à s'enyvrer » (Marmol, *L'Afrique*, t. II, p. 281).

BENI GUAMUD

Cette montagne confine avec le territoire de Fez, mais le fleuve la separe d'iceluy. Le roy en retire six mille ducatz de revenu, et n'y a pas plus haut de vingt et cinq villes, où les habitans font semblablement le savon. Toutes les côtes sont en bon terroir, là où il y a plusieurs animaux, mais l'eau y est fort requise. Tant y a qu'ils sont tous riches et se transportent à Fez chacun jour de marché, où ils ont fort bonne et prompte delivrance de ce qu'ils portent. Cette montagne ne produit autre chose, que ce qui est necessaire à la vie de l'homme, et est distante de Fez par l'espace de dix milles[1].

1. La tribu des Beni ou Amoud, بني وحمود, est citée par Ibn Khaldoun parmi celles des Fichtala, des Mechta, des Beni Derkoul et autres qui sont fixées sur les territoires de Ouergha et d'Amargou.

De Béniguamid. « Elle est justement à l'endroit où cette province se joint à celle de Fez, et n'en est séparée que par la rivière. Il y a vingt-cinq vilages bien peuplez, dont les habitans payent tous les ans plus de six mille ducats au roy. Quoy-qu'il y ait peu de fontaines, il y a sur les costeaux quantité de vignes et d'oliviers; l'on y recueille du bled, et l'on y nourrit quantité de gros et menu bestail. Leur principal trafic est de savon, et la proximité de la ville de Fez qui n'en est qu'à trois lieuës fait que les habitans sont riches parce qu'ils y viennent débiter leur denrée toutes les semaines. Du reste, la terre est si fertile, quoy-qu'elle ne soit pas arrosée, qu'il n'y a pas un quartier de terre qu'il ne soit cultivé. Le peuple est plus civil que celuy des autres montagnes, et fait quatre mille combatans dont il y a quelques gens de cheval. Enfin tous les peuples de ces montagnes sont de la tribu des Gomères, chacun porte le nom du lieu qu'ils habitent, et ils se ressemblent en habits, coustumes et religion, mais particulièrement en la haine qu'ils portent aux chrestiens. Il n'y a point d'autres montagnes dans

GARET, SIXIÈME PROVINCE DU ROYAUME DE FEZ

Garet, sixième province du royaume de Fez, commence au fleuve Melulo, du coté du ponant et de la partie du levant, se termine au fleuve Muluia, devers midy, prend fin aux montagnes des desers prochains de Numidie, s'etendant vers tramontane jusques à la mer Mediterranée, en longueur, depuis le fleuve Nocor jusques à celuy de Muluia, et en largeur du coté de midy se joint au fleuve Melulo, puis s'etend encore en partie devers ponant à coté des monts de Chaus, descendant vers la mer sur le fleuve Nocor. Elle contient en longueur environ cinquante milles et quarante en largeur, etant fort apre et semblable aux desers de Numidie, avec ce qu'elle est fort inhabitée, memement de puisque les Espagnols se sont emparés des principales cités d'icelle, comme je vous raconteray[1].

cette province, qui mérite qu'on en fasse mention » (Marmol, *L'Afrique*, t. II, p. 282).

1. *De la province de Garet*, غاريت. « Cette province qui est la sixième du royaume de Fez, a au couchant celle d'Errif et la rivière de Melule qui, descendant du grand Atlas entre Tésar et Dubudu, se va rendre dans celle de Mulucan. Au levant, elle a le royaume de Tremecen, et cette mesme rivière qui sépare cet Estat de celuy de Fez, et par conséquent la Mauritanie Césarienne de la Tingitane. Elle a la mer Méditerranée au septentrion; et, au midi, une partie des montagnes qui sont dans les déserts voisins de la Numidie. Elle aboutit encore en cet endroit à la rivière de

MELELA, PREMIERE CITÉ EN LA REGION DE GARET

Melela est une grande et ancienne cité, edifiée par les Africans sur un goulfe de la mer Mediterranée, contenant environ deux mille feus et fut autrefoys fort civile pour ce que c'etoyt la metropolitaine de toute cette province et qui avoit son territoire de grande etendue, là où se tiroit du fer en grande quantité et abondant en miel, à cause de quoy, elle fut appelée Melela, car ainsi se nomme le miel en langue africane. Au port d'icelle se peschoyent an-

Mulucan, et s'étend quelquefois vers le couchant, jusqu'aux montagnes de Cuz, descendant toujours sur la rivière de Nocor jusqu'à la mer. De sorte qu'elle comprend toute la coste qui est entre cette rivière et celle de Mulucan, laquelle entre dans la mer près de la ville de Caçaça. Tout ce pays est rude et sec, semblable à celuy des déserts de la Libye intérieure. Les auteurs africains divisent cette province en trois parties; l'une comprend les villes avec leur territoire; une autre, les montagnes qui sont habitées de Bérébères, fort belliqueux, et la troisième, les déserts. Les villes sont sur la coste de la mer, et s'estendent vers le midi, jusqu'à ceux qui bornent la province de Cuz. Ces déserts ont, au couchant, les montagnes que je viens de dire; au levant, où ils s'estendent plus de seize lieuës, la rivière de Muluye. Il y a dix lieuës du septentrion au midi; mais partout, il y a peu d'eau, particulièrement vers la mer, si ce n'est la rivière de Muluye, et tout est rempli de serpens et de bestes farouches, ce qui n'empesche pas que le pays ne soit fort peuplé. L'esté, il y a beaucoup d'Arabes qui errent le long de ce fleuve, et de grandes communautez de Bérébères africains, qui sont fort vaillans, et qui ont quantité de chevaux et de chameaux, et grand nombre de gros et menu bestail. Ils ont toujours demeslé avec les Arabes touchant la possession des plaines. Nous commencerons la description du pays par celle des villes qui sont au nombre de quatre » (Marmol, *L'Afrique*, t. II, p. 283).

ciennement les huitres qui font les perles, et fut quelque temps subjuguée par les Gots : mais, les Mahommetans la conqueterent depuis sur eux, qui se sauverent au royaume de Grenade, distant de ce lieu environ cent milles, c'est à savoir en tant que contient la largeur de la mer en cet endroit-là.

Il n'y a gueres que le roy d'Espagne envoya une armée pour l'expugner ; mais avant qu'elle abordast, les citoyens en sentirent le vent, puis envoyerent demander secours au roy de Fez, qui etant pour lors detenu en la guerre qu'il avoyt contre le peuple de Temesne, expedia un petit nombre de souldas, lesquels etans venus en la presence des citoyens qui, d'autre coté sachans au vray que l'armée des Espagnols etoyt grande, comme gens hors de toute esperance de pouvoir soutenir la charge et dure rencontre qu'ils pensoyent recevoir de leurs ennemys, abandonnèrent la cité, se retirerent avec ce qu'ils peurent trousser et porter de leur bien aux monts de Buthria (Boutouya). Et après que le capitaine du roy de Fez fut parvenu dans la cité, ou pour outrager ceux qui l'avoyent quitée, ou en depit des chretiens, meit le feu par toutes les maisons et edifices, qui furent soudainement embrasés en l'an de l'hegire huit cens nonante six[1]. Sur ces entrefaites, survint l'exercite chretien qui voyant cette ville ainsi detruite, en fut merveilleusement passionné, sans la vouloir toute-

---

1. 1490 de l'ère chrétienne.

Huitres faisant les perles.

Melela ruiné par le peuple de Temesne.

foys abandonner, qu'il n'y eut un fort drecé, et peu à peu, furent relevées toutes les murailles d'icelle et aujourd'huy encor est tenue par les Espagnols[1].

CHASASA

Chasasa est une cité prochaine de la precedente environ vingt milles, et fut autrefoys forte et ceinte de murailles, avec un tresbeau port, auquel les ga-

[1]. « Melila, ﺔــﻠــﻣ, dit El-Bekri, (est) une ville ancienne environnée d'une muraille en pierre et renfermant une citadelle très forte une mosquée *djamé*, un bain et quelques bazars. On raconte qu'elle doit sa fondation aux fils d'El-Bouri ibn Abi-l-Afiya le Miknacien. Lorsqu'un négociant arrive dans cette ville, les habitants qui sont tous de la tribu des Ourtedi, tirent au sort pour savoir lequel d'entre eux doit se charger des opérations auxquelles l'étranger veut se livrer ; celui-ci ne peut rien faire en dehors de la surveillance et de l'inspection de son nouveau patron, qui, de son côté, est tenu de protéger son hôte contre ceux qui voudraient lui faire du tort. Pour s'indemniser de cette peine, le patron exige de lui une récompense et de plus un cadeau pour les frais de logement. Selon Mohammed ibn Youçof et d'autres écrivains, cette place fut conquise en l'an 314 (926-927 de J.-C.) par Abderrahman en-Naçer-lidin-illah le souverain Omeiade de l'Andalousie) lequel bâtit alors la muraille de la ville afin d'en faire un lieu de retraite pour (son partisan) Mouça ibn Abi-l-Afiya. . Le port de Melila est bon en été » (*Description de l'Afrique septentrionale*, pp. 205-206).

« Malila est une ville jolie, de médiocre grandeur, entourée de fortes murailles et dans une bonne situation sur le bord de la mer. Il y avait, avant la présente époque, beaucoup de champs cultivés. On y trouve un puits alimenté par une source permanente dont l'eau est abondante et sert à la consommation des habitants. Cette ville est entourée de tribus berbères issues des Battouya » (Edrisy, *Description de l'Afrique*, p. 205).

Le lecteur trouvera à l'Appendice la notice consacrée à cette ville par Marmol.

lères veniciennes souloyent aborder, ayans de grandes trafiques avec le roy de Fez, qui luy revenoyt à gros profit. Mais son malheur voulut qu'au commencement de son règne, il fut grandement molesté par un sien cousin, qui, le detenant à la guerre, le roy Ferdinand d'Espagne se resolut d'employer toutes ses forces pour reduire cette cité sous son obeissance; ce qu'il seut si bien mener, que son dessein sortit efet tel qu'il l'avoit jà long-temps souhaité, pour ce qu'elle ne peut avoir secours du roy de Fez dont les habitans vindrent avant que l'ennemy se montrât devant leurs murailles [1].

Chasasa mis souz la puissance de Ferdinand, roy d'Espagne.

1. Ghassassa, غساسة. Cette ville, avec Targa et les territoires occupés par les Sanhadja et les Ghoumara, avait été donnée en apanage à Omar, lors du partage des provinces du Maghreb entre les fils d'Idris fils d'Idris. Elle fut prise en l'année 702 (1302), par Osman ben Abi 'l-Ala.

De Caçaça. « Cette ville est à sept lieuës de la précédente par mer; mais il n'y en a que deux par terre, et a esté bastie par ceux du pays sur un cap qui porte son nom, que Ptolomée met à treize degrez trente minutes de longitude, et trente-quatre degrez cinquante six minutes de latitude, et se nomme Metagonite. Elle est éloignée d'un peu moins d'une lieuë de la mer, à un jet de pierre de la rivière de Mulucan, que Ptolomée nomme Molocat. Les galères de Venise avoient accoustumé de venir au port, qui est assez raisonnable, et leurs marchans y trafiquoient fort; de sorte que le roy de Fez tiroit grand profit de la douane. Mais comme il estoit occupé en une guerre contre un de ses parents, les Roys catholiques y envoyèrent le duc de Médine, qui se rendit maistre de la place, après la prise de celle de Mélile, car les habitans, désespérant d'estre secourus, n'osèrent attendre sa venuë, et se retirèrent à Fez, ou ailleurs. Le duc fortifia le chasteau, et y laissa garnison, qui demeura sous sa charge jusqu'en l'an mille cinq cens trente-quatre, que le gouverneur qu'on n'y avoit mis, avec quarente soldats, ayant fait quelque déplaisir à trois chrestiens, ils traitèrent avec le gouverneur de Tezota, et ayant assassiné celuy-cy en son lit, de nuit, livrèrent aux Maures la forteresse, sans que les autres soldats en seussent rien.

TEZZOTA

Tezzota est une cité en la province de Garet, distante de Chasasa en terre ferme environ quinze milles, assise sur un promontoire de terre fort haut, là où il n'y a puys ny fontaine, sinon une citerne ; et autour d'iceluy un petit sentier, qui va tousjours cotoyant jusques à tant qu'il se vient rendre à la cime. Les fondateurs de cette cité furent de la maison de Beni Marin, avant qu'ils se fussent aquis quelque seigneurie; et tenoyent dans icelle leurs grains, avec le reste qu'ils avoyent, pouvans aler et venir par les desers, pour ce que alors les Arabes n'etoyent encor entrés en Garet. Mais depuis qu'ils commencèrent

Ils furent donc tous tuez ou pris, à la réserve d'un seul, qui se jetta en bas du mur, et se mettant à la nage en alla donner avis à ceux de Mélila. Aussitost le gouverneur y dépesche un brigantin et deux caravelles, avec des troupes. Les Maures les voyant venir prirent les habits et les armes de ceux qu'ils avoient tuez, et les vinrent trouver l'arquebuse sur l'espaule : de sorte que croyant que c'estoient de nos soldats, et que la place n'estoit pas perdue, ils mirent pied à terre et furent tous tuez ou pris. Un de ces traîtres m'a conté luy-mesme cette histoire dans Fez, où il estoit en très piteux estat, haï de tous et mourant de faim : il s'estoit fait renégat et nommer Soliman. Cette place est maintenant rasée jusqu'aux fondemens, sans qu'il reste que le chasteau, qui est fort et sur un roc qu'on ne peut miner. Quand les Maures de la contrée viennent labourer les terres voisines, ils y mettent garde pour découvrir s'il n'y a point quelque embuscade de chrestiens, parce qu'il en vient souvent de Mélile et de la coste d'Espagne, y faire des prisonniers. Comme je m'enquerois pourquoy les roys de Fez ne restablissoient pas cette place, on me dit que les habitans ne seroient pas en seureté, à cause du voisinage de Mélile, et qu'en y mettant garnison, la dépense seroit plus grande que le revenu » (Marmol, *L'Afrique*, t. II, p. 289).

à se veoir gouverneurs de quelque domaine, laissèrent cette cité ensemble la province de Garet à quelques-uns de leurs voisins, tachans à s'emparer de plus grandes seigneuries et nobles regions. En ces mutations Joseph, fils de Jacob, second roy de la famille de Marin, par juste dedain, feit mettre en ruine cette cité ; mais les chretiens ayant mis le pied dans Chasasa, un capitaine du roy de Fez, Grenadin et tres-expert aux armes, demanda licence à Sa Majesté de remettre sus la cité de Tezzota, ce qui luy fut acordé. Ainsi fut elle redifiée, les habitans et ceux de Chasasa s'escarmouchent ordinairement ensemble, se trouvans tantôt victorieux, les uns, et maintenant les autres, ainsi comme le sort variable de fortune incertain tombe sur les parties[1].

---

1. *De Tézote*, تازوطا (Tazoutha). « C'est une petite ville au dedans du pays sur la pointe d'un rocher, à trois lieuës de Mélile, et à cinq de la précédente. Les auteurs africains disent qu'elle a esté bastie depuis peu par les Bénimérinis avant qu'ils fussent rois de Fez, et lors qu'ils menoient paistre leurs troupeaux par les déserts de Garet où il n'y avoit point alors d'Arabes. C'étoit donc leur principale forteresse ; mais s'estant agrandis par la ruine des Almohades, ils s'establirent dans Fez et dans les autres places considérables, et laissèrent celle-cy à des Bérébères qui estoient leurs aliez, et de la mesme tribu. On n'y peut monter qu'en tournant, par un sentier assez difficile, et il n'y a dedans ni puits ni fontaine, mais une grande citerne qui s'emplit des eaux de pluye, lesquelles se rendent à des goutières. Elle a esté ruinée par le fils du second roy des Bénimérinis, à cause de la révolte du gouverneur et demeura depeuplée jusqu'à la prise de Mélile, qu'un Grenadin de ceux qui s'estoient sauvez en Afrique l'ayant demandée au roy de Fez, la repeupla de quelques Maures de l'Andalousie, et fit de là des courses sur les chrétiens de Caçaça et de Mélile. Le Chérif d'aujourd'huy tient un gouverneur, avec soixante chevaux

MEGGEO

Meggeo est une petite cité assise sur une haute montagne, éloignée de Tezzota, par l'espace de dix-huit milles du coté du ponant, et fut edifiée par les Africans en ce lieu prochain de la mer Mediterranée, environ six milles du coté de midy, et sont les habitans d'icelle hommes nobles et liberaux. Souz la montagne, y a une plaine dont le territoire produit des grains en abondance, et aux montagnes qui l'environnent se trouvent des minières de fer, et autour sont situés plusieurs villages, là où resident ceux qui le tirent. La seigneurie de cette cité parvint entre les mains d'un noble et magnanime chevalier, extrait du tige royal de la maison de Muachidin, mais de père fort pauvre, comme celuy, qui n'etoit que tissier, et aprint son art à son fils, de jeunesse. Mais l'adolescent qui aspiroit à choses hautes, ainsi que ses nobles projets le poussoyent cognoissant l'ancienne noblesse de ses ayeuls, rejeta le metier et la navette; puis se transporta à Bedis

et trois cens arquebuziers, qui sont toujours sur leurs gardes, parce que si les Turcs la prenoient, ils seroient maistres de la province. Aussi en ont-ils grande envie, pour la commodité du royaume de Trémécen, et de ce grand lac, qui n'en est pas esloigné de trois lieuës de sorte que cette ville est maintenant la capitale de la province de Garat » (Marmol, *L'Afrique*, t. II, p. 290). Tazoutha était une des places les plus fortes du Maghreb. Elle tomba au pouvoir de Omar ibn Yahia ben el-Wezir el-Ouattassy en l'année 691 (1291). Cf. le *Kitab oul-istiqça*, t. I, p. 172, et t. II, p. 35.

pour s'exercer aux armes, là où il se meit pour cheval-leger avec le seigneur, lequel (pour autant qu'il avoyt cette vertu de bien toucher du luth) le tenoit pour musicien. Or ce pendant, il avint que le capitaine de Tezzota, voulant faire une saillie sur les chretiens, requit à ce seigneur l'aide de ses chevaux-legers, dont il luy envoya troys cens avec ce noble damoysel, qui, non seulement à cette première faction, mais en plusieurs autres, feit cognoitre apertement à un chacun la grande prouësse et vaillance de laquelle son magnanime cœur etoyt ennobly. Neantmoins, son seigneur ne faisoyt aucun semblant de luy donner recompense digne de sa valeur, ains se delectoyt seulement au son et melodieux acors de son luth, ce que portant fort impatiemment, eguilloné d'un grand dedain, se partit et se retira vers quelques chevaliers de Garet, ses amys, desquels il receut si grand faveur, que, par leur moyen, vint à s'emparer du fort de Meggeo, retenant avec luy cinquante chevaux, outre ce que plusieurs montagnars, pour la defense et soutien, y envoyoyent de ce qu'ils pouvoyent avoir. Ce que voyant, le seigneur de Bedis meit aux champs troys cens chevaux et mille fantes pour luy faire quiter la place; mais ce courageux adolescent les caressa si bien avec sa petite compagnie, et les tâta si vivement, que leur meilleur et plus seur fut de gaigner le haut, avec grande perte et occision des leurs. Au moyen dequoy, sa renommée se rendoyt tousjours plus claire et fameuse, tellement que le roy de Fez le confirma en sa seigneurie, luy assignant certain revenu que la chambre de Fez souloyt distribuer aux seigneurs de Bedis, à fin qu'il servist de rampart contre les courses et furie des Espagnols. Et de cetuy-ci aprindent les Mores à se defendre et contester contre ceux qui leur vouloyent faire aucun outrage; et de fait, le roy de Fez luy a acreu d'un autre coté tant sa provision, qu'il tient deux cens chevaux, mais ils sont tels, qu'ils se pourroyent parangonner et faire tête à deux mille autres des capitaines ses voisins[1].

1. Il faut lire Medjaou, مجاو. « Megée, dit Marmol, est une petite ville à deux lieuës de la mer et à quatre de la précédente qui doit sa fondation à ceux du pays. Elle est bastie sur une haute montagne qui a au pied une belle plaine de grand rapport et des colines tout autour remplies de mines de fer avec plusieurs villages et hameaux où demeurent les ouvriers qui y travaillent. Le peuple est belliqueux et se pique fort de noblesse et de valeur. La place est forte et par art et par nature; elle estoit au pouvoir des Bénimérinis comme la précédente (Tezotha), lorsqu'un jeune homme du lieu de la lignée des Almohades, fils d'un pauvre tisseran, inuigné de la bassesse de sa condition, se fit soldat dans Vélez et devint par sa valeur colonel de trois cens chevaux avec lesquels il faisoit des courses sur les terres de Caçaça et de Melile. Cela le mit en telle réputation que, ne voyant pas ses services récompensez, il fit soulever cette place et se saisit du chasteau à la faveur de plusieurs montagnars et des Arabes de Garet. Comme il y étoit avec cinquante cavaliers de ses amis, le seigneur de Vélez envoya contre lui trois cens chevaux et mille arquebuziers qu'il défit et armant ses gens de leurs dépouilles, se rendit si considérable que le roy de Fez qui avoit affaire ailleurs, traita avec luy et luy confirmant cet Estat, luy assigna des villages et des revenus pour entretenir quatre cens chevaux afin d'empescher les courses des chrestiens. Il a vescu ainsi jusqu'à sa mort et ses troupes estoient les meilleures du pays. Un de ses petits-fils gouverne maintenant en sa place, mais il n'est point absolu comme luy parce que le Cherif d'aujourd'hui tient fort bas tous les gouverneurs » (*L'Afrique*, t. II,

ECHEBDEVON, PREMIÈRE MONTAGNE, EN LA REGION DE GARET

Cette montagne s'etend depuis Chasasa du coté de levant jusques au fleuve Muluia et à la mer Mediterranée, de la partie du midy, jusques au desert de Garet. Elle fut jadis habitée de braves et riches gens et est fort abondante en miel et orge, avec force betail à cause que tout le terroir est fort bon, et à l'entour, devers terre ferme, y a de grandes et amples campagnes de paturages. Mais après que Chasasa fut subjuguée, les habitans de cette montagne ne pouvans contester, ny se maintenir (pour ce que les hameaux etoyent trop ecartés et distans l'un de l'autre) quitèrent leur demeure, et ayans embrasé leurs propres maisons et batimens, s'en alerent habiter en d'autres montagnes[1].

---

p. 291). Le nom ethnique de Medjaouy, جاوى (originaire de Medjaou), est très répandu dans la province de Tlemcen.

1. Au lieu du nom défiguré de Echebdevon, il faut lire Ikebdanan, اكبدانان. La tribu des Kebdana qui occupe cette montagne fait partie de la confédération des Angad.

« Le Djebel Kebdana, dit M. Mouliéras, succession de petites collines couvertes de lentisques, s'avance jusqu'au cœur de la fraction d'Ez-Zekhanin. Autour et devant lui, c'est le Garete... » (*Le Maroc inconnu*, p. 167).

Le nom de la montagne des Kebdana est également défiguré dans la notice de Marmol, qui écrit Mequelhuan. « C'est une grande montagne qui d'un costé donne sur la rivière de Mulucan où elle fait comme une espèce de cap et les chrestiens la nomment en cet endroit-là la montagne des Aldargues ou des boucliers et, de l'autre costé qui respond vers la mer, elle tient à la montagne de Carnum où estoit l'ancienne ville de Mechucha dont

BENI SAHID

Beni Sahid prend son etendue auprès de Chasasa, suivant devers ponant jusques au fleuve Nocor, qui sont environ cent vingt et quatre milles, et est habitée de plusieurs peuples, tous riches, d'autant qu'ils sont exempts de toute imposition et tribut, avec ce, vaillans et liberaux, tellement, que tous les etrangers qui passent par là, sont defrayés et ne depensent chose que ce soit. On y tire du fer en grande quantité, et y croit l'orge en abondance. Il y a avec ce, grand nombre de betail, à cause de la belle plaine qui y est, où sont toutes les veines du fer, et n'y a jamais faute d'eau. Tous ceux qui travaillent à la minière ont leurs maisons, boutiques et betail tout joignant là où ils purifient le fer qu'ils vendent aux

les bastimens paroissent avoir esté faits par les Romains. Elle fut ruinée par le calife schismatique de Carvan et quoy-qu'elle n'ait pas esté restablie depuis, quelques Bérébères demeurent au plus haut dans un quartier qu'on nomme la nouvelle Mechucha. Cette montagne s'estend depuis Caçaça vers le levant jusqu'à la rivière de Muluya et depuis la mer jusqu'aux déserts de Garet. Les historiens disent qu'elle estoit autrefois habitée d'un peuple riche et belliqueux et qu'il y avoit grand commerce. Il y a quantité d'orge et de miel et de gros et menu bétail ; mais les habitans furent si travaillez des courses des chrestiens, après la prise de Mélile, parce que les villages estant éloignez les uns des autres ne se pouvoient secourir qu'ils se retirèrent ailleurs. Ils y sont revenus depuis la perte de Caçaça, mais ils ne furent plus si à leur aise qu'ils estoient. On les nomme Béni-Sayd et ils sont des dépendances de Tézote et payent contribution au gouverneur pour l'entretien de la cavalerie qui sert à la défense de la province » (Marmol, *L'Afrique*, t. II, p. 292).

marchans, qui, puis après, le portent à Fez en billon, pour ce que ce n'est pas leur coutume, ou ne savent le reduire en verges ou platines. Du reste, ils forgent des marres, pics, fourchefieres et socs, qui sont armes de vilains, et de ce fer ne se peut tirer acier[1].

AZGANGAN

Cette montagne icy confine de la partie du midy avec Chasasa, etant fort habitée non seulement de gens riches et opulens, mais vaillans et courageux, à cause qu'elle n'est moins abondante ny fertile que les autres et a encor cecy de plus, que le desert de Garet est au pied d'icelle, et les habitans d'iceluy

---

1. *De Béni-Sayd*, بي سعيد. « C'est une montagne fort grande qui s'estend jusqu'à la ville de Caçaça et confine avec la province d'Errif où elle est séparée de celle de Garet par la rivière de Nocor. Elle est partagée en trois peuples, Béni-Sayd, Béni-Mansor et Béni-Ulid, tous riches et belliqueux, de la tribu des Gomères. Le pays rapporte beaucoup d'orge et est fort bon pour les troupeaux, à cause des pâturages des valons. Il y a aussi des mines de fer d'où naissent plusieurs fontaines et ceux qui y travaillent ont leurs forges et leurs maisons proches où l'on vient de Fez acheter des fers de charruë et autres ustencilles de labourage avec des boules de fer, car on ne met point le fer en barres en ce pays-là comme en Europe. Ils n'ont point d'acier et le font venir d'ailleurs. Il y a en ceste montagne un château nommé Calaa qui est la forteresse du pays. Les habitans sont vassaux du roy de Fez et luy payent tribut, quoyque ils soyent plus de huit mille combatans dont il y a plus de cinq cens arquebuziers ou arbalestiers, avec quelque cavalerie; mais comme le pays n'est pas fort ils ne sont pas capables de maintenir leur liberté. Ils estoient en perpétuelle appréhension lorsque Caçaça estoit aux chrétiens, mais ils n'abandonnèrent pas pour cela » (Marmol, *L'Afrique*, t. II, p. 293).

font de grandes trafiques avec les montagnars qui l'abandonnèrent semblablement, à la prinse de Chasasa[1].

BENI TEUSIN

Du coté de midy, cette montagne icy confine avec la precedente, et a en longueur environ dix milles, c'est à savoir depuis la partie du desert jusques au fleuve Nocor. D'un coté d'icelle, y a plusieurs plaines dont les habitans sont libres, et recueillent les fruits de leurs terres, sans en rendre chose aucune au capitaine de Tezzota, au seigneur de Meggeo, ny à celuy de Bedis, pour ce qu'ils ont plus grand nombre de chevaux et gens de guerres, que tous ces troys sei-

---

Les Beni-Said, tribu maritime du Rif, sont enclavés entre Temsaman à l'ouest, Ghaliya à l'est, Beni-Oulechchek et Beni-bou-Yahia au sud. Leur territoire a une vingtaine de kilomètres en long et en large. Cf. Mouliéras, *Le Maroc inconnu*, pp. 129-131.

1. M. Mouliéras écrit Bezghenghen, بزغنغن, avec le préfixe ب qui en berbère a la signification de la préposition *de*, au lieu de Azgangan. C'est, dit-il, un bourg important de cinq cents feux, sur la rive droite du Ouad el-Kert (*Le Maroc inconnu*, p. 166).

D'*Azgangan*, ازغنغن. « Cette montagne s'estend depuis Caçaça, du costé du midi jusqu'aux déserts de Garet et abonde en miel, orge et en troupeaux. Tous les Arabes et Bérébères du desert y trafiquent plus qu'ailleurs, parce qu'ils le peuvent faire plus commodément. Le peuple est riche, mais quand les chrestiens tenoient Caçaça, le quartier du nord et du couchant estoit dépeuplé et s'est repeuplé depuis. Les habitans sont vassaux du roy de Fez, et font quatre mille combatans, dont il y a plusieurs cavaliers et quelques arquebuziers qui viennent servir le gouverneur de Tezote, quand il a besoin d'eux. On nomme ces peuples Béni-Mansor » (Marmol, *L'Afrique*, t. II, p. 293).

gneurs ensemble. Davantage, le seigneur de Meggeo leur est grandement atenu et redevable pour le bon secours qu'ils luy donnèrent à se saisir de la seigneurie, et sont encore caressés et entretenus du roy de Fez, d'autant qu'ils ont une ancienne amytié avec sa maison, avant qu'elle obtint le sceptre royal. Ce que moyenna un de ces montagnars, qui etant homme de grande doctrine et valeur, exerçoyt l'office d'avocat en Fez; et ramantenant souventefoys le merite de leurs anciens, maintint en liberté les habitans de son païs, qui furent encor auparavant confederés avec les roys de Marin, pour ce que la mère de Abusahid, tiers roy de cette famille, fut fille d'un des plus nobles de cette montagne[1].

---

1. Il faut lire, au lieu de Tenzin, Toudjin. Les Beni Toudjin, بني توجين, sont, au rapport des généalogistes berbères cités par Ibn Khaldoun, une branche de la tribu zénatienne des Ouacin. Elle rivalisait en nombre et en puissance avec les Beni Merin et les Beni Abd el-Ouad (*Histoire des Berbères*, t. III, pp. 188 et 302). M. Mouliéras a consacré à la tribu des Beni Touzin, توزين, ou Beni Toudjin, un long chapitre dans son *Maroc inconnu*, pp. 113-118.

De Tenzin ou Quizina. « Cette montagne touche à la précédente du costé du midi et s'estend depuis le désert de Garet, jusqu'à la rivière de Nocor par l'espace de plus de quatre lieuës. Les habitans sont riches et belliqueux, et ont d'un costé de grandes plaines où ils recueillent quantité d'orge et nourrissent leurs troupeaux. Ils ne payent rien des terres qu'ils labourent, parce qu'ils sont plus puissans et ont plus de cavalerie que tous les trois gouverneurs ensemble de Tezote, Vélez et Megée. Ils aiment fort les habitans de cette dernière ville parce qu'ils favorisèrent la révolte de ce jeune homme de la race des Almohades, dont nous avons parlé. Lorsque les Béni Mérinis régnoient dans Fez, ils les traitoient fort bien, parce qu'ils étoient comme eux d'entre les Zénètes et la mère d'Abou Sayd, troisième roy de Fez de cette branche, étoit de cette montagne et fille d'un gentilhomme de

GUARDAN

Cette montagne confine avec la precedente, du coté de tramontane, s'etendant en longueur environ douze milles devers la mer Mediterranée, et huit en largeur, qui se jete jusques sur le fleuve Nocor. Les habitans d'icelle sont preux et riches, ne cedans en toute qualité à ceux du mont Beni Teuzin, et ont coutume de faire le samedy un marché sur le fleuve, auquel s'achemine la plus grand part de ceux des montagnes de Garet, avec une infinité des habitans de Fez. Les echanges se font de fournimens de chevaux et huiles contre du fer, pour ce qu'en la region de Garet, ne croissent guéres d'olives ne vins : avec ce, qu'ils se passent legérement d'en boire, combien qu'ils soyent prochains d'Arif, dont les habitans s'enyvrent outre mesure. Un temps fut qu'ils furent vassaux du seigneur de Bedis, mais à la suasion et par le moyen d'un homme, docte predicateur, obtindrent du roy de Fez que la quantité du tribut fut remise à leur vouloir et discretion. Au moyen de quoy, ils presentèrent au roy, par chacune année, certaine somme de deniers, chevaux et esclaves se retirans totalement de la sujetion du seigneur de Bedis[1].

---

marque. Le Chérif d'aujourd'huy en fait grand estat et les maintient en liberté parce qu'il en a besoin dans les guerres de Treméçen » (Marmol, *L'Afrique*, t. II, p. 294).

1. De Guardan (Ouardan dans la même province). « Ceste montagne

EPILOGUE DE LA PROVINCE DE GARET

Cette province est divisée en troys parties, dont l'une contient les cités et le territoire ; en l'autre sont les montagnes ; et ce peuple est communement appellé Bottia. La tierce et dernière contient le desert, qui du coté de tramontane, prend son commencement à la mer Mediterranée, s'etendant devers midy, jusques à celuy de la region de Chaus ; de la partie du ponant, confine avec les montagnes par cy devant nommées, et devers levant se joint au fleuve Muluia. Il y a de longueur environ soissante milles,

touche à la précédente du costé du nort et s'estend vers quatre lieuës le long de la mer Méditerranée et de trois vers la rivière de Nocor. Les habitans sont aussi d'entre les Zénètes, gens riches, braves et magnifiques. Ils tiennent un marché tous les samedis près d'une petite rivière, où abordent les marchans de Fez, avec les Bérébères des montagnes et les Arabes du désert, pour acheter de la cire, de l'huile, des cuirs, des enharnachemens de chevaux et le reste de leur équipage. Ces Bérébères n'ont point de vignes et ne boivent pas de vin, comme ceux d'Errif, ne payent pas de tribut, mais font seulement tous les ans un présent en argent, chevaux ou esclaves et, par ce moyen, maintiennent leur liberté. Ils estoient autrefois vassaux des seigneurs de Vélez, mais un célèbre alfaqui qui en estoit, fit tant avec le roy de Fez qu'il les incorpora à sa couronne, à la charge de ce présent qui ne laisse pas de valoir plus qu'ils ne payeroient de contribution. Mais il est libre, et il dépend d'eux de le faire tel qu'il leur plaist. Ils sont sept mille hommes de combat dont y a plus de cinq cens chevaux et plusieurs arquebuziers, tous bien en ordre. Il n'y a point d'autres habitations considérables en cette province. Nous avons parlé d'abord des déserts ; parlons maintenant de la septième et dernière province du royaume de Fez » (Marmol, *L'Afrique*, t. II, pp. 294-295).

et trente en largeur; etant si âpre et aride qu'on n'y
sauroit trouver autre eau que celle du fleuve Muluia ; et s'y engendrent plusieurs animaux de diverse
nature lesquels produit aussi le desert de Libye,
qui confine avec la Numidie. En temps d'eté, plusieurs
Arabes ont coutume d'y venir faire residence près
le fleuve, avec un certain peuple appellé Batalise,
qui est cruel et fort abondant en chevaux, brebis et
chameaux, et bataillent journellement avec les Arabes qui luy sont voysins.

CHAUS, SEPTIÈME REGION DU ROYAUME DE FEZ

Chaus est estimée la tierce partie du royaume
de Fez pour ce qu'elle s'etend depuis le fleuve Sha
de la partie orientale, allant vers ponant, jusques à
la fin du fleuve Gurnigara, qui est d'espace environ
cent nonante milles; et en contient soixante de largeur, qui est toute celle de la partie du mont Atlas,
laquelle repond devers Moritanie, et contient, avec
ce, une bonne partie des plaines et montagnes, qui
confinent avec la Libye.

Du temps que Habdulach, premier prince de la
maison de Marin, subjugua toute la Moritanie avec
les autres regions qui se joignent à icelle, son lignage
s'epandit par cette province icy, et delaissa quatre
enfans, dont le premier desquels fut nommé Abubder,

le second Abuechia, le tiers Abusahid, et le quart Jacob, lequel parvint à la corone pour avoir defaite et reduite à neant la famille Muachidin, roy de Maroc, et devant qu'il en fut jouyssant ses trois antecesseurs (à chacun des quels le pére auroyt assigné une region) moururent, à cause de quoy ils ne peurent obtenir aucun titre de roy[1]. Les autres troys provinces furent divisées en sept parties : c'est à savoir entre les quatre lignées de Marin, et deux peuples qui furent amys et aliés d'icelles, tellement que cette province-cy fut estimée pour troys, à cause qu'il ne s'en trouvoyt que sept, et ceux qui pretendoyent part au royaume, etoyent jusques au nombre de dix. Cet Abdulach fut l'auteur de ces divisions, mettant Chaus pour la plus grande partie, comme nous declarerons par cy-après particuliérement[2].

1. Abdoul Haqq laissa quatre fils: Abou Bekr, Abou Yahia, Abou Sayd et Yaqoub.
2. *De la province de Cuz*, الحوز (El-Hauz). « C'est la derniere et la plus orientale du royaume de Fez qui contient plus de pays que deux autres des plus grandes, d'où vient peut-estre son nom. Elle a quatre-vingts lieuës depuis la rivière de Gureygure jusqu'à celle d'Esaha et comprend toutes les montagnes du grand Atlas qui sont entre ces deux rivières avec une grande partie des plaines de Numidie et des montagnes qui bordent la Libye intérieure. Les historiens arabes disent que le premier prince de la lignée des Bénimérinis partagea les provinces du royaume de Fez en dix parties, comme avoit fait devant luy le premier roy de Fez et qu'il en fit trois de cette province qu'il donna à trois branches des Bénimérinis qui lui étoient aliées, lesquelles bastirent depuis la ville de Dubudu, ennoblirent Tezar et se maintinrent contre les Turcs et contre la puissance des Chérifs. Il est vrai que, depuis peu, elles se sont aliées ou plûtost renduës vassales du roy de Fez qui en fait grand estat à cause que c'est une brave noblesse qui a défendu toujours la province contre les seigneurs de Trémeçen. Tout

TEURERT, PREMIÈRE CITÉ EN LA REGION DE CHAUS

Cette cité fut anciennement edifiée par les Africans sur une haute montagne auprès du fleuve Zha, et à l'entour d'icelle y a de fort bonnes terres, mais de petite etendue, pour ce qu'elles confinent avec quelques arides et apres desers. Du coté de tramontane, se joint avec le desert, et devers le midy à celuy de Addhara; de la partie du levant avec Anghad, qui est aussi un desert, commençant au royaume de Telensin, et de la partie du ponant avec le desert de Tafrata, qui semblablement, confine avec la cité de Tazza. Cette cité fut jadis civile et bien habitée, contenant environ troys mille feus, et y a de fort beaux temples et edifices, dont les murailles sont de pierre tevertine. Mais, depuis que la famille de Marin s'aquit le domaine du ponant, elle fut mise en debat qui cause de grandes guerres, pour ce que les seigneurs de Marin vouloyent qu'elle fut jointe au royaume de Fez, et au contraire, ceux de Beni Zeyan, c'est à savoir les roys de Telensin employèrent

ce quartier est situé entre des montagnes et ne s'estend point jusqu'à la mer, quoy-que quelques-uns ayent dit que l'Océan couvroit autrefois toute la province d'Asgar et que les vaisseaux abordoient jusqu'à la ville de Tézar. Toutes les montagnes de cette province sont peuplées de Zénètes qui ont toujours guerre avec les Turcs de Trémeçen » (Marmol, *L'Afrique*, t. II, pp. 295-296).

toutes leurs forces pour la reduire souz leur domaine et seigneurie[1].

HADAGIA

Hadagia est une petite cité edifiée par les Africans, d'assiete conforme à celle d'une île, pour ce que, tout auprès d'icelle, se joint le fleuve Mullulo avec celuy de Muluia. Elle fut anciennement bien habitée et fort civile; mais ayans les Arabes ocupé le ponant, son heur commença à s'ebranler, à cause qu'elle confine avec les desers de Dahra, là où il y a de tres-mauvais garnemens d'Arabes; puis, à la ruine de

---

1. *De Teurert*, تورارت (Taourert). « C'est une ancienne ville, bastie au haut d'une montagne par les anciens Africains, sur les bords du Za, et environnée de plusieurs terres fertiles en bleds et en troupeaux qui aboutissent de tous costez à des déserts aspres et stériles. Car elle a celuy de Garet au septentrion, au midi celui d'Adubare, celui d'Angued au levant, et au couchant qui va au royaume de Trémécen, celui de Tefrata qui aboutit aussi à la ville de Tézar. C'estoit autrefois une des principales villes de la Mauritanie, et celuy qui en estoit seigneur tiroit tribut de tous les Arabes et les Bérébères de ses déserts. Il y avoit plusieurs temples et plusieurs palais tout bastis de pierre de taille, et elle est ceinte de bons murs, mais depuis le règne des Bénimérinis, elle a esté fort incommodée des guerres de Trémécen, à cause des diverses prétentions de ces princes qui la vouloient assujettir, pour estre maistres des Arabes, au milieu desquels elle est. Le Chérif d'aujourd'huy y tient garnison, tant de cavalerie que d'infanterie, de peur que les Turcs s'en emparent; et met de l'artillerie au chasteau : mais elle n'est pas si peuplée qu'autrefois, parce que les habitans ont été demeurer à Tézar et ailleurs pour s'esloigner de la frontière » (Marmol, *L'Afrique*, t. II, p. 296).

Taourert porte aujourd'hui le nom de Qaçabah Moulay Ismayl.

Teurert, elle fut totalement demolie sans qu'il en demeurat autre chose en son entier, sinon les murailles, qui se peuvent encor veoir jusques à maintenant[1].

GARSIS, CHATEAU

Garsis est un chateau antique, situé sur un roc auprès du fleuve Muluia, distant de Teurert environ quinze milles, lequel fut la forteresse de la maison de Beni Marin, qui y faisoit garder ses grains du temps que la famille d'icelle residoyt au desert. Depuis, il fut subjugué par Abuhenan, cinquieme roy de cette maison memes. Autour d'iceluy, dans la plaine, y a un petit territoire, là où se trouvent quelques jardins produisans raisins, figues et pesches qui ressemblent (par l'objet sterile des desers) à celuy de delices auquel Adam commit le premier peché. Les habitans sont mecaniques et sans civilité, n'ayans autre soucy que de se tenir sur la garde des grains de leurs maitres arabes, qui se demeurent

1. *D'Hadagie*, حداجية. « C'est une grande ville bastie par les anciens Africains dans une isle que font deux rivières, qui ensuite se joignent. Elle est ceinte de bons murs garnis de tours, et estoit autrefois fort peuplée de Bérébéres de la tribu des Zénètes ; mais quand les Arabes mahométans occupèrent les provinces du couchant et se répandirent par les déserts, ils firent tant d'insultes aux habitans, qui estoient aussi incommodez des armées de Fez et de Trémecen, qu'ils abandonnèrent la ville pour se retirer ailleurs, de sorte que toutes les maisons en sont fondues. Il ne reste que les murailles, et la campagne est aux Arabes » (Marmol, *L'Afrique*, t. II).

dans le chateau, lequel n'a pas plus grande montre qu'un petit hameau, pour ce que les murailles sont toutes rompues, et les maisons non autrement couvertes que de certaines pierres noires[1].

DUBDU

Dubdu est une ancienne cité, forte et bien habitée d'une partie du peuple de Zenete, edifiée par les Africans sur la cote d'une treshaute montagne, dont s'ecoulent plusieurs fontaines, qui prennent leurs cours par la cité, qui est distante de la plaine environ cinq milles ; mais qui seroit au pied de la mon-

1. *De Garcis, ou Galafa,* كرسيس. « C'est une petite ville près de la rivière de Mulucan, à cinq lieues de Teurert. Elle a esté bastie par les anciens Africains de la lignée des Bénimérinis, pour resserrer leurs bleds, et leur servir de forteresse, lorsqu'ils demeuroient dans les déserts. c'est pourquoy elle est assise sur un roc. Depuis qu'ils furent parvenus à l'empire, ils la laissèrent à leurs parens, et sous le règne du cinquième roy de cette famille, les habitans s'estant révoltez, ce prince la prit d'assaut et faisant main-basse sur tout, la ruina et fit abatre des pans de muraille en divers endroits. Elle s'est repeuplée, depuis, de pauvres gens, parce qu'il y a au pied de bonnes terres labourables, et quelques jardins pleins de treilles, de vignes et de fruits, dont l'on fait grand estat parmi ces déserts. Aussi, les habitans ne font-ils point d'autre trafic, et gardent le bled des Arabes dont ils sont vassaux, dans des creux sous terre : parce qu'il n'y a aucune maison dans la ville où il y ait un plancher. Ce ne sont que de meschantes estables couvertes de paille et de rameaux avec de la terre par dessus. Elle est dans les cartes de la Libye de Ptolomée à onze degrez de longitude, et à trente deux degrez quarante minutes de latitude, sous le nom de Galafe » (Marmol, *L'Afrique*, t. II).

tagne, la regardant, ne jugeroit pas qu'elle en fut eloignée d'un et demy, pour ce que plusieurs sentiers et detorces qu'il faut suivre, causent cette longue distance de chemin, qu'il convient tenir pour parvenir à la cité, par delà laquelle et au sommet de la montagne sont toutes les possessions, à cause que le terroir de la plaine est trop apre. Vray est qu'il y a aucuns jardins sur le rivage d'un petit fleuve, qui passe au pied du mont, mais tout ce qui y est produit et dans les possessions, n'est pas à la moitié près suffisant pour sustanter les habitans de la cité, pour laquelle fournir s'y transportent des grains du territoire de Tezza, à cause qu'elle fut expressement edifiée pour forteresse par une lignée du peuple de Marin, alors que les regions du ponant furent par Abdulach divisées; et celle, où est située Dubdu, echut à une famille nommée Beniguertaggen, qui l'a tousjours possedée jusques à present. Mais quand la maison de Marin fut desaisie du royaume de Fez, les Arabes voisins cerchèrent le moyen de frustrer icelle de la seigneurie, ce qui fut fait avec l'aide et suport d'Ibnu Chanu[1], qui etoit de cette famille merveilleusement empesché, tellement qu'ils furent contrains de pourchasser les trèves. Cetuy-cy fut seigneur de la cité, et après son decès laissa un fils nommé Acmed, qui herita tant aux louables cou-

---

1. Ce nom est singulièrement défiguré. Il s'agit, dans ce passage, de Yahia ibn Rahou. On peut consulter sur la famille de Rahou l'*Histoire des Berbères* d'Ibn Khaldoun, t. IV, *passim*.

tumes, comme aux amples seigneuries paternelles et tandis qu'il vequit, maintint en bonne paix et tranquillité son domaine, duquel herita Mahommet, qui fut certes un homme fort martial et magnanime, au moyen dequoy il avoyt subjugué auparavant plusieurs cités et chateaux au pied du mont Atlas du coté de midy, sur les frontiéres de Numidie; puis, etant parvenu au gouvernement de cette cité, commença à l'embellir par plusieurs superbes edifices, et la reduire à civilité, usant avec cela, d'une si grande courtoisie et liberalité envers les etrangers, et d'une humanité si grande avec un chacun, que la renommée de sa grande vertu et actes illustres remplit incontinent les oreilles de plusieurs peuples, etant divulguée par plusieurs regions, tellement que, suivant la bonne estime en laquelle tout le monde le tenoyt, il s'en trouva qui l'enhortérent fort instamment à s'emparer de Tezza, l'enlevant d'entre les mains du roy de Fez, et de fait, plusieurs s'ofrirent liberalement de lui prêter aide et faveur en tout ce qu'ils pourroyent et que l'urgente necessité le requerroit.

Mahommet succède à Acmed.

Or, pour mieux conduire et mettre fin à cette menée, fut arreté qu'il s'achemineroit en habit de montagnard dans Tezza le jour du marché, feignant de vouloir acheter quelque chose, comme les autres; et, en cet instant, ses gens assaudroyent le capitaine, ce qui pourroyt facilement prendre yssuë conforme à leur projet, veu memement que la plus grande par-

Mahommet se met en habit de montagnard pour aller à Tezza.

tie des citoyens condescendoit à leur faveur; mais cette entreprinse fut decouverte. Au moyen de quoy le roy de Fez (qui etoit Saich, premier roy de la maison de Ouattas, et pere de cetuy qui est à present) s'achemina à la volte de cette montagne avec un gros exercite pour prendre Dubdu, et ne fut pas plustôt arrivé au pied de la montagne, qu'il feit ranger ses gens et les mettre en ordonnance et marcher en bataille. Mais les montagnars, qui etoyent jusques au nombre de six mille hommes à couvert, demarchèrent en arrière, donnans passage à une bonne part de la gendarmerie, qui montoyt par certaines voyes obliques et etroits sentiers par lesquels les soldats suportèrent une peine extreme, et enfin etans parvenus là où on les attendoyt de pied coy, les montagnars tous frais et bien dispos commencèrent à se ruer sur les faibles et lassés, avec une telle furie et impetuosité, que tant pour l'incapacité du lieu qui etoyt etroit et scabreux, comme pour être tous hors d'haleine, les Fezans ne pouvans suporter une si pesante charge, furent contraints de quiter la place; mais ce fut tant hativement, qu'ils trebuchoyent à la foule du haut en bas, tellement que plus de mille, voulans eviter cette horrible mort, tombèrent en un autre danger, qui ne les asseuroit de rien moins que de leur vie, et en y eut de tués (comprenant tant les precipités comme ceux qui passèrent par le fil de l'epée) jusques au nombre de troys mille. Si est-ce que ce dur rencontre fait au

Defaite de ceux de Fez.

desavantage du roy ne l'intimida en rien et ne peut detourner son entreprinse ; mais ayant choisy cinq cens arbaletiers et troys cens arquebusiers se resolut entièrement de donner l'assaut à la cité. Lors cognoissant Mahommet à veuë d'œil que ses forces etoyent trop faibles pour se defendre contre un tel seigneur, se pensa d'exposer à tout hazard, se rendant et mettre sa personne entre les mains du roy, à sa misericorde : et de fait, après avoir prins un habit de messager, se vint presenter dans le pavillon de Sa Majesté, à laquelle il donna une lettre ecrite de sa main au nom du seigneur de Dubdu. Le roy (comme celuy qui ne le cognoissoyt aucunement) après avoir ouy la lecture du contenu de cette lettre, luy demanda qu'il luy sembloit de son seigneur. Il me semble qu'il soyt surprins d'une grande folie, Seigneur, mais quoy, l'esprit malin deçoit le plus souvent autant bien ceux qui sont constitués aux grans honneurs et dignités, comme ceux qui marchent au rang des plus infimes et abjectes personnes qui soyent au monde. Par le vray Dieu! (repliqua le roy) si je le tenoys aussi bien comme je suis seur de l'avoir de brief en ma puissance, je le feroys ainsi vif qu'il est, demembrer et tailler en pièces. Et si maintenant, (dit Mahommet) il se venoyt rendre en toute humilité et reverence jeter aux pieds de V. M., implorant sa benegnité et clemence en recognoissance de son erreur, de quel traitement useriez-vous en son endroit Je jure par cette tête (repondit le roy) que s'il don-

Mahommet, deguisé en habit de messager, tente son ennemy par belles harangues.

noit à cognoitre en cette sorte le regret qui le poindroit de m'avoir ofensé, que non seulement je luy pardonneroys toute l'haine que j'ai conceuë jamais à l'encontre de luy ; mais trouveroys le moyen de l'alier à mon parentage, qui seroyt en donnant deux de mes filles à ses deux enfans et le confermant en sa seigneurie, leur assigneroys encor tel douaire, qui me sembleroyt plus raisonnable ; mais je ne me sauroys faire à croire qu'il se doive ranger jusques à ce point, tant il est fol et outrecuidé. Il le fera bien (dit le messager) si V. M. promet cela en presence des principaux de votre cour. Je pense (dit le roy) que ces quatre qui me cotoyent soyent sufisans, et recevables, dont l'un est mon grand secretaire, l'autre mon lieutenant en chef, le tiers mon gendre et le quart est le grand prêtre et juge de Fez. A ces paroles, le messager non plus, mais Mahommet, se jeta à ses pieds usant de semblables paroles : Roy, voicy le pecheur, lequel ne recourant à autre refuge se vient submettre à votre clemence et misericorde. Donq le roy amortissant la flamme de son courroux, emeu par l'humilité grande de ce seigneur, après l'avoir fait lever, l'acola en le baisant, et dès cette heure, le retint pour parent et amy ; puis, sur le champ feit venir ses deux filles, qu'il feit epouser aux deux enfans de Mahommet qui soupa ce soir là avec Sa Majesté, laquelle au matin leva son camp et feit retour à Fez. Ces choses prindrent telle yssue en l'an de l'hegire neuf cens quatre, et me retrouvay au

Mahommet prosterné aux pieds du roy.

lieu en l'an neuf cens vingt et un[1], que ce seigneur etoyt encore vivant, lequel me donna logis dans son palais memes, là où il me feit grande caresse et magnifique recueil, à cause des lettres de faveur que j'avoys au roy de Fez, et d'un sien frère, et s'enquit de moy de leur etat, et quel ordre en la manière de vivre se tenoyt dans la cité de Fez[2].

1. 1498 et 1515 de l'ère chrétienne.
2. *De Dubudu* دبدو (Debdou). « C'est une grande ville sur la pente d'une haute montagne, à vingt lieuës de Mélile, du costé du midi, qui a esté bastie par un seigneur des Bénimérinis depuis qu'ils règnent dans la Mauritanie Tingitane. Il y a sur le haut plusieurs fontaines qui descendent dans la ville, et elle paroist de loin estre au pied de la montagne, quoyqu'il y ait plus d'une lieuë et demie de coste jusques-là, et l'on y monte en tournoyant par un chemin rude et difficile. Toute la campagne est stérile et infructueuse, si ce n'est sur le bord d'une rivière où il y a quelques jardins et quelques vergers. Les habitans ont leurs héritages sur le haut; mais ils ne recueillent pas du bled pour quatre mois de l'année, et se fournissent de froment et d'orge à Tézar. Cette ville dans son origine estoit une forteresse des Bénimérinis : car quand Abdulac distribua les provinces du royaume de Fez comme nous avons dit, il donna ce quartier à quelques-uns de ses parens, qui bastirent cette place pour resserrer leur bled; mais elle s'est tant accrue depuis que c'est aujourd'huy une des bonnes villes d'Afrique.

« Quand les Bénimérinis furent dépossédez par les Oatazes, les Arabes de la contrée la voulurent ruiner et en chasser les habitans; mais ils se défendirent courageusement par la valeur de leur chef, qui traita depuis avec eux et demeura seigneur de Dubudu où il vécut plusieurs années. Il laissa pour successeur son fils Hamet, qui fut fort vaillant, et conserva cet Estat jusqu'à la mort, ayant pour héritier son fils Mahamet qui fut aussi des plus braves de son tems, et prit plusieurs villes dès le vivant de son père, sur la coste du mont Atlas qui regarde la Numidie, dont plusieurs particuliers s'estoient emparez dans la cheute de cet empire. Celuy-cy l'embellit de plusieurs édifices, et y establit un grand commerce, se monstrant fort doux et favorable aux estrangers; de sorte que sa réputation se répandit partout, et on le nomma roy de Dubudu. Il voulut se rendre maistre de Tézar, à

TEZA, CITÉ

Teza est une cité non moins noble que forte, tresfertile et abondante, edifiée par les anciens Africans, prochaine d'Atlas, environ cinq milles, et

la solicitation de quelques-uns de ses sujets; mais le premier roy des Béni Oatazes en ayant eu avis fut assiéger Dubudu; et comme il y vouloit monter, les habitans, qui estoient plus de six mille, feignirent de s'enfuir, et le laissant grimper une partie du chemin, revinrent fondre sur ses gens à coups de pierres et de dards de telle furie, que ne pouvant essuyer cette tempeste, ils prirent la fuite, et se culbutant l'un l'autre dans les détroits, ceux de Dubudu en tuèrent plus de trois mille sans ceux qui se précipitèrent, ou qui roulèrent par ces rochers. Il ne laissa pas de poursuivre son entreprise, et fit venir trois cens arquebuziers et cinq cens arbalestriers de renfort qui s'avancèrent pied à pied, avec résolution de ne point abandonner la place qu'elle ne fust prise. Mahamet voyant qu'il n'estoit pas capable de résister à une si grande puissance fit ce stratagème : il feignit d'estre un messager qui venoit de sa part, et entrant dans la tente du roy, luy donna sa lettre. Après l'avoir fait lire à son secrétaire et avoir appris ce qu'elle contenoit : Dis à ton seigneur, respondit-il, que ce seroit le plus seur de se rendre sans tenter une vaine défense. Il repartit que c'estoit son sentiment, et luy demanda s'il luy pardonneroit au cas qu'il se vinst jetter à ses pieds; le roy ayant respondu que ouy, et qu'il luy feroit du bien, après avoir reconnu sa valeur, il l'obligea à le confirmer par serment devant les principaux de son camp. Alors se jettant à ses pieds, il luy dit, les larmes aux yeux, qu'il voyoit devant luy celuy qui l'avoit offensé; et le roy le relevant le baisa et le caressant fut avec luy dans la ville, où il maria ses deux filles avec les deux fils de Mahamet, et luy confirma l'Estat pour luy et ses descendans, après quoy il se retira à Fez qui en est à vingt cinq lieuës. Dès lors les seigneurs de Dubudu prirent le titre de rois, quoy que depuis l'establissement des Chérifs ils devinssent comme leurs vassaux, et fussent obligez de les servir dans leurs guerres, tant que Muley Homar, seigneur de Dubudu, estant mort dans Fez, le Chérif qui règne aujourd'huy s'empara de son Estat, et y mit un gouverneur avec des troupes, pour le defendre contre les Turcs. Il envoya mesme, de trois mois en trois mois, cin-

distante de Fez par l'espace de cinquante, trente de l'Ocean, et sept de la mer Mediterranée, passant par le desert de Garet à la volte de Chasasa. Elle peut quante arquebuziers de sa garde dans la forteresse » (Marmol, *L'Afrique*, t. II, p. 296).

« Debdou est située dans une position délicieuse, au pied du flanc droit de la vallée qui s'élève en muraille perpendiculaire à quatre-vingts mètres au dessus du fond; il forme une haute paroi de roche jaune, aux tons dorés, que de longues lianes rayent de leur feuillage sombre. Au sommet, se trouve un plateau, avec une vieille forteresse dressant avec majesté au bord du précipice ses tours croulantes et son haut minaret. Au delà du plateau, une succession de murailles à pic et de talus escarpés s'élève jusqu'au faîte du flanc. Là, à cinq cents mètres au-dessus de Debdou, se dessine une longue crête couronnée d'arbres, la Gada. Les ruisseaux se précipitent du sommet de la montagne, bondissent en hautes cascades le long de ces parois abruptes et en revêtent la surface de leurs mailles d'argent. Rien ne peut exprimer la fraîcheur de ce tableau. Debdou est entourée de jardins superbes : vignes, oliviers, figuiers, grenadiers, pêchers y forment auprès de la ville de profonds bosquets et au delà s'étendent en ligne sombre sur les bords de l'oued.

« Le reste de la vallée est couvert de prairies, de champs d'orge et de blé se prolongeant sur les premières pentes des flancs. La bourgade se compose d'environ quatre cents maisons construites en pisé; elles ont la disposition ordinaire : petite cour intérieure, rez-de-chaussée et premier étage; comme à Tlemsen, bon nombre de cours et de rez-de-chaussée sont au-dessous du niveau du sol. Les rues sont étroites, mais non à l'excès comme dans les qçars. Point de mur d'enceinte.

« La localité est alimentée par un grand nombre de sources dont les eaux sont délicieuses et restent fraîches durant l'été; l'une d'elles jaillit dans la partie basse de Debdou, à la limite des jardins. Le voisinage en est abondamment pourvu. Qaçba Debdou, la vieille forteresse qui domine la ville, en possède plusieurs dans son enceinte. Debdou est soumise au sultan, ainsi que les villages de sa vallée; la population de ces divers points est comprise sous le nom d'Ahel Debdou. Point de qaïd, point de chikh, point de dépositaire de l'autorité : le pays se gouverne à sa guise et tous les ans le qaïd de Taza de qui révèle Debdou ou un de ses lieutenants y fait une tournée, règle les différends et perçoit l'impôt. La population de Debdou présente ce fait curieux : les Israélites en forment les trois quarts. Sur

faire environ cinq mille feus, mais pauvrement bâtie, fors que les palais des nobles, temples et coleges qui sont d'assés belle montre et bien edifiés ; de la montagne d'Atlas provient un petit fleuve, qui traverse la cité, entrant par le temple majeur ; mais les montagnars parfoys detournent son cours hors la cité, quand ils ont quelque chose à demêler avec les habitans d'icelle, et le font courir autre part, ce qu'incommode fort et porte grand dommage aux citoyens, à cause qu'ils ne sauroyent faire moudre leur blé, ny avoir bonne eau pour boire qu'elle ne soyt troublée, venant d'une citerne ; et etans pacifiés, ces montagnars laissent prendre à ce fleuve son droit cours. Cette cité est la tierce en civilité, honneur et dignité, et y a un temple qui surpasse en grandeur celuy de Fez, avec troys etuves et hoteleries, et sont disposées comme celles de Fez. Outre plusieurs gens de lettres qui se trouvent là, les habitans sont courageux et tresliberaux à comparaison de ceux de Fez, et riches, pour ce que leurs terres raportent le plus souvent trente pour un.

Autour de cette cité, y a de grandes valées parmi lesquelles s'ecoulent divers fleuves et plaisans, avec plusieurs beaux jardins sur les rivages d'iceux où sont produits des fruits fort savoureux et en grande abondance. Il y aussi un beau vigno-

environ deux mille habitants, quinze cents sont Israélites. C'est la seule localité du Maroc où le nombre des Juifs dépasse celui des musulmans » (Vicomte de Foucauld, *Reconnaissance au Maroc*, pp. 248-250).

ble, qui rend les raisins blancs, rouges et noirs, dequoy les Juifs (qui font cinquante maisons dans la cité) font merveilleusement de bons vins, voire et tels qu'ils sont estimés les meilleurs et plus exquis qui soyent en ces regions.

On void encor dans la cité une grande et grosse forteresse là où demeure le gouverneur de Fez, que les roys ont coutume bailler à leur second enfant. Mais certes, ils la devroyent retenir pour eux mêmes, et y colloquer le siège royal pour la douceur de l'air bien temperé, tant yver comme eté, auquel temps les seigneurs de la famille de Marin y souloyent elire leur demeurance pour la raison cy-dessus aleguée, et aussi pour defendre leur païs des Arabes du desert, lesquels s'y acheminent, tous les ans, pour se fournir de vivres, et aportent des dates de Segelmesse pour les troquer contre des grains. Les citoyens retirent une grande somme de deniers de leurs grains, qu'ils delivrent pour bon pris à ces Arabes, tellement que cette cité est fort bonne pour les habitans, et n'y a autre incommodité sinon, qu'en temps d'yver, elle est tousjours pleine de fanges.

Je y sejournay quelques jours, pendant lesquels je prins familiarité avec un vieillard, qui, entre le populaire, s'etoit acquis le bruit d'être saint, ayant de grans biens et fort opulent en fruits, terres et ofertes qui se font par le peuple de la cité de Fez; en sorte, que les marchans s'acheminent en cette ville de cinquante milles loin, pour visiter ce vieillard. Et me trouvay du nombre de ceux qui demeurèrent suspens pour les faits de cet homme, avant que je l'eusse veu ; mais après avoir jouy de sa presence, il me sembla n'avoir rien davantage qu'une autre personne, mais les faits cauteleusement simulés et couvers d'hypo- crisie ambitieuse, rendent ainsi les hommes deceus et abusés. Finablement, cette cité est environnée de plusieurs montagnes habitées par divers peuples, comme nous decrivons cy-dessouz[1].

Hypocrisie, dame de grans abus.

1. *De Tézar ou Téza en Africain*, تازا. « C'est une grande ville où il y a beaucoup de noblesse, parce que c'est la capitale de la province. Aussi est-elle fermée de bonnes murailles garnies de tours, et située dans une plaine fertile, qui abonde en bled et en bestail. Elle est à seize lieuës de Fez, à douze de Dubudu, à vingt-cinq de Melile, à travers le désert de Garet, et à deux de la montagne de Matagara où demeure un peuple belli- queux d'entre les Zénètes, qui a fait souvent la guerre au roy de Fez. Il y a plus de cinq mille maisons habitées ; mais ce ne sont que de méchans logis faits de terre, hormis les colèges et les mosquées qui sont de pierre de taille. Il court à travers une rivière qui décend de la montagne de Méta- gara ; de sorte que les Bérbéres lorsqu'ils sont mal avec les habitans en détournent le cours, ce qui oblige les autres à les avoir toujours pour amis, et à favoriser leur parti. Il y a grand commerce en cette ville des marchans de Fez, de Trémécen et d'ailleurs, et elle fournit de bled tous les habitans des plaines et des montagnes d'alentour, l'espace de plus de trente lieuës ; ses rues et ses places sont rangées comme dans Fez, et il y a au milieu une mosquée plus grande que l'autre, avec trois colèges. La pluspart des habitans sont riches, et se piquent de valeur. Il y a force jar- dinages dans les valons d'alentour, que l'on arrose de l'eau des fontaines qui descendent des montagnes, et qui portent de meilleurs fruits que ceux de Fez. Il y a aussi de grans vignobles sur les costes, et les Juifs font le meilleur vin de toute la Mauritanie. Car il y a une juiverie composée de plus de cinq cens maisons, et près d'elle une belle forteresse où est le palais du prince. Depuis que le premier roy des Bénimérinis partagea cette province entre ses parens, le second fils du roy de Fez a toujours eu cette place pour son appennage, comme un séjour très agréable, tant l'hyver que

MATGARA, PREMIÈRE MONTAGNE, EN LA REGION DE CHAUS

Cette montagne est fort haute et froide, qui cause la montée fort penible et pour autant aussi, que les sentiers sont fort etroits et couverts de boys l'esté, qui pourroit estre la demeure du roy tant l'air y est sain et le païs fertile. Aussi les rois des Bénimérinis y passoient-ils la plus grande partie de l'esté, à cause de la fraîcheur et du couvert, outre qu'elle est sur le grand chemin de Fez et de Trémécen, et sur la frontière d'un Estat qui leur donnoit de la jalousie. Le Chérif y entretient garnison à cause des Arabes qui y viennent tous les ans des déserts de la Numidie acheter du bled, ou le troquer contre des dates, et qui incommodent fort les habitans; outre qu'il seroit dangereux que les Turcs s'en emparassent, estant sur la route de Fez. C'est là que le Chérif Mahamet attendit Muley Buaçon et Salarraes, quand il sceut qu'ils le venoient attaquer ; et c'est de là qu'il se retira, comme nous l'avons dit dans l'*Histoire des Chérifs*. Ptolomée met cette place à neuf degrez de longitude et a trente trois degrez dix minutes de latitude sous le nom de Teysor. »

El-Bekry, dans sa notice sur les Idricides, nous apprend que dans une montagne du district de Téza, on trouve de l'or parfaitement pur et d'une qualité excellente (Marmol, *L'Afrique*, t. II, p. 268).

M. Graberg de Hemsö donne quelques détails sur Téza qui, au commencement de ce siècle, était une ville florissante et qui entretenait des relations commerciales très actives avec Fès, Tlemcen et toutes les villes avoisinantes (*Specchio geografico astatistico dell impero del Marocco*, p. 44).

« La ville de Taza, dit le vicomte de Foucauld, est située sur un rocher à 83 mètres au-dessus du lit de l'Ouad Taza, à 130 mètres au-dessus de celui de l'Ouad Innaouen... Taza est entourée de murs doubles en plusieurs endroits. Autrefois ces fortifications étaient plus considérables encore, témoin les ruines éparses aux abords de la ville. Les murailles actuelles sont ruinées et très vieilles : chose rare, elles sont basses. Toute la surface close par la partie sud de l'enceinte est occupée par des jardins ; au-delà, vient un deuxième mur, puis commence la ville proprement dite : là même, tout n'est pas constructions ; certaines parties du plateau vers

touffiés et epés taillis. Elle est prochaine de Tezza environ cinq milles, et au sommet d'icelle y a merveilleusement bon terroir, auquel sourdent plusieurs fontaines. Les habitans ne payent aucune imposition, et recueillent des grains, huiles et lins en grande quantité, avec ce qu'ils ont du betail une infinité, dont la plus grande partie consiste en chevres. Ils portent peu de reverence aux seigneurs, et ne les estiment pas gueres; tellement, qu'en une route que receut d'eux le roy de Fez, ils prindrent un de ses capitaines, lequel l'ayant mené sur la montagne, le meirent en pieces, à la veuë de Sa Majesté. Au moyen de quoy, il leur a tousjours porté un mauvais vouloir duquel ils se soucient moins, que de rien. Ils peuvent mettre aux champs sept mille combattans, pour ce que sur la montagne se trouvent environ cinquante grosses bourgades[1].

l'est et vers l'ouest sont couvertes de cultures. Taza paraît avoir trois à quatre mille habitants dont deux cents juifs fort à l'étroit dans un très petit mellah. Il y a quatre mosquées, deux grandes et deux petites, deux ou trois fondouqs spacieux et bien installés, mais vides et tombant en ruines. La ville est construite moitié en pierres, moitié en briques ; les maisons sont peintes de couleur brun rouge, ce qui leur donne un aspect triste ; elles sont, comme dans toutes les villes que j'ai vues au Maroc, excepté Chechaouen et El-Qçar, couvertes en terrasse... Des jardins superbes entourent Taza de tous côtés : l'Ouad Taza d'une part, de l'autre une foule de ruisseaux descendant de la montagne les arrosent : c'est une épaisse forêt d'arbres fruitiers, d'une élévation extraordinaire, sans exemple peut-être au Maroc ; couvrant toute la plaine tout autour de la ville, ils se pressent jusque sur le roide talus qui la borde à l'ouest et, atteignant là le pied de ses murailles, ils élèvent leurs hautes ramures au-dessus du faîte des maisons » (*Reconnaissance au Maroc*, p. 31).

1. Les Mateghera, مطغرة, sont une branche de la tribu berbère des Temezit.

GAUATA

Cette montagne n'est pas moins facheuse et âpre que la precedente, etant distante de Fez environ quinze milles du coté de ponant, et a bon ter-

De Matagara. « Ces montagnes sont fort hautes, et si escarpées, qu'on n'y peut monter que par les chemins que les passans y ont faits ; mais ils sont si serrez, et les détroits des rochers si difficiles, qu'un homme seul avec des pierres peut empescher le passage à dix mille. Elles sont à deux lieuës de Tézar et peuplées de Bérébères d'entre les Zénètes. C'est un pays de bois et de halliers, où l'on voit plusieurs lions, et en haut, plusieurs fontaines. Il y a beaucoup de terres labourables qu'on arrose par des rigoles, dont l'on tire quantité de bled et de lin ; ajoutez à cela grand nombre d'oliviers et de vignes, et force troupeaux de gros et menu bestail. Au dedans et au plus rude de ces montagnes, on recueille assez de bled, d'huile, de lin, de raisins et de fruits pour la provision, et il en reste encore de quoy vendre à ceux de la contrée. Aussi le peuple est-il glorieux et jaloux de sa liberté, sans payer aucun tribut aux rois de Fez, ni aux gouverneurs de Tézar. Chaque maison donne seulement à celuy-ci, quand ils sont bien ensemble, une certaine quantité de raisins secs par an, qu'une femme va recevoir, parce qu'ils ne souffrent pas qu'un estranger y monte, pour ne point reconnoistre les passages et les avenues. Ils sont presque toujours en guerre avec les rois de Fez, et aussitost coupent l'eau à Tézar, en détournant la rivière, et font de grans maux dans la plaine, parce qu'ils sont plus de quinze mille hommes portant armes, et, si adroits à combatre dans des montagnes, qu'un petit nombre en défait un grand de ceux de Fez. Sayd eut presque toujours guerre avec eux et les fut attaquer avec cinquante mille hommes; mais comme il estoit campé au pied des montagnes, pour y grimper le lendemain, ils le vinrent charger la nuit de telle furie, qu'ils en tuèrent trois mille, et défirent le reste. Ensuite ils coupèrent par quartiers du haut de la montagne un ministre d'Estat, qu'ils avoient pris, et le jettèrent en bas pièce à pièce, sans vouloir jamais faire accord avec ce prince, tandis qu'il vescut : ils traitèrent avec son fils et luy payèrent par feu un grand panier de raisins. Mais le Chérif Mahamet voyant qu'ils ne le vouloient pas reconnoistre envoya contre eux tous les

ET DESCRIPTION DE L'AFRIQUE

roir tant à la sommité comme à la plaine là où il naît de l'orge et du lin en grande quantité. Son etendue devers ponant est de huit milles, et de cinq en largeur. Il y a plusieurs combes et boys, où repairent singes et leopars en grande quantité. Les habitans sont tissiers, hommes hardis, liberaux ; mais ils n'oseroyent resider en la plaine, ny la frequenter pour être rebelles au roy, auquel ils ne veulent rendre ny payer aucun tribut par leur orgueil : joint aussi, qu'ils s'apuyent et fient sur la force de leur montagne, laquelle se pourroit main-

---

Turcs et les renégats de sa garde, sous la conduite d'un Persan, avec plusieurs Maures de Fez, de Tézar, et des lieux voisins (1546). Si tost qu'il fut arrivé il fit monter ses gens, et les Barbares les laissèrent faire jusqu'à ce qu'ils fust venus à une petite coline. Mais comme il vouloit camper sur le soir, pour laisser reposer ses troupes du travail, ils fondirent dessus de toutes parts, et roulèrent de grandes pièces de rocher, tant qu'ils se firent jour à travers le bataillon des Turcs, après plusieurs attaques, et les mirent en fuite, le Persan ayant eu la teste cassée d'un coup de pierre. Ils n'ont jamais voulu depuis reconnoistre le Chérif; mais celuy d'aujourd'huy a si bien fait par la douceur, qu'ils se sont alliés avec luy, sans être obligez pourtant de luy rien donner que ce qu'il leur plaist. Il y a cinquante grans villages dans ces montagnes; mais il n'y a ni forteresse, ni aucun lieu fermé » (Marmol, *L'Afrique*, t. II, p. 317).

M. le vicomte de Foucault, qui a consacré une notice au district de Metghara nous apprend qu'il n'est habité que par des Chérifs et des Qebala : les premiers sont les plus nombreux et ont la prépondérance. Ils sont seuls maîtres du pays. Ils sont libres, n'obéissent pas au sultan et ne sont sous la dépendance d'aucune tribu : ni Beraber ni autres n'ont le droit de parler dans le Metghara. Cherifs et Qebala sont mélangés dans les divers qçars. Point de chikh ni de djema'a administrant l'ensemble du district. Chaque qçar a son existence isolée, se gouverne au moyen de sa djema'a et ne s'unit à d'autres qu'en cas de guerre. On ne parle qu'arabe (*Reconnaissance au Maroc*, p. 352).

tenir et endurer le siege par l'espace de dix ans, pour ce que sur icelle sont produites toutes choses necessaires pour maintenir la vie de l'homme, avec deux sources d'eau, qui donnent commencement à deux fleuves.

MEGESA

Megesa est une montagne fort âpre et difficile, en laquelle y a plusieurs boys; mais elle produit peu de grains, d'autant que l'huile y est en abondance. Les habitans sont fort blancs, pour ce que la montagne est haute et froide, et tous tissiers, à cause qu'ils recueillent du lin en grande quantité, n'ayans pas tant de force ny adrece à pied, comme à cheval, avec ce, que nul tribut ne leur est par aucun imposé, et peuvent suporter et favoriser ceux qui sont bannis de Fez et Tezza. Là se trouvent assés jardins et vignes; mais il n'y a personne, qui boive du vin, entre les montagnars, lesquels peuvent lever six mille combatans. Car il y a quarante bourgades assés grandes et bien accommodées [1].

BARONIS

Cette montagne est prochaine de Tezza, environ

---

1. Je n'ai pu rencontrer dans aucun ouvrage historique la mention de la montagne de Ghaouatha, غواطا, ni celle de Medjaça, مجاصة.

quinze milles du coté de tramontane, etant habitée d'un riche et puissant peuple, qui est fort opulent en chevaux et exempt de toute imposition. Il y a assés grains et vignes, qui sont plantées dans les jardins, là où elles produisent les raisins noirs; mais les habitans ne boivent point de vin, et sont leurs femmes blanches, polies et refaites, portans plusieurs ornemens d'argent, à cause qu'elles en ont le moyen. Les hommes sont fort dedaigneux et de grand courage, donnant faveur aux bannis; mais il est dangereux de faire la cour à leurs femmes. Car toute injure, au respect de cette-cy, leur est de petite consequence[1].

---

[1]. Les Baranis, برانس, sont les descendants de Barnas, l'un des ancêtres du peuple berbère.

De Baraniz. « C'est une montagne pierreuse, mais non pas si escarpée que les précédentes: elle est à cinq lieuës de Tezar du costé du septentrion. On y recueille quantité de bled; il y a plusieurs oliviers et des vignes dont l'on fait des raisins secs. Les jardins y sont en grand nombre et s'arrosent de l'eau des fontaines, qui décendent de la montagne. Les Zénètes et Haoares qui l'habitent ont quantité de cavalerie et plusieurs fuzeliers, et sont exemts de tout tribut. Ils sont blancs et mieux vestus que ceux des autres montagnes. Leurs femmes sont belles et fort fraîches, et portent plusieurs ornemens d'or et d'argent comme celles des villes. Mais les hommes sont hardis et superbes, retirent les criminels qui se sauvent là des autres pays, sont prets à tout entreprendre et s'entretuent par jalousie. Le Chérif qui règne à présent les a attirez à son parti, pour s'en servir au besoin contre les Turcs, parce qu'ils sont bons soldats. Ils sont dix mille combatans bien équipez. Ils ont plus de trente-cinq habitations fort peuplées, et sont du ressort de Tezar » (Marmol, *L'Afrique*, t. II, p. 315).

BENI GUERTENAGE

Cette montagne est haute et fort facheuse à monter pour cause des grans boys et rochers qui y sont ; et est distante de la cité de Tezza, environ trente milles. Elle produit grains, olives, lin, citrons, belles pommes de coing et odoriferentes. Il y a grand quantité de betail, excepté de bœufs et chevaux, desquels le nombre est bien petit. Les habitans sont preux et liberaux, et se tiennent fort honnetement en ordre, autant bien que sauroyent faire les citoyens. En cette montagne se trouvent trente et cinq bourgades, qui ne sont moins de troys mile combatans, tous braves hommes et en bon equipage[1].

GUEBLEN

Gueblen est une montagne non moins froide que

---

1. Les Beni Ouertenadj, بني ورتناج : c'est ainsi qu'il faut rectifier l'orthographe donnée par Léon l'Africain.

Ibn Khaldoun nous apprend que les enfants d'Ourstif fils de Yahia et frère de Djana et de Semgan forment trois tribus : les Miknaça, les Ouertnadja et les Augna appelés aussi Megna. Les Ourtnadja se partagent en quatre branches : les Sederdja, les Mekata, les Betalça et les Kernida... Les diverses branches de la tribu d'Ourstif se sont mêlées avec les Miknaça. Elles habitent les bords du Moulouïa depuis sa source du côté de Sidjilmessa jusqu'à son embouchure et depuis cette localité jusqu'aux environs de Téza et de Teçoul (*Histoire des Berbères*, t. I, p. 258).

haute, ayant d'etendue en longueur, environ soixante milles, et quinze en largeur, et distante de Tezza, environ cinquante milles, devers midy, sur le coupeau de laquelle se voyent les neiges en toutes les saisons de l'année. Elle confine, du coté du levant, avec les montagnes de Dubdu, et devers ponant avec la montagne Beni Iazga. Jadis un grand, courageux et opulent peuple l'habita, maintenant tousjours sa liberté : mais puis après, s'etant adonné à la tyrannie, ceux des prochaines montagnes tous d'un accord se banderent contre cetuy-cy, et ayans subjugué la montagne feirent passer tous les habitans d'icelle par la fureur du trenchant de leurs epées, embrasans, outre ce, tous les vilages et hameaux, tellement qu'elle est aujourd'hui inhabitée. Il est vray qu'une famille de ceux-cy cognoissant à veuë d'œil le grand desordre et pernicieuse manière de vivre de leurs parens, exerçans si grandes cruautés et tyrannies, se retira avec ce peu de bien qu'elle avoyt, sur le coupeau de cette montagne, vivant saintement et d'une vie d'hermite, à cause de quoy elle evita cette fureur ennemyie, et fait encore residence la posterité d'icelle, qui est de gens de savoir, bonne vie et honnetes meurs, fort prisés et estimés du roy de Fez, voire de sorte que, de mon temps, il y avoyt un vieillard fort docte, de telle autorité et reputation, que Sa Majesté le prenoyt tousjours pour coadherent et mediateur en tous les accors et capitulations qu'il passoit avec aucuns peuples des Arabes, lesquels remettoyent semblablement tous leurs diferens entre ses mains, le tenans pour un tressaint homme et religieux, ce qui luy causoyt de grandes envies et inimitiés de la cour judiciaire[1].

BENI IESSETEN

Cette montagne est souz la puissance du seigneur de Dubdu et habitée par gens vils et mecaniques, qui se tiennent pauvrement en ordre; leurs maisons sont bâties de joncs marins, de quoy il faut qu'ils se facent faire des souliers, quand ils veulent faire quelque voyage; mais avant que les seconds soyent achevés, les premiers sont rompus et consumés. De là se peut conjecturer combien est grande leur misère, et en quelle pauvreté ils passent leur vie.

1. Il faut lire Djebeleïn, جبلين (les deux montagnes).

De Guibeleyn. « C'est une partie des montagnes de Tézar qui est fort haute et fort froide et contient vingt lieuës de long sur cinq de large. Elle est à dix-huit lieuës de la ville du costé du midi et a au levant la montagne de Dubudu et au couchant celle de Sazga. La cime de ces montagnes est couverte de neige toute l'année. Elle estoit autrefois habitée d'un peuple riche et belliqueux qui se maintenoit en liberté, mais ses brigandages et ses tyrannies attirèrent sur luy la haine de ses voisins, qui s'estant joints ensemble, entrèrent par force dans ces montagnes et mirent tout à feu et à sang, sans qu'elles se soient jamais repeuplées. Il n'est demeuré qu'une petite habitation au sommet parmi les neiges qui n'avoit point eu de part à leurs voleries. On leur pardonna donc parce qu'ils vivoient comme des religieux et ceux qui restent vivent encore fort bien sans faire tort à personne, de sorte que chacun les respecte et mesme le roy de Fez les favorise parce qu'il en sort des docteurs fort habiles » (Marmol, *L'Afrique*, t. II, pp. 313-314).

En la montagne ne croît autre chose que graine de navette de laquelle ils font le pain et appareillent autre viande. Vray est qu'il y a au pied de la montagne plusieurs clos de vignes, dates et pesches, qui y croissent en grande quantité, de dans lesquelles ils tirent le noyau et les mettent en quatre pièces, puis les font seicher au soleil pour les garder toute l'année, comme pour viande tresexquise et delicate. Davantage, l'on trouve en quelques endroits de cette montagne plusieurs veines de fer, qui se met en ouvrage, et s'en font de telles pièces comme celles dont on ferre les chevaux, desquelles ils se servent en lieu de monnoye, pour ce qu'il se trouve bien peu ou point d'argent en ces lieux-là. Neantmoins, les habitans reçoivent de ce fer une grande somme de deniers, à cause qu'ils en vendent en quantité, et en font poignards qui ne trenchent aucunement. *Pieces de fer en lieu de monnoye.*

La coutume des femmes est de porter anneaux de leur fer, aux doys et aux oreilles, se tenans encor en moindre equipage que ne font les hommes. Elles vont ordinairement au boys, tant pour fagoter comme pour conduire le betail au paturage. Là n'y a civilité aucune, ny homme qui sache que c'est des lettres, en sorte qu'ils viennent à resembler aux bestes, qui n'ont sens ny entendement. Le chancelier du seigneur me feit le conte d'une plaisante nouvelle, par laquelle se peut cognoitre le naturel brutal de cette idiote et sotte generation, et me dit que son seigneur envoya un sien vicaire en cette montagne, homme

Gentil tour joué par un vicaire à un bon homme.

bien entendu et de grand esprit, lequel se trouvant epris en l'amitié de l'une de ces montagnardes, ne savoit par quel moyen il pourroyt proceder à se veoir jouyssant de la chose qui, pour lors, luy etoyt plus agreable qu'autre du monde, qu'estoit de satisfaire à son amoureux desir, pour autant qu'elle etoit mariée à un qui ne l'abandonnoyt jamais. Or avint, qu'il les veid un jour tous deux aler au boys avec une beste pour l'en charger, là où etans parvenus, le mary l'atacha à une branche d'arbre, et s'eloignant un peu de là, commença à couper de boys. Le bon vicaire avoit suivy leurs erres et cheminé après eux assez lentement et pas à pas, et ayant veu le tout, se dressa droit à l'arbre, puis delia la beste, laquelle d'un lieu à autre cerchant pature, s'ecarta parmy le boys. Et quand le bon homme cogneut qu'il avoit taillé du boys assés pour faire sa charge, après avoir enchargé à sa femme de l'atendre, alla où il avoit laissé sa bête, mais ne la trouvant pas, se mit à cercher et demeura assés à la quête, pendant laquelle monsieur le vicaire qui s'etoyt caché, atendant l'yssue de ce jeu, se decouvrit, et corps et cœur, à la femme, qui sans longuement mignarder, negligemment repoussant celuy qui vivement la poursuivyt, se trouva incontinent à la renverse, donnant assez bon loisir à ce caut amant de fureter en sa garenne. Mais à peine avoyent-ils donné fin à l'amoureuse chasse, que le doublement bon homme survint avec sa bete tout echaufé et souflant pour le travail qu'il avoit prins. Toutefois le vicaire se trouva si habile au besoin, qu'il s'absenta de telle vitesse, qu'il ne peut être par le mary aucunement aperçeu, lequel ayant tresbien lié son fais, il fut surprins d'un grand sommeil, qui le feit coucher à l'ombre d'un arbre, à coté de sa femme, et se jouant avec elle (comme c'est la coutume) meit la main sur sa possession, laquelle retrouvant encore toute glutineuse et mouillée, luy dit : Femme, qu'est-ce à dire cecy? pourquoy as-tu cet endroit ainsi humide? Je pleuroys (dit lors la finette) pour ce que ton retour me tardoyt trop, presumant que notre bete fut perdue, tellement que mes pleurs ont emeuë si fort ma petite seur, qu'ils l'ont incitée à tendrement larmoyer. Ce que croyant le pauvre nyais, luy dit qu'elle se reconfortât et qu'elle cessât de soupirer[1].

---

1. Le nom de la tribu des Beni Isseten, بني يستن, est altéré dans le texte de Marmol qui l'écrit Bénijechfeten. « Les habitans de cette montagne, dit-il, sont vassaux des seigneurs de Dubudu et ne recueillent que du millet dont ils se nourrissent. Tout le haut de la montagne est sec et stérile, mais il y a des mines de fer sur la pente, qu'ils font valoir; aussi la plupart sont ils forgerons, mais si pauvres du reste, qu'ils n'ont que de la monnoye de fer, et les anneaux, les pendans d'oreille et les bracelets des femmes sont du même métal. Au pied de cette montagne sont de grans vergers remplis de figuiers, de palmiers et de ceps de vignes et il y a si grande quantité de pesches qu'ils en gardent de seches toute l'année. Cela n'empesche pas qu'ils ne soient les plus miserables de toute la province. Ils vont tous nuds et sans souliers. Leurs maisons sont des hutes couvertes de petite nate de jonc dont ils font mesme des souliers, en les liant ensemble avec de l'ozier. Les femmes sont encore plus mal vestuës que les hommes et brossent sans chaussures à travers les haliers et portent du bois sur leur dos. Il n'y a dans toute la montagne ni marchand ni homme qui sache lire. Ils vivent comme des bestes et payent contribution aux seigneurs

SELELGO

Selelgo est une montagne toute couverte de boys, qui sont de pins hauts et droits, et y sourdent plusieurs fontaines. Les habitans n'ont aucunes maisons eslevées à murailles, mais elles sont toutes faites avec nates de joncs marins, lesquelles ils peuvent transporter d'un lieu à autre; pour ce ils sont contrains d'abandonner cette montagne en yver, et en temps d'eté, aller faire residence en la plaine. Et à la fin du moys de may, les Arabes se partent du desert; et pour leur donner la chasse, ceux-cy sortent de la campagne, puis s'en vont demeurer aux lieux frais, ce qui est fort bon pour leur betail, à cause qu'ils ont chevres et brebis en grande quantité. Or, à l'entrée de l'yver, les Arabes s'en retournent en leurs desers, pour ce qu'ils sont plus chaleureux, joint que les chameaux ne peuvent durer longuement là où le froid est quelque peu âpre.

En cette montagne, y a plusieurs lyons, leopars et singes, qui semble à les veoir en troupe une grosse armée, tant grand en est le nombre; et y une fontaine d'eau si vive et grosse, qui jete par si grande impetuosité, que je l'ay veu rejeter une pierre du pois de cent livres qu'on avoit ruée au droit de la source de l'eau,

de Dubudu, quoi-qu'ils soient du ressort de Tezar » (Marmol, *L'Afrique*, t. II, p. 313).

qui donne commencement au fleuve Subu, lequel est le plus grand qui se trouve en toute la Moritanie[1].

BENI ISASGA

Cette montagne est habitée par un peuple riche et fort civil, prochaine de la montagne susnommée, là où ce fleuve prend son origine passant entre haults rochers, venant decendre auprès de cette-cy; les habitans de laquelle ont fabriqué pour le passer un merveilleux pont et ont planté aux deux cotés du fleuve deux gros et fermes pilotis, à chacun d'eux est atachée une grosse polis, faisans passer d'un coté

Pont merveilleux.

---

1. Selango, ﺳﻠﻨﻜﻮ, sur le territoire des Methalça.
De Cililgo. « C'est une montagne haute et froide où il y a des bois d'arbres espineux qui sont fort gros et fort hauts. On y trouve de grandes fontaines qui donnent l'origine à quelques rivières et l'eau d'une de ces fontaines passe si rapidement entre deux rochers qu'on l'a veuë rouler dès sa source une pierre de cent livres qu'elle entraînoit comme une paille. C'est de cette fontaine que prend sa source le fleuve Cebu, le plus grand de toute la Mauritanie. Cette montagne est stérile et l'on n'y recueille aucune sorte de grain. Les habitans sont des Bérébères sinhadjiens, dont tout le bien consiste en brebis et en chèvres. Aussi ne demeurent-ils pas dans des maisons, mais dans des hutes de roseaux couvertes de branchages et ils changent de quartier de tems en tems pour trouver de l'herbe; l'hiver, ils se retirent dans les plaines, lorsque les Arabes vont dans les déserts à cause qu'il y a plus de chaleur pour leurs chameaux. Cette montagne est pleine de lyons, de singes et de sangliers et les habitans sont tributaires du roy de Fez. Ce sont gens simples qui souffrent patiemment les imposts. J'ai veu quelques auteurs arabes qui appellent la montagne d'où sort la rivière de Cébu Gayata et disent que c'est là que sont les sources principales de ce fleuve et dans la montagne de Zarahanum » (Marmol, *L'Afrique*, t. II, p. 312).

à autre de grosses cordes faites de joncs marins; puis, sur icelles, y a un grand panier ataché, qui peut aisement recevoir jusques à dix personnes; et lorsque quelqu'un veut outrepasser, il entre dans le pannier, et commence à tirer les cordes atachées à iceluy, lesquelles glissent facilement dans les polis, et en cette manière, se passe d'un coté à autre de ce fleuve; lequel voulant une foys passer, me fut dit, comme jà longtemps avoit, que plus de gens que le pannier ne pouvoyt pas porter, y voulurent entrer à la foule, dont, pour la trop grande charge, se vint à enfoncer; à cause dequoy partie de ceux qui etoyent dedans tomba en la rivière, et le reste se retint aux anses et cordes, echapant à grande peine d'un tel peril; mais ceux qui tomberent se rendirent perpetuellement invisibles, sans qu'on en peut jamais avoir de nouvelles. Cette triste et piteuse nouvelle me causa une trayeur si grande, que les cheveux m'en drecèrent en la tete; joint aussi, que le pont est assis entre le sommet de deux montagnes, tellement qu'entre l'eau et le pont, il y a cent cinquante coudées, tant que celuy qui est auprès du fleuve sembleroit à un autre de sur le pont, de la hauteur d'une coudée. Les habitans ont un grand nombre de betail, à cause qu'il n'y a gueres de boys en la montagne; et portent les brebis une laine tresfine, de laquelle les femmes font des draps, qui semblent être de soye, avec leurs vetemens et des couvertures de lit, qui se vendent à Fez, troys et quatre, voire jusques à dix ducatz la pièce. La montagne produit assés huile, mais elle est tributaire au roy de Fez dont le chatelain reçoit le revenu, qui peut monter jusques à la somme de huit mille ducatz[1].

1. Il faut lire les Béni Yazigha, بني يازغة.

Des Béni Yazga. « Cette montagne est plus douce que les précédentes. Elle est peuplée de gens riches et honorables qui vivent comme dans les villes et sont bons soldats. Il y a partout des terres fertiles en froment, avec quantité de vignes et d'oliviers et plusieurs troupeaux de gros et menu bestail. La laine en est si fine et si desliée que les femmes en font de riches sayes et des mantes aussi délicates que de soye. Ces Bérébères sont vassaux du roy de Fez dont il assignoit les contributions au gouverneur du chasteau de la vieille ville (de Fez) qui luy valoient quinze mille pistoles de rente. Quand le Chérif conquit Fez pour la dernière fois, ils ne luy voulurent pas obéyr et il envoya contre eux six mille hommes dont il y avoit deux mille fuzeliers; mais ils se défendirent si bien qu'ils les rechassèrent dans Fez après en avoir tué plus de mille, et entre autres, un oncle et un frère du général qui les commandoit. Le Chérif qui règne aujourd'hui (Moulay Abdallah) voulut aller venger cet affront avec de plus grandes forces (1560); mais les Alfaquis s'en mêlèrent et firent leur accord à la charge de payer chaque an pour chaque feu six onces de fin argent.

« Près de cette montagne passe le fleuve de Cebu entre deux rochers si étroits et si hauts, que, pour le passer, on se sert de cet artifice. Il y a dans le roc deux grosses poutres plantées de part et d'autre où sont deux grans anneaux par où passe un gros cable de jonc qui fait deux tours. En l'un des costez est attaché un grand panier aussi de jonc qui tient plus de dix personnes; et quand on veut passer, on se met dedans et l'on vous tire à bord par l'autre corde. Que si quelquefois le fond du panier vient à se rompre, on tombe dans la rivière de la hauteur de plus de quinze cens brasses. En cette extrémité ceux qui se peuvent prendre aux cables se sauvent à toute peine et les autres sont morts avant que de tomber dans l'eau. Cette montagne a trente-huit villages bien peuplez qui font six mille combatans, dont il y a quelques gens de cheval » (Marmol, *L'Afrique*, t. II, pp. 311-312).

AZGAN

Cette montagne confine avec Selelgo de la part du levant, et devers ponant avec le mont de Sofroi; du coté de midy, avec les montagnes qui sont sur le fleuve Maluia; de la partie de tramontane avec les plaines du territoire de Fez, ayant en longueur environ quarante milles et quinze en largeur. Elle est fort haute, et si froide qu'elle ne se peut habiter, sinon du coté qui est à l'oposite de Fez, et tout planté d'oliviers, avec autres arbres fruitiers; là où aussi sourdent plusieurs fontaines, lesquelles s'ecoulent dans la plaine, qui est toute en bon terroir, pour semer orge, lin et cheneve, lequel y croît à veuë d'œil. En yver, on y habite dans petites cabanes et hameaux. De notre temps, on y a planté des muriers blancs, pour nourrir les vers qui font la soye. L'eau est si froide, que tant s'en faut qu'on en use pour boire, quand on ne s'oseroyt quasi hazarder de la toucher, et en ay cogneu un, pour en avoir beu seulement une plaine tasse, garder le lit par l'espace de troys mois, surprins d'une colique et passion de corps quasi insuportable[1].

· Cas etrange pour avoir beu d'eau.

---

1 *D'Azgan*, ازغن. « C'est une montagne si haute et si froide qu'on n'en habite que la coste qui regarde le païs de Fez. Elle a celle de Cililgo au levant, et au couchant celle de Sofroy; au midi, les montagnes qui donnent sur la rivière de Mulucan et au nort les plaines de Fez, qui font quatorze lieuës de long du levant au couchant sur cinq de large. Il y a plusieurs fontaines au quartier qui est peuplé, et des contrées d'oliviers,

SOFROI ET MEZDAGA, CITÉS AU PIED D'ATLAS

Sofroi est une petite cité au pied d'Atlas, prochaine de Fez, environ quinze milles du coté de midy, auprès d'un pas par où l'on passe pour faire le voyage de Numidie, et fut edifiée par les Africans, entre deux fleuves, autour desquels y a plusieurs clos de vignes et d'autres fruits. Près et environ la cité, toutes les possessions sont plantées d'oliviers, et pour autant que communement les terres sont maigres, on n'y jete autre semence que de cheneve, orge et lin. Les habitans sont riches; mais ils se tiennent mal en ordre, et sont leurs, habillemens tousjours oins et tachés d'huile, pour ce que tout le long de l'année ils s'ocupent à la faire puis la portent vendre à Fez. En cette cité, n'y a autre chose de beau et notable, qu'un temple dans lequel passe un gros ruisseau, et sourd une belle

de vergers et de vignes. La plaine est fort bonne et les habitans y demeurent la plus grande partie de l'hyver et y recueillent quantité de bled, d'orge, de lin et de chanvre. Depuis peu, ceux d'Andalousie qui se sont retirez d'Espagne y ont planté plusieurs clos de meuriers, pour nourrir des vers à soye. L'eau des fontaines qui naissent dans ces rochers est si fraîche, qu'il faut avertir les estrangers de n'en point boire qu'elle ne soit rassise, parce qu'elle cause des tranchées qui emportent un homme en trois ou quatre heures. Les habitans sont Bérébères, parmi lesquels il y a quelques Maures de Grenade. Ce sont braves gens qui font plus de six mille hommes de combat, dont il y a quelques cavaliers, arquebuziers et arbalestriers. Ils sont vassaux du roy de Fez et des dépendances de Tézar » (Marmol, *L'Afrique*, t. II, p. 310).

fontaine près la porte d'iceluy. Mais elle est maintenant quasi toute en ruine pour le mauvais gouvernement du frere du roy qui en est seigneur[1].

1. *De Sofroy*, صفرو‎ا (Sfrou). « C'est une petite ville de plus de cinq cens habitans, environnée de hauts murs fort anciens, et bastie sur une coline, à cinq lieuës de Fez, au pied d'une montagne du grand Atlas qui se nomme aussi Sofroy. Deux rivières la bordent de part et d'autre, et elle est sur le passage des montagnes par où l'on va en Numidie. Aussi a-t-elle esté fondée par les anciens Africains pour la seureté de ce pas, et a le long de ces rivières plus de deux lieuës d'arbres fruitiers, d'oliviers et de vignes. Tout le reste du pays d'alentour est terre légère et sabloneuse où l'on recueille du bled, du chanvre et de l'orge, mais peu de bled. La ville est riche, à cause des huiles qu'elle débite à Fez et à quelques villages de la montagne qui en dépendent. Sous le règne de Muley Mahamet, roy de Fez, elle appartenoit à un frère de ce prince; mais elle se dépeupla à cause de leur tyrannie, et a esté repeuplée depuis par les Maures d'Espagne et les Bérébères, et appartient au Chérif. Au milieu, il y a une belle mosquée, à travers laquelle passe un courant d'eau, et à la porte une grande fontaine d'ancienne structure. Les bois d'alentour sont pleins de lions, mais qui ne font mal à personne, et qui s'enfuyent si tost qu'ils voyent paroistre quelqu'un » (Marmol, *L'Afrique*, t. II, p. 301).

Le vicomte de Foucauld fait en ces termes la description de la ville de Sfrou qu'il visita au mois d'août 1883 :

« C'est surtout en la parcourant qu'on est frappé de l'air de prospérité qui y règne. On ne la retrouve dans aucune autre ville du Maroc. Partout ailleurs, on ne voit que traces de décadence : ici, tout est florissant et annonce le progrès. Point de ruines, point de terrains vagues, point de constructions abandonnées; tout est habité, tout est couvert de belles maisons à plusieurs étages, à l'extérieur neuf et propre : la plupart sont bâties en briques et blanchies. Sur les terrasses qui les surmontent, des vignes, plantées dans les cours, grimpent et viennent former des tonnelles. Une petite rivière de deux à trois mètres de large, et de vingt à trente centimètres de profondeur, aux eaux claires, au courant très rapide, traverse la ville par le milieu ; trois ou quatre ponts permettent de la franchir. Sfrou a environ trois mille habitants, dont mille Israélites. Il y a deux mosquées et une zaouïa. Celle-ci renferme de nombreux religieux appartenant aux Sidi El-Hasen el-Youssy. On remarque aussi beaucoup de turbans verts insignes des Derkaoua » (*Reconnaissance au Maroc*, p. 38).

MEZDAGA

Mezdaga est une petite cité au pied d'Atlas, distante de la precedente environ huit milles du coté de ponant, laquelle est ceinte de belles murailles, mais, au dedans, sont mal bâties les maisons, chacune d'icelles ayant sa fontaine. Les habitans sont tous (ou peu s'en faut) potiers de terre, à cause qu'ils ont de bonne argille, dont ils font infinité de pots qu'ils portent vendre à Fez, dont ils ne sont pas plus eloignés que de douze milles du coté de midy, ayans la campagne tresfertile en orge, lin et cheneve, avec ce qu'elle raporte en olives et plusieurs fruits en quantité. Il se trouve plusieurs lyons dans les boys qui sont prochains de cette cité, comme aussi il s'en trouve en tous les autres susnommés, mais ils ne molestent personne en sorte que ce soyt, et sont de si peu de cœur, que, voulans ravir une brebis, ils quiteront leur proye pour la moindre personne qu'ils apercevront tenir le bâton, ou quelque arme au poing[1].

---

1. *De Mezdaga,* مزداغة. « Mezdaga est une grande ville, qui a de beaux murs, mais il n'y a que de meschantes maisons, quoy-que toutes les cours ayent des bassins et des fontaines, aussi est-elle d'antique fondation. Elle est au pied du mont Atlas à trois lieuës de la précédente (Sofroy) vers le couchant. Les habitans sont pauvres et la pluspart potiers de terre qui vont débiter leur vaisselle à Fez, à quatre lieuës de là du costé du nord. Ils sont toujours sales et pleins d'huile à cause du commerce qu'ils en font; du reste, si chargez de tailles qu'ils vivent misérablement. La contrée porte

BENI BAHLUL

Beni Bahlul est une petite cité, en la cote d'Atlas, qui regarde devers Fez, d'où elle est distante par l'espace de douze milles. Auprès d'icelle y a un pas, qui est sur le chemin de Numidie, et sur la montagne se trouvent plusieurs sources d'eau, dont les ruisseaux viennent à s'ecouler sur ce pas. Le territoire d'autour ne difère en rien à ceux desquels nous avons parlé, fors que de la partie de midy n'y a aucun boys. Les habitans sont bucherons, les uns coupans le boys, et les autres le charroyans dans la cité de Fez. Ils sont journellement par leurs seigneurs foulés et molestés, pour ce que c'est une nation mecanique et incivile[1].

---

beaucoup d'orge, de chanvre et de lin, mais peu de bled. Il y a de grans clos d'oliviers et d'arbres fruitiers de toute sorte et à l'endroit qui n'est pas cultivé, de hautes et grandes forests remplies de lyons. Ptolomée met cette ville à diz degrez dix minutes de longitude et à trente-trois de latitude et la nomme Molocat, comme Pline Mulilika » (Marmol, *L'Afrique*, t. II, p. 302).

1. *De Béni-Buhalul*, بني بهلول ou بهلولة. Le nom de cette tribu se trouve cité parmi ceux des tribus berbères qui pratiquaient le magisme, le judaïsme ou le christianisme et qui furent domptées et converties à l'Islamisme en l'an 173 (789) par Idris ben Abdallah.

Le Chérif Edrissy mentionne aussi les Beni-Behloul parmi les tribus berbères parlant arabe et résidant dans les environs de Fez.

« Cette ville est à quatre lieuës de Fez, sur la pente d'une montagne du grand Atlas, et a esté bastie par les anciens Africains pour la seureté des passages de la Numidie. Ptolomée la nomme Ceuta, et la met à neuf degrez trente minutes de longitude, et à trente deux degrez cinquant mi-

HANI LISNAN

Les Africans edifièrent cette cité en une plaine environnée de plusieurs montagnes, sur le passage par où l'on va de Sofroi en Numidie. Elle est nommée Hani Lisnan, qui signifie fontaine des idoles pour autant (comme il se dit), lors que les Africans s'adonnoyent à idolatrer, ils avoyent auprès de cette cité un temple, auquel ils s'assembloyent tous en general en un certain temps de l'année entre jour et nuict; puis, quand les sacrifices etoyent parachevés, toute la lumiere eteinte, chacun presentoit sa chandelle à la dame qui etoyt plus prochaine, l'oferte desquelles leur etoyt tant agreable, qu'elles pretoyent ententivement l'oreille aux humbles requestes des supplians : tellement qu'ils en jouyssoyent tout le long de la nuict à leur plaisir, puis le lendemain, il etoit defendu à toutes celles qui s'etoyent retrouvées en cette faction, ayans ainsi bien escarmouché et paré aux coups, de n'aprocher leurs maris par l'espace d'un an, pendant lequel temps, les enfans qu'elles avoyent portés, etoyent nourris par les prêtres de ce temple auquel

Hani Lisnan, fontaine des idoles.

Etrange coutume et lacive observée anciennement aux sacrifices.

nutes de latitude. Elle est ceinte de vieux murs ; mais les habitans sont si pauvres, qu'ils gagnent leur vie à mener du bois dans Fez des forests d'alentour, qui sont du costé du midi ; car aux autres endroits, il y a de grans clos de vergers et d'oliviers, et de bonnes terres pour l'orge, le chanvre et le lin; mais il n'y a point de froment, parce que le pays n'y est pas propre » (Marmol, *L'Afrique*, t. II, p. 303).

y avoit une fontaine, qui se void encore aujourd'huy ; mais il fut detruit avec la cité par les Mahommetans, sans qu'il en soyt demeuré aucune aparence. La fontaine, après avoir couru quelque espace, forma premierement un petit lac, qui distile par tant de petits ruisseaux, que tous les lieux du contour en sont marecageux[1].

MAHDIA

Cette cité est assise près Atlas au milieu des boys et sources d'eau, quasi en la plaine, distante de l'autre par l'espace de deux milles. Elle fut edifiée par un predicateur natif de ces montagnes, du temps que la cité de Fez etoyt souz la puissance du peuple de

---

1. Il faut lire Aïn el-Açnam, عين الاصنام (la fontaine des idoles), au lieu de Hani Lisnan. Marmol donne à cette localité le nom de Aïn-el-Djounoun, عين الجنون (la source des djinns). « C'est, dit-il, une grande ville fort ancienne, qui a esté bastie par ceux du pays dans une plaine entre les montagnes du grand Atlas, sur le chemin de Sofroy, en Numidie. Les auteurs africains disent qu'il y avoit un grand temple où les idolâtres s'assembloient à certain tems, tant hommes que femmes, à l'entrée de la nuit, et après les sacrifices accoustumés, esteignoient les chandelles et se mesloient confusement jusqu'au matin que chacun s'en retournoyt chez soy. Au sortir de là, les femmes ne pouvoient coucher avec leurs maris qu'on ne seust si elles estoient grosses et ces enfans estoient destinés au service du temple. Mais les successeurs de Mahomet, à leur entrée dans la Mauritanie, ruinèrent cette ville de fond en comble et firent main basse sur les habitans. Il n'est resté qu'une grande fontaine qui estoit à la porte du temple, à ce qu'on dit, et qui fait maintenant un grand lac tout rond, d'où sortent des ruisseaux qui en font encore d'autres dans les valées et on la nomme aujourd'hui la valée des idoles » (Marmol, L'Afrique, t. II, p. 303).

Zenete. Mais depuis que ceux de Luntuna avec le
roy Joseph entrèrent en ces regions, elle fut sacagée
et mise en ruine, sans qu'il en demeurât autre chose
qu'un temple assés beau avec toutes ses murailles,
pour ce que les habitans des vilages devindrent rustiques et tributaires du roy de Fez, qui fut en l'an
cinq cens et quinze de l'hegire¹.

<small>Mahdia saccagée.</small>

SABH EL MARGA, QUI SIGNIFIE LA PLAINE DU PREUX

Sabh el Marga est une plaine contenant en largeur
l'espace de trente milles et quarante en longueur, se
jettant entre des montagnes d'Atlas qui sont couvertes de plusieurs boys d'arbres treshauts, là où habi-

---

1. Mehdyèh, مهدية. « Cette ville est entre les montagnes du grand
Atlas à la cime de celle d'Arden, au milieu d'une forest d'arbres fruitiers,
arrosée de plusieurs fontaines. Elle doit sa fondation à un Africain nommé
Méhédi qui a esté fort célèbre en Mauritanie comme grand prédicateur de
la secte de Mahomet. Il se rendit maître de cette province et de plusieurs
autres, sur le déclin de l'empire des Magaroas de la tribu des Zénètes et
ses descendans ont régné après lui jusqu'au temps des Almoravides. Mais
Aly ben Iosef, roy des Lumptunes, ayant emporté d'assaut cette place, fit
main basse sur les habitans et la ruina de fond en comble, sans laisser sur
pied que la mosquée à cause de sa beauté et de sa grandeur. Un des rois
des Almohades la rebastit longtemps après, mais non pas comme auparavant, car il ne redressa pas les murailles et il n'y demeure que des laboureurs et gens des champs qui cultivent quelques héritages alentour, d'où ils
recueillent de l'orge, du lin et du chanvre et ont des clos d'oliviers et d'arbres fruitiers qu'ils arrosent de l'eau de ces fontaines, mais ils sont pauvres
et fort chargez par les rois de Fez à qui ils sont » (Marmol, *L'Afrique*,
t. II, p. 303). L'année 515 de l'hégire correspond à l'année 1121 de l'ère
chrétienne.

tent plusieurs charbonniers dans certaines cabanes ecartées l'une de l'autre, ayans plusieurs fournaises plaines de charbon pour en fournir jusques à cent charges qu'ils vendent à Fez. Outre ce, l'on trouve parmy ces boys plusieurs lyons, qui souventefoys devorent de ces charbonniers, quand ils les peuvent joindre. De cette montagne, se portent de belles tronses, poutres, chevrons et tables de diverses sortes dans la cité de Fez; et est la plaine fort âpre en tout son pourpris, qui est tout couvert de certaines pierres noires et plates sans qu'il naisse aucun fruit[1].

AZGARI CAMAREN

Cette-cy est une autre plaine environnée de montagnes bocageuses, etant comme un pré, pour ce que l'herbe y dure tout le long de l'année; au moyen dequoy, plusieurs pasteurs en temps d'eté y conduisent leur betail au paturage, qu'ils enserrent avec palis ou autres choses, faisans grand garde toute la nuict de peur des lyons[2].

1. Sahb el-Marqa. سهب المرقة, est aussi désigné par Marmol sous le nom de Mangar. « Ces plaines, dit-il, sont encore entre les montagnes du grand Atlas et s'estendent en longueur, du levant au couchant, l'espace de quatorze lieuës sur dix de large. Tous les costeaux d'alentour sont pleins de bocages epois où la ville de Fez se fournit de bois et de charbon et ces plaines sont couvertes d'une ardoise noire et unie où il ne croist pas mesme de l'herbe. Il n'y a pas d'habitation, mais seulement quelques hutes de branchages pour les bûcherons et les charbonniers » (*L'Afrique*, t. II, p. 310).

2. Azgar' Gamaren, ازغار يقمارن, a, en berbère, la signification de

CENTOPOZZI, MONTAGNE, QUI SIGNIFIE AUTANT COMME CENT PUYS

Entre les autres montagnes cette-cy est d'une merveilleuse hauteur, ayant à son coupeau quelques edifices antiques, et auprés d'iceux, un puys de telle profondité, qu'on n'en sauroit dicerner le fond, à cause de quoy, ces transportés et vuides de cerveau, qui font cercher les thresors, y font avaler des hommes avec belles cordes, lesquels portent une lumière en leur main, et disent que dans ce puys y a plusieurs etages, dont au dernier se trouve une grande place cavée à force de ferremens, et est toute ceinte de murailles, auxquelles y a quatre pertuis, qui font l'entrée en d'autres petites places, là où (comme ils aferment) se trouve grande quantité de puys d'eau vive ; tellement que plusieurs, induis par ces foles persuasions, après y etre entrez, demeurent mors en ce lieu, pour ce que, parfoys, il s'y leve un terrible vent et impetueux qui leur eteint la lumiere, en sorte que ne sachans de quel coté se tourner, ny re-

Puys d'eau vive.

« plaine des Ghoumara ». « Entre les montagnes du grand Atlas, dit Marmol, il y a de vastes plaines environnées de plusieurs bois de chesnes, de hestres et d'autres arbres et remplies de quantité d'herbes pour les troupeaux ; mais il faut se donner bien garde des lions et resserrer le bestail la nuit dans de grans parcs fermez d'espines. Quelques-uns nomment ces plaines d'Onzar, des autres de Jufet ou de Mucin, mais le nom le plus commun est celui que nous avons mis en teste de ce chapitre » (*L'Afrique* t. I, p. 310).

prendre leurs erres, ils sont contrains d'expirer, pressés d'une faim extrême. Et à ce propos, me raconta un gentilhomme de Fez, amy mien (qui etoyt reduit à grande pauvreté pour s'etre adonné semblablement à telles sottises) qu'ils s'accorderent une foys dix compagnons de cercher leur aventure, et sonder ce puys, à l'entrée duquel etans parvenus, jeterent par sort à qui il toucheroyt d'entre eux à y decendre, et voulut le destin de ce mien amy, que le sort tomba sur luy, avec deux autres, et furent avalés par des cordes, les lanternes dans le poing, avec la lumiere.

Or, après qu'ils furent decendus et parvenus aux quatre pertuis, conclurent d'aller, separés les uns d'avec les autres, et quand, suivant leur accord, l'un se fut party, les autres deux s'acheminerent ensemble; mais ils ne se furent pas guere avancés, que grande quantité de chauvesouris, voleterent autour de leurs lanternes, lesquelles battirent et heurterent si dru avec les aeles, qu'elles eteignirent l'une des chandelles. Neantmoins, suivans tousjours leur route, trouverent un puys d'eau vive, et à l'autour d'iceluy, ils veirent blanchir plusieurs os de personnes mortes, et cinq ou six lanternes, les unes fort vieilles, les autres non ; mais n'apercevans dans le creux de ce puys autre chose qu'eau, ils s'en retournerent arrière, et n'etoyent pas encor à la moytié du chemin, quand par la force d'un grand vent qui se leva soudainement, leur lumière fut eteinte ; tellement qu'après avoir cheminé quelque temps, tatonans et bronchans

Avènement et erres en un puys d'eau vive.

deçà et delà, au milieu de ces tenèbres, sans plus pouvoir retourner sur leurs brisées pour sortir, à la fin, vaincuz de facherie et long travail (comme reduitz au dernier desespoir) se jeterent par terre, avec grandes lamentations accompagnées de voeuz et de prieres qu'ils ofroyent à Dieu, promettans de ne faire jamais retour en ce lieu, si sa divine Providence leur faisoyt cette grace d'en pouvoir sortir ainsi sains comme ils y etoyent entrés. Cependant, les autres qui etoyent dehors attendans, après avoir sejourné un long temps, entrèrent en un grand soupçon, doutans de quelque cassade; au moyen dequoy, cinq d'entre eux, avec lanternes en main et fusils, là se feirent avaler, et cheminans huchoyent parmy les cavernes, et appelloyent leurs compagnons, que finalement, ils trouvèrent en la manière cy dessus recitée; mais ils ne peurent jamais savoir quelle part avoyt tiré le tiers; parquoy sans en faire plus autre quête, s'en retournèrent sur terre. Mais celuy qui s'etoyt egaré comme les deux autres, ne sachant où aler, demeuroyt tout suspend, quand il entrevoyoit l'aboy comme de deux petis chiens, et peu à peu, s'aprochant du lieu auquel il luy sembloyt avoir ouy le cry, veid quatre petis animaux qui montroyent d'avoir eté naguères phaonés, et ainsi qu'il s'amusoyt à les contempler, la mère survint, qui avoit la forme d'une louve, mais de plus grande corpulence (et est un animal nommé dabah[1] qui fait ses petits dans les

1. *Dabbèh*, دابّة, est, en arabe, le nom de l'hyène.

cavernes, ou en quelque autre lieu). Le pauvret demeura assés etonné, craignant d'en être molesté ; mais ayant caressé et leché ses petits, sans faire autre semblant, reprint ses erres, suivant la route d'où elle etoyt venue, suivie par ses petits. Cetuy-cy se meit à faire le semblable, tant qu'il se trouva à l'yssue de ce puys au pied de la montagne. Et si quelqu'un me demandoyt comme il se pouvoyt veoir et conduire, etant à demy ensevely en ces bas lieux et pleins de tenèbres, je repondray que le long sejour qu'il feit là dessouz luy rendit quelque peu de clairté, comme il avient à ceux qui demeurent par quelque tems aux lieux obscurs. Mais maintenant, par la revolution des années, ce puys s'est remply d'eau, et y a l'on tant cavé qu'on l'a aplani et mis à fleur de terre.

MONTAGNE ET PASSAGE DES CORBEAUX, APPELLÉ GUNAIGEL GHERBEN

Cette montagne est prochaine de la precedente, là où il y a plusieurs boys et, dans iceux, grande quantité de lyons, sans qu'il s'y trouve cité ni bourgade, etant pour la grande froidure tout inhabité. D'iceluy provient une petite rivière, et sont fort hauts les rochers, et à la sommité d'iceux, repaire une infinité de corneilles et corbeaux, et de là est derivé le nom de la montagne, sur laquelle se lève quelquefoys un vent de tramontane, qui en fait tomber tant de neiges, que plusieurs, pensans aler en Numidie, demeurent dedans transis et etoufés, comme par cy-avant je vous ay raconté une histoire à ce propos. Les Arabes qui s'appellent Beni Essen ont coutume s'y acheminer en temps d'eté, pour les douces eaux et plaisans ombrages qui y sont, encore que plusieurs lyons et terribles leopards y repairent[1].

[1]. Il faut lire Khaneq el Ghourban, خنق الغربان (la gorge ou le défilé des corbeaux, ou Khonaïq el-Ghourban, خنيق الغربان, qui en est le diminutif). « Cette montagne qui signifie le passage des corbeaux, à cause de la multitude qu'il y en a, aussi bien que de geais, est des dépendances du grand Atlas près de celle de Miat-Bir. Elle est fort haute et couverte de forests remplies de lions. Le froid la rend inhabitable, particulièrement l'hyver, quoy-que elle soit sur le grand chemin de Fez en Numidie, et la bize y souffle quelque fois avec tant de violence qu'elle couvre de neige les passans; mais les bergers y mènent en esté leurs troupeaux en quelques endroits particulièrement les Arabes de Béni Hascen à cause de la fraîcheur des eaux et des bocages, quoy-qu'il faille estre toujours en garde à cause des lions et se retirer avant le mois de septembre à cause des neiges. Il y a une fontaine d'où sort une petite rivière qui va se rendre dans celle de Cébu et a sur les bords une place forte (Tegazza) qui a esté bastie pour la garde de ce passage par les anciens Africains à ce que disent ceux du pays. Elle est située dans un valon et peuplée de Barbares qui vivent comme des bestes sans ordre ni discipline. Ils recueillent de l'orge de quelques héritages d'alentour et ont des clos de peschers. Cette place estoit comme la forteresse des Arabes (Béni Hascen) que nous avons dit, et ils resserroient leur bled quand ils aloient aux déserts; mais le roy de Fez en est maintenant le maistre. Il y en a encore une autre (Tezergil) bastie par les anciens Africains sur une petite rivière qui passe au pied de cette montagne; mais il n'y demeure que quelques pauvres gens du pays, qui labourent quelques héritages dont ils recueillent de l'orge et dépendent des Arabes (Aoulad Houssein) » (Marmol, *L'Afrique*, t. II, p. 308).

TEZERGHE

Tezerghe est une petite cité en manière de forteresse, edifiée par les Africans sur un petit fleuve, qui prend son cours près le pied de la montagne, entre quelques valées. Les maisons sont mal baties et les habitans sujets à aucuns Arabes, appellés Deuilchusein, difformes, mal en ordre, bêtes jusques au bout, jusques en toute civilité et honneteté. Le terroir d'entre ces valées n'a pas grande etendue, neantmoins, il produit quelque peu d'orge et pesches[1].

UMEN GUINAIBE

Umen Guinaibe est une petite cité edifiée d'ancienneté, distante de la precedente, environ douze milles près du passage d'Atlas, c'est à savoir à l'endroit du midy. Le passage est tousjours tenu et empesché par d'aucuns Arabes qui portent peu de respect au roy, à cause d'une grande plaine prochaine de la cité, en laquelle ils font residence. A coté d'icelle y a un montagne, par laquelle il faut passer toujours en dançant, ce que j'ay veu observer à

Superstition de danser, en passant une montagne.

---

1. Je n'ai pu trouver aucun renseignement sur la petite ville à laquelle Léon l'Africain donne le nom de Tezerghe et qui dépend de la tribu des Doui 'l-Houssein.

plusieurs, autrement, (comme l'on dit) la fièvre surprendroyt les passans[1].

BENI MERASEN, MONTAGNE

Cette montagne est fort haute et froide ; neantmoins, elle est habitée de toute sorte de gens qui sont endurcis à la froidure, tenans des chevaux et ânes en grand nombre, qui leur engendrent une infinité de mulets, dequoy ils se servent de sommiers sans bride ny mors, et ne les endossent que de quelques bas legers. Ils n'ont aucuns edifices de murailles, mais leurs maisons sont drecées de nates à cause qu'il leur convient suivre leurs mulets ordinairement pour les mener au pâturage. Le roy de Fez ne les a peu contraindre à luy payer aucun tribut, pour ce qu'etant leur montagne forte et defensive, joint aussi qu'ils sont opulens, ils ont bon moyen

---

1. Oumm el-Djonaïb, ام الجنيب, a, en arabe, la sigrification de « mère de celui qui marche de côté, et désigne l'écrevisse ».

« C'est une ville bastie par les anciens Africains à quatre lieuës de Tizaga vers le midi pour la seureté du chemin de Fez en Numidie. Elle estoit autrefois fort riche à cause du commerce des Numides, mais les Arabes l'ont ruinée pour jouïr en paix de son revenu et ce qui reste d'habitans ne sont que leurs esclaves. On tient communement au pays, que si en montant une coste qui n'est pas loin de la ville, on ne va toûjours dansant, on est sujet à avoir la fièvre ; de sorte que l'on y voit danser et sauter tous les passans comme dans la Poüille ceux qui sont piquez de la tarantole » (Marmol, L'Afrique, t. II, p. 304).

de faire resistence et repousser bravement ceux qui s'attaquent à eux[1].

MESETTAZA, MONTAGNE

Mesettaza, du levant au ponant, s'etend environ sur trente milles, et en peut avoir douze en largeur. Elle confine de l'occident avec les plaines d'Edecsen, lesquelles se ioignent à la region de Temesna, qui est froide, mais elle n'est tant habitée comme la precedente dont les habitans sont de noble nature, opulens et abondans en chevaux et mulets. De ceux-cy se trouvent quelques-uns dans Fez, qui sont gens

---

[1]. La montagne dont parle Léon l'Africain et que Marmol appelle Marizan est celle qui est occupée par les Beni Merassen, بنى مراسن.

« C'est, dit Marmol, une montagne fort haute et fort froide dont les habitans sont Bérébères, qui vivent dans des hutes faites de branches d'arbre ou sous des nates de jonc plantées sur des pieux. Aussi n'ont-ils point de retraite permanente et ne demeurent en un lieu qu'autant qu'il y a de l'herbe pour leurs troupeaux. Ils ont de grans haras d'asnes et de chameaux et font couvrir leurs asnesses par les chevaux pour avoir des mules qu'ils vendent à Fez, aussi en ont-ils grande quantité. Ce sont gens riches qui ne payent tribut à personne. Et comme les avenuës de leur montagne sont difficiles, ils y vivent en seureté, mais ils ne laissent pas de faire tous les ans un présent au roy de Fez à cause du trafic qu'ils font avec ses vassaux et, comme ils sont fort braves, ils le vont quelquefois servir dans ses guerres. Ils sont plus de quatre mille combattans en bon ordre, parmi lesquels il y a quelques arquebuziers et arbalestriers et vont tous ensemble, tant Arabes que Bérébères. Ils ne se servent point de chevaux à cause de l'apreté de la montagne quoy-que les plus considérables en ayent. Ils n'ont ni juges, ni docteurs et vivent comme des sauvages parmi ces rochers » (Marmol, L'Afrique, t. II, p. 307).

de lettres, et en y a sur la montagne, qui ecrivent tresdoctement; au moyen dequoy, leur coutume est de transcrire les livres qu'ils envoyent vendre à Fez, etans affranchis de toute imposition, fors quelques presens de peu d'importance, qu'ils ofrent au roi de Fez[1].

<small>Ancienne coutume de transcrire les livres.</small>

ZIZ, MONTAGNES

Ces montagnes sont appellées Ziz, retenans ce nom du fleuve qui procède d'icelles, et de la partie du levant, commençans aux confins de Mesettaza : devers le ponant, se terminent avec Tedle et avec le mont de Dades; du coté de midy, ils regardent vers la part de Numidie, qui s'appelle Segelmesse, et devers tramontane du coté de la plaine d'Edecsen et Guregra, ayant d'etendue en sa longueur, environ cent milles, et quarante en sa largeur. Il y a environ quinze montagnes, toutes froides et âpres, desquelles s'ecoulent plusieurs fleuves, et sont habitées d'une generation nommée Zanaga, qui est d'hommes robustes et furieux, qui ne font conte des froides neiges et autres froidures. Leur vêtement

<small>Habits des habitans de Ziz.</small>

---

1. Marmol a reproduit presque textuellement la courte notice consacrée à Mesettaza par Léon l'Africain.

Il se borne à ajouter que les habitants de cette montagne « font huit mille hommes de combat dont il y a cinq cens chevaux et, plusieurs arquebuziers, arbalestriers ou archers » (*L'Afrique*, t. II, p. 308).

est une chemise, qu'ils portent auprès de la chair, et un manteau qui la couvre. Ils s'entortillent les jambes de quelques pièces dechirées ou lambeaux qui leur servent de chausses, sans qu'ils portent chose aucune sur la tête en temps d'eté. Ils ont à force ânes, mulets et brebis pour ce qu'il y a quantité de boys en ces montagnes, mais ce sont les plus parfais brigans et voleurs qui soyent au demeurant du monde. Entre eux et les Arabes y a de grandes inimitiés, tellement que ceux-cy derobent les Arabes par nuit, ou pour leur faire plus grand depit, precipitent en leur presence leurs chameaux qu'ils ont volés sur eux, du haut en bas de la montagne. Là se void une chose quasi miraculeuse, qui est une grande quantité de serpens tant plaisans et domestiques, qu'ils vont par les maisons, non autrement que les petits chiens et chats. Et lors qu'on veust manger, tous les serpens qui sont dans la maison se rangent ensemble, mangeant les brises de pain, ou d'autre viande, qui tombent en terre ou qui leur sont jetées, sans qu'ils facent aucun deplaisir à personne, que premierement ils ne soyent par aucun irrités.

<small>Serpens domestiques.</small>

Cette maniere de gens habite en maisons murailles, blanchies de craye et couvertes de paille. Il y a une autre partie de ces montagnars qui tiennent une grande quantité de betail, et habitent en certaines loges couvertes de nates, puis se transportent à Segelmesse, qui est une partie (comme nous avons déjà dit) de la Numidie, portans avec eux beurre et laine, mais ils ne s'oseroyent hazarder d'y aler, sinon lorsqu'ils savent les Arabes être aux desers, desquels ils sont plusieurs foys assaillis avec une grande cavalerie, qui les tue et leur ôte ce qu'ils ont. Toutesfoys, ces montagnars sont hardis et courageux, de sorte qu'en combatant ne se veulent jamais rendre tant qu'ils se sentent une seule goute de vie. Leurs armes sont troys ou quatre javelots, lesquels ils ne dardent jamais en vain, terrassans maintenant l'homme, tantôt le cheval, pour ce qu'ils combatent à pied et ne sont jamais vaincus sinon par une trop grande multitude de chevaux, et usent encor d'epées et poignard. Maintenant, ils ont acoutumé de prendre sauf-conduit des Arabes, qui font le semblable en leur endroit; au moyen de quoy, ils peuvent negotier en seureté les uns avec les autres et donnent, outre ce, sauf-conduit aux marchans, qui payent à chacun peuple de ces montagnes une gabelle particuliere, autrement ils seroyent volés et defroqués[1].

<small>Usage de javelots aux montagnes de Ziz.</small>

1. *De Zis*, زيز. « C'est une chaisne de quinze froides et aspres montagnes, qui prennent leur nom de la rivière de Ziz qui en sort, et bordent la province de Fez du costé du mont Atlas. Elles commencent vers le couchant à la province de Tedla, du royaume de Maroc où la montagne de Dédès le sépare de celuy de Fez, et s'estendent jusqu'aux confins de Mézétalça. La province de Sugulmesse les borne au midi; et au nort, les plaines d'Ecdescen et de Gureygure; de sorte qu'elles ont trente-cinq lieuës du levant au couchant sur quatorze de large. Elles sont peuplées de Zénègues, vaillans et barbares, si endurcis au froid, que parmi tant de neiges et de glaces, ils ne s'habillant pas plus chaudement que les autres Bérébé-

GERSELUIN, CITÉ

Gerseluin est une ancienne cité edifiée par les Africans, au pied d'aucunes montagnes susnommées, près le fleuve de Ziz. Elle est ceinte de belles

res, hormis qu'ils portent des botines de cuir, et s'entortillent les jambes de haillons, lacez avec des cordes ; mais ils vont teste nue toute l'année. Ils sont grans voleurs qui ont toujours guerre avec les Arabes, dont ils vont enlever la nuit les troupeaux dans la plaine ; aussi celuy qu'ils y rencontrent paye pour tous, et aussitost est mis en pièces. Leurs montagnes sont toutes couvertes d'herbe ; mais il y a peu de bois, et si grand nombre de couleuvres, qu'elles vont par les maisons, comme les chiens et les chats, et s'approchent lors qu'on mange, afin qu'on leur jette quelque chose, sans faire mal si l'on ne les attaque. Il y a plusieurs villages, dont les logis sont faits de bois ou de cloison enduite de terre et de plastre, et couverts de paille ; mais les plus riches ont des cabanes de nate de jonc. Ils nourrissent quantité de menu bestail, et trafiquent à Fez et à Sugulmesse, de laine et de beurre, aussi bien que d'asnes et de mules ; mais ils ne vont point à celle-cy, que les Arabes ne se soient retirez dans les deserts, parce qu'ils leur feroient un mauvais parti, et quelque fois ils envoyent devant leurs tentes et leurs troupeaux, et les attendent au passage pour se venger de leurs larcins. Ils sont fort robustes et si brutaux qu'ils ne demandent ni ne donnent la vie dans le combat ; ils lancent des dards, dont ils sont aussi assurez que d'arbalestes, et font autant d'effet, et ont outre cela quelques arquebuses. Ils sont plus de trente mille combatans, tous gens de pied, et batent toujours les Arabes dans les montagnes, comme ils en sont batus dans la plaine, à cause de leur cavalerie, mais le commerce les oblige quelque fois à faire trêve. Toutes les caravanes qui passent par ces montagnes leur payent tribut pour chaque charge de chameau, et tout ce qui passe sans passe-port est détroussé, quoyque depuis quelque tems ils soient vassaux du Chérif. Il y a deux de ces montagnes qui ont des mines d'argent dont ils font peu de profit, et l'on y voit encore les ruines d'une ville, dont les murs sont de bois lié avec du plastre, et il y demeure quelques pauvres gens » (Marmol, *L'Afrique*, t. II, pp. 305-306).

et fortes murailles que feirent drecer les roys de la maison de Marin. Cette cité par dehors seroyt estimée belle, mais elle est tresmal plaisante au dedans, avec ce qu'elle n'est gueres peuplée de maisons, ny d'habitans, à cause des Arabes, lesquels (etant decheuë la famille de Marin) la vindrent ocuper, usans d'un tresmauvais traitement envers le peuple d'icelle, tant qu'on n'en sauroyt tirer nul revenu, pour ce que les habitans sont venus à trop grande pauvreté. Joint aussi, qu'il y a peu de terres labourables; car otée la partie de tramontane, tout le reste demeure âpre et pierreux ; mais sur les rivages du fleuve y a plusieurs moulins, avec une infinité de jardins, produisans raisins et pesches, lesquelles etans melées avec d'autres viandes, il s'en fait un manger delicat. Les habitans ont peu de betail, qui les fait vivre en grande misère, car le peuple de Zenete fonda cette cité non à autre fin, que pour une forteresse à garder le passage, par où l'on va en Numidie, craignant que par iceluy le peuple de Lumtune ne vinst à entrer, lequel neantmoins trouva un autre chemin et ruina cette cité, là où se trouvent semblablement, comme en la precédente, des serpens domestiques [1].

---

1. *De Garcil:in*, فرسلوين. « Au pied des montagnes que nous venons de dire, il y a une ville du costé du midi, bastie par les anciens Africains sur le bord de la rivière de Zis. Elle fut ruinée par les Almohades, lorsqu'ils dépossédèrent les Almoravides, puis rebastie par les Bénimérinis, qui la repeuplèrent et l'embellirent de superbes édifices; mais elle est depuis di-

minuée peu à peu, et il ne reste que les murailles, qui sont fortes, et paroissent de loin, a cause qu'elles ne sont pas anciennes, et quelques meschants logis où il y a peu d'habitans; car le pays ayant esté quelque tems sans roy, après la mort du dernier des Bénimérinis, les Arabes, à qui elle servoit de bride, la ruinèrent. Elle n'est donc plus habitée que de pauvres gens, qui ont peu de bestail, et cultivent quelques terres du costé du nort, le reste n'estant que rocher et terre infertile. La rivière a sur ses bords quantité de moulins et de jardinages, où il y a si grande abondance de pesches qu'on les sèche et garde toute l'année. Les anciens Magaroas de la tribu des Zénètes assiégèrent cette ville, et l'ayant prise la fortifièrent, pour défendre le passage aux Lumptunes; mais cela ne leur servit de rien, car ils entrèrent d'un autre costé, et les dépossédèrent. L'an mille cinq cens trente quatre, le Chérif prit cette ville sur le roy de Fez, qui la recouvra depuis, puis le Chérif la reprit, et y mit garnison, comme il y en a encore sous le prince qui règne aujourd'huy » (Marmol, *L'Afrique*, t. II, p. 304).

FIN DU TROISIÈME LIVRE

LE POVRTRAIT ET FIGVRE DE L'AFRIQVE RETIRÉ D'VN ANTIQVE MEDAILLE DE L'EMPEREVR ADRIAN, EN BRONZE, DE LVNE DES MEDAILLES DE MONSIEVR LE BAILLY DV CHOVL.

APPENDICE

DESCRIPTION DE L'AFRIQUE

EXTRAITE DU TRAITÉ GÉOGRAPHIQUE D'IBN SAYD

Deuxième partie du troisième climat.

N sait que cette région est contiguë à des déserts inhabités; dans ses parties peuplées se trouvent le pays et la ville de Ouerklan (Ouergla), dont la longitude est de 20° 30' et la latitude 24° 40'. Cette contrée est fertile en palmiers et elle fournit les esclaves noirs qui sont ensuite expédiés dans le Maghreb central et l'Ifriqiya. Elle est en fréquente communication avec le Soudan à travers le Sahara.

A l'est se trouve le pays de Righ (رِيغ), qui a une longueur d'environ cinq journées de marche. Il y a là des palmiers, des pâturages pour les chameaux et des eaux qui arrivent à la surface du sol, grâce à des puits creusés dans le roc, et dont l'eau, s'élançant comme une flèche à une grande hauteur, se répand ensuite dans les jardins et les champs. Le nom de la capitale du Righ est Tamerna (تَمَرنَة) située par 23° de longitude. A l'est, se trouve la ville de Biskra, capitale du Zab, qui est un pays de palmiers et de cultures. On en exporte d'excellentes dattes dans les deux villes de Tunis et de Bougie. La longitude de Biskra est de 24° 25' et sa latitude de 27° 30'.

Au nord de cette ville se trouve Messla, ville d'origine récente bâtie par les Obeïdites sur les bords du Seir, rivière considérable qui passe à l'ouest de cette ville et va se perdre dans les sables du Sahara. Elle est située par 23° 40' de longitude et 29° 45' de latitude. Le pays qui l'environne est parcouru par les Arabes Riâh. A l'est de cette ville, les sables arrivent jusqu'à la montagne de Rahouna qui s'étend en longueur de l'ouest à l'est. Ptolémée en fait mention. Son extrémité occidentale se trouve à 30° 50' de longitude et à 26° et quelques minutes de latitude. De cette montagne sort une rivière qui remonte au nord, et coule sur un sol bourbeux semblable à du savon; aussi, bien des gens qui se sont aventurés au sud du pays de Djérid ont péri par suite de leur ignorance de l'existence de ces terrains qui s'étendent de Nefzaoua jusqu'au Sahara.

A l'extrémité de cette région, on rencontre le pays des dattes et la ville de Qafsa, ville importante et célèbre. On y trouve des palmiers et des pistachiers, les seuls qui existent dans le Maghreb. Il y a aussi un grand nombre de fruits et de fleurs spéciales ayant des propriétés remarquables. Ce pays produit et exporte l'huile de violettes et le vinaigre de scille.

APPENDICE

Troisième partie du troisième climat.

La première contrée que l'on rencontre à l'ouest du pays du Djérid, c'est le pays de Qastiliya, dont la capitale est Touzer ; c'est une région de palmiers et de pâturages pour les chameaux. Une rivière qui prend sa source dans le haut pays arrose ses jardins. Toute cette région forme des îlots au milieu des sables et des déserts qui l'entourent. On y récolte du lin d'excellente qualité, de l'indigo et du henné. Sous ce rapport et sous celui de la rareté des pluies, elle est tout à fait comparable aux contrées de l'Égypte, sauf cependant qu'elle ne produit pas la canne à sucre. Sa longitude est de 36° 6' et sa latitude est de 29° 28'.

A l'est se trouve le pays de Bekraoua dont la capitale est Thorra. Longitude : 37° 20' ; latitude : 29°. Cette région fait également partie du pays du Djérid ; on en exporte du cristal très limpide et des étoffes de laine que l'on expédie à Alexandrie et au pays de Doroub.

Ghadamès qui a donné son nom à des cuirs renommés est par 39° et quelques minutes de longitude ; sa latitude est de 29° 10. Il y a des citadelles placées sur des hauteurs et qui appartiennent au pays de Kanem.

A l'est se trouve le Oueddan, îlots de palmiers et de sources. La première oasis est par 41° de longitude et 27° 50' de latitude. C'est là que s'était refugié El-Mater à la suite de sa longue révolte.

Le Fezzan se trouve à l'est, ainsi que l'oasis où l'on voit des palmiers et des eaux, des villes et des cultures en plus grande quantité que dans le Oueddan. Tous ces pays actuellement obéissent au sultan de Kanem. La capitale du Fezzan est Zoueïla dont la longitude est de 43° et la latitude de 27° 40'.

Au sud du Fezzan et du Oueddan sont les terres de parcours des Azekkan, Berbères musulmans qui, de tous les êtres créés par Dieu, sont les plus habiles dans l'art de la géomancie.

Au sud, dans le voisinage de la limite du troisième climat, on rencontre le Djebel Thanthena. Cette grande montagne s'étend de l'est à l'ouest sur une longueur d'environ six journées de marche. Au nord, des cours d'eau descendent de ces montagnes et forment des prairies où l'herbe croît en abondance. Les Berbères et les Arabes en recherchent la possession et se les disputent les armes à la main. Plus bas, on trouve des mines d'un fer excellent.

Au nord de Zoueïla est la ville de Sort, une de ces anciennes capitales dont il est parlé dans les livres et dont le nom est dans toutes les bouches. Elle a été ruinée par les Arabes et il n'en reste que quelques châteaux habités par des serfs; aux environs, sur la route des Qousour de Nedjran, les Arabes labourent l'emplacement occupé autrefois par les constructions de la ville. Longitude : 43° 30' ; latitude : 30°. Cette localité est située sur le bord de la mer Méditerranée. A l'ouest est le golfe de Rediq dont on dit proverbialement : « Au golfe de Rediq, il n'y a point de farine et on ne rencontre personne sur sa route. » Entre Sort et Adjedânia, la côte remonte vers le nord dans le quatrième climat et on trouve là la ville de Adjedânia dont la longitude est de 40° et la latitude coïncide avec la ligne qui limite le quatrième climat. La ville est à quelques milles de la mer. Depuis cette ville jusqu'à Fayyoum s'étendent de vastes territoires parcourus par les Arabes et les Berbères de diverses tribus. C'est là que El-Moïzz fit construire des citernes pour recueillir les eaux des pluies, au moment où il prit la résolution de se rendre de Qaïrouan en Égypte pour en faire la conquête, car c'était le chemin le plus court; il y aurait des détours à faire en suivant le littoral.

Au sud de la route qui mène à Alexandrie est la ville d'Aoudjila; c'est une oasis au milieu des sables et un endroit cultivé au milieu de ces déserts. On y trouve de l'eau et des palmiers disposés dans des terrains creusés en cuvette. Sa longitude est de 45° 55', sa latitude de : 27° 52'. Sous la même latitude et par

48° 60' on trouve Santariya qui est également une oasis de palmiers arrosés par des canaux et située au milieu du désert, au fond d'un cirque de montagnes habitées par des Arabes qui dominent sur l'oasis ; mais appartenant au sultan d'Égypte, elle est assurée de la protection de ce prince. On y récolte des grenades qui, d'abord amères, deviennent douces en murissant. On y trouve des troncs de palmiers pétrifiés. Les amandes qu'on exporte à Alexandrie sont si grosses qu'elles font l'admiration de tous ceux qui les voient. Le climat du pays est insalubre même pour ceux qui y sont nés, à plus forte raison pour les étrangers. Entre la ville et la mer il y a une légère élévation du sol sur une longueur de huit jours de marche.

A l'est et au nord sont les Oasis septentrionales (El-Ouahat), îlots de palmiers arrosés par l'eau de rigoles et semblables à ceux déjà décrits ; on en tire de l'alun et du salpêtre.

Au nord s'étend le pays du Fayyoum dans lequel on ne peut pénétrer que du côté du Sahara parce que la ville et son lac sont entourés de montagnes. Ce district a environ un jour de marche de superficie. La ville dans laquelle réside le gouverneur est par 53° de longitude et 28° 8' de latitude. Le canal de Joseph divise le pays en deux parties et va ensuite se jeter dans le lac connu pour inspirer de la répugnance aux oiseaux et aux poissons. On raconte que Joseph administra le Fayyoum et qu'il fit construire sur les bords du canal dérivé du Nil des hameaux en nombre égal à celui des jours de l'année ; chacun de ces hameaux se distinguait ainsi des autres.

NOTICE

SUR LE QORAN DU KHALIFE OSMAN

Translation du Qoran d'Osman de Cordoue à Maroc. — Construction de la mosquée d'El-Kotoubyin dans cette dernière ville.

Il existait à Cordoue, dans la grande mosquée si célèbre de cette ville, un exemplaire du Qoran du prince des Croyants, Osman ibn 'Affân; nombre d'historiens et, en particulier, Ibn Bachkoual, en ont fait mention. Ce précieux Qoran, après avoir passé successivement par les mains des Omeyyades, était arrivé en la possession des Andalous qui le conservèrent à Cordoue jusqu'à l'avènement des Almohades, époque à laquelle Abdelmoumin le fit transporter à Maroc.

Voici ce qu'en dit Ibn Bachkoual : Le Qoran d'Osman, conservé à Cordoue, dans la grande mosquée, fut emporté de cette ville le vendredi soir, 11 du mois de chewwal de l'année 552 (17 novembre 1157), sous le règne de Abou Mohammed Abdelmoumin ben Aly, et par son ordre. C'était l'un des quatre exemplaires du Qoran, qu'Osman avait envoyés dans les villes de La Mekke, Baçra, Koufa et Damas. Quant à ce qu'on dit qu'il s'y trouvait du sang d'Osman, cette assertion est inexacte. Si c'était sur un de ces quatre exemplaires, ce serait sur celui de Damas.

Ibn Abdelmelik rapporte ainsi les paroles d'Aboulqâsim Et-Tedjiby Es-Sibty : L'exemplaire de Damas se trouve encore aujourd'hui dans la sacristie de la mosquée des Omeyyades, à Damas ; je l'y ai vu en l'année 657 (1259), de même que j'ai vu l'exemplaire de La Mekke dans le Qoubbet ech-Cherab. L'exemplaire de Cordoue ne pourrait donc avoir été que celui de Koufa ou de Baçra.

El-Khathib ibn Merzouq s'exprime ainsi dans son ouvrage

intitulé : *El-Mesned Es-Sahih El-Hassan* : « J'ai examiné l'exemplaire qui est à Médine et celui qui a été apporté d'Andalousie et j'ai trouvé qu'ils étaient tous les deux de la même écriture. La supposition que ces Qorans auraient été écrits de la main du khalife est fausse; Osman n'a écrit aucun de ces deux exemplaires; ils ont été simplement révisés par quelques-uns des Compagnons du Prophète; cela résulte de la note écrite sur le dos de l'exemplaire de Médine qui porte la suscription suivante : « Ceci a été révisé par un groupe de Compagnons du Prophète, au nombre desquels se trouvaient Zeïd ben Thabit, Abdallah ibn Ez-Zobeïr, Saïd ibn El-As. » Le nombre des Compagnons du Prophète qu'Osman avait rassemblés pour cette tâche se trouve mentionné dans chaque exemplaire. »

Quant à la translation de cet exemplaire du Qoran à Maroc, voici ce qu'en dit, dans sa *Rihla*, Ibn Rachid, d'après Abou Zekeria Yahia ibn Ahmed ben Yahia ben Mohammed ben Abdelmelik ben Thofeïl El-Qaïsi qui l'avait lu dans le livre de son aïeul, le vizir Abou Bekr Mohammed ibn Abdelmelik ben Thofeïl : Abou Saïd et Abou Ya'qoub, tous deux fils d'Abdelmoumin, arrivèrent d'Andalousie et vinrent trouver leur père apportant l'exemplaire du Qoran d'Osman ibn 'Affân, l'imam, au sujet duquel il ne s'est élevé aucune contestation. Abdelmoumin reçut cet envoi avec la plus grande pompe et les marques les plus éclatantes de vénération ; il s'empressa de rendre honneur à cette relique et de lui témoigner le plus profond respect. L'arrivée de ce Qoran fut, aux yeux de tous les vrais croyants, un secours inespéré et une marque de la faveur divine. Le prince des Croyants Abdelmoumin avait, quelque temps auparavant, pensé à ce Qoran et il avait vivement désiré l'emporter de la ville de Cordoue où il était déposé depuis longtemps, mais il avait craint d'irriter les habitants de cette ville en leur enlevant ce trésor et de les attrister en les privant de ce glorieux et saint objet, aussi s'était-il abstenu de le déplacer. C'était donc, en quelque sorte, Dieu qui lui envoyait ce précieux cadeau et ce merveilleux présent, sans qu'il dût molester personne pour en faire l'acquisition, ni donner l'ordre de le lui apporter Bien au contraire, Dieu fit naître une véritable satisfaction dans le cœur des habitants de Cordoue à l'occasion de cet événement. Cet envoi était un hommage rendu à la sincérité de ses sentiments, et un appui contre l'adversité et les malheurs qui l'accablaient. Il fut compté au nombre des faveurs célestes accordées au prince des Croyants, Abdelmoumin.

Abdelmoumin s'occupa ensuite des honneurs à rendre à cette précieuse relique; il commença d'abord par choisir l'enveloppe dont il recouvrirait ce Qoran et les ornements qui le décoreraient. A cet effet, il rassembla tous les meilleurs ouvriers de sa capitale, de tout le Maghreb et de l'Andalousie. Il réunit ainsi tous les artistes les plus habiles : dessinateurs, bijoutiers, joailliers, ornemanistes, graveurs, sertisseurs, menuisiers, peintres, décorateurs, relieurs et architectes, en sorte qu'il eut sous la main tout ce qu'il pouvait y avoir d'artisans, de maîtres ouvriers dans les arts capables de mener à bonne fin toutes les parties de ce travail.

En somme, on fabriqua une couverture dont une partie était en satin, une autre en or et en argent et on la constella de toutes sortes de rubis et de pierres précieuses quant à la qualité et à leur forme incomparable. Cette couverture fut disposée sur un support s'harmonisant avec elle par sa structure originale et par ses peintures merveilleuses. Ce support fut placé sur un siège du même genre et le tout fut mis dans un coffret fabriqué à cet usage et dont la description nous entraînerait trop loin.

Ce fut au milieu de ces préparatifs que Abdelmoumin donna l'ordre de bâtir la grande mosquée de la capitale de Maroc (que Dieu la protège!). La construction en fut commencée et les bases de la qibla en furent établies dans la première décade du mois de rebi II de l'année 553 (2-12 mai 1158). Elle fut achevée au milieu du mois de chaabân de la même année (12 septembre

1158). Cette mosquée était parfaite dans toutes ses parties : son architecture était superbe, sa superficie des plus vastes, sa construction solide et ses boiseries remarquables. Ses lustres étaient de cristal et les marches du minber ainsi que la cloison du pavillon étaient si belles que l'on eût admiré leur fini comme si on avait mis un long espace de temps à les exécuter, et pourtant, tout cela avait été terminé dans un délai si court qu'aucun architecte n'eut voulu croire qu'on aurait pu arriver à en dresser le plan aussi vite, à plus forte raison en achever la construction. La prière du vendredi y fut récitée le 14 du mois de chaabân de cette même année. Après cet office, Abdelmoumin alla visiter en pèlerinage le tombeau du Mehdi à Tinmelel où il resta pendant la fin du mois et la plus grande partie du mois de ramazan.

Il avait emporté dans son voyage le Qoran d'Osman enfermé dans le coffret dont nous avons parlé et aussi l'exemplaire du Qoran du Mehdi. Il fit un grand nombre de lectures entières du Qoran dans la mosquée du Mehdi et près de son mausolée, puis il retourna à Maroc. Les Almohades prirent toujours grand soin de ce précieux Qoran ; ils l'emportaient dans tous leurs voyages pour attirer sur eux la bénédiction du Ciel ainsi que faisaient les Israélites à l'égard du Tabernacle.

A la fin de l'année 645 (1248) Es-Saïd, c'est-à-dire Aly ben Idris ben Ya'qoub El-Mansour, surnommé El-Mou'taded-billah, emporta ce Qoran à Tlemcen. Es-Saïd ayant été tué près de cette ville, ses trésors furent pillés et les Arabes firent prisonniers la majeure partie des soldats de son armée. Le Qoran se trouva dans le butin et les rois de la famille des Beni Abd el-Ouâd, seigneurs de Tlemcen, l'ayant trouvé, le conservèrent dans leur trésor jusqu'au moment où Aboul-Hassan, le sultan mérinide, s'empara de Tlemcen dans la dernière décade du mois de ramazan de l'année 737 (fin avril 1337). Il mit la main sur ce Qoran et pour attirer sur lui les bénédictions du Ciel, il l'emporta dans tous ses voyages et le garda jusqu'à sa défaite à Tarifa. Il tomba alors dans les mains des Portugais et Aboul-Hassan employa tous les moyens pour le leur arracher. Enfin, on le rapporta à Fez en l'année 745 (1344), grâce à l'intervention de négociants d'Azemmour. Aboul-Hassan le plaça de nouveau dans son trésor et l'emporta dans le voyage connu qu'il fit en Ifriqiya, lorsqu'il entreprit la conquête de ce pays.

En 750 (1349) Aboul-Hassan s'embarqua à Tunis pour se rendre par mer au Maroc, à l'époque où règne le mauvais temps ; aussi ses navires firent-ils naufrage et un nombre incalculable d'hommes périt dans les flots. Beaucoup d'objets des plus précieux furent engloutis et parmi eux le Qoran d'Osman. Telle fut la fin de ce livre.

Puisque nous venons de parler du Qoran d'Osman, il convient que nous donnions quelques détails sur le Qoran d'Oqba ben Nafi' El-Fihri, le conquérant du Maghreb. Les princes du Maghreb se le transmirent de mains en mains et s'en servaient pour attirer sur eux les bénédictions du Ciel. Il passait aux yeux des gens du Maghreb pour être la deuxième copie du Livre saint. Abou-Abdallah El-Yefreny dans son livre intitulé : *El-Nozhet*, dit à ce sujet : « Le sultan Aboul-Abbas Ahmed El-Mansour, connu sous le nom de Edh-Dheheby, lorsqu'il renouvela la désignation comme héritier présomptif de son fils El-Mansour, lui envoya l'ordre de venir de Fes. Le jeune prince rencontra son père à Tamesna et El-Mansour reçut, en personne, le serment de fidélité pour son fils en présence des notables et des grands personnages de la cour. On apporta pour cette cérémonie l'exemplaire du Qoran qui était celui de Oqba ben Nafi' El-Fihri ; c'était un des trésors des khalifes. On apporta également les deux *Sahih* et on lut la formule du serment de fidélité. Cet événement eut lieu en l'année 992, au mois de chewwal (octobre 1584). Ce Qoran d'Oqba resta en la possession des princes Saadiens jusqu'à la fin de leur dynastie ; il passa ensuite à leurs successeurs, les princes de la dynastie

Alide de Sidjilmesa, qui le conservèrent jusqu'au règne de Maulay Abdallah ben Ismaïl ben Ech-Cherif. Celui-ci envoya à La Mekke avec la caravane des pèlerins de magnifiques cadeaux et le Qoran d'Oqba se trouvait parmi eux.

L'auteur du *Bostan* raconte ce qui suit : Quand la caravane des pèlerins se mit en marche, en l'année 1155 (1742), le sultan Maulay Abdallah envoya vingt-trois exemplaires du Qoran de différents formats, mais tous ornés d'or et garnis de perles et de rubis; parmi ces Qorans se trouvait le grand Qoran d'Oqba que les rois se transmettaient par voie d'héritage depuis la disparition du Qoran d'Osman. Cet exemplaire était celu d'Oqba ben Nafi' El-Fihri; il avait été copié à Qaïrouan sur l'exemplaire d'Osman. Ce Qoran tomba entre les mains des Chérifs Zidanites qui se le transmirent jusqu'à ce qu'il arriva en la possession de ce sultan Abdallah qui le fit passer d'Occident en Orient. La perle retournait ainsi dans sa coquille et l'or dans sa gangue.

Le cheikh El-Mesnaoui dit à son tour : J'ai vu ce Qoran lorsque le sultan Maulay Abdallah donna l'ordre de l'expédier vers la demeure du Prophète. Il me semble que la date de sa copie à Qaïrouan mérite discussion, car cela ferait un grand écart entre les deux copies. En même temps qu'il expédiait ce Qoran, le sultan envoya 2,700 yacinthes de diverses couleurs au tombeau du Prophète. (Que Dieu répande ses meilleures bénédictions sur quiconque le visite!)

Tout ceci est quelque peu éloigné de l'histoire, mais cependant on peut y rattacher ces récits. Nous les avons réunis pour les placer tous à la fois sous les yeux du lecteur qui en fera bon profit. Dieu nous soit en aide!

DESCRIPTION DE LA VILLE DE FEZ

Fas « Fez », dit Obeïd Allah El-Bekry el-Qorthouby, se compose de deux villes situées l'une à côté de l'autre et entourées chacune d'une muraille. Elles sont séparées par une rivière très rapide qui fait tourner des moulins, et que l'on traverse au moyen de ponts. L'une de ces villes, appelée Adouat-el-Carawïïn « le côté ou quartier des Cairouanides », est située à l'ouest de l'autre, laquelle se nomme Adouat-el-Andelosïïn, « le côté des Andalous ». Dans le premier de ces quartiers, chaque habitant a devant sa porte un moulin à lui et un jardin rempli d'arbres fruitiers et coupé par des rigoles. Sa maison aussi est traversée par un courant d'eau. Les deux villes renferment plus de trois cents moulins et environ une vingtaine de bains. Les juifs sont plus nombreux à Fez que dans aucune autre ville du Maghreb; de là ils font des voyages dans toutes les contrées [du monde]. Les Maghrebins disent, par manière de proverbe : *Fas bled bla nas*, c'est-à-dire « Fez est une ville sans hommes ». Les deux quartiers de Fez sont bâtis au pied d'une colline; la rivière qui les sépare vient d'une source très abondante qui jaillit au milieu d'un marécage, dans le territoire des Matghera, et à une demi-journée de la ville de Fez. Le quartier des Andalous fut fondé en l'an 192 (807-808 de J.-C.), et celui des Cairouanides l'année suivante. Idris ibn Idrîs, qui régnait alors, mourut dans le premier mois de rebiâ de l'an 213 (mai-juin 828 de J.-C.); il finit ses jours à Oulîli, ville située dans le territoire de Fez et à une journée de cette capitale, du côté de l'occident.

Le quartier des Andalous a plusieurs portes, dont celle qui est appelée Bab el-Fatouh « la porte de Fatouh » regarde le midi et donne sortie aux voyageurs qui ont l'intention de se rendre à Cairouan. Une autre porte du même quartier, le Bab el-Kenîça « la porte de l'église », est placée à l'orient, vis-à-vis du Rabed el-Marda « le faubourg des malades, des lépreux ». Le Bab Abi Khallouf est également à l'orient; le Bab Hisn Saadoun « la porte du château de Saadoun » est au nord, le Bab el-Haoud « la porte de l'abreuvoir » est à l'occident, en face du quartier des Cairouanides ainsi que le Bab Soleiman. C'est par ces deux dernières portes que sortent les habitants du quartier [des Andalous] lorsqu'il survient des querelles entre eux [et leurs voisins de l'autre quartier]; alors ils se livrent bataille sur le terrain nommé Kodyat-el-Foul « le tertre aux fèves ». Nommons encore le Bab el-Faouwara « la porte de la source jaillissante ». Dans ce quartier est un beau djâmî renfermant six nefs qui se dirigent de l'est à l'ouest. Les colonnes qui le soutiennent sont en pierre calcaire; son parvis qui est très grand renferme plusieurs pieds de noyers et d'autres arbres, et reçoit de l'eau en abondance par le moyen d'une rigole appelée Saguïa Masmouda « le canal des Masmouda ». Une espèce de pomme douce, nommée la tripolitaine (trabolosi), qui est grosse et agréable au goût, vient très bien dans ce quartier; elle s'y trouve en abondance, bien qu'elle ne réussisse pas dans le quartier des Cairouanides. La fleur de farine, dans le quartier des Andalous, est meilleure que celle de l'autre quartier, grâce à l'habileté des ouvriers qui la préparent.

Dans le quartier des Andalous, les hommes sont plus braves et les femmes plus belles que dans le quartier opposé; mais dans celui-ci, les hommes sont plus beaux. Parmi les portes du quartier des Cairouanides on remarque le Bab el-Hisn il-Djedîd « la porte du château neuf », qui regarde le midi, et par laquelle on sort pour se rendre à Zouagha; le Bab es-Silcela « la porte de la chaîne », qui est tournée vers l'orient et qui donne passage aux personnes qui se rendent dans le quartier des Andalous; le Bab el-Canater « la porte des ponts », qui est tournée vers l'orient; le Bab Sîady « la porte de la haie », construite par Yahya ibn el-Cacem, regarde le nord et ouvre sur la route qui mène à El-Makhad « le gué », à Ouchetata et à Maghîla ; le Bab Souq el-Ahad « la porte du marché du dimanche », tournée vers l'occident et ouvrant sur la route qui mène à Zouagha. Ce même quartier possède un djami à trois nefs, qui se dirigent d'orient en occident. Cet édifice, fondé par Idrîs ibn Idrîs, a plusieurs vestibules et une grande cour où l'on voit des oliviers et d'autres arbres. On compte, dans ce quartier, une vingtaine de bains; on y remarque aussi un grand nombre de jardins et de ruisseaux. Ces eaux y arrivent après avoir traversé le quartier des Andalous. Les citrons viennent très bien dans le quartier des Cairouanides, et ils atteignent une grosseur extraordinaire; mais ils ne réussissent pas dans l'autre quartier. Au reste, ces deux parties de la ville se distinguent également par leur importance et par leurs ressources. La rivière de Fez se jette dans le Sebou. Dans le canton de Maghîla, à l'occident du quartier des Cairouanides, on remarque un endroit appelé Es-Seïkh « l'enfoncement », parce qu'il s'abîma en terre avec tous ses habitants.

En l'an 341 (952-953 de J.-C.), l'armée d'El-Bouri, fils d'Abou'l-Afiya, abandonna ses tentes et ses bagages en cette localité, après avoir été mise en déroute par les Beni Mohammed. Dans la rivière de Fez on trouve beaucoup de poissons de l'espèce nommée lebîs. On attribue les vers suivants à Mohammed ibn Ishac, surnommé El-Bedjeli :

« Quartier de Qaïrouan, endroit qui m'es si cher ! puissent tes coteaux garder toujours leur beauté et leur fraîcheur !

« Puisse Dieu ne jamais t'enlever le manteau de ses faveurs ! à toi, noble pays, qui repousses le crime et le mensonge. »

Ibrahîm ibn Mohammed, natif d'Asîla et père du célèbre jurisconsulte Abou Mohammed el-Mofaddel ibn Omar el-Medhedji (membre de la tribu arabe de Medhedj), composa sur Fez les vers suivants :

« Je suis entré dans Fez, ville que je désirais tant voir ; mais les émanations du fromage me prirent aux yeux et à la tête.

« Tant que je vivrai, je ne remettrai plus le pied dans Fez, dût-on me donner Fez avec tous ses habitants. »

Un cadi de Tèhert, nommé Ahmed ibn Feth, est l'auteur du bon mot que nous rapportons ici : « Lance des ordures aux nez des Fezzois des deux quartiers! n'en épargne pas un seul!

« Ce sont des gens repus d'ignominie au point de dire : Si l'on veut vivre dans l'aisance, il ne faut pas être généreux. »

Le modd employé à Fez pour mesurer le blé renferme quatre-vingts aoukïa; le modi, qu'ils appellent louh, équivaut à cent vingt de ces modd. Toutes les denrées alimentaires, telles que l'huile, le miel, le lait et les raisins secs, se vendent à l'aoukïa.

Aux environs de la ville, on trouve plusieurs fractions de tribus berbères, telles que les Terehna, les Maghîla, les Aouréba, les Sadîna, les Hoouara, les Miknaça et les Zouagha.

Lorsque Mouça ibn Noceir fut parvenu jusqu'à Tanger, Aïyad ibn Ocba quitta la colonne et se dirigea contre Segouma, château situé dans le voisinage de Fez. Soleiman ibn Abi'l-Mohâdjer suivit son exemple. Mouça, auquel ils firent l'invitation d'y retourner avec eux, s'y refusa d'abord, « parce que, disait-il, les gens de cette ville ont fait leur soumission »; puis s'étant laissé intimider par leurs menaces, il consentit à rebrousser chemin. Dans le premier combat que ces Arabes livrèrent aux habitants de Segouma, ils essuyèrent un grave échec; mais Aïyad ibn Ocba profita de l'occasion pour escalader la forteresse du côté opposé et mettre la garnison en déroute. Dans le massacre qui s'ensuivit, il périt tant de monde, que la population des Aouréba est demeurée peu nombreuse jusqu'à ce jour. Au rapport d'Ibn Abi Hassan, Mouça écrivit en ces termes à El-Ouélîd ibn Abd el-Melik, après avoir pris Segouma : « Emir des croyants, dans le partage des prisonniers faits à Segouma, on vous a réservé cent mille individus. » A cette dépêche El-Ouélîd fit la réponse suivante : « Allons donc! c'est encore là un de tes mensonges! Si l'on devait t'en croire, cet endroit aurait été le rendez-vous de toutes les nations de la terre. »

DESCRIPTION DE LA VILLE DE FÈS

tirée du « Moudjem oul-bouldan » de Yaqout el-Hamaouy.

Fas (par un *s*; prononcez comme « fas » — l'herminette du charpentier —) est une ville célèbre et de grande étendue dans la partie berbère du Maghreb. Elle est située non loin de la mer et c'était la cité la plus importante de la région avant la fondation de Merrakech.

Fas s'étend entre deux hautes collines; les constructions se sont élevées les unes au-dessus des autres sur les versants de ces hauteurs au point d'en atteindre le sommet. De leurs flancs sourdent de toutes parts des sources qui s'écoulent vers le fond de la vallée et se jettent dans une rivière de moyenne grandeur qui sort de terre et jaillit de fontaines situées à deux tiers de parasange à l'occident de la ville dans l'oasis de « Daouy ». De ce point, coulant, tantôt à droite, tantôt à gauche, à travers de vertes prairies, ce cours d'eau atteint la ville dans sa partie plane et se partage en huit bras qui la traversent. Sur ces huit bras, dans l'intérieur de la ville, sont environ six cents moulins qui tournent sans cesse, ne s'arrêtant ni nuit ni jour. De ces canaux sont dérivées des conduits qui pénètrent dans toutes les maisons grandes et petites et il n'est pas dans tout l'occident d'autre ville où l'eau entre ainsi partout, à l'exception de Grenade en Andalousie.

C'est à Fas que l'on teint en pourpre et qu'on donne aux étoffes pour vêtements la couleur écarlate.

La citadelle est construite au point le plus élevé de la ville. Elle est traversée par un canal nommé « El ma el-mefrouch » (l'eau pavée), qui, après en être sorti, fait tourner un moulin.

Il y a dans cette ville trois mosquées dans chacune desquelles on prononce la « khotba » à la prière du vendredi.

Abou Obeïd el-Bekry dit dans sa notice :

« Fas forme deux villes distinctes et entourées de remparts : ce sont les deux quartiers (litt. : rives) des Qaïrouaniens et des Andalous. Chacun, dans cette ville, a devant la porte de sa demeure son moulin et son jardin planté d'arbres fruitiers de toutes sortes. Des rigoles d'eau courante traversent la maison.

Il y a dans les deux quartiers plus de trois cents moulins et une vingtaine de bains.

C'est la ville du Maghreb qui compte le plus de juifs; de là ils se répandent dans toutes les contrées. D'après un dicton maghrebin, « Fas est une ville sans habitants ».

Chacun des deux quartiers de Fas s'élève sur le penchant d'une montagne et la rivière qui les sépare sort d'une fontaine située à une demi-journée de marche au milieu d'une ville [du pays] d'Orsa.

Le quartier des Andalous a été fondé en 192 (6 nov. 807-24 oct. 808) et celui des Qaïrouaniens en 193, sous le règne d'Idris ben Idris. Ce prince mourut en 213 (22 mars 828-10 mars 829) à Oualyla (Oulyly), localité du territoire de Fas à un jour de distance à l'ouest de cette ville.

Le quartier des Andalous produit des pommes douces que l'on appelle « trablessy » tripolitaines. — Ce sont de gros fruits d'un goût exquis; elles réussissent très bien dans ce quartier, tandis qu'au contraire elles ne réussissent pas dans celui des Qaïrouaniens.

La semoule des Andalous est meilleure que celle des Qaïrouaniens, parce qu'ils apportent plus d'habileté dans sa fabrication.

De même, les hommes du quartier Andalou sont plus courageux, plus braves, plus alertes que ceux du quartier Qaïrouanien; leurs femmes sont aussi plus belles que celles de leurs voisins, alors qu'à l'opposé chez les Qaïrouaniens les hommes sont plus beaux que chez les Andalous.

Chacun de ces quartiers a sa mosquée particulière.

Mohammed ben Ishaq, connu sous le nom de El-Djelyly, a dit :

« Quartier des Qaïrouaniens, qui possèdes de généreuses qualités, que ton coteau aimé ne cesse d'être rafraîchi par la pluie ; que Dieu ne détourne pas le manteau de sa faveur d'une terre qui évite le péché et le mensonge. »

Ibrahym ben Mohammed el-Asily père du jurisconsulte Abou Mohammed Abdallah, a dit aussi en parlant de Fas :

« Je suis entré dans Fas désirant voir cette ville et la mort s'est emparée de mes yeux et de ma tête. Je n'entrerai plus dans Fas tant que je vivrai, dût Fas m'être donnée avec tous ses habitants ».

Ahmed ben Fath, cadi de Tahrèt (Tiharet), dit dans une longue pièce de vers :

« Couvre d'ordure chaque habitant des deux quartiers de Fas près duquel tu passeras, n'en néglige aucun : c'est un peuple qui vit dans une avarice sordide, tellement que l'un d'entre eux a dit : Quiconque n'est pas foncièrement avare ne vit pas heureux. »

Il y a dix jours de marche de Fas à Ceuta ; cette ville est plus à l'est.

Et Yekky a dit, satirisant les gens de Fas :

« Quand on quitte Fas, on y laisse ses soucis, l'éventualité de tout malheur possible et toute cause d'affliction. Son sol est des meilleurs, ses habitants sont des pires. C'est un pays qui n'a jamais vu naître un homme de nobles qualités ; il ne renferme pas un seul homme obligeant. »

Le même poète a dit sur le même sujet :

« Perce de ton dard tous ceux que tu rencontreras depuis la terre d'Égypte jusqu'aux bourgades les plus reculées du pays de Fas. Ce sont des gens qui lèchent toutes les impuretés de la terre, comme le buveur lèche la coupe quand on lui verse à boire. »

Il a dit aussi :

« Je suis entré dans la ville de Fas demandant à Dieu d'y gagner ma vie. Tout ce que j'ai gagné avec les habitants, je l'ai dépensé avec leurs fils. »

Un certain nombre de savants ont porté le nom ethnique de de cette ville, entre autres Abou Omar Imran ben Mousa ben Issa ben Nedjh el-Fassy, jurisconsulte des Qaïrouaniens. Quand il vint se fixer chez eux, il avait, auparavant, fréquenté les cours de plusieurs professeurs du Maghreb, puis il avait voyagé en Orient et y avait aussi suivi les leçons de nombre de lecteurs. C'était un homme vertueux, curieux de science et doué d'autres qualités.

HISTOIRE DES CONSTRUCTIONS FAITES PAR L'IMAM IDRIS DANS LA VILLE DE FÈS[1]

Description des bienfaits et des beautés que Dieu a dispensés à Fès, qui excelle sur toutes les autres villes du Maghreb.

L'auteur du livre (que Dieu l'agrée!) continue (son récit et dit) : Depuis sa fondation, la ville de Fès a toujours été le siège de la sagesse, de la science, de la paix et de la religion ; pôle et centre du Maghreb, elle fut la capitale des Idrisites hosseïniens qui la fondèrent, et la métropole des Zenéta, des Beni Yafran, des Maghraoua et autre peuples mahométans du Maghreb. Les Lemtuma s'y fixèrent quelque temps, lors de leur domination ; mais bientôt ils bâtirent la ville de Maroc, qu'ils préférèrent à cause de la proximité de leur pays, situé dans le sud. Les Mouwahidoun (Almohades) qui vinrent après eux, suivirent leur exemple pour la même raison ; mais Fès a toujours été la mère et la capitale des villes du Maghreb, et aujourd'hui

[1]. Les chapitres qui suivent sont extraits du *Roudh el-Qartbas* traduit par M. Beaumier.

elle est le siège des Beni Meryn qui la chérissent et la vénèrent. (Que Dieu perpétue leurs jours!)

Fès réunit en elle eau douce, air salubre, moissons abondantes, excellents grains, beaux fruits, vastes labours, fertilité merveilleuse, bois épais et proches de la ville, parterres couverts de fleurs, immenses jardins potagers, marchés réguliers attenant les uns aux autres et traversés par des rues très droites; fontaines pures, ruisseaux intarissables qui coulent à flots pressés sous des arbres touffus, aux branches entrelacées, et vont ensuite arroser les jardins dont la ville est entourée. Il faut cinq choses à une ville, ont dit les philosophes : eau courante, bon labour, bois à proximité, constructions solides, et un chef qui veille à sa prospérité, à la sûreté de ses routes et au respect dû à sa puissance. A ces conditions, qui accomplissent et anoblissent une ville, Fès joint encore de grands avantages, que je vais décrire, s'il plaît à Dieu.

Dans nulle partie du Maghreb on ne trouve de si vastes terres de labour et des pâturages si abondamment arrosés que ceux qui entourent Fès. Du côté du midi, s'élève la montagne des Beni Behloul, dont les forêts superbes donnent cette quantité incalculable de bois de chêne et de charbon que l'on voit accumulée chaque matin aux portes de la ville. La rivière, qui partage la ville en deux parties, donne naissance, dans son intérieur, à mille ruisseaux qui portent leurs eaux dans les lavoirs, les maisons et les bains, arrosent les rues, les places, les jardins, les parterres, et font tourner les moulins et emportent avec eux toutes les immondices.

Le docte et distingué Abou 'l-Fadhl ben el-Nahouy, qui a chanté les louanges et fait une description de Fès, s'écrie :

« O Fès, toutes les beautés de la terre sont réunies en toi! De quelle bénédiction, de quels biens ne sont pas comblés ceux qui t'habitent! Est-ce ta fraîcheur que je respire, ou est-ce la santé de mon âme? Tes eaux sont-elles du miel blanc ou de l'argent? Qui peindra ces ruisseaux qui s'entrelacent sous terre et vont porter leurs eaux dans les lieux d'assemblées, sur les places et sur les chemins ! »

Le docte Abou 'l-Fadhl ben el-Nahouy était de ceux qui possèdent science, religion, intégrité et bienfaisance, ainsi qu'il est dit dans le *Téchaouif*, ouvrage qui traite de l'histoire des hommes savants du Maghreb.

Un autre illustre écrivain, le docte et très savant Abou Abd Allah el-Maghyly, étant kady à Azimour, a dit ce qui suit dans une de ses odes à Fès :

« O Fès ! que Dieu conserve ta terre et tes jardins, et les abreuve de l'eau de ses nuages ! Paradis terrestre qui surpasse en beautés tout ce qu'il y a de plus beau et dont la vue seule charme et enchante ! Demeures sur demeures aux pieds desquelles coule une eau plus douce que la plus douce liqueur ! Parterres semblables au velours, que les allées, les plates-bandes et les ruisseaux bordent d'une broderie d'or ! Mosquée el-Kairaouyn, noble nom ! dont la cour est si fraîche par les plus grandes chaleurs !... Parler de toi me console, penser à toi fait mon bonheur ! Assis auprès de ton admirable jet d'eau, je sens la béatitude ! et avant de le laisser tarir, mes yeux se fondraient en pleurs pour le faire jaillir encore ! »

L'auteur du livre reprend : L'Ouad Fès, dont l'eau l'emporte par la douceur et la légèreté sur les meilleures eaux de la terre, sort de soixante sources qui dominent la ville. Cette rivière traverse d'abord une vaste plaine couverte de gossampins et de cyprès ; puis, serpentant à travers les prairies toujours vertes qui avoisinent la ville, elle entre à Fès, où elle se divise, comme on l'a dit, en une infinité de petits ruisseaux.

Enfin sortant de Fès, elle arrose les campagnes et les jardins, et va se jeter dans le fleuve Sebou, à deux milles de la ville.

Les propriétés de l'eau de l'Ouad Fès sont nombreuses : elle guérit de la maladie de la pierre et des mauvaises vapeurs ; elle adoucit la peau et détruit les insectes ; on peut sans inconvénient en boire en quantité à jeun, tant elle est douce et légère (qualités qu'elle acquiert en coulant à travers les gossampins et les cyprès). Le médecin Ben Djenoun rapporte que, bue à jeun, cette eau rend plus agréable le plaisir des sens. Elle blanchit le linge sans qu'il soit nécessaire d'employer du savon, et elle lui donne un éclat et un parfum surprenants. On tire de l'Ouad Fès des pierres précieuses qui peuvent remplacer les perles fines. Ces pierres valent un mitkal d'or la pièce, ou plus ou moins, selon leur pureté, leur beauté et leur couleur. On trouve également dans cette rivière des cheratyns (écrevisses) qui sont très rares dans les eaux de l'Andalousie, et on y pêche plusieurs espèces de poissons excellents et très sains, tels que el-boury (le mulet), el-seniah, el-lhebyn (cypinum), el-bouka (murex) et autres. En résumé, l'Ouad Fès est supérieur aux autres rivières du Maghreb par ses bonnes et utiles qualités.

Il n'existe nulle part des mines de sel aussi remarquables que celles de Fès; situées à six milles de la ville, ces mines occupent un terrain de dix-huit milles, et sont comprises entre le hameau de Chabty et l'Ouad Mesker, dans le Demenet el-Bakoul. Elles donnent différentes espèces de sel variant entre elles de couleur et de pureté. Ce sel, rendu en ville, coûte un dirhem les dix sâa, quelquefois plus, quelquefois moins, selon le nombre des vendeurs ; autrefois avec un dirhem on en avait une charge (de chameau), et souvent même les marchands ne pouvaient s'en défaire, tant l'abondance était grande; mais ce qui est vraiment merveilleux, c'est que l'espace occupé par ces mines est coupé en divers sens par des champs cultivés, et certes, quand au milieu du sel on voit s'élever de belles moissons dont les épis se balancent sur de vertes tiges, on ne peut que dire : C'est là un bienfait de Dieu, un signe de sa bénédiction !

A un mille environ de Fès est situé le Djebel Beni Bazgha, qui fournit ces quantités indicibles de bois de cèdre qui chaque jour arrivent en ville. Le fleuve Sebou, qui n'a qu'une seule source, sort d'une grotte de cette montagne et suit son cours à l'est de Fès, à une distance de deux milles. C'est dans ce fleuve que l'on pêche le chabel et le boury (l'alose et le mulet) qui arrivent si frais et en si grande quantité sur les marchés de la ville. C'est aussi sur les bords du Sebou que les habitants de Fès viennent faire leurs parties de plaisir.

A tous les avantages qui distinguent Fès des autres villes, il faut ajouter encore les beaux bains de Khaoulen, situés à quatre milles de ses portes, et dont les eaux sont d'une chaleur extraordinaire. Non loin de Khaoulen sont enfin les magnifiques thermes de Ouachnena et de Aby Yacoub, les plus renommés du Maghreb.

Les habitants de Fès ont l'esprit plus fin et plus pénétrant que les autres peuples du Maghreb; fort intelligents, très charitables, fiers et patients, ils sont soumis à leurs chefs et respectent leur souverain. En temps d'anarchie, ils l'ont toujours emporté sur les autres par leur sagesse, leur science et leur religion.

Depuis sa fondation, Fès a toujours été propice aux étrangers qui sont venus s'y établir. Grand centre où se réunissent en nombre les sages, les docteurs, les légistes, les littérateurs, les poètes, les médecins et autres savants, elle fut de tout temps le siège de la sagesse, de la science, des études nouvelles et de la langue arabe, et elle contient à elle seule plus de connaissances que le Maghreb entier. Mais s'il n'a jamais cessé d'en être ainsi, il faut l'attribuer aux bénédictions et aux prières de celui qui l'a fondée; l'imam Idris, fils d'Idris (que Dieu soit sastisfait de lui !), au moment d'entreprendre les premiers travaux, leva les mains au ciel et dit : « O mon Dieu ! faites que ce lieu soit la demeure de la science et de la sagesse ! que votre livre y soit honoré et que vos lois y soient respectées ! Faites que ceux qui l'habiteront restent fidèles au Sonna et à la prière aussi longtemps que subsistera la ville que je vais bâtir ! » Saisissant alors une pioche, Idris jeta les premiers fondements.

Depuis lors jusqu'à nos jours, année 726 (1325 J.-C.), Fès a effectivement toujours été la demeure de la science, de la doctrine orthodoxe, du Sonna, et le lieu de réunion et des prières. D'ailleurs, pour expliquer tant de bienfaits et de grandeurs, ne suffit-il pas de connaître la prédiction du Prophète (que Dieu le bénisse et le sauve!), dont les propres paroles sont rapportées dans le livre d'Idris ben Ismaïl Abou Meïmouna, qui a écrit de sa propre main ce qui suit :

« Abou Midhraf d'Alexandrie m'a dit qu'il tenait de Mohammed ben Ibrahim el-Mouizz, lequel le tenait d'Abd er-Rahman ben el-Kasim, qui le tenait de Malik ben Ans, qui le tenait de Mohammed ben Chahab el-Zahery, qui le tenait de Saïd ben el-Messyb, qui le tenait d'Abou Herida, lequel avait entendu de Sidi Mohammed lui-même (que le Dieu le sauve et le bénisse!) la prophétie suivante : Il s'élèvera dans l'Occident une ville nommée Fès qui sera la plus distinguée des villes du Maghreb; son peuple sera souvent tourné vers l'orient; fidèle au Sonna et à la prière, il ne s'écartera jamais du chemin de la vérité; et Dieu gardera ce peuple de tous maux jusqu'au jour de la résurrection! »

Abou Ghâlib raconte dans son histoire qu'un jour l'imam Idris, se trouvant sur l'emplacement de la ville qu'il voulait bâtir, était occupé à en tracer les contours, lorsque arriva vers lui un vieux solitaire chrétien, qui paraissait avoir cent cinquante ans, et qui passait sa vie en prières dans un ermitage situé non loin de cet endroit. « Que le salut soit sur toi! dit le solitaire en s'arrêtant ; réponds, émir, que viens-tu faire entre ces deux montagnes? — Je viens, répondit Idris, élever une ville où je demeurerai et où demeureront mes enfants après moi, une ville où le Dieu très-haut sera adoré, où son Livre sera lu et où l'on suivra ses lois et sa religion! »

— « S'il en est ainsi, émir, j'ai une bonne nouvelle à te donner. — Qu'est-ce donc, ermite? — Écoute. Le vieux solitaire chrétien, qui priait avant moi dans ces lieux et qui est mort depuis cent ans, m'a dit avoir trouvé dans le livre de la science qu'il exista ici une ville nommée Sèf qui fut détruite il y a dix-sept cents ans, mais qu'un jour il viendrait un homme appartenant à la famille des prophètes, qui rebâtirait cette ville, relèverait ses édifices et y ferait revivre une population nombreuse; que cet homme se nommerait Idris; que ses actions seraient grandes et son pouvoir célèbre, et qu'il apporterait en ce lieu l'islam qui y demeurerait jusqu'au dernier jour. — Loué soit Dieu ! Je suis cet Idris », s'écria l'imam, et il commença à creuser les fondations.

A l'appui de cette version, l'auteur cite le passage d'El-Bernoussy où il est dit qu'un juif, creusant les fondements d'une maison près du pont de Ghazoula, sur un lieu qui était encore, comme la plus grande partie de la ville, couvert de buissons, de chênes, de tamarins et autres arbres, trouva une idole en marbre, représentant une jeune fille, sur la poitrine de laquelle étaient gravés ces mots en caractères antiques : « En ce lieu, consacré aujourd'hui à la prière, étaient jadis des thermes florissants, qui furent détruits après mille ans d'existence. » D'après les recherches des savants qui se sont particulièrement occupés de l'histoire et de la fondation de la ville de Fès, Idris jeta les premiers fondements le premier jeudi du mois béni de reby el-ewwel, en l'an 192 de l'hégyre (3 février 808 J.-C.). Il commença par les murs d'enceinte de l'Adoua el-Andalous, et, un an après, dans les premiers jours de reby el-tani de l'année 193, il entreprit ceux de l'Adoua el-Kairaouyn. Les murs de l'Adoua el-Andalous étant achevés, l'imam fit élever une mosquée auprès du puits nommé Gemâa el-Chiakh (lieu de réunion des cheïkhs) et y plaça des lecteurs. Ensuite il fit abattre les arbres et les broussailles qui couvraient de leurs branches épaisses l'Adoua el-Kairaouyn, et il découvrit ainsi une infinité de sources et de cours d'eau. Ayant mis les travaux en train sur cet emplacement, il repassa dans l'Adoua el-Andalous et s'établit sur le lieu appelé el-Kermouda ; il construisit la mosquée El-Cheyâa (que Dieu l'anoblisse !) et y plaça des lecteurs. Ensuite, il bâtit sa propre maison, connue jusqu'à ce jour sous le nom de Dar el-Kytoun et habitée par les Chérifs Djoutioun, ses descendants ; puis il édifia l'Al-Kaysseria (les bazars) à côté de la mosquée, et établit tout autour des boutiques et des places. Cela fait, Idris ordonna à ses gens de construire leurs demeures. « Ceux d'entre vous, dit-il, qui auront choisi un terrain et qui auront sur ce terrain établi des maisons ou des jardins avant que les murs d'enceinte soient entièrement achevés en resteront propriétaires. Je le leur donne, dès à présent, pour l'amour du Dieu très-haut. » Aussitôt le peuple se mit à bâtir et à planter des arbres fruitiers ; chacun choisissant un emplacement assez vaste pour construire sa demeure et établir son jardin, le défrichait et employait à la construction de sa maison le bois des arbres qu'il abattait.

Sur ces entrefaites, une troupe de cavaliers persans de l'Irak, appartenant en partie aux Beni Mélouana, arrivèrent auprès d'Idris et campèrent dans le voisinage de l'Aïn-Ghalou ; cette fontaine, située au milieu d'une épaisse forêt de dhehach, de gheyloun, de kelkh, de besbâs et autres arbres sauvages, était la demeure d'un nègre nommée Ghalou, qui arrêtait les passants. Avant la fondation de Fès, personne n'osait s'approcher de cet endroit, ni même se mettre en chemin, de peur de rencontrer Ghalou. A cette peur se joignait l'épouvante qu'occasionnaient le bruissement des bois épais, le grondement de la rivière et des eaux, et les cris des bêtes féroces qui avaient là leurs repaires. Les bergers fuyaient ces parages avec leurs troupeaux, et si, quelquefois, il leur arrivait de se hasarder de ces côtés, ce n'était jamais que protégés par nombreuse escorte. Idris commençait à bâtir sur l'Adoua el-Andalous lorsqu'il apprit ces détails ; immédiatement, il donna l'ordre de s'emparer de ce nègre, et, dès qu'on le lui eut amené, il le tua et fit clouer le cadavre à un arbre situé au-dessus de ladite fontaine, où il le laissa jusqu'à ce qu'il eût entièrement disparu en lambeaux de chair décomposée. C'est de là que vient le nom de Ghalou que cette fontaine porte encore aujourd'hui.

Dans la construction des murs de l'Adoua el-Kairaouyn, l'imam prit pour point de départ le sommet de la colline d'Aïn-Ghalou, où il fit la première porte de la ville qu'il nomma Bab Ifrikya (porte d'Afrique); de là, portant les murs vers Aïn-Derdoun et jusqu'à Sahter, il éleva la deuxième porte Bab Sadoun; de Bab Sadoun, il se dirigea vers Ghallem, où il établit la porte appellée Bab el-Fars (porte de Perse); de Ghallem, il descendit sur les bords de la rivière (Ouad Kebir) qui sépare les deux Adoua, et il fit le Bab el-Facil (porte de séparation), qui conduit d'une Adoua à l'autre. Passant sur l'autre rive, il construit, en remontant le cours de l'eau, cinq *mesafat* de murs au bout desquels il établit le Bab el-Feredj (porte du soulagement), que l'on nomme aujourd'hui Bab el-Silsila (porte de la chaîne); repassant la rivière et rentrant sur l'Adoua el-Kairaouyn, il remonta de nouveau le courant jusqu'aux fontaines situées entre El-Sad et El-Gerf, et construisit là le Bab el-Hadid (porte de fer); rejoignant enfin cette dernière porte au Bab Ifrikya, il acheva l'enceinte de l'Adoua el-Kairaouyn, ville de grandeur moyenne, ayant six portes, abondamment arrosée et contenant grand nombre de jardins et de moulins à eau.

Passant à l'Adoua el-Andalous, il construisit au midi la porte par laquelle on prend le chemin de Sidjilmeça, que l'on nomme aujourd'hui Bab el-Zeïtoun (porte des oliviers); de là il dirigea les murs le long de la rivière, en remontant vers Bersakh, et, arrivé vis-à-vis le Bab el-Feredj de l'Adoua el-Kairaouyn, il fit une porte; puis, continuant les murs jusqu'à Chybouba, il construisit la porte de ce nom qui fait face au Bab el-Facil de l'autre Adoua; de Bab el-Chybouba il arriva à la pointe de Hadjer el-Feradj, et y plaça la porte de l'orient nommée Bab el-Kenisya (porte de l'église), qui conduit au bourg des malades et par laquelle on prend le chemin de Tlemcen. Cette dernière porte fut conservée telle qu'Idris l'avait faite jusqu'en 540 (1145 J.-C.). A cette époque, elle fut détruite par Abd el Moumin ben Ali, qui, devenu maître du Maghreb, s'était-

emparé de la ville de Fès. Elle fut rebâtie en 601 (1204 J.-C.) par El-Nassir ben el-Mansour l'Almohade qui refit à neuf les murs d'enceinte, et elle prit alors le nom de Bab el-Khoukha (porte de la lucarne). Le bourg des malades était situé au dehors de Bab el-Khoukha de façon à ce que le vent du sud pût emporter loin de la ville les exhalaisons qui auraient été nuisibles au peuple. De même, la rivière ne passait dans ce bourg qu'au sortir de Fès et on n'avait point à craindre ainsi que les eaux se corrompissent par le contact des malades qui s'y baignaient et y jetaient leurs ordures. Mais, en 619 (1222 J.-C.), lors de la désastreuse famine qui jusqu'en 637 (1239 J.-C.), bouleversa le Maghreb et le plongea dans les troubles et la misère (malheurs dont Dieu se servit pour mettre fin au gouvernement des Almohades et faire briller celui des Meryn), les lépreux passèrent le Bab el-Khoukha, et vinrent s'établir en dehors de Bab el-Cheryah (une des portes de l'Adoua el-Kairaouyn), dans les grottes situées auprès du fleuve, entre les silos aux grains et le jardin Meserlat. Ils demeurèrent là jusqu'à ce que les Meryn, devenus souverains du Maghreb, eurent affermi leur pouvoir, fait briller la lumière de leur justice, répandu leur bénédiction sur le peuple, rétabli la sûreté des routes et accru par leurs bienfaits la population de la ville. Alors seulement, en 658, on se plaignit à l'émir des musulmans, Abou Youssef Yacoub ben Abd el-Hakk, de ce que les malades se baignaient et lavaient leurs vêtements, leur vaisselle et autres objets dans la rivière, et corrompaient ainsi les eaux dont l'usage compromettait la santé des musulmans de la ville. Aussitôt Abou Youssef (que Dieu lui fasse miséricorde!) ordonna au gouverneur de Fès, Abou el-Ghala Idris ben Aby Koreïch, de faire sortir les malades de cet endroit et de les chasser loin de la rivière. Cet ordre fut exécuté, et les lépreux furent relégués dans les cavernes de Bordj el-Kaukab, au dehors de Bab el-Djysa, une des portes de l'Adoua el-Kairaouyn.

Idris construisit une porte dans le sud de l'Adoua el-Andadaloûs et la nomma Bab el-Kibla (porte du sud); cette porte resta intacte jusqu'à l'époque où elle fut détruite par Dounas el-Azdy, qui s'empara, les armes à la main, de l'Adoua el-Andalous; elle fut ensuite reconstruite par El-Fetouh ben el-Mouezz ben Zyry ben Athia el-Zenety el-Maghraouy, lors de son gouvernement à Fès, ou, suivant la chronique de Ben Ghâleb, par El-Fetouh ben Manser el-Yfrany, qui lui aurait donné son nom.

Fès, dit Abd el-Melik el-Ouarrak, était anciennement composée de deux villes ayant chacune ses murs d'enceinte et ses portes; la rivière qui les séparait rentrait du côté de Bab el-Hadid par une ouverture pratiquée dans le mur, à laquelle on avait adapté une porte à bon et beau grillage de bois de cèdre, et sortait par deux portes semblables à l'endroit nommé El-Roumeilia; les murs et les portes des deux villes étaient hauts et forts; par le Bab el-Hadid on prenait le chemin du mont Fezez et des mines de Ghouam; par la grande porte (Bab Souleiman), on prenait celui de la ville de Maroc, du Messamid et autres pays; par le Bab el-Makbara (porte du cimetière), on allait vers l'ancienne chapelle située au sommet du mont Meghaya. Cette dernière porte fut fermée à l'époque de la famine, en 627, et n'a plus été ouverte depuis. Enfin la dernière porte construite par Idris dans l'Adoua el-Andalous fut le Bab Hisn Sadoun, située au nord des murs, sur le mont Sather.

Plus tard, à l'époque des Zenèta, la population s'étant accrue, une partie des habitans dut aller se loger dans les jardins situés au dehors de la ville, et ce fut alors que l'émir Adjycha ben el-Mouezz et son frère El-Fetouh, qui gouvernait l'Adoua el-Andalous, renfermèrent dans une même enceinte les deux Adoua et leurs murs; ils firent construire chacun une porte à laquelle ils donnèrent leur nom. Le Bab Ajdjycha, situé vis-à-vis le Bab Hisn Sadoun susmentionné, fut conservé tout le temps des Zenèta et des Lemtouna jusqu'à l'époque du gouvernement de l'émir des Croyants Abou Abd Allah el-Nassir l'Almohade qui fit reconstruire les murs détruits en 540 par son grand-père Abd el-Moumin. Abou Abd Allah fit bâtir par delà le Bab Adjycha une grande porte qu'il appela également Adjycha, dont on fit El-Djycha, en substituant l'article *el* au *aïn*, nom qu'elle garda jusqu'à sa fin. Détruite par le temps, en 648 (1285 J.-C.), elle fut relevée par ordre de l'émir des musulmans Abou Youssef Yacoub ben Abd el-Hakk (que Dieu lui fasse miséricorde!), lequel était alors à Djezyret el-Khadra (île verte, Algésiras) dans l'Andalousie. En même temps, on refit à neuf toute la partie des murs attenants à cette porte, excepté le Kous el-Barrâni (arche extérieure), que l'on trouva en bon état et auquel on ne toucha pas.

En 681 (1282 J.-C.), Abou Youssef (que Dieu lui fasse miséricorde!), après avoir fait réparer et reconstruire les murs du sud de l'Adoua el-Andalous, fit abattre toute la partie comprise depuis le Bab el-Zeytoun jusqu'au Bab el-Fetouh. Ces travaux furent exécutés sous la direction du docte kady Abou Oumya el-Dylley.

Les maisons de Fès ont deux, trois, et jusqu'à quatre étages, tous également bâtis en pierres dures et en bon mortier; les charpentes sont en cèdre, le meilleur bois de la terre; le cèdre ne se corrompt point, les vers ne l'attaquent pas, et il se conserve mille ans, à moins que l'eau ne l'atteigne.

Chaque Adoua a toujours eu sa mosquée principale, ses bazars et son Dar Sikkâ (établissement de la monnaie) particuliers; à l'époque des Zenèta, ces deux parties eurent même un sultan chacune, El-Fetouh et Adjycha, fils tous deux de notre père l'émir El-Mouezz ben Zyry Athia; El-Fetouh commandait l'Adoua el-Andalous et Adjycha l'Adoua el-Kairaouyn; l'un et l'autre avaient une armée, une cour et adressaient leurs prières au Dieu très-haut; mais l'un et l'autre aussi voulaient le pouvoir suprême et gouverner le pays entier. De là, haine mortelle entre eux et une longue suite de combats sanglants qui furent livrés sur les bords de la Grande Rivière, entre les deux villes, à l'endroit connu sous le nom de Kahf el-Rekad.

Les habitants de l'Adoua el-Andalous étaient fort valeureux et la plupart d'entre eux étaient adonnés aux travaux de la terre et des champs; ceux de l'Adoua el-Kairaouyn, au contraire, généralement haut placés et instruits, aimaient le luxe et le faste chez eux, dans leurs vêtements, à leur table, et ils ne se livraient guère qu'au négoce et aux arts. Les hommes de l'Adoua el-Kairaouyn étaient plus beaux que ceux de l'Adoua el-Andalous ; mais, en revanche, les femmes de l'Adoua el-Andalous étaient les plus jolies.

On trouve à Fès les plus belles fleurs et les meilleurs fruits de tous les climats. L'Adoua el-Kairaouyn surpasse cependant l'autre Adoua par l'eau délicieuse de ses nombreux ruisseaux, de ses fontaines intarissables et de ses puits profonds; elle produit les plus délicieuses grenades aux grains jaunes de Maghreb et les meilleures qualités de figues, de raisins, de pêches, de coings, de citrons et de tous les autres fruits d'automne. L'Adoua el-Andalous, de son côté, donne les plus beaux fruits d'été, abricots, pêches mûres, diverses qualités de pommes, abourny, thelkhy, khelkhy, et celles dites de Tripoli, à peau fine et dorée, qui sont douces, saines, parfumées, ni grosses, ni petites et les meilleures du Maghreb.

Les arbres plantés à Merdj Kertha situé au dehors de la porte Beni Messafer produisent deux fois par an, et fournissent en toute saison à la ville une grande quantité de fruits. Du côté de Bab el-Cherky, de l'Adoua el-Kairaouyn, on moissonne quarante jours après les semailles; l'auteur de ce livre atteste avoir vu semer en cet endroit le 15 avril et récolter à la fin du mois de mai, c'est-à-dire quarante-cinq jours après, d'excellentes moissons, et cela en 690 (1291 J.-C.), année de vent d'est continuel, durant laquelle il ne tomba pas une goutte de pluie, si ce n'est le 12 avril.

Ce qui distingue encore Fès des autres villes du Maghreb,

c'est que les eaux de ses fontaines sont fraîches en été, chaudes en hiver, tandis que celles de la rivière et des ruisseaux, qui sont froides en hiver, sont chaudes en été, de sorte qu'en toutes saisons, on a de l'eau froide et de l'eau chaude à volonté, pour boire, faire les ablutions et prendre des bains.

On n'est pas d'accord sur l'étymologie du mot *Fès*. On raconte que, lors des premiers travaux, l'imam, par humilité et pour mériter les récompenses de Dieu, se mit lui-même à l'ouvrage avec les maçons et les artisans, et que ceux-ci, voyant cela, lui offrirent un *fès* (pioche) d'or et d'argent. Idris l'accepta, et s'en servit pour creuser les fondements ; de là le mot *fès* fut souvent prononcé ; les travailleurs disaient à tout instant : Donne le *fès*, creuse avec le *fès*, et c'est ainsi que le nom de Fès est resté à la ville. L'auteur du livre intitulé *El-Istibsâr fi Adjaïb el-Amçar* rapporte qu'en creusant les premiers fondements du côté du midi, on trouva un grand *fès* pesant soixante livres et ayant quatre palmes de long sur une de large, et que c'est là ce qui fit donner à la ville le nom de Fès.

Selon un autre récit, on commençait déjà à construire, lorsque le secrétaire d'Idris demanda quel serait le nom de la nouvelle ville. « Celui du premier homme qui se présentera à nous », lui répondit l'imam. Un individu passa et répondit à la question qui lui en fut faite. « Je me nomme Faris ; » mais, comme il blésait, il prononça Fès pour Faris et Idris dit : « Que la ville soit appelée Fès. » On raconte encore qu'une troupe de gens du Fars (Persans) qui accompagnait Idris tandis qu'il traçait les murs d'enceinte furent presque tous ensevelis par un éboulement, et qu'en leur mémoire, on donna au lieu de l'accident le nom de Fars, dont plus tard on fit Fès. Enfin on rapporte que lorsque les constructions furent achevées, l'imam Idris dit : « Il faut donner à cette ville le nom de l'ancienne cité qui exista ici pendant dix-huit cents ans et qui fut détruite avant que l'Islam ne resplendît sur la terre. » Cette ville se nommait Sèf et en renversant le mot on en fit Fès. Cette version dernière est la plus probable de toutes; mais Dieu seul connaît la vérité.

Lorsque la ville et les murs d'enceinte furent achevés et que les portes furent mises en place, les tribus s'y rendirent et s'établirent chacune séparément dans un quartier; les Kyssyta occupèrent la partie comprise entre Bab Ifrikya et Bab el-Hadid de l'Adoua el-Kairaouyn; à côté d'eux se rangèrent les Haçabyoun et les Agyssya. L'autre partie fut occupée par les Senhadja, les Louata, les Mesmouda et les Chyhan. Idris leur ordonna de diviser les terres et de les cultiver, ce qu'ils firent, en plantant en même temps des arbres sur les bords de la rivière dans Fahs Saïs, depuis sa source jusqu'à l'endroit où elle se jette dans le fleuve Sebou. Un an après, ces arbres donnèrent des fruits, et c'est le prodige dû à la bénédiction et aux vertus d'Idris et de ses ancêtres. (Que le Dieu très-haut les agrée!)

A Fès, la terre est excellente, l'eau très douce, le climat tempéré; aussi la population s'accrut-elle promptement, et avec elle les biens et l'abondance, et bientôt on vit de tous côtés accourir une foule innombrable de gens qui venaient se rallier au descendant de la famille de l'Élu, race généreuse et pure. (Que Dieu la comble de bénédiction!)

Un grand nombre de gens de tous pays et quelques fragments de tribus vinrent bientôt de l'Andalousie chercher à Fès le repos et la sûreté; en même temps, une foule de juifs s'y refugièrent, et il leur fut permis de s'établir depuis Aghlen jusqu'à la porte de Hisn Sadoun, moyennant un tribut annuel (djeziâ) qu'Idris fixa à 30.000 dinars. Les grands et les kaïds choisirent leurs habitations dans l'Adoua el-Andalous, et Idris, après avoir laissé à la garde de gens de confiance ses chevaux, ses chameaux, ses vaches et ses troupeaux, fixa sa résidence dans l'Adoua el-Kairaouyn avec sa famille, ses serviteurs et quelques négociants, marchands ou artisans.

Fès demeura ainsi pendant tout le règne d'Idris et de ses successeurs jusqu'à l'époque des Zenèta; sous la domination de ceux-ci, elle fut considérablement agrandie; on construisit au dehors une infinité de maisons qui rejoignirent bientôt les jardins de la ville. Du Bab Ifrîkya jusqu'à l'Aïn-Aslîten s'élevèrent au nord, au sud et à l'est des fondouks (caravansérails), des bains, des moulins, des mosquées et des souks (marchés, places). Tout cet espace fut rempli par les tribus Zenèta, Louata, Maghila, Djyraoua, Ouaraba, Houara, etc., qui s'établirent chacune dans un quartier à part auquel elles donnèrent leur nom. C'est ainsi que prirent naissance le faubourg Louata, le faubourg El-Rabt ou Aghlân, le faubourg Aben Aby Yakouka ou Berzakh, le faubourg Beni Amar ou El-Djer el-Ahmar, etc.

Huit mille familles de Cordoue, ayant été battues et chassées de l'Andalousie par l'imam Hakim ben Hichâm, passèrent dans le Maghreb et vinrent à Fès; elles s'établirent dans l'Adoua el-Andalous et commencèrent à bâtir à droite et à gauche depuis Keddân, Mesmouda, Fouara, Harat el-Beryda et Kenif jusqu'à Roumeilia. C'est depuis lors que cette Adoua s'appela Adoua el-Andalous. L'autre Adoua prit également son nom de Kairaouyn, de trois mille familles de Kairaouan qui vinrent s'y fixer du temps d'Idris.

Les Zenèta bâtirent dans l'Adoua el-Kairaouyn les bains nommés hammam Kerkoufa, hammam el-Amir, hammam Rechacha, hammam Ribatha, et dans l'Adoua el-Andalous, ceux nommés hammam Djerouaoua, hammam Keddân, hammam Cheikheyn et hamman Djezyra. Ils augmentèrent également le nombre des fondouks (caravansérails) et des mosquées. Ils retirèrent les khathib (prédicateurs) de la mosquée El-Cheurfa, construite par Idris ben Idris, mais ne touchèrent point au monument par respect pour le fondateur, et nul après n'osa y porter le moindre changement, jusqu'à ce qu'enfin le temps eût fait tomber son toit et fait crouler ses murs; alors seulement, en 708 (1308 J.-C.), elle fut reconstruite, exactement telle que l'avait bâtie Idris, par le docte mufty El-Hadj el-Moubarek Abou Meryn Chouayb, fils du docte El-Hadj el-Mebrour Aby Abd Allah ben Aby

Medyn, qui s'efforça ainsi de mériter le pardon et les récompenses du Dieu très-haut.

C'est à l'époque des Almohades que Fès fut dans toute la splendeur de la richesse, du luxe et de l'abondance. Elle était la plus florissante des villes du Maghreb. Sous le règne d'El-Mansour l'Almohade et de ses successeurs, on comptait à Fès sept cent quatre-vingt-cinq mosquées ou chapelles ; quarante-deux dara loudhou et quatre-vingts sakyat, soit cent vingt-deux lieux aux ablutions à eau de fontaine ou de rivière ; quatre-vingt-treize bains publics ; quatre cent soixante et douze moulins situés autour et à l'intérieur des murs d'enceinte et non compris ceux du dehors. Sous le règne de Nassir, on comptait en ville quatre-vingt-neuf mille deux cent trente-six maisons ; dix-neuf mille quarante et un mesrya ; quatre cent soixante-sept fondouks destinés aux marchands, aux voyageurs et aux gens sans asile ; neuf mille quatre-vingt-deux boutiques ; deux kaysseria, dont un dans l'Adoua des Andalous, près de l'Ouad Mesmouda et l'autre dans l'Adoua el-Kairaouyn ; trois mille soixante-quatre fabriques ; cent dix-sept lavoirs publics ; quatre-vingt-six tanneries ; cent seize teintureries ; douze établissements où l'on travaillait le cuivre ; cent trente-six fours pour le pain, et mille cent soixante et dix autres fours divers.

Les teintureries s'établirent, à cause de la proximité de l'eau, des deux côtés de la langue de terre qui partage l'Ouad Kebir depuis son entrée en ville jusqu'à Roumeilia. Les faiseurs de beignets et les marchands de chair de gazelle ou autres viandes cuites, bâtirent également leurs petits fours en cet endroit, et au-dessus d'eux au premier étage, se fixèrent tous les fabricants de haïks. L'Ouad Kebir est le seul qui se présente aujourd'hui encore nettement à la vue ; tous les autres ruisseaux de la ville de Fès sont couverts par les constructions. La plupart des jardins sont aussi disparu, et il ne reste plus des anciennes plantations que les oliviers de Ben Athya.

Il y avait à Fès quatre cents fabriques de papier ; mais elles furent toutes détruites à l'époque de la famine, sous les gouvernements d'El-Adil et de ses frères El-Maïnoun et Rachid, de l'an 618 à l'an 638 Ces princes qui régnèrent pendant ces vingt années de malheur et de misère, furent remplacés par les Meryn, qui relevèrent le pays et rétablirent la sûreté des routes.

L'auteur de ce livre déclare avoir pris tout ce qui précède d'un manuscrit du cheïkh docte et notable Abou 'l-Hassan Aly ben Omar el-Youssy, qui l'avait pris lui-même d'un ouvrage écrit de la main du noble El-Kouykiry, inspecteur de la ville sous le règne de Nassir l'Almohade.

Ben Ghâlib raconte dans son histoire que l'imam Idris, ayant achevé de construire la ville, monta en chaire un jour de vendredi, et qu'aussitôt après le prône, levant les mains au ciel, il s'écria : « O mon Dieu! vous savez que ce n'est point par vanité, ni par orgueil ni pour acquérir des grandeurs et de la renommée que je viens d'élever cette ville! Je l'ai bâtie, Seigneur, afin que, tant que durera le monde, vous y soyez adoré, que votre Livre y soit lu et qu'on y suive vos lois, votre religion et le Sonna de notre seigneur Mohammed (que Dieu le comble de bénédictions!). O mon Dieu! protégez ces habitants et ceux qui viendront après eux ; défendez-les contre leurs ennemis, dispensez-leur les choses nécessaires à la vie, et détournez d'eux le glaive des malheurs et des discussions, car vous êtes puissant sur toutes choses! » Amen! dirent les assistants.

En effet, la nouvelle ville prospéra bientôt. Du temps d'Idris et pendant cinquante ans, l'abondance fut si grande que les récoltes étaient sans valeur. Pour deux dirhem on avait un saa de blé, et pour un dirhem un saa d'orge; les autres grains se donnaient. Un mouton coûtait un dirhem et demi ; une vache, quatre dirhem ; vingt-cinq livres de miel, un dirhem; les légumes et les fruits ne coûtaient rien.

Lorsque la ville fut achevée, l'imam vint s'y établir avec sa famille et en fit le siège de son gouvernement. Il y demeura jusqu'en 197 (812 J.-C.); à cette époque, il en sortit pour aller faire une razzia sur les terres des Masmouda, dont il conquit le pays et les villes de Nefis et de Aghmât. Étant rentré à Fès, il en sortit de nouveau en 199 (814 J.-C.) pour combattre les Kabiles de Nefrata; il les vainquit et vint à Tlemcen, qu'il visita et qu'il fit réparer; il dota d'une chaire la mosquée de cette ville, et, à ce sujet, Abou Mérouan Abd el-Melik el-Ouarrak rapporte ce qui suit : « Je suis allé, dit-il, à Tlemcen, en 550 (1156 J.-C.), et j'ai vu, au sommet de la chaire de la mosquée, un morceau de bois de l'ancienne chaire sur lequel l'imam avait gravé ces mots : « Construit par les ordres de l'imam Idris ben Idris ben Abd Allah ben Hosseïn ben Hosseïn (que Dieu les agrée tous !), dans le mois de moharrem 199 » Idris demeura trois ans à Tlemcen et dans ses environs, et revint à Fès, d'où il ne sortit plus. Il mourut à l'âge de trente-trois ans, an 213 (828 J.-C.). (Que Dieu lui fasse miséricorde!) Il fut enterré dans la mosquée du côté de l'orient, disent les uns, du côté de l'occident, selon les autres.

HISTOIRE DE LA MOSQUÉE EL-QAIRAOUYN

SA DESCRIPTION, SES ACCROISSEMENTS DEPUIS SA FONDATION JUSQU'A NOS JOURS, AN 726 (1325)

L'auteur de ce livre (que Dieu lui pardonne !) a dit : Sous les Idrisites, les cérémonies religieuses du vendredi furent toujours célébrées dans la mosquée El-Cheurfa bâtie par Idris dans l'Adoua el-Qaïraouyn et dans la mosquée des cheikhs de l'Adoua el-Andalous. L'emplacement où est construite la mosquée El-Qaïraouyn était alors un terrain nu, contenant du gypse et clairsemé de quelques arbres; il appartenait à un homme des Houara qui en avait hérité de son père, lequel en était devenu propriétaire avant que la ville fût achevée. Or, on se rappelle que du temps d'Idris un grand nombre de familles de Qaïrouan vinrent s'établir à Fès; de ce nombre était celle de Mohammed el-Fehery el-Qaïrouany qui était arrivé d'Ifrîkya avec sa femme, sa sœur et sa fille. Cette dernière, appelée Fathma et surnommée Oumm el-Beneïn (la mère des deux fils), était une femme vertueuse et sainte; à la mort de ses parents, elle hérita d'une grande fortune légitimement acquise, dont on ne s'était jamais servi pour le commerce, et qu'elle voulut consacrer à une œuvre pieuse pour mériter la bénédiction de Dieu. Fathma crut atteindre ce but en bâtissant une mosquée, et, s'il plaît à Dieu très-haut, elle trouvera sa récompense en l'autre monde, le jour où chaque âme retrouvera devant elle le bien qu'elle aura fait! Elle acheta du propriétaire, moyennant une forte somme d'argent, l'emplacement de la mosquée El-Qaïraouyn dont elle jeta les premiers fondements, le samedi 1er du mois de ramadhan le grand, an 245 (859 J.-C.). Les murs furent bâtis en tabiah et en keddhan que l'on extrayait au fur et à mesure d'une carrière située sur le terrain même, qui fournissait aussi la terre, les pierres et le sable dont on avait besoin. Fathma fit creuser le puits qui existe aujourd'hui encore au milieu de la cour et d'où l'on tira toute l'eau nécessaire aux travailleurs, de sorte que cette mosquée sacrée fut entièrement bâtie avec les matériaux de son propre sol, et que l'on eût ainsi la certitude que rien de ce qui aurait pu n'être pas parfaitement légitime et pur n'avait été employé. La sainte femme jeûna tout le temps que durèrent les travaux, et, lorsqu'ils furent achevés, elle adressa des actions de grâces à Dieu très-haut qui l'avait secondée. La mosquée bâtie par Fathma mesurait cent cinquante empans du nord au sud; elle avait quatre nefs, une petite cour, un mihrab qui occupait la place située aujourd'hui sous le grand lustre. Son minaret était peu élevé et construit sur l'Aneza du côté du sud. Telle est la version que rapporte Abou 'l-

APPENDICE

Kassim ben Djenoun, dans ses Commentaires sur l'Histoire de Fès.

On raconte aussi que Mohammed el-Fehery avait deux filles, Fathma Oumm el-Beneïn et Meriem : Fathma bâtit la mosquée El-Qaïraouyn, et Meriem la mosquée El-Andalous avec les biens légitimes dont elles avaient hérité de leur père et de leur frère. Ces mosquées restèrent telles que les avaient construites les deux sœurs pendant le règne des Idrisites jusqu'à l'époque des Zenéta. Ceux-ci, devenus maîtres du Maghreb, renfermèrent dans une seule enceinte les deux Adoua et les jardins qui les entouraient, et ils reculèrent ainsi les premières limites de la ville, dont aujourd'hui encore on peut voir les vestiges. Puis, la population s'étant accrue, la mosquée El-Cheurfa devint insuffisante pour les cérémonies du vendredi, et les Zenéta les firent célébrer à la mosquée El-Qaïraouyn qui était la plus spacieuse et qu'ils embellirent d'une chaire. Cela eut lieu en l'an 306 (918 J.-C.). Le premier prône fut prononcé par le docte et distingué cheïkh Abou Abd Allah ben Aly el-Farsy.

Selon une autre version, le premier qui fit passer les khathib de la mosquée El-Cheurfa à la mosquée El-Qaïraouyn fut l'émir Hamid ben Mohammed el-Hamdany, lieutenant d'Obeïd Allah el-Chychy au Maghreb, an 321 (932 J.-C.). L'émir Hamid déplaça également les khathib de la mosquée des cheïkhs, et les attacha à la mosquée El-Andalous, où le premier prône fut prononcé par Abou 'l-Hassan ben Mohammed el-Kazdy.

Les choses restèrent en cet état et aucun changement ne fut plus apporté ni à l'une ni à l'autre de ces mosquées, jusqu'à l'époque où l'émir des Croyants Abd er-Rahman el-Nassir lidyn Illah, roi d'Andalousie, s'étant emparé de l'Adoua (El-Gharb), fit reconnaître sa souveraineté à Fès, dont il confia le gouvernement à un préfet choisi entre les Zenéta et nommé Ahmed ben Aby Bekr el-Zenéty. Celui-ci, homme de bien, vertueux, religieux et intègre, écrivit aussitôt à l'émir des

Croyants pour lui demander l'autorisation de faire réparer, agrandir et embellir la mosquée El-Qaïraouyn. El-Nassir accueillit favorablement son message, et lui envoya de fortes sommes d'argent provenant du cinquième du butin fait sur les chrétiens, en lui ordonnant de les consacrer comme il le désirait à la mosquée El-Qaïraouyn. Ahmed ben Aby Bekr se mit de suite à l'œuvre, et fit élargir la mosquée du côté de l'orient, du côté de l'occident et du côté du nord. Il détruisit les restes de l'ancien minaret situé sur l'Aneza, et fit élever celui qui existe aujourd'hui.

HISTOIRE DU MINARET DE LA MOSQUÉE EL-QAIRAOUYN. QUE DIEU L'ANOBLISSE!

L'imam Ahmed ben Aby Bekr construisit le minaret de la mosquée El-Qaïraouyn en forme de tour carrée, ayant sur chaque côté 27 empans de base sur 108 empans, somme de quatre bases ou côtés, de hauteur, dimension exacte de cet édifice construit, d'ailleurs, d'après les règles de l'architecture. Sur la porte située à la façade du couchant sont gravés dans le plâtre et incrustés d'azur les mots suivants : « Au nom de Dieu clément et miséricordieux! Louange à Dieu l'unique, le tout-puissant! Ce minaret a été élevé par Ahmed ben Aby Bekr Saïd ben Othman el-Zenéty. Que Dieu très-haut le conduise dans la vraie voie, lui donne la sagesse et lui accorde ses récompenses les plus belles! Sa construction fut commencée le premier mardi du mois de redjeb l'unique de l'année 344 (955 J.-C.), et fut entièrement achevée dans le mois de raby el-tâny an 345 » (956 J.-C.). On lit également sur un des côtés de la porte : « Il n'y a de dieu que Dieu, et Mohammed est l'apôtre de Dieu; » et sur le côté opposé : « Dis à mes serviteurs : Vous qui avez agi iniquement envers vous-même, ne désespérez point de la miséricorde divine, car Dieu pardonne tous les péchés! Il est indulgent et miséricordieux. »

Sur le sommet du minaret, on plaça une pomme en métal doré et incrustée de perles et de pierreries; l'imam Ahmed ben Aby Bekr fit surmonter cette pomme de l'épée de l'imam Idris ben Idris, afin d'attirer sur l'édifice la bénédiction du fondateur de Fès. On raconte, à ce sujet, que le minaret était à peine achevé lorsque les descendants de l'imam Idris, se disputant la propriété de cette épée, en appelèrent, après de vives querelles, à l'imam Ahmed ben Aby Bekr. « Soyez d'accord, leur dit celui-ci, et vendez-moi cette arme? — Et qu'en ferastu, émir? demandèrent-ils unanimement. — Je la placerai sur le haut de ce minaret que je viens de construire, afin qu'elle le couvre de sa bénédiction. — Si tel est ton désir, émir, nous te vendons l'épée et nos querelles sont finies. » Et ainsi il fut fait. Ce minaret avait été bâti en belles et bonnes pierres de taille; mais, une fois achevé, personne n'y toucha plus et les oiseaux, pigeons et étourneaux, entre autres, y établirent leurs nids. Ce ne fut qu'en 688 (1289 J.-C.) que le docte et vertueux Abou Abd Allah ben Aby 'l-Sabbar, qui cumulait les fonctions de kady, de khathib et d'imam de la mosquée El-Qaïraouyn, eut la pensée de réparer cet édifice; et en demanda l'autorisation à l'émir des Musulmans Abou Yacoub, fils de l'émir des Croyants Youssouf ben Abd el-Hakk (que Dieu leur fasse miséricorde et les agrée!).

Ce prince la lui accorda et lui offrit les fonds nécessaires prélevés sur les tributs imposés aux chrétiens; mais Abou Abd Allah le remercia en lui disant que les biens des mosquées (habous) suffiraient avec l'aide de Dieu, et il commença aussitôt les réparations, en ayant soin de planter de grands clous en fer, de distance en distance, pour soutenir le plâtre et la chaux : 18 rabah 1/2 (460 livres) de clous furent ainsi employés. Une fois ce travail fini, les ouvriers se mirent à polir et repolir la surface jusqu'à ce qu'elle fût devenue unie comme celle d'un miroir très pur, et on parvint ainsi, en embellissant le minaret, à le préserver des oiseaux qui lui avaient causé maints dégâts. Abou Abd Allah bâtit en même temps la chambre des muezzins qui est située auprès de la porte. Après l'émir Ahmed ben Aby Bekr, nul ne toucha à la mosquée bénie jusqu'à l'époque de Hachim el-Mouyeïd, qui éleva à la dignité de hadjib El-Mansour ben Aby Amir. Celui-ci construisit un dôme à la place de l'ancien minaret sur l'Aneza situé au milieu de la cour et fit placer sur ce dôme les signes et les talismans qui se trouvaient sur la coupole qui surmontait, dans le temps, le premier mihrab. Ces anciennes figures furent ajustées sur des pointes de fer que l'on planta sur le nouveau dôme. Un de ces talismans avait pour vertu de préserver la mosquée de tous les nids de rats; ces animaux ne pouvaient pénétrer dans le saint lieu sans être aussitôt découverts et détruits. Un autre, sous la forme d'un oiseau tenant en son bec un scorpion dont on n'apercevait que les palpes, garantissait la mosquée des scorpions, et s'il arrivait qu'un de ses insectes y pénétrât, transporté sur le haïk de quelque fidèle, il ne tombait point et sortait en même temps que celui auquel il s'était accroché. « Un vendredi, raconte le docte El-Hadj Haroun, assistant à la prière, je vis un scorpion qui était entré, posé sur les vêtements d'un fidèle, ou plus probablement sur quelque objet qui avait été déposé à terre, venir dans l'espace qui séparait le rang dont je faisais partie du rang de ceux qui priaient devant moi, et, tout à coup, demeurer là étourdi et privé de tout mouvement. Les assistants, d'abord saisis de crainte, se rassurèrent, croyant l'animal mort; mais il ne l'était point, et lorsque la prière finie, on voulut l'écraser, il se débattit longtemps. » Ce fait-là est certain. Un troisième talisman, monté sur une pointe de cuivre jaune, a la forme d'un globe et éloigne les serpents, aussi n'en a-t-on jamais vu un seul dans la mosquée, où il ne pourraient pénétrer sans être aussitôt découverts et tués.

Abd el-Melik ben el-Mansour ben Aby Amir fit construire

le Beit el-Moustadhill (chambre ombragée) situé près du Hafat (bord de la rivière) et la Sakyah (bassin, réservoir) qui reçoit les eaux de l'Ouad Hassan qui coule hors de la ville du côté de Bab el-Hadid. Il fit également construire une chaire en bois de jujubier et d'ébène, sur laquelle fut gravée l'inscription suivante :

« Au nom de Dieu clément et miséricordieux! Que Dieu comble de ses bénédictions notre seigneur Mohammed, sa famille et ses Compagnons et leur accorde le salut! Cette chaire a été construite par les ordre du khalife, épée de l'Islam, El-Mansour Abd Allah Hachim ben el-Moueyed Billah (que Dieu prolonge ses jours !), sous la direction de son hadjib Abd el-Melik el-Moudhaffar ben Mohamned el-Mansour ben Aby Amir (que le Très-Haut le protège !). Djoumad el-tâny, an 375 » (985 J.-C.). Jusqu'au temps des Lemtouna, les khathib firent leurs sermons dans cette chaire.

Les gouverneurs, les émirs et les rois eurent toujours à cœur d'ajouter quelque chose à la mosquée El-Qaïraouyn, ou au moins de réparer ce que le temps endommageait, dans l'espérance que les récompenses du Très-Haut leur seraient acquises.

A l'époque de la domination des Mourabithoun (Almoravides) dans le Maghreb, et sous le règne de l'émir des musulmans Aly ben Youssouf ben Tachfyn el-Lemtouni, la population de Fès s'accrut considérablement, et la mosquée El-Qaïraouyn devint insuffisante, au point que, les vendredis, les fidèles étaient obligés de prier dans les rues et les marchés environnants. Les cheïkhs et les fekys se réunirent chez les kady de la ville Abou Abd Allah Mohammed ben Daoud pour délibérer à ce sujet et chercher le moyen de remédier à cet inconvénient. Le kady, homme de science, de justice et d'une intégrité parfaite, écrivit à l'émir des Croyants pour lui faire part de la réunion de ce conseil, et lui demander l'ordre de faire agrandir la mosquée. L'émir accueillit favorablement cette demande et ouvrit à Ben Daoud un crédit sur le beit el-mâl (trésor) pour subvenir aux dépenses; mais celui-ci le remercia et leur répondit : « Dieu fera peut-être que nous n'aurons pas besoin de toucher aux fonds du trésor, et qu'il nous suffira de retirer les rentes des habous qui sont entre les des mains ouekils percepteurs. »

Toutefois Aly ben Youssouf lui recommanda bien de n'employer que des sommes pures, et appartenant exclusivement aux mosquées; il l'engagea, en même temps, à ne rien épargner pour les réparations et les embellissements de la mosquée El-Qaïraouyn, et lui ordonna de rechercher avec soin tous les habous et d'en réunir les produits en les retirant des mains de ceux qui en jouissaient. Le kady se rendit au lieu où il rendait la justice, et, ayant mandé tous les ouekils, il lui fut aisé de découvrir qu'il y avait entre eux des hommes impies qui avaient dépensé les biens qui leur étaient confiés, et d'autres qui se les étaient appropriés; il fit rendre compte à chacun, non seulement des propriétés habous, mais encore des revenus dont ils avaient joui, et se fit restituer le tout; en même temps, il nomma de nouveaux ouekils d'une probité garantie et qui, par leurs soins, augmentèrent les produits et les rentes de cette année-là.

Le docte Mohammed ben Daoud parvint ainsi à réunir une somme de plus 18,000 dinars; il commença par acheter les terrains attenant au sud et à l'est de la mosquée, et il en paya la juste valeur pour ne mécontenter personne. Cependant comme il y avait sur ces emplacements un assez grand nombre de maisons appartenant à des juifs (que Dieu les maudisse!) qui refusaient de les vendre, on fit une juste estimation de ces propriétés, on leur en compta la valeur et on les chassa, conformément à une loi établie par l'émir des musulmans Omar ben el-Khattâb (que Dieu l'agrée!) qui s'était trouvé dans un cas semblable lorsqu'il voulut agrandir la mosquée sacrée de La Mekke.

Lorsque le terrain nécessaire fut acheté, le kady fit abattre toutes les maisons qui y étaient situées, et vendit les décombres pour une somme égale à celle qu'il avait dépensée, de sorte que l'emplacement ne lui coûta rien, tant est grande la bénédiction de Dieu ! Il joignit ce nouveau terrain à celui de la mosquée et y fit bâtir la grande porte de l'occident, nommée anciennement Bab el-Fakhkharyn (porte des potiers), et appelée aujourd'hui Bab el-Chammayn (porte des vendeurs de cire). Mohammed ben Daoud assistait aux travaux et donnait lui-même les mesures de hauteur, largeur et profondeur de cette porte ; il y plaça de magnifiques battants ajustés sur de beaux gonds, véritables chefs-d'œuvre, et il fit graver ces mots sur le fronton intérieur : « Cette porte a été commencée et achevée dans le mois de dou'l-hidjà an 528 » (1133 J.-C.). En creusant à l'endroit où l'on voulait établir le support des battants, c'est-à-dire à gauche en entrant, où se trouve aujourd'hui la Doukhana, on découvrit une fontaine fermée par une pierre carrée de huit empans de côté et surmontée d'une voûte très ancienne dont on ne put reconnaître l'époque. Les travailleurs pensèrent qu'il pouvait y avoir là quelque trésor caché, et ils commencèrent à démolir ; or ils ne trouvèrent qu'un réservoir rempli d'eau douce dans laquelle vivait une énorme tortue d'une surface égale à celle du réservoir ; quelques-uns essayèrent de tirer dehors cet animal, mais cela leur fut impossible et ils coururent faire part de la découverte au kady Ben Daoud et aux autres fekys de la ville. Ceux-ci décidèrent dans leur sagesse de laisser la tortue tranquillement à sa place, et de rebâtir la voûte telle qu'elle était auparavant. « Glorifions Dieu magnifique et puissant qui dispense comme il lui plaît les choses nécessaires à la vie de ses créatures ! Il n'y a de dieu que Dieu, vers lequel tout retourne. » Ce fait est raconté comme il précède par Abou 'l-Kassim ben Djenoun. « Cependant, ajoute l'auteur du livre, j'ai lu une note écrite de la main du docte et juste Aby 'l-Hassan ben Mohammed ben Faroun Elezdy qui fait remarquer que la voûte en question fut découverte près du Karsthoun, à droite en entrant. »

Cette grande porte resta telle que l'avait construite le kady

Abou Abd Allah ben Daoud, subsista jusqu'à l'incendie des bazars, dans la vingt-deuxième nuit du mois de djoumad el-tany, an 561 (1175 J.-C.). Le feu partit du Souk, près de Bab el-Silsila et détruisit tout ce qu'il rencontra jusqu'à cette porte, qui fut elle-même consumée en grande partie ainsi que le dôme qui lui y était attenant. L'émir des Croyants, Abou Youssouf ben Aly ben Abd el-Moumin, fit relever la porte et le dôme dans le mois de djoumad el-tâny, an 600 (1203 J.-C.), et confia à Abou 'l-Hassan ben Mohammed el-Layrak el-Aththar la direction des travaux qui furent faits aux frais du beit el-mâl (trésor) dont le kady Abou Yaqoub ben Abd el-Hakk était alors le gardien.

Le docte kady Abou Abd Allah ben Daoud fut remplacé à sa mort par le vénérable Abd el-Hakk ben Abd Allah ben el-Mahycha, qui acheva ce qui était commencé et fit réparer ce qui était endommagé. Ce nouveau magistrat, ayant conçu le projet de construire le mihrab (niche) El-Qaïraouyn sur l'emplacement de l'Aïn-Kerkouba, rassembla les principaux maçons et les artisans les plus habiles, qui reconnurent que la chose n'était pas possible à cause des maisons du feky Aly ben Aby 'l-Hassan qui étaient situées sur ce terrain. Il fut donc résolu que l'on agrandirait la mosquée de trois nefs seulement, pour construire le mihrab et la chaire, et on ajouta, en effet, une nef au-dessus du niveau du sol, au nord, et deux nefs de l'est à l'ouest.

Tous ces travaux furent faits avec les matériaux du propre sol, sans qu'il fût besoin d'avoir recours aux carrières dont on extrayait les pierres pour les constructions ordinaires. En creusant au milieu de la deuxième nef, on découvrit une carrière d'où l'on put tirer en même temps du sable, de la terre et de grosses pierres qui, passant directement de la main des carriers dans celles des maçons, rendait le travail plus commode, et assuraient par leur bonne qualité la solidité et la durée de ces constructions. Le docte kady décida également dans sa sagesse que toutes les portes fussent doublées de cuivre jaune, que chacune fût surmontée d'un dôme, qu'elles fussent agrandies, et qu'il fût fait quelques changements au minaret.

Lorsque le mihrab fut achevé, on construisit sa coupole, que l'on orna d'or, d'azur et autres diverses couleurs; la précision et l'élégance de ce travail étaient telles que les curieux restaient émerveillés, et que les fidèles ne pouvaient même s'empêcher d'être distraits de leurs prières par l'éclat des peintures; aussi, lorsque les Almohades entrèrent à Fès, le jeudi dixième jour de raby el-tâny, an 540 (1145 J.-C.), les cheïkhs et les fekys de la ville craignirent que les nouveau venus, qui n'étaient arrivés au pouvoir que par mensonge et hypocrisie, ne leur reprochassent vivement ce luxe de décors et de peinture, et leur crainte redoubla quand ils surent que le lendemain, vendredi, l'émir des Croyants Abd el-Moumin ben Aly, accompagné de ses cheïkhs, devait entendre la prière dans la mosquée El-Qaïraouyn.

Dans cet embarras, ils rassemblèrent à la hâte les principaux maçons, et, pendant la nuit, ils leur firent recouvrir tout le dôme avec du papier sur lequel ils passèrent une couche de plâtre et quelques couches de chaux, de sorte que les Almohades ne virent le lendemain qu'un dôme parfaitement blanc.

A la même époque fut construite la chaire dont on se sert encore aujourd'hui. Cette chaire est faite en bois d'ébène, de sandal incrusté d'ivoire, d'armeg, de jujubier et autres bois précieux; on la doit aux soins du cheïkh distingué Abou Yahaya el-Attady, imam, rhéteur et poète, qui vécut environ cent ans. Il en était au tiers de ses travaux lorsqu'il fut remplacé par le kady de la ville, le docte, le zélé, le savant, le conseiller Abou Merouan Abd el-Melik ben Beydha el-Kaissy. Celui-ci acheva tout ce qui était commencé conformément aux plans d'Abou Mohammed Abd el-Hakk ben el-Mahycha, excepté qu'il ne doubla point les portes en cuivre jaune, et qu'il ne porta aucun changement au minaret. Tous les travaux dont on vient de parler furent achevés dans le mois de Dieu, Châaban le grand, an 538 (1143 J.-C.).

Le premier prédicateur qui fit la khotba dans la nouvelle chaire d'El-Qaïraouyn fut le cheïkh, le feky vertueux Abou Mohammed Mehdy ben Ayssa. Ce célèbre khathib prêcha depuis, tous les vendredis, sans jamais prononcer deux fois le même sermon ; il fut destitué, par les Almohades, qui bouleversèrent tout à leur arrivée à Fès : autorités, khathib, imam, furent remplacés, sous prétexte que, ne connaissant point la langue berbère, leur ministère devenait inutile.

Le Sahn (la cour) fut pavé sous le kady Abou Abd Allah ben Daoud, architecte habile. Avant lui quelques essais avaient été faits, mais ces travaux inachevés ne lui convinrent point, et il confia l'entreprise au connaisseur Abou Abd Allah Mohammed ben Ahmed ben Mohammed el-Khoulany, qui l'engagea à faire un sol uni et assez incliné pour que les eaux pussent s'écouler jusqu'à la dernière goutte. El-Khoulany (que Dieu lui fasse miséricorde !) avait quatre maisons, biens légitimes dont il avait hérité; il les vendit et employa le produit à faire fabriquer les briques nécessaires et à payer le salaire des ouvriers. Ainsi, de son propre argent, et sans le secours de personne, il eut la gloire de paver cette cour, de même qu'il avait pavé celle de Ben Messoud, n'espérant d'autres récompenses que celles qu'il plaira à Dieu de lui donner. Puisse Dieu le très-haut le récompenser!

Cinquante-deux mille briques furent employées au pavage de la cour de la mosquée El-Qaïraouyn. Voici le calcul : il y a onze arcades, et sous chaque arcade il y a vingt rangs de deux cents briques chacun, soit quatre mille briques ; donc onze fois quatre mille font quarante-quatre mille et à cette somme il faut ajouter huit mille, nombre des briques faisant le tour des arcades ; on a donc cinquante-deux mille briques, total sur lequel il n'est permis d'élever aucun doute. C'est à cette même époque, 526 (1131 J.-C.), que ledit kady Ben Daoud fit construire la grande porte qui est située vis-à-vis le Karsthoun. Quand le pavage de la cour fut achevé, le docte kady fit faire une tente en coton, soigneusement doublée, de la grandeur exacte du Sahn, qui s'étendait et se pliait à volonté au moyen de poulies et de grosses cordes. En été, on se préservait ainsi de la chaleur, et pendant la canicule on laissait la tente tendue nuit et jour. Le temps détruisit ce chef-d'œuvre, que nul, depuis, n'a été capable de remplacer.

Le bassin et le jet d'eau qui sont au milieu de la cour furent construits en 599 (1222 J.-C.), sous Aby Imrân Moussa ben Hassan ben Aby Chemâa, géomètre et architecte habile, qui dirigea lui-même les travaux faits aux frais du feky ben Abou 'l-Hassan el-Sidjilmessy (que Dieu le récompense!). Abou 'l-Hassan était religieux, humble, modeste, et dépensait chaque jour en aumônes dix dinars de son bien ou de ses revenus.

Moyennant un canal de plomb souterrain on amena l'eau du grand réservoir jusque dans la cour au bassin et au jet d'eau. Le bassin est de beau marbre blanc d'une pureté irréprochable, et reçoit par plusieurs robinets une quantité d'eau égale à celle qui peut sortir en même temps par quarante orifices pratiqués sur les bords, vingt à droite, vingt à gauche. L'ajustage du jet d'eau est en cuivre rouge doré et monté sur un tuyau également de cuivre, de cinq palmes de haut au-dessus du sol. Ce tuyau est divisé dans sa longueur en deux compartiments; dans l'un, l'eau monte à l'ajustage au bout duquel elle jaillit par dix ouvertures d'une pomme en métal, et elle retombe dans un petit bassin d'où elle redescend par le deuxième compartiment du tuyau, de sorte que le jet va sans cesse, et que le grand bassin est toujours plein d'eau, constamment renouvelée sans qu'il s'en répande une seule goutte à terre. Cette eau est à la disposition du public; en prend qui veut pour son usage, et celui qui désire boire trouve des gobelets dorés suspendus à de petites chaînes tout autour de la fontaine. Au-dessus du bassin, on construisit, en marbre blanc, une fenêtre à grillage, merveille de l'époque, sous laquelle on grava sur une pierre rouge l'inscription suivante : « Au nom de Dieu clément et miséricordieux ! Que le Dieu très-haut répande ses bénédictions sur notre seigneur Mohammed, car des rochers coulent des torrents, les pierres se fendent et font jaillir l'eau ! Il y en a qui s'affaissent par la crainte de Dieu ! et certes Dieu n'est pas inattentif à vos actions. »

Ces ouvrages furent achevés dans le mois de djoumad el-tâny, an 599 (1103 J.-C.). Au sortir du bassin et de la fontaine à jet, l'eau passe dans les réservoirs de Aïn-Kerkouba, alimente les maisons et les abreuvoirs des environs et se répand dans les fabriques, où elle est entièrement absorbée.

L'ancien Aneza, où l'on fait les prières en été, était construit en planches de bois de cèdre, et surmonté de cette inscription : « Cet Aneza a été construit dans le mois de châaban, an 524 » (1129). L'Aneza actuel, construit aux frais des habous, par le docte, le khathib, le kady Abou Abd Allah ben Aby el-Sabbar à l'époque de son kadydat, fut commencé le 1er dou 'l-kaada, an 687 (1288 J.-C.), et mis en place en 689 (1290 J.-C.), le samedi 18 raby el-aouel, correspondant au 10 mars de l'ère barbare.

Il y a dans la mosquée El-Qaïraouyn 270 colonnes qui forment 16 nefs de 21 arcs chacune, tant en longueur qu'en largeur. Dans chaque nef s'établissent, les jours de prières, 4 rangs de 210 fidèles, soit 840 fidèles par nef, somme exacte à n'en pas douter, puisque chaque arc contient 10 hommes d'une colonne à l'autre. Pour avoir le nombre d'hommes qui peuvent assister à la prière, on a donc 16 fois 840, soit 13,440, total auquel il faut ajouter 560, nombre des fidèles qui se placent au besoin devant les colonnes, plus 2,700 que contient la cour, plus, enfin, 6,000 autres qui prient, sans ordre, dans la galerie, les vestibules et sur le seuil des portes, ce qui fait en tout 22,700, nombre exact, ou à peu près, des personnes qui peuvent, le vendredi, entendre ensemble la prière de l'imam, comme cela s'est vu aux époques florissantes de Fès.

On compte 467,300 tuiles sur les toits de la mosquée El-Qaïraouyn, qui a quinze grandes portes d'entrée pour les hommes, et deux petites portes exclusivement réservées aux femmes. Les plus anciennes de ces portes sont celles de l'orient, de l'occident et du midi ; la porte du nord est nouvelle, mais la plus récemment faite de toutes est la grande porte de l'escalier, qui est située au midi, et qui a été construite par le feky, le juste Abou el-Hassan Aly ben Abd el-Kerym el-Djedoudy à l'époque de son commandement à Fès.

El-Djedoudy perça également une nouvelle porte faisant face à la mosquée des El-Andalous, et y amena l'eau de l'Aïn ben el-Sâady, aujourd'hui Aïn el-Khawwazyn (source des potiers), qu'il conduisit par le Rahbâ el-Zebyb (marché aux raisins, où il construisit un nouveau réservoir. Ces travaux furent achevés en 689 (1290 J.-C.). Cependant l'émir des Croyants, Abou Yaqoub ben Abou Youssouf ben Abd el-Hakk, irrité de ce qu'on avait ouvert sans ses ordres cette dernière porte, qui était d'ailleurs inutile, et même sans sa permission, adressa de vifs reproches au feky El-Djedoudy, son gouverneur, et lui ordonna de la faire fermer immédiatement.

Le grand lustre fut construit sous le feky, le sage, le khathib, le vertueux Abou Mohammed Abd Allah ben Moussa. Celui dont on se servait à cette époque était abîmé et en partie détruit par le temps ; Abou Mohammed le fit fondre avec une quantité suffisante de cuivre de la même qualité pour en faire un nouveau, et il dépensa de son propre argent 717 dinars 2 dirhem 1/2, tant pour l'achat du métal que pour le salaire des ouvriers. Ce lustre pèse 1,763 livres et a 509 becs ou lampes qui ne contiennent pas moins ensemble d'un quintal et sept jarres d'huile.

Dans la vingt-septième nuit du ramadhan, où il est d'usage d'allumer toutes les lampes de la mosquée, au nombre de 1,700, on consomme trois quintaux et demi d'huile. Le grand lustre fut régulièrement allumé les vingt-septièmes nuits de ramadhan jusque sous le kadydat d'Abou Yaqoub ben Imran, qui ordonna de l'allumer durant tout ce mois. Ce kady mourut le jour d'Arafat, an 617 (1221 J.-C.); c'est lui qui fit ouvrir le Bab el-Ouarrakyn (porte des librairies), surmonté de cette magnifique coupôle en plâtre découpée. L'année suivante (618) on alluma encore le grand lustre pendant tout le ramadhan; mais c'est alors que survinrent ces temps malheureux où la population de Fès fut décimée par les troubles, la misère et la famine : la mosquée, appauvrie, ne put plus se procurer de l'huile qui avait fini par disparaître complètement du pays, et le grand lustre ne fut plus allumé, ni pendant tout le ramadhan, ni même pendant la vingt-septième nuit. On s'en consola pourtant sur ces paroles du feky : « Ce n'est point le feu que nous adorons, mais c'est Dieu. » Les choses restèrent ainsi jusqu'en 687 (1288 J.-C.) : à cette époque, le feky, le khathib, Abou Abd Allah ben Aby 'l-Sabbar, kady de la ville, demanda l'autorisation d'allumer de nouveau le grand lustre à l'émir des musulmans, Abou Youssouf Abd el-Hakk (que Dieu lui fasse miséricorde!), qui voulut bien la lui accorder, toutefois pendant la vingtième nuit seulement du ramadhan de chaque année. Cet usage s'est conservé depuis, et se pratique encore de nos jours.

Les deux battants rouges de la porte El-Kibla, qui donne sur le passage de Bab el-Djysa, appartenaient dans le temps à Abou el-Kassim el-Meldjoun, connu sous le nom de Ben Berkya, qui les avait fait faire à grands frais pour un pavillon construit sur sa maison, située au faubourg Louata. De ce pavillon Ben Berkya dominait l'intérieur des maisons voisines, et voyait les femmes entrer nues dans leurs bains; il se plaisait surtout à plonger ses regards dans le meslakh (vestiaire) de la fille El-Ban, qui demeurait à côté, et cela si souvent que l'on finit par porter plainte à l'émir des Croyants, Abou Youssouf ben Abd el-Hakk, en appuyant l'accusation du témoignage du lieutenant Abd el-Melik. L'émir envoya aussitôt au kady de Fès, Abou Mohammed el-Tadly, l'ordre de faire raser ce pavillon, et cela fut fait le mercredi, 30 redjeb an 588 (1192 J.-C.). Les successeurs de Ben Berkya conservèrent les deux battants de ce pavillon, et, ne pouvant mieux les employer, ils en firent présent à la mosquée El-Qaïraouyn, où il furent mis en place en 617 (1220 J.-C.), avec une inscription portant le nom de Ben Berkya, celui de l'ouvrier qui les avait construits, et la date à laquelle ils avaient été achevés, mois de redjeb an 578 (1182 J.-C.).

Le Mestoudâ (sacrarium) fut commencé par le feky vertueux Aby Mohammed Yechkour, qui fit faire la chambre souterraine, dont les parois, en pierre et en terre, soutiennent une voûte en marbre qui est recouverte de sable et de plâtre. Le feky Abou 'l-Kassim ben Hamyd, chargé de ces constructions, fit poser trois serrures à chacune des deux portes du Mestoudâ, et plaça dans l'intérieur plusieurs coffres-forts, mais cela n'empêcha pas que, sous le kadydat d'Abou Imrân, les capitaux de la mosquée, les revenus des habous, les livres et autres dépôts précieux y furent volés sans qu'on n'ait pu jamais découvrir le voleur.

Le mur de l'orient et ses dépendances, déjà très anciens et n'ayant pu être entretenus, faute d'argent, pendant le temps de la famine et de troubles qui désolèrent Fès, tombaient en ruine.

En 682 (1283 J.-C.), Abou Abd Allah el-Madhoudy écrivit à l'émir des musulmans El-Qaïm bil-Haqq Abou Yaqoub ben Abd el-Hakk, pour lui demander la permission de faire toutes les réparations nécessaires. Ce prince généreux (que Dieu l'agrée!) lui répondit favorablement, et l'autorisa à prélever les fonds sur les revenus de la djeziâ et de l'achoura, après toutefois que les sommes habous auraient été employées. Abou Abd Allah el-Madhoudy refit donc à neuf toute la partie est de la mosquée, et y dépensa de fortes sommes.

Le mur du nord tombait également en ruines; en 699 (1296 J.-C.), le feky Abou Ghâlib el-Maghyly demanda l'autorisation de le réparer à l'émir des musulmans Aby Yaqoub (que Dieu l'agrée!). Ce prince la lui accorda, et lui envoya en même temps un bracelet d'or de la valeur de cinq cents dinars: « Sers-toi de ce bracelet, lui écrivit-il, pour refaire à neuf la partie nord de la mosquée. C'est un bien halal (pur). L'émir mon père fit faire ce bijou avec l'argent que Dieu lui avait dispensé sur le cinquième du butin remporté sur les chrétiens en Andalousie, et en fit présent à ma mère, dont j'ai hérité. Puis-je en faire un meilleur usage que de le consacrer à la mosquée bénie ? » (Que le Dieu très-haut les récompense tous trois !) Le mur du nord fut donc refait à neuf avec le produit de ce bracelet, depuis le Bab el-Hafat jusqu'à la petite chapelle des femmes.

Le grand sakyah (réservoir, bassin) fut construit sous le feky, l'imam vertueux, intègre et modeste, le béni Abou Mohammed Yechkour (que Dieu le protège), et aux frais du cheïkh Aby Imran Moussa ben Abd Allah ben Sydâf. Ce cheïkh, qui était fort riche, avait quitté le Djebel Beny Bezgha, son pays, et s'était fixé à Fès, où il s'était lié avec le feky Abou Mohammed Yechkour. « J'ai beaucoup de biens, lui dit-il un jour, et je désirerais les employer à quelque œuvre utile à la mosquée sacrée; mes richesses sont halal et pures, j'en ai hérité de mon père, auquel mon grand-père les avait laissées; jamais elles n'ont servi à faire le commerce; mes aïeux les ont amassées du produit de leurs terres et de leurs troupeaux. » Mais le feky Abou Mohammed Yechkour, ne s'en tenant pas à ces paroles, refusa son offre et lui déclara d'abord qu'il ne permettrait pas qu'un seul dirhem de ces biens fût employé à la mosquée. Pourtant Aby Imrân l'ayant supplié encore de lui laisser au moins construire une sakyah et un dar el-oudhou (réservoir et lieux aux ablutions) pour le service des fidèles, à côté de la mosquée, le feky ne put lui refuser, mais il exigea qu'il prêtât serment, et lorsque, dans la mosquée, au milieu du mihrab, une main sur le Livre, il eut juré que ses biens étaient purs et halal, qu'ils provenaient de l'héritage de ses pères, et que jamais ils n'avaient servi à faire le commerce, il lui dit : « A présent, Aby Imrân, tu peux employer tes richesses à une bonne œuvre; construis la sakyah; Dieu très-haut te récompensera! »

Aby Imrân acheta donc le terrain du dar el-oudhou qui est situé vis-à-vis le Bab el-Hafat, et après l'avoir soigneusement nivelé, il fit ses constructions, qui furent achevées dans les premiers jours du mois de safar, an 576 (1120 J.-C.). De son côté, le feky Abou Mohammed Yechkour écrivit à l'émir des musulmans pour lui faire part de cette affaire et pour lui demander, en même temps, l'autorisation de faire arriver l'eau à ce nouveau réservoir. L'émir lui ayant répondu de prendre toute l'eau qu'il voudrait, dût-elle passer à travers la ville, il rassembla les hommes de l'art, les maçons et les principau habitants, et leur ordonna de désigner le lieu d'où l'on pourrait tirer cette eau. Leur choix tomba sur Aïn el-Debbâghin (fontaine des tanneurs) mais il ne convint pas au feky Abou Mohammed, qui objecta que les eaux de cette fontaine étaient corrompues par les tanneries dont elle recevait toutes les immondices, et, sur son refus, on désigna la magnifique fontaine nommée Aïn-Khoumâl, située au dehors des tanneries, dans une fabrique de teinture. Aby Imrân acheta cette fabrique et la paya le double de sa valeur à cause de ladite fontaine. La source est située dans une chambre souterraine semblable à une salle de bains, où l'eau jaillit en deux endroits à travers un rocher. Cette eau, bien que difficile à digérer, est pure et douce. Aby Imrân l'amena, au moyen d'un canal, dans un bassin situé à côté de ladite chambre; de là il établit une conduite en plomb qui passe à travers la montée du Souk el-Doukhan, suit le Karsthoun au sud de la mosquée El-Cheurfa, traverse les bazars, le marché El-Harraryn. (des soyers), la place El-Khezzâzyn (marchands d'étoffes), et aboutit au bassin en plomb situé devant la dernière boutique des mouthekyn (notaires) qui est attenante à la mosquée El-Qaïraouyn. De ce bassin l'eau passe dans une citerne carrée doublée de plomb, d'où enfin elle se répand en quantité suffisante à chaque endroit, dans les sakyah, à l'ancien jet d'eau, au Bab el-Hafat, dans les chambres du dar el-oudhou et dans le grand bassin de la fenêtre à grillage.

Le dar el-oudhou (lieux d'aisances) est pavé en marbre et contient quinze cabinets qui reçoivent l'eau chacun en même temps. Au milieu du beydhat (chambre aux ablutions) est construite une large pile au centre de laquelle s'élève un tuyau de cuivre doré, d'où l'eau jaillit par plusieurs robinets. Tout cela est d'un travail fini et d'une remarquable élégance. Le beydhat est surmonté d'une magnifique coupole en plâtre, incrustée d'azur et d'autres couleurs diverses; il fait face au Bab el-Hafat. A côté de cette porte, qui est moins haute que large, et par laquelle la foule entre et sort le plus, se trouve un petit bassin en cuivre, d'où l'eau retombe sur des dalles de marbre blanc, vert et rouge, pour le service de ceux qui vont pieds nus; toutes les autres portes d'entrée furent pavées en marbre jusqu'à la cour par le khathib Abou Abd Allah Mohammed ben Aby Sabour; avant lui, elles étaient pavées en briques comme la cour.

A côté du Bab el-Hafat est située l'ancienne sakyah, construite par Abd el-Melik el-Moudhaffar. Les fidèles y font aussi leurs ablutions, et quelques-uns y viennent puiser de l'eau qui leur est nécessaire. Au sortir de cette sakyah, les eaux forment un ruisseau où les ouvriers prennent l'eau dont ils ont besoin et où les écoliers vont jouer et se baigner.

FONDATION DE LA VILLE BLANCHE, AUJOURD'HUI APPELÉE FES-LA-NEUVE

Quand la montagne de Tiumelel eut été conquise, et qu'on eut fait disparaître les derniers vestiges de la famille d'Abdelmoumin, tout le Maghreb reconnut l'autorité du sultan Ya'qoub. Arrivé au faîte du pouvoir et ayant de nombreux partisans,

APPENDICE

Ya'qoub crut devoir fonder une ville qui se rattacherait à son nom et où il s'installerait avec toute sa cour et tous les soutiens du trône de son empire. Il ordonne, en conséquence, de bâtir la ville Blanche située sur les bords de la rivière de Fès et contigue à cette ville et en amont. On commença les fondations de la nouvelle cité le 3 de chewwal de l'année 674 (22 mars 1276).

Le sultan vint en personne s'installer sur l'emplacement de la nouvelle cité et y resta jusqu'à ce que l'enceinte en eut été marquée et que les fondements des murailles eurent été établis. Il réunit là tous les ouvriers qu'il put avoir, manœuvres et maçons, puis il manda les astrologues et observateurs des mouvements des astres qui choisirent la conjonction qui devait être la plus favorable et avoir la meilleure influence sur le sort de la ville. Parmi les observateurs se trouvaient les deux célèbres maîtres : Aboulhassan ben Elqatthan et Abou Abdallah ben El-Habbâk, tous deux fort habiles dans les sciences occultes. La construction de la ville fut achevée selon les instructions du prince. Celui-ci l'habita avec sa cour et ses familiers en l'année 674 (1267). Le peuple commença ensuite à y édifier des maisons et des magasins. On fit arriver les eaux dans la ville jusqu'aux palais. Cette fondation fut un des plus grands souvenirs que laissa de sa puissance la dynastie mérinide.

Ibn Abi Zera dit : Un des heureux privilèges de cette ville c'est qu'aucun khalife n'y mourut, qu'aucun étendard sorti de ses murs n'y rentra autrement que victorieux et qu'aucune armée n'en partit sans y revenir triomphante. Ensuite, il ordonna de construire la casbah de Méquinez. La construction de cette casbah et celle de la mosquée de la ville de Méquinez furent commencées en l'année qui vient d'être mentionnée plus haut.

CONSTRUCTION DES MEDRASSA OU ÉCOLES DES SCIENCES

DANS LA VILLE DE FÈS (QUE DIEU LA GARDE !)

On a vu plus haut que le sultan Ya'qoub ben Abd el hakk avait bâti à Fès une medrassa qui porte son nom, ainsi que d'autres sur lesquelles nous avons appelé l'attention du lecteur. Il avait constitué habous (biens inaliénables) en faveur de cette medrassa les livres scientifiques que lui avait envoyés Sanche, le souverain espagnol, au moment où ils avaient conclu la paix ensemble. Le sultan avait fait, en outre, d'autres constitutions en faveur de ces établissements. Son exemple fut suivi par ses successeurs qui se conformèrent à cette noble coutume et multiplièrent à Fès le nombre des établissements d'instruction, madrassa, zaouïas, ribaths et autres en leur assurant de fructueuses dotations. Les étudiants reçurent des bourses convenables qui leur permirent, en suivant ces cours, d'acquérir la science, d'en vérifier les sources et de seconder les pieuses intentions du sultan. Dieu les en récompense !

Quand on fut en l'année 720 (1320), le sultan Abou Saïd donna l'ordre de construire la medrassa qui est située à Fès-la-Neuve. L'édifice fut bâti avec la plus grande solidité et avec une forme très élégante. Des étudiants y furent appointés pour la lecture du Qoran et des jurisconsultes s'y occupèrent de l'enseignement de la science religieuse. On leur assigna des émoluments mensuels ainsi que des rétributions en nature. Enfin, on assigna à cette medrassa, en vue d'être agréable à Dieu, des dotations en immeubles et en terres.

En l'année 721 (1321), l'héritier présomptif, le prince Abou'l-Hassan, fit bâtir la medrassa qui est située à l'ouest de la mosquée des Andalous dans la ville de Fès. Ce fut un monument des plus parfaits et des plus merveilleux. Autour de la medrassa, on installa une fontaine, une chambre d'ablutions et une hôtellerie pour y loger les étudiants. L'eau fut amenée d'une source située hors de la ville du côté de Bab el-Djedid, une des portes de Fès. Les sommes dépensées pour cette construction furent considérables; elles dépassèrent cent mille dinars. De nombreux étudiants et lecteurs du Qoran furent installés dans cette medrassa, à laquelle on constitua de nombreuses dotations. Les professeurs qui furent chargés de l'enseignement reçurent vivres et vêtements.

En l'année 723 (1323), au commencement du mois de chaban (5 août), le sultan Abou Saïd fit encore construire la grande medrassa située en face de la mosquée de Qarouïin à Fès. Cette medrassa porte aujourd'hui le nom de *medrasset-el-attârin* (le collège des parfumeurs). Elle fut bâtie par les soins du cheikh Abou Mohammed Abdallah ben Qacim, le Mezouar. Le sultan Abou Saïd, accompagné de jurisconsultes et d'hommes pieux, assista en personne à la pose de la première pierre. Cette medrassa est le plus bel édifice qui ait été bâti par les princes des Beni Mérin; aucun d'eux auparavant n'avait fait édifier un pareil monument. La medrassa fut pourvue d'une eau excellente provenant d'une source qui se trouvait en cet endroit. Les étudiants y furent installés en même temps qu'un imâm, deux muezzins et des administrateurs. Les professeurs reçurent pour prix de leur enseignement des émoluments plus que suffisants. Le prince acheta un certain nombre d'immeubles qu'il constitua habous en faveur de cet établissement.

Nous parlerons plus loin des monuments élevés par son fils Abou 'l-Hassan durant son règne, et par son petit-fils Abou Inan et autres princes, si Dieu veut.

En somme, les Beni Mérin montrèrent un vive sollicitude pour les établissements de bienfaisance et d'instruction et à tous ceux qui s'occupaient de bonnes œuvres et d'enseignements On en retrouve encore aujourd'hui la trace dans les medrassas scientifiques et autres qui restent comme des témoins de leur patronage éclairé, et le poëte a eu raison de dire :

« Si les rois veulent perpétuer après eux la gloire de leur renommée, c'est par la langue des monuments qu'ils doivent l'exprimer,

« Car les monuments, lorsqu'ils sont magnifiques, annoncent, chaque jour, qu'ils sont l'œuvre d'un personnage puissant. »

D'ARZILE

C'est une ville fort ancienne, à quarante-sept lieuës de Fez, et à sept du détroit de Gibraltar, du costé du couchant. Ptolomée la met à six degrez trente minutes de longitude, et à trente-cinq degrez dix minutes de latitude, sous le nom de Zilil. Dans les nouvelles cartes, elle est au nombre de celles qui sont au dedans du pays, à cause que l'Océan fait un grand banc de sable en cet endroit, et entre fort avant dans les terres. Les auteurs africains la nomment Azeylla, et disent qu'elle a esté bastie par les Romains et qu'elle estoit des dépendances de Ceute. Les Gots l'ont tenue depuis, et y ont eu garnison jusqu'en l'an quatre-vingts quatorze de l'égyre, que les Arabes s'en rendirent maistres, deux ans après la conqueste de l'Espagne, selon l'opinion de ceux qui la mettent en quatre-vingt douze et non pas dix ans après. Elle fut donc encore au pouvoir des Gots deux ans après la prise de Ceute, ensuite de quoy, destituée de tout seccurs, elle fut contrainte de se rendre. Les Arabès l'embellirent fort, et elle devint fort illustre, tant par la marchandise que par les lettres et les armes ; mais au bout de deux cens vingt ans, les Anglois, pour se venger des Arabes qui rodoient les costes d'Escosse et d'Angleterre, la vinrent attaquer avec une puissante armée et l'emportèrent d'assaut. Ils y perdirent toutefois beaucoup de gens, de sorte que, faschez de leur perte, ils mirent tout à feu et à sang. Elle demeura abandonnée jusqu'à ce qu'un roy de Cordoue, vingt ans après, y mit des marchans et des gens de guerre, et la fortifia. On équipoit de là des fustes, dont on ravageoit les costes de la chrestienté, ce qui fut cause une seconde fois de sa ruine, comme nous dirons ensuite. Elle est bien située et a de bonnes murailles garnies de tours, avec un fort chasteau; mais sa principale force vient de la difficulté de l'entrée du port, à cause d'un banc de sable qui y est, ce qui la fit abandonner par les Portugais, pour la difficulté qu'il y avoit à la secourir par mer. Le pays d'alentour est fort bon pour les bleds et pour les troupeaux, et pour toute sorte de fruits, et seroit de grand rapport, sans les courses des chrestiens de Tanger, qui le ravagent à toute heure.

Alfonse, cinquième roy de Portugal, sachant l'importance de cette place, tant pour la conqueste de l'Afrique que pour la seureté des vivres et des munitions qu'on menoit à Ceute, il en résolut l'ataque, tandis que la guerre estoit alumée au royaume de Fez. Car Muley Oataz, autrement Sayd, qui demeuroit à Arzille, s'estoit soulevé avec la province. Un habitant de Fez, nommé le Chérif, estant fort aimé du peuple, tua le dernier roy de la race des Benimérinis, et se fit appeler roy de Fez, ce qui fut cause que quelques chefs de cette maison prirent les armes contre luy. Sayd particulièrement marcha aussi-tost contre Fez, sur l'espérance de s'en rendre maistre; mais il fut défait et contraint de se sauver. Toutefois, sachant depuis que celuy qui commandoit les armées du Chérif, et à qui il se fioit le plus pour sa valeur, estoit allé appaiser les troubles de la province Témécen, il revint fondre sur Fez avec huit mille Arabes, assiégea la ville neuve un an durant, tant que les habitans la rendirent et le Chérif s'enfuit avec sa famille au royaume de Tunis. Ce fut donc pendant ce siège que le roy Alfonse assembla une armée de deux cens vaisseaux, tant grans que petits et avec vingt mille combatans, partit de Lisbonne, en la compagnie de son fils, et vint aborder à Arzille la nuit, le long du banc. Le lendemain matin, il fit mettre pied à terre à Dom Alvare de Castro, et Dom Jean Coutigno, avec leurs troupes, pour reconnoistre un lieu où l'on pût mettre l'artillerie, les vivres et les munitions, et toute l'armée, à dessein d'attaquer la ville. Ces seigneurs donc s'embarquèrent ce jour-là avec tous leurs gens dans des barques et autres petits navires pour aller prendre terre ; mais parce que la mer estoit fort émeuë, et le débarquement difficile à cause des bancs de sable qui se forment à l'entrée de la digue, ils eurent bien de la peine de surmonter l'effort des vagues à force de rames. Comme ils tardoient à prendre terre, le roy s'embarquant avec son fils dans des chaloupes qui estoient prestes, arriva à l'endroit où ils estoient. Tous ceux qu'ils avoient laissez dans leurs vaisseaux se hastant à l'envie de suivre leur prince, on prit terre à la fin, malgré les vents et les vagues; mais ce ne fut pas sans la perte de quelques vaisseaux, et de plus de deux cens personnes. Si-tost que le roy fut à bord avec ses troupes, sans attendre qu'on tirast de la flote une palissade qu'on avoit portée pour se remparer contre la cavalerie, il posa son camp, et le fit fortifier à la haste, selon la qualité et la disposition du lieu. Cependant, ceux de la ville ne firent aucune sortie, quoy-qu'il y eut dedans quantité de bonnes troupes. La mer fut si long-tems émeuë qu'on ne pût tirer que deux canons des navires avec lesquelles on commença à batre la place, et en trois jours, on abatit deux grans pans de mur. Le quatrième donc, au point du jour, ceux du quartier de Dom Alvare, qui estoient du costé du chasteau, virent paroistre un étendart blanc sur le haut d'une tour, et aussi-tost l'on fit signe aux assiégez qu'ils pouvoient sortir en toute assurance.

Là-dessus, sortit un Maure qui dit au comte que le gouverneur vouloit capituler et le comte l'envoya dire au roy, qui commanda qu'on luy donnast toutes les seuretez nécessaires. Mais sur ces entrefaites, quelques soldats et officiers, faschez de perdre le fruit de leur conqueste, montèrent en foule à la brèche, qui estoit dégarnie à cause du traité. Les Maures acoururent aussi-tost à la défense ; mais les assaillans les repoussèrent de telle sorte, qu'encore que plusieurs y mourussent, ils frayèrent le passage à ceux qui les voulurent suivre. Ainsi l'on entra dedans sans que le roy en seut rien. Alors il prit son casque, car il estoit toujours armé, et s'en alla à la brèche avec son fils ; mais comme elle estoit trop petite pour tant de gens, il fit planter les échelles, par où plusieurs montèrent et luy vinrent ouvrir les portes. Il vint tout à propos pour secourir les siens, qui combatoient dans les rues avec les ennemis, et les repoussa jusqu'au chasteau, et à la grande mosquée, où il y avoit moyen de se défendre. Aussi-tost il commanda à Dom Alvare de prendre garde que les Maures ne se sauvassent pas par la fausse porte du chasteau, et fut rompre celle de la mosquée à coups de leviers ; quoy-que les Maures en tuassent quelques-uns et en blessassent plusieurs, ils furent contraints à la fin de lascher le pied et de se retirer au dedans de la mosquée, où ils combatirent avec plus de résolution que n'en ont d'ordinaire les vaincus, et se firent presque tous tuer. Le comte de Marialve mourut en cette occasion, et fut fort regretté du roy et de son fils, comme un des plus braves seigneurs de la Cour. La mosquée estant prise, avec les femmes et les enfans, il ne restoit que le chasteau, où les principaux de la ville s'estoient retirez, et qui estoit fort et bien pourveu de vivres et de munitions.

Le roy ayant appris ces choses de quelques esclaves chrestiens qu'on avoit délivrez, il y fit planter les échelles, où l'on monta de tous costez de telle furie, que les Maures abandonnèrent le rempart pour se sauver dans les tours, croyant y estre plus en seureté ; mais on les poursuivit de si près, qu'ils n'en eurent pas le loisir, et en descendant avec eux par les escaliers du chasteau, on vint à la court où ils s'étoient raliez pour faire un dernier effort. Le combat fut si sanglant de part et d'autre, qu'on ne faisoit pas un pas que dans du sang ou sur des corps morts; mais là-dessus, quelques-uns ayant ouvert les portes, le roy entra à la bonne heure pour ses gens, dont plusieurs perdirent la vie en sa présence, qui est le plus grand honneur des armes. Dom Alvare mourut en cet endroit, par la fourbe d'un Maure, qui luy cria du haut d'une tour, que s'il luy vouloit sauver la vie, il luy payeroit une grosse rançon; mais comme il fut monté, le Maure, haussant le bras, luy coupa la teste d'un seul coup. La perte fut si sensible qu'on ne pardonna depuis à personne. Quelques-uns disent qu'il fut tué d'un coup de flesche comme il estoit au haut de la tour, et qu'il avoit osté son casque pour se rafraichir. Quoy-qu'il en soit, il mourut ce jour-là pour le service de son roy et de sa religion. Après ce combat, où l'Infant se porta plus en soldat qu'en héritier de l'empire, ceux du donjon se rendirent. On fit ce jour-là cinq mille prisonniers, et entre autres deux femmes, un fils et une fille de Muley Chec Oataz, dont la fille estant agée de sept à huit ans, le roi la rendit depuis avec sa mère, pour le corps de l'Infant Dom Fernand, qui mourut esclave; mais il receut une grosse rançon pour le fils, à ce que disent les Africains; toutefois les Portugais asseurent qu'il le renvoya sans rançon, et que cela fut cause de la civilité dont il usa envers son armée navale lorsqu'il fut roy de Fez, comme nous avons dit plus haut. Il mourut plus de deux mille Maures dans le chasteau et la mosquée, ce qui ne fut pas sans grande perte pour les Portugais, quoy-que leurs historiens, pour augmenter leur victoire, n'en fassent point de mention. Mais un combat ne dure pas si long-tems, qu'il ne couste bien du sang au vainqueur. Cinquante esclaves chrestiens qui estoient dans la ville recouvrèrent leur liberté, et le butin monta à plus de huit cens mille ducats, que le roi abandonna libéralement aux soldats.

Après la prise d'Arzile, le roy fut à la grande mosquée, où l'attendoient ses chapelains avec les prestres et les religieux de l'armée, pour rendre graces à Dieu de cette victoire. Il ne fut pas plustost entré qu'il fut faire sa prière devant une croix, qui estoit posée sur le corps du comte de Marialve, et croyant l'occasion favorable de faire son fils chevalier, il le fit mettre là à genoux, avec les cerémonies accoustumées, et luy tirant l'épée du foureau, luy dit : Mon fils, nous avons receu aujourd'huy une grande grace de Dieu, qui nous a rendus maistres d'une place si importante, et nous donne une occasion si favorable de vous faire chevalier, et de vous armer de ma main. Mais pour vous apprendre auparavant en quoy consiste l'ordre de chevalerie : « Sachez, mon fils, que c'est un composé de puissance et de vertu, pour mettre la paix parmi les hommes, lorsque l'ambition, l'avarice ou la tyrannie troublent les Estats, ou tourmentent les particuliers. Car les chevaliers sont obligez à mettre l'épée à la main, en cette occasion, pour détrôner les tyrans, et mettre des gens de bien en leur place. Mais ils sont engagez aussi à garder fidélité à leur souverain, aussi bien que l'obéissance à leurs chefs et à leur donner des conseils salutaires ; car le chevalier qui ne s'aquite pas de son devoir est semblable à celuy qui a l'usage de la raison, et qui ne s'en veut pas servir. Il faut qu'il soit franc et libéral et que ce qu'il a soit à tout le monde, à la réserve de son cheval et de ses armes, qu'il doit conserver pour aquérir de l'honneur, car il est obligé d'employer sa vie pour la défense de sa religion et de son pays, et de défendre ceux qui ne se peuvent défendre eux-mesmes, car comme le sacerdoce a esté establi pour le service divin, la chevalerie l'a esté pour maintenir la religion et la justice. Il faut qu'il soit le mari des veuves, le père des orfelins, le protecteur des pauvres, et l'appui de ceux qui n'ont point de support ; et ceux qui ne font pas ces choses ne sont pas dignes de ce nom. Voilà, mon fils, à quoi oblige l'ordre de chevalerie, regardez si vous le voulez à ce prix. Le prince ayant respondu qu'il n'avoit point d'autre dessein, le roy poursuivit : Vous promettez donc de garder et d'accomplir tout ce que je viens de dire, et de le faire accomplir et garder, avec les autres droits et coustumes de l'ordre de chevalerie, à quoy le prince ayant consenti : Puisque cela est, dit le roy, je vous fais et arme chevalier au nom de Dieu, Père, Fils et Saint-Esprit, trois personnes en un seul et vray Dieu ; et luy frappant de l'épée sur le casque à chacun de ces sacrez noms, il luy dit : Dieu vous fasse aussi bon chevalier que celuy que vous voyez devant vous, percé en divers endroits pour le service de Dieu et de son prince, et le baisant au visage le leva de terre avec la main. Mais le prince, se remettant à genoux, la luy baisa avec grand respect, et fit avec luy plusieurs chevaliers, des braves de cette journée. Après, il fit enterrer les morts dans la mosquée que l'on consacra auparavant à l'intercession de Nostre-Dame de la Conception, et Dom Enriquez de Menesez fut fait gouverneur de la place.

Cependant, Mulley Chec qui estoit occupé, comme nous avons dit ailleurs, à la guerre de Fez, partit aussi-tost sur la nouvelle du siège, et apprit à Alcaçar-quivir que la place estoit prise, et que ses femmes et ses enfans estoient prisonniers ; mais craignant que le roy de Portugal, qui estoit là en personne avec son armée, ne luy fist encore d'autres maux, quand ce ne seroit que de l'empescher de se faire roy de Fez, il dépescha vers luy pour une entreveuë, et receut un sauf-conduit pour le venir trouver en toute assurance. Comme il fut arrivé près d'Arzile avec trois cens chevaux, il n'y voulut pas entrer, et fit trêve pour vingt ans par l'entremise de quelques personnes ; à condition que le roy de Portugal demeureroit paisible possesseur de Ceuta, d'Alcaçar-çaguer et d'Arzile, avec leur contrée et leur juridiction, et recevroit les contributions de tous les villages, qui furent réglez ensuite. Cette trêve fut confirmée et jurée avec cette particularité qu'elle ne s'entendoit pas des lieux fermez, dont chacun se réservoit le pouvoir de se saisir quand il luy plairoit, et de se les approprier sans la rompre. Cela conclu et juré de part et d'autre, le Maure retourna à la guerre de Fez, et s'empara à la fin de la ville et de l'Estat ; et le roy Dom Alfonse se retira en Portugal, après avoir pris Tanger, comme nous dirons en son lieu. Nous rapporterons maintenant ce qui est arrivé de plus mémorable aux gouverneurs de cette frontière qui estoient perpétuellement avec les Maures.

La garnison d'Arzile, qui estoit fort brave, faisoit continuellement de grandes courses sur les Maures, et eut diverses prises avec ceux de Fez dont elle remporta souvent la victoire. J'en diray icy quelques-unes, réservant les autres pour les lieux où elles sont arrivées, afin que le récit en soit plus clair et plus divertissant.

Après la mort d'Alfonse, roy de Portugal, son fils Dom Jean ayant succédé à la couronne, deux puissans Maures qui estoient seigneurs de Chechuan et de Tétuan, et qui n'estoient pas compris dans le traité, assemblèrent le plus de gens qu'ils pûrent, et vinrent ravager la contrée d'Arzile, dont estoit lieutenant Dom Rodrigue Coutigno, neveu du gouverneur du mesme nom qui estoit allé en Portugal. Si-tost qu'il entendit sonner l'alarme, il sortit et fut tué, et ses troupes defaites. Sur ces nouvelles, le roy Dom Jean de Menesez, surnommé le Picassin, qui apprit en arrivant la révolte d'une petite place qui payoit tribut au roy de Portugal. Comme il cherchoit l'occasion de se signaler, il avertit aussi-tost le gouverneur de Tanger de luy envoyer à point nommé quelque cavalerie pour chastier cette révolte, et ayant joint son lieutenant avec cinquante chevaux, il fut fondre au point du jour sur les rebelles. Sur ces entrefaites, il apprit que les Maures dont nous avons parlé estoient entrez dans son gouvernement avec deux mille chevaux et huit cens hommes de pied pour le ravager, et envoya aussi-tost quelques Maures de son parti, pour prendre langue des ennemis, qui luy amenèrent trois prisonniers, de qui il seut leur nombre et l'endroit où ils étoient, et résolut de les aller ataquer avec ses deux cens chevaux, contre l'avis de quelques-uns. Il fit donc trois escadrons, dont il donna l'un au lieutenant de Tanger, composé des cinquante chevaux qu'il avoit amenez; l'autre de trente à un de ses neveux, qui portoit son nom;

et prit pour soy le troisième, qui estoit de six-vingts hommes. En cet estat, il fut rencontrer les ennemis, qui, orgueilleux de leur nombre et de leur victoire, marchoient en trois batailles sans beaucoup d'ordre. Mais comme ils furent proches, ils se rallièrent, et vinrent fondre tous ensemble sur la cavalerie de Tanger, qui eut bien de la peine à les soustenir. Toutefois le petit escadron estant accouru à son secours, prit en flanc les ennemis, et la rejoignit avant qu'on eut achevé de la rompre. Comme ils estoient tous ensemble aux mains, Dom Jean de Ménesez arriva avec ses gens, et se faisant jour à travers les Maures, fit de si grans exploits aussi bien que les autres, que l'ennemi prit la fuite, et les chrestiens les suivant en bon ordre, tuèrent plus de quatre cens chevaux et quatre cens fantassins, et emmenèrent quatre-vingts cinq chevaux de prix avec tous les étendarts et les timbales. Après cette victoire, Dom Jean tourna tout court sur les Maures révoltez, qui ne manquèrent pas de payer ce qu'ils devoient des contributions, s'excusant sur la violence des seigneurs maures qu'on venoit de défaire; après quoy Dom Jean retourna victorieux à Arzile chargé de butin. Cela arriva depuis la conqueste de Grenade par Fernand et Isabelle, et c'est pour cette victoire qu'on chante ce romance : « Les Maures vont courant à Arzile, etc. »

Comme les Maures n'avoient point de plus grande passion que de recouvrer cette place, et particulièrement le roy de Fez, qui y estoit né et y avoit esté nourri, il n'eut pas plustost pris la couronne, qu'il assembla une armée de vingt mille chevaux, et de six-vingts mille homme de pied, et y vint mettre le siège avec quantité d'artillerie. On vit, dès le lendemain, la ville environnée de toutes parts d'une multitude infinie de peuple, et le long de la plage des gabions dressez avec des tonneaux pleins de terre pour mettre à couvert l'artillerie, afin d'empescher l'entrée du port. Il fit arracher aussi, la nuit mesme, des pieux qu'on avoit plantez pour marquer l'entrée de la digue, et commença dès ce jour-là à batre cette place. Les arquebuziers et les arbalestriers, qui estoient au nombre de douze mille, se rangèrent tout autour pour écarter les assiégez du rempart tandis qu'on sapoit le mur; après quoy l'on roula quatre mantelets de bois, et l'on commença à travailler. Il n'y avoit alors dans la ville que quatre cens hommes de combat, ce qui empescha le gouverneur de sortir, si bien que l'ennemi eut le loisir d'approcher ses mantelets, ce qu'il fit avec tant de diligence, et en tant de lieux, qu'il tomba le mesme jour un pan du mur, par où quelques-uns entrèrent et combatirent si vaillamment qu'ils firent retirer les chrestiens au chasteau après avoir blessé le gouverneur. Cependant, la foule des femmes et des enfans qui se pressoient d'entrer estoit si grande que le gouverneur fit fermer les portes, de peur que l'ennemi n'entrast pesle-mesle; de sorte qu'il y en eut grand nombre de tuez, sans qu'on pardonnast ni à âge ni à sexe, et si les Maures eussent attaqué le chasteau ce jour-là, ils couroient fortune de l'emporter, tant on estoit éperdu. Mais Dieu voulut qu'ils s'amusassent au pillage, sans prendre garde à ce qui estoit de plus important. Ce pendant, quelques Portugais qui s'estoient sauvez sur une caravelle en allèrent donner avis à Dom Jean de Menescz, qui accouroit au secours de la place avec l'armée navale, car sur le bruit de la venue du roy de Fez, il avoit envoyé avertir l'amiral qui estoit à Alcaçar-çaguer, de venir à Tanger avec la flote, et il y estoit arrivé en mesme tems qu'on y receut la nouvelle du siège. Lors que Dom Jean arriva, il y avoit trois jours que les Maures estoient maistres de la ville; de sorte que la flote fut contrainte de mouiller hors de la digue, de peur de leur artillerie, et y demeura trois jours, tant à cause de cela, que parce que la mer estoit fort émuë. Ensuite, voulant s'assurer si le chasteau tenoit encore, avant que d'entrer dans le port, il envoya une barque bien armée avec deux soldats fidelles, pour voir si, par signe ou en criant, on n'en pourroit rien decouvrir. Ils eurent assez de peine à passer, parce qu'on tiroit sur eux de la batterie, qui estoit à l'une des portes; mais à la fin, ils s'approchèrent tant, qu'ils virent une fenestre ouverte en l'appartement du comte, avec un étendart où estoient les armes de Portugal, et une femme toute echevelée, qui mit la teste dehors avec un enfant entre ses bras, et cria Portugal ! Portugal ! Ils s'en retournèrent là dessus, et Dom Jean fit aussi-tost passer toutes les troupes des grans vaisseaux dans les petits pour aborder avec moins de péril. Sur ces entrefaites, arrivèrent deux hommes à nage avec des lettres du comte envelopées dans des boules de cire, et mises dans des tuyaux; après-quoy il en vint un troisième, qui portoit l'ordre qu'on devoit garder pour entrer plus seurement. Là-dessus Dom Jean commanda aux navires de faire voile, et tirant toute l'artillerie contre la baterie des Maures qui estoit sur le rivage, entra malgré eux dans le port, et mouilla le long de la digue. Aussi-tost, le gouverneur fit ouvrir la porte du chasteau, qui respondoit à celle du port, et sortir trente cavaliers et deux cens fantassins. Alors Dom Jean voyant qu'il estoit tems de debarquer, conformément à l'ordre qu'il avoit receu, et au signe qu'on luy faisoit du chasteau, fit pointer toute l'artillerie contre le rivage, et tous les bateaux estant prests, aborda en mesme temps à couvert de la fumée, et mit la prouë en terre. Aussi-tost, les Maures accoururent pour empescher le débarquement, et il y eut un sanglant combat, où plusieurs furent tuez ou blessez de part et d'autre; mais à la fin, les Portugais arrivèrent au boulevart qu'avoient fait les ennemis, et à la faveur de ceux du chasteau, qui donnèrent d'un autre costé, prirent six pièces d'artillerie, et jettèrent deux cens arquebuziers ou arbalestriers dans la place, avec quelques vivres et munitions, sans que l'ennemi le put empescher. Ce secours conserva la place, qui estoit déjà minée en tant d'endroits que l'on y combatoit sous terre l'un contre l'autre, et les assiégez estoient si las, que sans ce secours ils se fussent rendus deux jours après. L'ennemi ne voulant pas pour cela lever le siège demeura là encore huit jours, donnant deux assauts chaque jour, l'un au soir, l'autre au matin, jusqu'à l'arrivée de l'armée navale de Castille. Car Dom Jean partant de Tanger avoit envoyé deux caravelles, l'une au roy de Portugal, et l'autre aux places de l'Andalousie, et à l'amiral de Castille, qui estoit à Gibraltar. Le corregidor qui estoit alors à Chérez de la frontière, fut le premier qui arriva avec une caravelle de l'armée navale chargée de vivres, et trois cens arquebuziers et arbalestriers. Il incommoda fort les ennemis, parce que sortant de la baye, et rasant la coste de la vieille ville, il prenoit les ennemis en flanc, qui estoient à couvert de l'artillerie du chasteau et en tuoit grand nombre ; de sorte que le roy qui estoit là fut contraint de faire transporter ses tentes ailleurs.

Sur ces entrefaites, arriva l'amiral avec trois mille cinq cens Castillans, et voulut donner aussi-tost conjointement avec la flote du Portugal ; mais Dom Jean le pria d'attendre jusqu'au lendemain. Alors le roy de Fez voyant le grand secours qui estoit arrivé, et la furie du canon, il fit mettre le feu dans la ville, et levant le siège prit la route de Fez. Le lendemain, les chrétiens entrèrent dans la ville, et furent fort bien receus des assiégez, qui rendirent grâces à Dieu de leur délivrance. La mesme année, le roy de Castille et de Portugal partagèrent la conqueste de l'Afrique en sorte que celuy-cy devoit avoir ce qui est depuis Ceute vers le couchant, et l'autre depuis Tétuan vers le levant. Deux ans après, le roy de Fez retourna assiéger Arzile mais il leva aussi-tost le siège sans avoir rien fait de considérable. Depuis cela, le fils du gouverneur battit avec cent cinquante chevaux, huit cens des ennemis, et en ayant tué deux cens, fit quarante et un prisonniers, du nombre desquels il y avoit quelques seigneurs maures, et prit quatre-vingts seize chevaux bardez.

Le roy de Fez ne pouvant souffrir que les chrestiens demeurassent maistres de la ville de sa naissance, d'où ils faisoient continuellement des courses sur ses sujets, il la vint assiéger avec cent mille combatans, dont il y avoit trente mille chevaux, et l'environna, d'une mer à l'autre, d'un grand fossé en manière de contrevalation, qui n'estoit qu'à la portée du trait. Dès que le roy de Fez marcha à cette entreprise, le gouverneur en donna avis au roy de Portugal, et écrivit au facteur qu'il avoit dans Malaga, qu'il luy envoyast quelque chose dont il avoit besoin. En voyant que les Maures se préparoient à l'assaut, il distribua les quartiers aux officiers et aux soldats, fit faire de grans feux sur les murailles, et sonner toutes les trompettes et les tambours en signe de réjouissance pour faire veoir le peu d'estat qu'il faisoit de l'ennemi. Comme l'on commençoit à batre la ville, Nugno Mascocégnas arriva de l'armée navale sur deux caravelles avec six-vingts chevaux, et quelques gens de pied; et sitost qu'il fut entré dans la place, le gouverneur envoya l'une des caravelles à son facteur, et l'autre au roy de Portugal, pour faire haster le secours. Le facteur envoya trois jours après quelques vivres, quatre compagnies d'infanterie castillane levées à la haste dans l'Andalousie, qui furent fort bien receûes. Les assiégez estoient fort incommodez de l'artillerie et du feu des ennemis, parce qu'en quinze jours que dura le siège la baterie ne cessa pas un moment. Mais on ne pût pas saper le mur, parce qu'il estoit garni d'un double fossé et de traverses, et que le gouverneur avoit pourvu à loisir à la défense. Ensuite, arrivèrent douze caravelles où quantité de noblesse s'estoient embarquée, avec de bonnes troupes, dont les assiégez témoignèrent de grandes réjouissances et résolurent de faire une sortie. Le roy de Fez en ayant eu avis par un Maure qui se jetta en bas des murailles, vouloit lever le siège, si son frère ne l'en eust empesché; mais depuis, à la venue de trente navires de Portugal, il reprit la route de Fez. Le gouverneur donna sur l'arrière-garde où il fit quelque butin, et tua plusieurs ennemis, puis retourna victorieux dans Arzile. La garnison remporta plusieurs autres avantages sur cette frontière, jusqu'à ce que le roy de Portugal la rapela et abandonna la place, pour des raisons que nous avons déjà touchées.

DE LA VILLE DE TANGER

C'est une place bastie par les Romains lorsqu'ils estoient maistres de l'Andalousie et du royaume de Grenade, quoyque les fables du pays attribuent sa fondation à un puissant prince, qui estoit maistre, à ce qu'ils disent, de toute l'Europe, de toute l'Afrique, et de quelques provinces d'Asie, et qui bastit une ville dont les murs estoient d'airain, et les maisons couvertes d'or et d'argent. Mais cette fable est contredite par l'histoire. Aben Gézar, en son livre des « Raretez des villes », en fait une seconde La Mèque en beauté et en puissance, et dit qu'elle est très-ancienne. Elle est dans une belle situation sur la coste de l'Océan, à l'entrée du détroit, et à cinquante lieuës de Fez du costé du nord; elle est fermée de bonnes murailles, garnie de fossez et de bastions, que les rois de Portugal y ont faits; ils entretiennent dans cette place une grosse garnison, tant de cavalerie que d'infanterie, avec quantité d'artillerie et de munitions. Les Gots ayant gagné cette place sur les Romains la joignirent au gouvernement de Ceute, qui leur appartenoit et qu'ils ne perdirent qu'avec la perte d'Arzile. Dans tout ce tems-là elle fut fort splendide, et il y avoit une Université et beaucoup de noblesse fort expérimentée dans les armes. Les maisons estoient bien basties, et plusieurs seigneurs de la Mauritanie Tingitane y demeuroient, quoy-que le pays d'alentour ne soit pas fort bon, hors quelques plaines et quelques valées où il y a de bons pasturages, et qui estoient autrefois embellies de quantité de jardins, de vignes et de maisons de plaisance à cause des eaux qui y sont. Comme le peuple mesme est belliqueux, il couroit les costes de la chrestienté avec des fustes; mais, l'an 1437, le roy de Portugal envoya son fils attaquer cette place qui fut secourue aussi-tost par le roy de Fez avec quantité de cavalerie et d'infanterie, tant qu'après plusieurs combats, où mourut beaucoup de noblesse de Portugal, l'Infant et le roy maure traitèrent ensemble ; celuy-cy promit de mettre en liberté tous les prisonniers chrestiens, l'autre promit de rendre Ceute, et ne pouvant faire autre chose, il demeura en ostage de cet accord jusqu'à ce que le roy de Portugal l'eut ratifié et exécuté. Mais on dit qu'il le déconseilla luy-mesme, aimant mieux mourir en captivité que de voir la chrestienté perdre la clef du détroit. Cela le fit maltraiter par le roy de Fez, qui le renferma dans un cachot et luy fit panser ses chevaux, tant qu'il en devint malade et mourut. Les Maures le mirent dans un cercueil qu'ils enchassèrent dans la muraille de Fez, près du quartier des Juifs, où il fut jusqu'à ce qu'un autre roy de Fez envoya ses os à Arzile, d'où ils furent transportez à Lisbonne au monastère où les rois de Portugal sont enterrez. On voit encore le cercueil et l'inscription dans la muraille de Fez sous le nom de la sépulture de l'Infant chrestien. Le roy Alfonse fut depuis en personne assiéger cette place, où il perdit beaucoup de troupes tant sur mer qu'à l'assaut, et une entreprise qu'il fit au dedans du pays, où le comte de Viane fut tué, après quoy il s'en retourna sans rien faire.

Le roy Alfonse estant dans Arzile, comme nous avons dit en la description de cette place, et les habitans de Tanger ayant appris que dans le traité qu'il avoit fait avec le roy de Fez on n'avoit pas compris les lieux fermez, ils appréhendèrent qu'il n'eust envie de venger sur eux, comme c'estoit sa résolution, tant de pertes, de morts et de captivitez que les Portugais avoient souffertes par leur moyen, outre celle de l'Infant qui estoit son oncle. Ils voyoient que Muley Chec où consistoit toute leur espérance, estoit retourné à la guerre de Fez ; de sorte que, dépourveus de tout secours, ils résolurent d'abandonner la ville, et emportant tout ce qu'ils purent, brisèrent le reste pour en oster l'usage à l'ennemi, et se retirèrent sans oser mettre le feu à la place de peur d'estre découverts. Mais le roy Alfonse, assuré de leur résolution qu'il ne vouloit point croire d'abord, envoya le fils du duc de Bragance avec des troupes pour s'en saisir, et s'y transporta ensuite pour voir sa nouvelle conqueste, qu'il eust esté plus aise d'avoir faite l'épée à la main pour venger toutes les injures que nous avons dites; mais Dieu voulut que ce qu'on n'avoit pu faire en tant d'années et avec tant de travail et de peine s'obtinst en un instant par la bonne fortune de ce prince et le gouvernement en fust aussi-tost donné à Ruy de Méla qui fut depuis comte d'Olivença. Les rois de Portugal prirent depuis en leurs titres, rois de deçà et de delà la mer Alfonse ecrivit mesme au pape et aux rois chrestiens, aussi bien qu'à toutes les villes de son royaume la victoire que Dieu luy avoit donnée, et retournant à Arzile s'embarqua pour le Portugal, où il arriva trente-cinq jours après qu'il en estoit parti. On fit des processions pour cette conqueste par toute l'Andalousie et le royaume de Grenade, et ensuite par toute la Castille aussi bien qu'en Portugal.

Tout le tems que Dom Jean de Menesez fut en Afrique, il s'employa à faire des courses sur les Maures où il gagna quantité de prisonniers et de butin. Il eut mesme quelques rencontres avec Ali Barrad et Almandari qu'il vainquit avec grand meurtre ; mais, comme il revenoit de piller quelques vilages près d'Alcaçar-quivir, dont il batit le gouverneur qui l'estoit venu rencontrer avec douze cens lances pour luy enlever son butin, il seut que le roy de Fez estoit en campagne avec douze mille chevaux et quantité de gens de pied pour aller reconnoistre Tanger et venir fondre de là sur Arzile. Comme l'armée estoit déjà si proche de Tanger qu'il n'en pouvoit donner avis au gouverneur, il fit tirer pour signal quelque grosse pièce d'artillerie, et prenant la chienne d'un des habitans qui estoit demeurée à Arzile depuis quelques jours, luy attacha au cou un billet, et la menant sur la coste la fit chasser à grands coups de fouet au commencement de la nuit; de sorte qu'elle s'en recourut si viste à Tanger, que le gouverneur fut averti au point du jour de la marche du roy de Fez, et sortant aussi-tost escarmoucha long-tems avec les coureurs de l'armée. Ceux de la frontière d'Afrique ont des fossez ou barricades autour de leurs villes, où il y a des avenues fermées par de grosses poutres, afin qu'on ne puisse venir en foule jusqu'à leurs portes. C'est là que se place la garnison quand l'alarme sonne, et d'où elle tient la cavalerie ennemie éloignée à coups d'arquebuses et d'arbalestres. Mais le gouverneur en estant sorti avec sa cavalerie y fut recoigné par les Maures après une resistance de deux heures, où il eut un fils de tué avec huit cavaliers, et luy-mesme fut blessé d'un coup de lance au visage avec plusieurs autres.

Les Maures estant entrez pesle-mesle le poursuivirent jusquaux portes avec tant de furie, qu'il fut contraint de tourner teste contre eux pour les empescher d'entrer dans la ville. Il les arresta donc quelque tems par sa valeur, secondé de quelques autres, mais la précipitation fut si grande, que ne pouvant fermer la porte, on se contenta de la fermer à demy ; de sorte, que l'ennemi arrivant, un de leurs chefs donna un grand coup de cimeterre au milieu en intention de passer ; mais voyant la résolution de ceux de dedans, il se retira avec tous les autres. Ensuite, le roy de Fez prit la route d'Arzile, où il arriva quatre jours après, et le gouverneur qui estoit sur ses gardes sortit à la découverte jusqu'à l'eau douce avec vingt chevaux, laissant ordre à ceux qui restoient dans la place de demeurer en la vieille ville pour sortir à son secours quand il en seroit besoin. Comme il fut arrivé à la rivière, il vit toute la campagne couverte de drapeaux et d'étendars, et se retira pas à pas jusqu'à la vieille ville, se défendant le mieux qu'il pût des coureurs qui vinrent fondre sur luy. Ils le pressèrent de si près qu'il fut contraint de faire teste avec quatre cavaliers, sur quoy il sortit quelque cinquante chevaux qui rechassèrent les Maures jusqu'à un retranchement qui estoit sous l'estacade, et en tuèrent et blessèrent plusieurs. Mais comme la cavalerie du roy de Fez chargeoit de tous costez, ceux qui restoient dans la place voyant qu'il s'éloignoit trop, sortirent pour le secourir, et ne le pouvant faire parce que les Maures forcèrent la barricade et leur coupèrent chemin, le gouverneur qui pensoit estre bien suivi, et qui vouloit passer outre, fut contraint à la fin de regagner la ville, plusieurs des siens estant morts ou blessez. Il n'arriva donc qu'avec peine aux portes, où ayant rejoint ses gens, il se tourna teste aux ennemis et les rechassa hors de la palissade avec grand meurtre, puis rentra dans la ville avec quelques prisonniers. Il arriva là une plaisante aventure d'un Maure qui, ayant ouy dire que le roy de Fez estoit allé prendre Arzile, et arrivant après l'escarmouche, comme tout estoit en repos, il crut que la place estoit prise et s'alla jetter dedans. Mais il ne fut pas longtems à s'en repentir; car on luy osta aussi-tost son cheval, ses armes et ses habits, et on luy fit la courtoisie qu'on fait aux autres prisonniers.

Depuis ces choses, les Maures ayant tué malheureusement en une escarmouche, Dom Pedro de Menesez, gouverneur de Tanger, comme il ralioit ses troupes et retournoit à la ville, on mit en sa place Louis de Lorera qui avoit esté gouverneur de Mazagan; mais, comme il avoit envoyé un party de cent chevaux contre les Maures, il sortit avec cinquante autres pour les soutenir sur le tems de leur retour, et ayant failly leur route, alla rencontrer par malheur les gouverneurs de Larache et de Tétuan qui venoient faire des courses à Tanger avec six cens chevaux. Se voyant donc tout à coup investi, il dit à ses cavaliers qu'il aimoit mieux mourir l'épée à la main que pourir dans une prison, et qu'il leur conseilloit d'en faire autant. De sorte qu'ils se firent tous tuer avec luy, et les Maures leur coupèrent la main droite qu'ils portèrent au Chérif qui estoit alors dans Maroc. Voilà comme mourut ce brave chef, après avoir esté la terreur de l'Afrique. Louis de Sylva ayant pris sa place, un des principaux de la Cour du Chérif le vint trouver avec trois cens chevaux qui estoient tous ses fils, ses petits-fils, ou ses arrière-fils et passa de là en Portugal pour demander secours au roy contre le Chérif. Mais sa troupe estant demeurée à Tanger persuada au gouverneur de faire un party contre les Maures ; si bien qu'il entra dans le païs avec cent chevaux, trois cens arquebusiers, et vingt quatre d'entre eux. Comme il estoit en un endroit sans aucun soupçon, qui faisoit repaître, les mesmes gouverneurs qui avoient défait son prédécesseur vinrent fondre sur luy et le tuèrent. La pluspart des chrestiens qui estoyent avec luy furent tuez ou faits prisonniers, et de ceux-cy estoit son neveu. Des vingt-quatre Maures qui l'avoient suivy, quatre moururent en combattant, et les vingt autres se sauvèrent avec autant de chrestiens. Le vainqueur, sans avoir perdu un seul homme, vint courre jusqu'aux portes de Ceute.

DE TÉTUAN

Cette ville qui a esté bastie par ceux du pays, est sur le bord de la rivière de Cus, qui descend du grand Atlas, et va se rendre dans l'Océan à sept lieuës de Ceute, du costé du levant, à l'endroit qu'on nomme l'embouchure de Tétuan. Elle est à une lieuë de la coste en montant le fleuve, dans une belle plaine, environnée de vergers et a été possédée par les Gots depuis les Romains, et ensuite par les Arabes, qui y équipoient des fustes de corsaires pour courre les costes de la chrestienté. Elle estoit fort peuplée alors ; mais elle fut depuis saccagée par une flote de Castille, et presque tous les habitans faits esclaves, après quoy elle demeura déserte l'espace de quatre-vingt dix ans, jusques à ce qu'Almandari, qui passa en Afrique, après la conqueste de Grenade, l'obtint du roy de Fez, pour en incommoder les chrestiens. Il la repeupla donc, et fit réparer les murs, et bastit un chasteau bien fossoyé où il se retiroit, et aloit courre de là les frontières de Ceute, d'Alcaçar et de Tanger, avec quatre cens chevaux, qu'il avoit amenez d'Andalousie, et d'autres Maures de ces montagnes, travaillant les Espagnols, tant par terre que par mer; car il avoit quelques petits vaisseaux sur la rivière, dont il ravageoit les costes d'Espagne, avec tant de succès, qu'il fit jusqu'à trois mille esclaves, qu'il obligeoit à travailler tout le jour à la structure de ses murailles, et les renfermoit la nuit dans de grans cachots avec des fers aux mains. Il laissa pour successeur un petit-fils, qui ne fut pas moins brave que luy, et ensuite des descendans, qui furent tous seigneurs de Tétuan. Mais il y avoit deux factions dans la ville, dont l'une chassa l'autre, l'an mille cinq cens soixante-sept ; toute fois, le capitaine des bannis rentra dans la ville en l'absence du gouverneur et, ruant tous ceux de la faction contraire, fit soulever la place. Sur ces nouvelles, le Chérif y envoya mille chevaux, et deux mille mousquetaires, qui estant entrez paisiblement dans la ville se saisirent du chef, et l'envoyèrent prisonnier à Fez, puis chassèrent le reste de sa faction. Ensuite celuy qui commandoit l'infanterie, pour en porter la nouvelle au Chérif, qui demeura par ce moyen maistre de la place. Elle n'est forte ni par art, ni par nature, n'ayant que des murs de terre fort bas, la pluspart du fossé étant rempli; de sorte qu'en deux endroits, on peut venir de plein pied jusqu'au mur. Elle est bastie sur une coline, avec un petit chasteau sur le haut du costé du septentrion, mais qui n'est fermé que de méchans murs de terre. Hors de la porte du chasteau par où l'on descend au fauxbourg, il y a un cavalier sur une plate-forme, et sur ce cavalier, quatre perriers et une coulevrine avec quelques autres pièces de fer. Autour du chasteau il y a dix arquebuzes à croc entre les créneaux, plustost pour la mine que pour la défense, parce qu'elles ne sont pas bien montées, et qu'il n'y a que de meschantes munitions, et encore en petite quantité. La force de la ville consiste donc en quatre cens bons chevaux et quinze cens hommes de pied, qui sont augmentez depuis la révolte des Grenadins. Il y aborde, outre cela, plusieurs fustes et galiotes des corsaires d'Alger, pour se soutenir d'eau et de biscuit et pour joindre quinze petits vaisseaux qui appartiennent aux habitans, avec lesquels ils courent les costes de la chrestienté, et ont fait soulever depuis peu quelques lieux de Grenade de ce costé-là. Pour remédier à ce danger, Philippe second commanda au capitaine de galères du consulat de Séville, qui couroit la coste, d'en prendre quatre d'Espagne avec les siennes et de s'aller placer à l'embouchure de la rivière de Tétuan, pour empescher qu'aucun ravisseur n'y entrast, ni n'en sortist. Il s'y rendit donc au point du jour, et fit tant de diligence, qu'à midy il avoit déjà enfoncé dans la barre quelques chaloupes chargées de gros quartiers de pierres, qu'il avoit amenez de Gibraltar; lesquelles chaloupes étoient à fleur d'eau quand la marée estoit basse, après quoy elles se cachoient entièrement. Il coula encore à fond tout auprès, deux brigantins chargez de pierre, ce qui parut suffisant pour en empescher l'entrée. Tout cela se fit sans que les habitans le pussent empescher, encore qu'à l'embarquement, on eut affaire à quantité de gens de pied et de cheval, qui estoient accourus de tous costez, et qu'il en mourut quelques-uns de part et d'autre : car les Maures combatoient en désespérez, et après le départ des Espagnols ils retirèrent aussitost les deux brigantins. Ensuite, le courant ouvrit un autre passage près des chaloupes du costé du septentrion, où une galiote passoit aisément, en transportant les rames d'un bord à l'autre. Il y a vingt-deux lieues de Tétuan à Velez de Gomères; et cette province s'avance jusqu'à la ville de Targa; mais il n'y a point d'autres villes que celles que nous avons dites, parlons maintenant des montagnes.

DE CEUTE

C'est une ville des plus anciennes et des plus illustres de la Mauritanie, au levant d'Alcaçar, et à la hauteur d'Algesire; elle estoit fort fréquentée par les Romains, à cause qu'elle est à l'embouchure du détroit, où il n'a pas plus de deux lieuës. Ajoutez à cela, qu'elle a un port fort commode où leurs flotes se tenoient parce qu'il n'y a que cinq lieuës de là en Espagne par le plus long chemin. On dit mesme qu'ils la bastirent, et la nommèrent la ville des Romains, quoy-qu'un historien d'Afrique de grand estime die qu'elle a esté fondée par un fils de Noé, deux cens trente ans après le déluge. D'autres la nomment Essilissa, que Ptolomée met à sept degrez trente minutes de longitude, et à trente-cinq degrez cinquante-six minutes de latitude. Enfin ç'a esté toujours une ville considérable, qui estoit en si grande estime du tems des Romains, tant pour sa grandeur que pour ses richesses, et plusieurs autres avantages, qu'elle estoit capitale de toute la Mauritanie Tingitane; et les Gots l'ayant conquise, l'entretinrent dans la mesme réputation, jusqu'à ce que le comte Julien la livra aux Arabes après leur victoire. Ils la rendirent encore plus illustre, parce qu'il y demeuroit de leur principale noblesse, avec plusieurs marchans et artisans, qui travailloient en or, argent, cuivre, laiton et autres métaux, avec tant d'industrie, que leurs ouvrages surpassoient ceux de Damas, tant pour l'art que pour la matière. Outre cela, on y faisoit de fort riches tapis, avec toute sorte d'étoffes de laine et de lin, qui estoient des meilleures de ces tems-là, et dont se fournissoient les provinces d'Afrique et d'Europe par le moyen des marchans qui y accouroient de toutes parts. A une lieuë et demie de là est le mont Abila des anciens, que les Arabes nomment Alcudie. La ville est située en un lieu frais, où l'air est si bon qu'elle est estimée la plus saine demeure de toute l'Afrique; ce qui y attiroit de riches habitans de tous costez, à ce que disent les historiens. Du costé d'Alcaçar-çéguer, il y a une belle vallée, où l'on dit que, dans sa splendeur, il y avoit de grans clos et plusieurs jardins et maisons de plaisance, dont l'aspect estoit fort agréable, parce que ce n'estoient qu'arbres fruitiers, treilles et vignes. Tous les autres costez de la place sont rudes et stériles, mais si proches d'Espagne, que de la ville de Gibraltar on y voit les chandelles alumées, et du haut de ses murailles la coste d'Andalousie, avec une partie du royaume de Grenade. Abdulmalic dit qu'Abdulmumen, roy de Maroc, l'assiégea au commencement de son règne, parce qu'il y avoit une garnison d'Almoravides, et la fit raser à cause qu'elle s'estoit défendue, et que les habitans furent reléguez en divers lieux, sans souffrir qu'on la repeuplast. Elle demeura donc déserte jusqu'au règne de Jacob Almansor, qui la repeupla et la rendit considérable, parce que c'estoit le passage d'Espagne. Mais depuis, un roy de Grenade l'envoya assiéger par Farad, gouverneur de Malaga. Et le royaume de Fez estant en division, il la gagna et la laissa déserte, après en avoir emmené tous les habitans; de sorte qu'encore qu'elle se soit repeuplée depuis, elle n'est jamais revenue à sa première splendeur. Enfin sous un autre roy de Fez, et sous le gouvernement de Sala Ben Sala, Jean premier, roy de Portugal, la conquit l'an mille quatre cens neuf, quoy-que les Arabes mettent deux ans moins et que d'autres ajoustent encore six années à ce compte. Mais il faut dire comme ce bon prince la conquit, et ce qui le porta à cette résolution.

Dom Jean, roy de Portugal, eut cinq fils, dont les aisnez estant déjà en âge de porter les armes, il les voulut armer chevaliers de sa main. Ayant donc publié une assemblée solemnelle dans Lisbone, son trésorier estant estonné de la grandeur de la dépense, luy dit qu'il cousteroit moins à prendre une place sur les Maures, et seroit plus honneste de les armer chevaliers après l'avoir prise. Cet avis plust au roy et à son conseil, et la conqueste de Ceute fut résolue, avec les préparatifs pour une si grande entreprise. La première chose qu'on fit, fut d'envoyer deux galères pour reconnaistre la place, sous prétexte d'une ambassade en Sicile, avec ordre aux capitaines d'essayer d'entrer dans la ville et dans le chasteau, et d'en observer tant les dedans que les dehors pour en apporter au roy une relation exacte. Cela se fit aisément, parce que les Maures laissèrent entrer les ambassadeurs, et lorsqu'ils furent de retour ils donnèrent avis de tout au roy, qui, pour lever tout soupçon, fit publier la guerre contre le duc de Bretagne, après l'avoir averti sous-main que ce n'estoit pas son intention de l'attaquer, mais de tourner ses armes contre les Infidelles. Il assembla donc une puissante armée dans Lisbone, qui y mit la peste, dont la reine mourut, et le jour de son enterrement parut une grande éclipse de soleil, et quelques signes effroyables. Il ne laissa pas de s'embarquer en diligence, et fut mouiller en un lieu de l'Algarbe avec trois de ses fils, les autres, qui estoient trop jeunes, demeurèrent avec leur sœur, qui fut depuis duchesse de Bourgogne. Comme il estoit là, après avoir ouï la messe, il déclara tout haut son dessein, dont chacun demeura estonné, parce qu'on croyoit marcher contre le duc de Bretagne; et s'estant rembarqué l'on fit voile avec grande alégresse. On arriva en peu de jours à Ceute qui n'en est qu'à cinquante lieuës, et l'on mouilla au port de Borbasote, qui est du costé du couchart, où comme on eut assemblé les chefs pour tenir conseil, il survint une si grande tempeste, qu'on fut contraint de se rembarquer et de prendre la route d'Algesire, où l'on prit toute sorte de rafraîchissemens. Quelques-uns conseillèrent au roy de retourner en Portugal, ou d'attaquer quelque autre place de la Barbarie, à cause de la difficulté qu'il y auroit à prendre celle-cy, qui estoit si forte et défendue par tant de gens qu'on avoit veû paroistre, outre ceux qui y viendroient des montagnes et des places maritimes. Mais ce brave prince, se confiant en la grâce de Dieu, ne voulut point changer d'avis, et comme la tempeste fut passée, se remit à la voile la nuit, et, au point du jour, aborda à Ceute la veille de l'Assomption, et mouilla du costé de Gibraltar. A mesure que les vaisseaux arrivoient, ils jettoient l'ancre et mettoient dehors les chaloupes, où s'embarquant, on fit semblant de prendre terre du costé du chasteau, afin que les Maures y accourant, on pust debarquer plus aisément dans le port, comme il arriva; car, tandis que les Maures couroient au chasteau, le reste de la flotte entra dans les barques et les chaloupes et commença à débarquer en grande diligence. Plusieurs braves soldats se jettèrent mesme dans l'eau, et abordèrent où ils purent les armes à la main, malgré l'ennemi, et tous ceux qui accouroient à son secours pour s'opposer à la descente. Mais Dieu permit qu'ils les menèrent batant jusqu'aux portes de la ville, et y entrèrent pesle-mesle, sans qu'on pût fermer les portes. Alors il y eut un rude combat dans les places et dans les rues jusques vers le soir, que le gouverneur voyant les chrestiens se renforcer et les Maures perdre courage, se retira au chasteau, et les habitans vers une bicoque qui estoit du costé de la porte de Fez, où ils se retranchèrent; mais le roy et ses enfans les pressèrent de si près, qu'ils s'emparèrent de l'un et de l'autre. La pluspart des Maures furent tuez ou pris prisonniers, à la réserve de quelques-uns, qui se sauvèrent dans les montagnes avec le gouverneur. Les maisons furent saccagées, où l'on trouva le disner prest, et l'on fit un grand butin, sans avoir perdu qu'un seul homme, qui fut tué d'un coup de pierre comme il aloit secourir l'Infant Dom Henry, qui combatoit contre les Maures à la porte d'un logis. Quelques-uns disent que le roy et ses enfans jeusnèrent ce jour-là au pain et à l'eau, et qu'ils ne mangèrent qu'après la prise de la ville. Le roy, après y avoir laissé pour gouverneur Dom Pedro de Ménésez, qui l'avoit bien servi en cette entreprise, s'embarqua pour son retour. La place depuis est toujours demeurée au roy de Portugal, à qui elle est encore aujourd'huy.

Les historiens d'Afrique disent qu'Abu Sayd estoit si lasche et si voluptueux, qu'encore qu'il seût que l'armée navale des chrestiens cingloit contre Ceute, il ne se mit pas en peine de la secourir, et ne se soucia pas non plus de la prise. Cela le rendit si odieux que ses sujets conjurèrent contre luy, et son vizir, à qui il avoit fait de grandes faveurs, qui estoit fort puissant, le tua avec six fils qu'il avoit. Cette mort fut suivie de grandes

APPENDICE

guerres pour la couronne entre Sayd et Jacob, pendant lesquelles on n'eut pas le loisir de recouvrer cette place, quoyqu'un fils du roy de Grenade fist de grandes instances pour cela, car à la fin, il l'alla assiéger par mer et par terre, mais sans effet, parce qu'un fils du roy de Portugal s'y jetta avec des troupes, et le contraignit de retourner en Espagne couvert de honte. Après que ceux de Fez eurent demeuré huit ans sans roy, un fils du défunt qu'il avoit eu d'une chrestienne, qui l'avoit sauvé à Tunis, fut receu avec applaudissement du peuple, et régna plusieurs années; mais il devint si tyran et si vicieux, que les principaux conjurèrent contre luy, et un habitant le tua à coups de poignard, comme nous avons dit au quarante-septième chapitre de ce livre.

Les guerres civiles de Fez donnèrent moyen aux Portugais de s'establir en Afrique, n'estant point occupez ailleurs. D. Pedro de Ménésez fit diverses entreprises sur les Maures, et courant jusqu'aux portes de Tétuan donna telle épouvante aux habitans, que les plus riches quitèrent leurs maisons pour s'aller establir autre part. Quelques-uns se sauvèrent dans Ceute, et, entre autres, deux fils d'Ali Barrax, et un autre de la race des Almohades. Ils promirent depuis au roy de Portugal, s'il vouloit passer en Afrique, de se faire ses vassaux, et de réduire toutes ces contrées sous son obéissance, mais il n'y eut rien de conclu; et le roy de Fez pour maintenir son credit, et ne pas temoigner qu'il voulust abandonner ses sujets, envoya, de tems en tems, faire des courses jusqu'à Ceute. Enfin, deux de ses frères vinrent avec dix mille chevaux et quantité d'infanterie, par mer et par terre, dresser deux embuscades, après avoir esloigné leurs barques de la coste, afin que si les chrestiens sortoient sur ceux qu'ils envoyoient à la descouverte, ils les pussent envelopper et tailler en pièces. Le gouverneur estant sorti sur les coureurs avec cent trente chevaux, en detacha quinze pour les suivre; mais ayant decouvert l'embuscade, ils se retirèrent bien vitte à leur gros, qui, en voulant faire autant, après avoir reconnu le nombre des ennemis, fut serré de si près, que deux cens cinquante chevaux maures entrèrent pesle-mesle dans l'enceinte qui estoit autour de la place. Il y en eut deux cens de tuez, après s'estre batus vaillamment, sans qu'il mourust qu'un Portugais; mais il y en eut trente de blessez.

Sur ces entrefaites, arrivèrent les deux frères du roy avec le reste des troupes, et plusieurs prisonniers pour applanir le fossé et arracher la palissade. Comme ils furent proche du gouverneur, il fut contraint de se retirer en un gros bien serré vers la ville, tandis que vingt six barques des ennemis rasoient la coste, et débarquoient des troupes pour luy couper chemin. Mais les Portugais leur passèrent sur le ventre, et les contraignirent de remporter leurs morts dans leurs barques, parmi lesquels il y avoit quelques gentilshommes de Fez. L'entreprise des Maures n'ayant pas réussi, ils s'allèrent jetter de dépit sur les troupeaux d'Arzile, et en emmenèrent sept cens pièces de bestail pour se consoler de leur perte. Mais ils tuèrent depuis Louis de Sylve dans Tanger, comme nous avons dit en la description de cette ville, et furent ensuite courre jusqu'à Ceute, où le fils du comte de Linarès sortit contre eux après avoir envoyé devant son lieutenant avec vingt chevaux, et les fut rencontrer avec deux brigantins, ausquels il faisoit raser la coste. Les Maures chargèrent de telle furie son lieutenant qu'ils le tuèrent, avant qu'il le pût rejoindre. Cependant, les brigantins commencèrent à tirer quelques petites pièces d'artillerie; mais si mal pointées, qu'elles firent plus de tort aux chrestiens qu'aux Maures: de sorte que le comte de Linarès fut tué, après la mort de son lieutenant, et son neveu ensuite, qui accouroit à son secours, et leurs testes envoyées au Chérif, avec celles de leurs gens dont un seul ne se sauva. Il y a toujours bonne garnison dans la ville, pour être une des plus importantes de la frontière, d'où l'on pourroit fort incommoder les costes d'Espagne.

DE VÉLEZ DE GOMÈRE,

ET DE LA FORTERESSE, QU'ON NOMME LE PEGNON DE VÉLEZ

C'est une ville de sept cens feux, sur la coste de la mer Méditerranée, à la hauteur de Malaga, dont elle est esloignée de quarante lieuës. Quelques-uns attribuent sa fondation aux Gots, d'autres à ceux du pays. Elle est entre deux hautes montagnes, près d'un grand valon, qui traverse un ruisseau qui s'enfle tellement des pluyes, qu'on diroit que c'est un fleuve. Il n'y a point d'autres eaux aux environs qu'un puits hors de la ville, près de la sépulture d'un morabite, qui est en grande vénération ; mais il est dangereux de boire de cette eau la nuit, à cause qu'elle est toute pleine de sangsues. Il y a dans Vélez une place, où sont plusieurs boutiques, et une grande mosquée ceinte de vieux murs, avec un chasteau plus beau qu'il n'est fort. C'est là qu'est le palais du gouverneur, quoy qu'il en ait encore un autre dehors, accompagné de beaux jardins. Les habitans s'enrichissoient de deux choses durant leur prospérité; les uns de sardines, qu'ils vendoient aux Berberes qui y accouroient de toutes les montagnes voisines, parce qu'il y a beaucoup de poisson sur cette coste ; les autres par le moyen du port, qui est capable de trente petits vaisseaux, car ils armoient des fustes et des galiotes, et couroient les costes de la chrestienté, où ils faisoient de grans ravages. Les montagnes d'alentour estoient fort commodes pour cela, à cause de la multitude des chesnes, des lièges et des cèdres dont elles sont pleines ; de sorte qu'on en transporte en d'autres provinces. Le pays est si stérile, qu'on n'y recueille que peu d'orge, et encore moins de bled, parce que ce ne sont que des rochers, et la pluspart des habitans ne mangent que de l'orge. Ils sont de la tribu de Gomère, et aiment fort à boire, car il y avoit autrefois dans Vélez plus de cent maisons de Juifs, où l'on vendoit d'excellent vin, et toute la réjouissance de la ville estoit d'entrer dans des barques sur mer, et de s'y mettre à boire et à manger.

Il y a sur le bord de la mer un arsenal pour les navires, où l'on avoit accoustumé de construire ceux que le gouverneur et les habitans faisoient équiper. La force de la place consiste aux montagnars de la contrée qui sont tous braves et combatent en désespérez. Aussi servent-ils d'asyle aux habitans dès qu'ils voyent paroistre une flote chrestienne, et ils se trouvent plus asseurez chez eux que dans la ville. C'est le port de la mer Méditerranée le plus proche de Fez; et Dom Pedre de Navarre, amiral du Roy catolique y estant arrivé, lors qu'il rasoit les costes de Barbarie, pour arrester les courses des corsaires, il résolut, pour leur oster cette retraite, de bastir une forteresse sur un roc qui est vis-à-vis, à sept cens pas de distance, que la mer environne de tous costez en forme d'isle. Car outre sa hauteur, il est escarpé de tous costez, et l'on n'y monte que par un sentier estroit, où un homme à peine peut grimper. Au bas est le port; mais il y a tant de fond tout autour du roc, qu'on peut dire que ce n'est qu'un port pour de semblables vaisseaux. Il bastit donc sur le haut, par permission du roy, une forte tour à chaux et à sable, et après l'avoir mise en défense, planta dessus cinq gros canons, comme on les faisoit alors, et y mit trente soldats sous le commandement de Villalobos avec les vivres et les munitions nécessaires.

Il fit aussitost creuser une citerne à my-coste pour recueillir les eaux de la pluye, et se fortifiant du mieux qu'il pût, tiroit continuellement sur les maisons et dans les rues de la ville si on ne luy envoioit ce qu'il demandoit. Le seigneur de Vélez ayant demandé secours au roy de Fez, pour se délivrer de cette incommodité, ce Prince luy envoya deux mille arquebuziers ou arbalestriers avec lesquels il assiégea la place, et la batit de deux montagnes voisines, avec quelques pièces d'artillerie. Mais les assiégez se défendirent si bien, et tuèrent et blessèrent tant de Maures à coups de canon et d'arquebuse, que les assiégeans furent contraints de lever le siège ; ainsi le Pegnon demeura au roy de Castille l'espace de quatorze ans, sous le commandement du mesme chef, mais le seigneur de Vélez estant mort, le roy de Fez donna sa place à Muley Mahamet, son cousin, qui prit cette forteresse par trahison comme nous allons dire.

Les vieillards de Fez et de Vélez disent que les Espagnols qui estoient dans le Pegnon, commandoient si absolument à la ville, que si l'on ne leur portoit aussi-tost ce qu'ils demandoient, ils faisoient un fracas effroyable à coups de canon dans les maisons, dans les rues et dans les temples. Les habitans ne songeoient donc qu'aux moyens de se délivrer de cette incommodité, pour pouvoir équiper des fustes et des galiotes, et retirer celles des corsaires qui y accouroient de toutes parts. Mais le seigneur de Vélez voyant qu'il estoit impossible de le prendre par force, eut recours à la trahison, et sachant que celuy qui y commandoit estoit avare, il envoya deux chymistes, qui s'offrirent de luy faire de la fausse monnoye, qu'on trouveroit à débiter dans la contrée, pourveu qu'il leur donnast retraite. Il s'y accorde, après en avoir veu l'epreuve, et les met dans son appartement à l'endroit le plus caché de la tour, où ils furent long-tems à travailler. Cependant, ils fréquentoient dans Vélez sous prétexte de débiter leur fausse monnoye, et y rapportoient tout ce qui se passoit. Sur ces entrefaites, ayant appris la jalousie d'un soldat qui savoit, ou qui soupçonnoit que Villalobos voyoit sa femme, ils firent amitié avec luy et conclurent ensemble de l'assassiner ; de quoy ils donnèrent avis au seigneur de Vélez, pour en estre secourus à point nommé. Comme Villalobos estoit donc penché sur un des créneaux de la tour, l'un de ces Maures l'embrassant par derrière, son compagnon le poignarda, tandis que le soldat en entretenoit d'autres en bas à la porte de la chambre. Après quoy, les Maures estant descendus, ils mirent les autres dehors, et fermant la porte, se rendirent maistres de la tour et de toute l'artillerie, et de toutes les munitions qui y estoient. Alors faisant signe à ceux de Vélez, ils y accoururent aussi-tost, et se saisirent de la place, sans que les chrestiens le pussent empescher, parce qu'ils estoient maistres de la tour qui estoit la principale forteresse ; de sorte que les Espagnols furent tuez, sans pardonner à pas un. Le seigneur de Vélez se voyant maistre du Pégnon y mit aussitost un commandant avec des troupes, et quelque temps après fit construire une autre tour un peu plus bas, et couvrit la porte d'un grand fossé taillé dans le roc, sans laisser qu'un petit sentier pour passer un homme seul, et de peur que les chrestiens ne fissent quelque dessein dessus, il y fit faire une garde très exacte.

La perte de cette place fut fort sensible aux Espagnols, pour la commodité qu'elle donnoit aux ennemis de recommencer leurs courses dans la chrestienté. Mais quoy-que chacun désirast qu'on la reprist, il ne fut rien conclu jusqu'à ce qu'un canonnier chrestien, qui y estoit retenu prisonnier, donna avis au marquis de Mondechar, par le moyen d'un marchand qui trafiquoit à Vélez, de venir de nuit avec quelques vaisseaux attaquer la place, sous promesse de pointer le canon si haut que les assaillans n'en seroient point incommodez ; de sorte qu'on la pourroit prendre par escalade avant qu'elle pust estre secourue de Vélez. Le marquis en avertit Charles-Quint et la reine sa mère qui régnoit en Espagne, et receut ordre de faire l'entreprise. Il assembla donc le plus de vaisseaux qu'il pust, avec les gens de la coste, et ceux qu'il ramassa de plusieurs lieux de l'Andalousie, s'embarqua à Malaga, suivi de quantité de noblesse. Comme il fut arrivé sur le soir à la veuë du Pégnon, il se remit en mer, afin d'attendre la nuit pour aborder la coste, comme il avoit esté conclu avec le canonnier ; mais il fut découvert du haut de la tour, où l'on fit des feux pour en donner avis. Ce qui faillit à luy faire quiter l'entreprise ; mais la noblesse luy ayant représenté l'affront que ce luy feroit, et que la chose n'estoit pas bien assurée, il cingla vers terre, et le lendemain à huit heures du matin fut mouiller près d'une tour, d'où il y a deux lieuës par terre jusqu'au Pégnon, quoy-qu'il n'y en ait qu'une par mer, car sur l'assurance que le canonnier pointeroit fort haut son artillerie, il débarqua ses troupes; mais parce qu'il estoit jour le canonnier ne put exécuter son dessein en la présence des Maures, qui le regardoient, et donnant dans la poupe de la capitane, où estoit le marquis et en d'autres vaisseaux, il fit un tel fracas, que le marquis commanda de relascher en mer, faisant signe à ceux qui estoient débarquez de se rembarquer promptement, ce qui ne put s'exécuter si-tost, parce qu'ils s'estoient trop avancez. Au contraire, ils commencèrent à crier à ceux de la flote, qu'il débarquassent en diligence; mais le marquis ne voulant pas risquer de se perdre, ils commencèrent à se retirer voyant qu'on ne les secouroit point; mais il furent ataquez par un si grand nombre d'ennemis, qu'ils furent contraints de lascher le pied, et les Maures les poursuivant en tuèrent et prirent plusieurs. Jean Hurtado de Mendosa, Garcia de Gusman, Gonsale de Médrane et plusieurs autres gentilshommes de condition y furent tuez, et Francisco Verdugo, Sancho de Biedma, qui commandoit les troupes de Motril, et Dom Gironimo de la Cueva, fils du seigneur d'Adrade, furent faits prisonniers avec plusieurs autres qui payèrent une grosse rançon. Le reste retourna à Malaga avec beaucoup de déplaisir, laissant l'ennemi orgueilleux de sa victoire. Le Pégnon demeura donc au pouvoir des Maures jusqu'à ce que les Turcs s'en rendirent maistres, lorsque Salarraës, gouverneur d'Alger, prit Fez, qu'il donna à Muley Buaçon, seigneur de Vélez, comme nous avons dit en l'Histoire des Chérifs.

Hascen-Bacha, gouverneur d'Alger, s'estant retiré de devant Oran, et ayant levé le siège de Marsa-quivir, comme nous dirons ailleurs, Philippe second qui avoit fait assembler les galères d'Espagne et d'Italie pour aller secourir ces places, sçut que le Pégnon estoit foible, et que le gouverneur estoit allé faire des courses dans la chrestienté, et avoit emmené toutes les troupes avec luy. Pour ne laisser donc pas sa flote inutile, et oster cette épine du pied aux Espagnols, il commanda à Francisco de Mendoza, général des galères d'Espagne, de l'aller attaquer le plus promptement et le plus sourdement qu'il pourroit. Et comme le gouverneur de Mélila avoit écrit que deux renégats de Vélez l'estoient venu trouver, qui s'offroient d'en faciliter l'entrée, il commanda au marquis de communiquer son dessein à ce gouverneur, et de prendre avec lui ces renégats; et si la trahison ne succédoit point, d'avoir recours à la force. Cet ordre ayant esté apporté à ce marquis, comme il estoit malade de la maladie dont il mourut, il en remit l'exécution à Dom Sanche de Leyve, général des galères de Naples, du consentement des principaux officiers, pour ne point retarder une si grande entreprise, sans dire pourtant qu'elle estoit. Leyve ayant accepté la charge, et embarqué toutes les troupes, quita la rade de Malaga, et vint mouiller le lendemain à l'isle d'Arbolan, à trente lieuës de là, où il déclara aux chefs le dessein et depescha une frégate au gouverneur de Mélila, pour luy amener les deux renégats, et venir rendre compte de ce qu'il avoit écrit à Sa Majesté. Lorsqu'il fut arrivé, leur rapport parut sans fondement; mais on ne laissa pas d'exécuter l'entreprise, selon l'ordre du Roy, et d'envoyer le gouverneur de Mélile avec eux, sur les galères de Dom Alvare Bassan, pour aborder la nuit à la pointe de Baba, où on leur donneroit des troupes et les choses nécessaires pour escalader le Pégnon. Comme ils eurent donc pris terre, Dom Alvare donna à ce gouverneur trente gentilshommes avec lesquels et les soldats qu'il avoit amenez de sa place, il partit sous la conduite des deux renégats; mais après s'estre avancé quelque peu, voyant que le jour approchoit, ou pour quelque autre raison, il revint sans avoir rien fait. Cependant, sa marche ne put estre si secrette qu'il ne fust descouvert du Pégnon, où l'on sonna aussi-tost l'alarme, et l'on tira une volée de canon pour avertir ceux de Vélez de prendre les armes, de sorte qu'il fut contraint de se rembarquer. Mais Dom Sanche de Leyve, voyant que l'artifice n'avoit pas réussi, eut recours à la force, et passant près du Pégnon, essuya l'artillerie de la place, et vint descendre à la tour de Calaa.

Les premiers qui mirent pied à terre furent les chevaliers de Malte, avec les soldats de leurs galères, et après eux, l'infanterie espagnole, et quelques soldats des galères de Savoye et de Florence qui faisoient en tout cinq mille hommes. Après les avoir mis en bataille, on prit la route de Vélez, pour faciliter l'entreprise du Pégnon par la prise de cette place, et Dom Sanche prit les devants, avec quelques gentilshommes et officiers, pour essayer de reconnoistre le Pégnon. Comme l'armée marchoit par des chemins rudes et difficiles, les Maures qui s'estoient assemblez des montagnes, donnèrent sur une troupe de soldats qui escortoient le disné que les valets de Dom Sanche avoient tiré des galères pour le porter à Vélez, et les attaquèrent à l'improviste avec tant de furie, quoy-qu'ils ne fussent pas cinquante, que l'escorte, qui estoit de plus de trois cens soldats, prit la fuite, et toute la vaisselle d'argent fut pillée, les vivres emportez, et quelques soldats et valets de Dom Sanche tuez ou blessez, avec des forçats de galères, qui portoient le disner sur leurs épaules; le tout en si peu de tems, que quand on y accourut l'ennemi s'estoit déjà sauvé. On poursuivit donc son chemin, qui estoit de deux lieuës, et l'on entra dans la ville sans trouver personne, parce que les habitans s'estoient retirez à la veuë de la flote, et avoient gagné les montagnes avec leurs femmes, leurs enfans, et tout ce qu'ils avoient pu emporter. Ce ne fut pas la seule disgrace qu'on receut de cette entreprise. Car Dom Sanche estant logé dans la ville avec ses troupes, et manquant de vivres et de munitions de guerre, qu'on avoit consumées dans les escarmouches, il commanda au général des galères de Savoye, d'aller avec deux cens de ses soldats, et deux compagnies d'Espagnols, renforcer les galères, qu'il avoit laissées dégarnies, avec ordre de lui envoyer des vivres et des munitions. Cette petite troupe marchant en bon ordre fut ataquée en chemin par les Maures de ces montagnes, et combatit depuis les trois heures du soir jusqu'à la nuit, sans recevoir aucun échec, parce qu'elle marchoit serrée, et se défendoit bien; mais la nuit estant survenue, et l'ataque se redoublant, avec les cris des barbares et les pierres qu'on jettoit du haut des rochers, les soldats prirent l'épouvante, et il y en eut cent cinquante de tuez, et quatre vingts blessez. Le bruit, étant venu jusqu'au camp, y attira Dom Sanche avec le reste des troupes; de sorte que les ennemis prirent la fuite, et les restes de la défaite se sauvèrent comme ils purent, à la faveur des barques et des chaloupes que les galères leur envoyèrent. Dom Sanche, de retour à Vélez, après avoir esté trois jours, et avoir reconnu le Pégnon du costé de terre, parce qu'on ne le pouvoit faire de l'autre costé, jugea l'entreprise impossible, outre qu'on avoit besoin de plus de troupes, à cause de la multitude des Maures qui accouroient de toutes parts. Il résolut donc de se retirer et après avoir donné ordre aux galères de raser la coste, afin de pouvoir embarquer les troupes, et de faire jouer l'artillerie pour écarter les ennemis, il partit à soleil couché. Le bagage marchoit devant eux, avec deux compagnies d'arquebuziers, suivis de l'infanterie en bataille. Il faisoit l'arrière-garde avec les chevaliers de Malte et les soldats du régiment de Savoye, et marchant le long de la coste tout joignant le Pégnon, il s'embarqua en bon ordre avec toutes les troupes. Il cingla de là vers Mélile, pour reconnoistre ce marais; mais ayant le vent contraire, il regagna Malaga, d'où il estoit parti. Cependant, le gouverneur du Pégnon retourna en son fort, et les habitans de Vélez dans leurs maisons, avec une courte joye, comme nous verrons par la suite.

Le mauvais succès de cette entreprise fut fort sensible à la Castille. De sorte que l'année suivante, le roy d'Espagne, ayant tenu les Estats à Monçon, à la prière des députez d'Aragon, de Valence et de Catalogne, résolut d'assiéger une seconde fois cette place, qui servoit de retraite à tous les Arabes de Barbarie, et incommodoit fort le commerce. D'ailleurs, il avoit avis que l'armée navale que les Turcs avoient destinée pour l'entreprise d'Oran, et contre laquelle il avoit fait de grans préparatifs, ne marcheroit pas cette année. Il nomma donc pour général Dom Garcia de Tolède, vice-roy de Catalogne, avec ordre d'assembler toutes les galères d'Italie, tant les siennes que celles des autres souverains, à qui il écrivit pour ce sujet, et d'embarquer quinze compagnies espagnoles des vieux corps, et trois mille Alemans, que le comte Annibal avoit amenez de Piémont pour se rendre aux mers du couchant. Il fit préparer, d'autre costé, les galères d'Espagne, leva six mille soldats, en Castille, Estremadure et Andalousie, et fit de grans préparatifs d'artillerie, de munition, et de tout le reste qui estoit nécessaire pour cette entreprise. Cela ne put estre si secret, qu'il ne vint à la connoissance des Turcs, qui ne sachans où devoit fondre cette tempeste, pourveurent toutes les places de la coste, et l'on renforça la garde du Pégnon de cent Turcs outre les cinquante qui y estoient. Ensuite Cara Mustafa, qui en estoit gouverneur, l'ayant bien pourveu de munitions et de vivres, et y ayant laissé pour lieutenant un renégat, en qui il avoit grande confiance, vint au détroit de Gibraltar avec deux galiotes, pour apprendre quelque chose de notre dessein.

Cependant, toutes les galères s'estant rejointes à Malaga. Dom Garcia de Tolède envoya celles de Portugal et de Malte mouiller près du Pégnon avec le galion et les caravelles de Portugal, qui estoient à Marvelle, et prit la route de Barbarie avec le reste de l'armée navale. Il y avoit soixante et dix sept galères royales, savoir douze de Naples, sous la charge de Dom Sanche de Leyve, douze d'André Dorie, douze d'Avare Bassan, les sept qui gardent le détroit, une de l'Abbé Lupien, les quatre des Ordres d'Espagne, dix de Sicile, commandées par Dom Rodrique de Caravachal, cinq de Malte, six de Florence, quatre de Savoye, quatre de Marc-Antoine Colonne, trois des Lomelins de Gênes, deux de Bendinelle, et huit de Portugal, que Dom Sébastien avoit envoyées avec son galion, quatre caravelles de sa flotte, et quinze cens soldats, parmi lesquels, il y avoit cens gentilshommes, qui venoient pour se trouver à cette entreprise, avec ordre de faire tout ce que le roy Philippe leur commanderoit. Il y avoit, outre cela, quinze barques et une hourque, chargées de munitions et de vivres, et l'armée parut le dernier aoust à la veuë du Pégnon. Les Turcs, voyant paroistre une si grande armée, reconnurent aussitost son dessein et se mirent sur la défensive. Ils commencèrent par brûler trois vaisseaux qu'ils avoient pris depuis peu, de peur que les chrestiens ne se servissent du bois à leur entreprise. Cependant Dom Garcia fit avancer Marc Centurion avec ses galères, et le seigneur de Lévy avec les siennes, pour reconnoistre la coste avec la tour de Calaa, et un bastion que les Maures avoient fait sur les bords de la mer, afin de voir s'il y avoit garnison, et par où on le pourroit ataquer en cas qu'il se mist en défense. Ceux du Pégnon, voyant approcher les galères, firent jouer leur artillerie, qui les obligea à faire largue, et à prendre la route de la tour. Les Maures qui estoient dans le fort ou bastion de la Marine, voyant venir à eux les galères, l'abandonnèrent avec quatre pièces d'artillerie qui y estoient, et se sauvèrent dans la ville, et de là dans les montagnes, avec tous les habitans. Les galères estant abordées sans aucune résistance, mouillèrent au port, où Dom Sanche avoit surgi l'année précédente, et Dom Garcia faisant signe aux troupes qu'elles s'apprestassent, relascha au même endroit, et jetant les esquifs des galères dans l'eau, fit mettre à chaque proue deux petites pièces de fer et descendre l'infanterie avec les armes à la main. Alors parurent sur la coste quelques Maures à pied et à cheval contre lesquels on fit défense d'escarmoucher, à peine de la vie, pour empescher les troupes de s'écarter. Les pionniers commencèrent d'abord à faire une redoute sur la coste avec un bon fossé autour, pour serrer les vivres et les munitions qu'on vouloit débarquer, et l'on y planta quatre pièces d'artillerie, et creusa quelques puits, afin qu'on ne s'éloignast pour aller chercher de l'eau, au danger d'estre pris ou tué. Le seigneur de Saint-Georges, et Francisque de Molina, qui commandoit l'artillerie, travaillèrent à la redoute, qui fut achevée en peu d'heures, et aussitost l'on y renferma les vivres, l'artillerie et les munitions. Ensuite on assura toute la coste par des corps de garde, tant à la tour de Calaa, que partout où les ennemis pouvoient faire quelque descente, et l'on se saisit de la croupe des plus hautes montagnes d'alentour, avec quelques compagnies d'arquebuziers, à qui l'on donna pour trois jours de vivres, pour n'estre point en peine d'en venir quérir tous les jours, ou de leur en porter.

Cependant, Dom Garcia, Chapin Vitelo, et quelques autres seigneurs qui estoient présens, allèrent sur une frégate reconnaistre le Pégnon, et voir l'endroit d'où on le pourroit batre avec l'artillerie des galères. Dom Alvare Bassan et autres gentilshommes firent le mesme de leur costé, et ayant remarqué une petite baye assez propre pour cela, s'en retournèrent. Le samedy deuxième de septembre, on tint conseil où il fut résolu que toute l'armée iroit à Vélez parce qu'estant maistre de la ville et du faiste d'une montagne voisine, on pourroit avec plus d'assurance commencer l'attaque de sa place. On donna le soir aux soldats des besaces et des bouraches, avec des vivres et des munitions pour quelques jours, et laissant bonne garde au fort et à la tour de Calaa, l'on partit le dimanche matin, et l'on prit la route de la ville avec le reste de l'armée. Il y avoit quatorze mille hommes de toute sorte de nations, qu'on partagea en trois corps; Dom Sanche de Leyve menoit l'avant-garde avec frère Jean d'Echie, et les troupes de Malte; les compagnies du régiment de Naples, et quatre cens soldats des galères de Dom Alvare Bassan, commandées par son frère Dom Alfonse. Il y avoit parmi eux quantité de noblesse volontaire, et quatre pièces d'artillerie, tirées par les pionniers, avec assez de peine, à cause de la difficulté des chemins, et à leurs costez deux manches de mousquetaires, qui filoient de part et d'autre, le long des montagnes et des colines. Après, venoit le bagage bien ramassé, suivi de Francisque Barcette, qui estoit venu dès le jour auparavant avec le galion et les caravelles de Portugal, et conduisoit la la bataille, où estoient les troupes portugaises, et les régimens de Lombardie et de Sicile. avec les nouveaux soldats qu'on avoit levez en Espagne, et deux manches de mousquetaires, qui avoient ordre de s'estendre dans l'occasion, pour couvrir le bagage ; et celle de main gauche estoit un peu à l'écart, pour gagner le faiste des montagnes et des lieux dangereux. Dans ce corps estoit la noblesse portugaise, qui estoit venue par ordre de son prince, pour servir en cette occasion. A l'arrière-garde estoit le comte Hannibal, avec les troupes alemandes, et deux manches d'arquebuziers, comme les autres, l'une de soldats du régiment de Lombardie, commandée par le capitaine Jean d'Espuche ; et l'autre de Portugais, sous Jean de Siqueyra, lieutenant des galères de Portugal, avec quelques pièces de campagne à la teste. Dom Jean de Villaroël, avec les gendarmes de Grenade, batoit l'estrade et alloit de çà et de là à la découverte. Chapin Vitelo, qui faisoit la charge de mareschal de camp, avoit pris les devans, avec quelques gendarmes et soldats détachez, pour reconnoistre le lieu où il faudra camper. Dom Garcia alloit partout, comme un brave chef, encourageant les soldats, qui estoient un peu fatiguez, tant pour la difficulté de la marche que pour l'excessive chaleur et la disette d'eau. L'avant-garde estant arrivé au haut de la montagne qui commande Vélez, le gouverneur et quelques capitaines des Bérébères, qui s'estoient rassemblez, firent une attaque assez vive, et en tuèrent et blessèrent quelques-uns ; mais ils furent chargez par les arquebuziers des deux manches, et les soldats détachez qui les firent retirer.

L'avant-garde estant passée avec le bagage et la bataille, plus de deux mille Maures, parmi lesquels il y avoit quelque cens chevaux et plusieurs arquebuziers, vinrent fondre sur l'arrière-garde avec tant de furie, que les capitaines d'Espuche et Siqueyra furent contraints d'y accourir avec leurs arquebuziers, et les Maures aussi au secours des leurs, et il y eut plusieurs morts et blessez de part et d'autre, tant qu'on fut contraint de tourner la bouche du canon contre l'ennemi, ce qui le fit retirer. Enfin, Dom Garcia poursuivant sa route, arriva avec toute l'armée à Vélez, où Chapin Vitelo avoit déjà fait les logemens, sans trouver de résistance, parce que les habitans s'estoient sauvez sur les montagnes avec leurs familles et ce qu'ils avoient pû emporter. L'armée estant dans ses quartiers, Dom Garcia, accompagné de quelque noblesse, fit le tour de la place par dedans et par dehors; et sur l'avis que quelques Maures s'estoient retirez en une petite tour qui estoit sur le haut de la montagne, et attachée à la ville par un pan de mur, il commanda à une compagnie de les aler dénicher, ce qui fut fait aisément. On posa aussitost des corps de garde autour de la place, et l'on fit un retranchement au haut de la montagne qui regarde le Pégnon, où l'on mit cinq pièces d'artillerie avec quelques compagnies pour garder ce poste. Le Pégnon demeura par là investi, de sorte qu'on y pouvoit jetter du secours du costé de la terre, et le camp estoit en seureté contre l'effort des ennemis. Ensuite, on donna l'ordre pour batre la place, et en la petite baye que les capitaines avoient reconnue sur le bord de l'eau du costé du couchant, on dressa un bastion, où l'on fit une baterie, que l'on couvrit de quelques arbres coupez. Tandis que cela se passoit, et que Jannetin Doria donnoit ordre de débarquer l'artillerie, Dom Garcia fit batre le Pégnon du costé de la mer par le galion de Portugal et les galères de Malte, chacun en leur endroit. Elles furent fort canonnées de la place, mais sans beaucoup de mal, et si tost que l'artillerie fut débarquée, elles cessèrent de batre, et s'éloignèrent. Le bastion et la baterie estant achevez, on pointa dessus six gros canons pour batre les tours du Pégnon. Comme tout estoit prest, Dom Garcia, désirant prendre la place sans répandre du sang, fit sommer les assiégez par le capitaine Espéjo, à la charge de les laisser aller où il leur plairoit avec leurs armes. Il monta donc avec un drapeau blanc en sa main, pour seureté; mais le commandant répondit superbement que la place appartenoit au Grand Seigneur, et que la garnison apprehendoit fort peu les chrestiens, qu'il retournast donc en diligence d'où il estoit venu, s'il ne vouloit qu'on tirast sur luy. Après cette réponse, Dom Garcia fit jouer la baterie si furieusement, qu'on abatit de trois cens coups toute la partie du donjon et du mur qu'on pouvoit découvrir, l'on démonta trois pièces d'artillerie qui y estoient. Ce jour-là trois cens Maures, parmi lesquels il y avoit quelque cavalerie, vinrent fondre à l'improviste sur une compagnie qui estoit à la garde d'un haut tertre, et l'en dénichèrent. Toutefois estant secourue à propos par cent arquebuziers, le combat fut opiniatre, et il y mourut neuf chrestiens sans compter vingt cinq blessez; mais les Maures à la fin furent mis en fuite, trente des leurs y moururent, et plus de cent furent blessez, et l'on regagna la hauteur. La nuit venue, Dom Garcia pour faire plus d'effet de près, fit transporter l'artillerie du bastion sur un roc qui tient à la gorge du Pégnon, où les Turcs retiroient leurs fustes. Ce qui ne se fit pas sans grand péril des pionniers, parce que, comme cela estoit proche, les ennemis s'en apperçurent, et en tuèrent quelques-uns à la clarté de la lune; mais voyant que toute leur défense estoit inutile, et que les chrestiens gagnoient pied à pied, ils perdirent l'espérance de pouvoir défendre la place, et dirent au lieutenant qu'il les en tirast avant qu'on les vinst tailler en pièces. Ceux d'entre eux qui furent pris prisonniers dirent depuis que ce commandant leur avoit fait acroire qu'il aloit rassembler les montagnards pour donner sur le camp des chrestiens, et qu'il reviendroit aussi-tost. Mais à la fin voyant ses promesses vaines, des trente qui estoient restez, ceux qui savoient nager se mirent aussi-tost à la nage, les autres qui n'estoient plus que treize résolurent de faire leur composition la nuit avant qu'on seût la retraite de leurs compagnons. Mais un renégat sortit et en donna avis à André Dorie, qui l'envoya à Dom Garcia, et pour voir si ce qu'il disoit estoit véritable, monta avec quelques-uns jusqu'au mur, et estant aperceus par ceux de dedans, ils mirent un drapeau au bout d'un tronçon de lance. Alors sortit un Maure qui ofrit de rendre la place pourveu qu'on leur tinst ce qu'on leur avoit promis auparavant. André Dorie envoya ce Maure à Dom Garcia, qui luy répondit qu'il avoit seu du renégat l'estat de la place, et, sans luy accorder rien, le fit arrester, et envoya un officier avec quelques soldats pour se jetter dans la forteresse. Ils montèrent donc en haut, et avant qu'il fust grand jour, vinrent à la porte que les Turcs ouvrirent, et ils y entrèrent avec André Dorie. Tous les Turcs furent faits esclaves et les soldats pillèrent quantité de meubles et de vivres qui estoient dans les tours. Le mesme jour, Dom Garcia entra dans la place avec toute la noblesse et les officiers, et ayant veû la forteresse, il rendit graces à Dieu d'un si heureux succès. Il y laissa trois cens Espagnols en garnison avec quantité d'architectes, de massons et de pionniers, pour travailler aux fortifications, et grand nombre d'artillerie, de munitions et de vivres. Il en donna le gouvernement à Jean Perez d'Arnalte, et, retournant à la ville, fit ouvrir les murs en divers endroits et se rembarqua avec toutes les troupes. Cependant, les Maures qui s'estoient sauvez dans les montagnes, vinrent fondre avec de grans cris sur trois cens nouveaux soldats qui se retiroient, et comme ils estoient plus de deux mille les défirent, et en tuèrent et blessèrent quelques-uns, quoy-qu'ils se défendissent bien ; mais Dom Lope de Figueroa y accourut avec deux cens soldats, et quelques volontaires, qui les repoussèrent et favorisèrent la retraite des autres. Mais le gouverneur de Vélez estant venu avec le gros soutenir ses gens, Dom Louis Ozorio, mareschal de camp, fit signe à Dom Lope qu'il se retirast; mais quelques jeunes seigneurs qui estoient avec luy le prièrent de n'en rien faire pour ne point donner cet avantage aux ennemis. Ils soutinrent donc quelque temps les Maures; mais voyant que leur nombre augmentoit à toute heure, ils se retirèrent en leur faisant toujours teste. Sur ces entrefaites arriva Dom Garcia avec l'arrière-garde, qui envoya Dom Diego de Cordoue avec deux cens arquebusiers pour favoriser leur retraite. D'autre costé, Dom Louis Ozorio en avoit déjà envoyé cens à leur secours avec l'enseigne de Dom Lope. Comme ils se retiroient donc tous ensemble en combatant, Dom Diego arriva tout à propos, et les laissant passer demeura avec quelques gentils-hommes et soldats à l'arrière-garde; mais le marquis d'H .rdalès et le comte de Santistévan estoient si acharnez au combat que Dom Louis Ozorio, alant pour les dégager avec quelqu mousquetaires, fut tué malheureusement d'un coup d'arquebuze; le reste se retira toujours combatant vers la coste, jusques à ce qu'ils arrivèrent au bord de l'eau. Il mourut ce jour-là quarante Espagnols, sans compter grand nombre de blessez, et entre autres Pedro de Guevara. Les Maures y perdirent beaucoup plus de gens, et voyant que tous leurs efforts estoient vains, et qu'on tiroit sur eux de la tour, ils regagnèrent Vélez, et Dom Garcia revint à Málaga, où il fut receu avec de grandes acclamations et rendit graces à Dieu de cette victoire. Depuis, cette place est toujours demeurée au roy d'Espagne qui y tient bonne garnison avec quantité d'artillerie et de munitions.

TABLE DES CHAPITRES

	Pages.
AVANT-PROPOS	V

LIVRE TROISIÈME

Du royaume de Fez	1
De Temesne, region au royaume de Fez.	3
Des villes et cités contenuës en la region de Temesne .	9
Anfa.	9
Mansora	13
Nuchaila	14
Adendum	16
Tegeget.	17
Hain Elchallu	18
Rabato	19
Salla.	24
Mader Annan	27
Thagia	30
Zarfa	32
Du territoire de Fez.	33
Des citez et lieux du territoire de Fez, et de ce qui est memorable en iceux	35
De Salla, cité	35

TABLE DES CHAPITRES

	Pages.
Fanzara	39
Mahmora	41
Tefelfelt	46
Mecnase	48
Gemiha Elchmen	52
Camis Metgara	54
Banibasil	55
De Fez, grande cité, et chef de toute la Mauritanie	57
Particulière description de la cité de Fez	65
Hopitaux et etuves qui sont dans la cité de Fez	77
Hoteleries de la ville de Fez	83
Des moulins qui sont dans la cité	88
De la diversité des artisans, boutiques et places	89
Place des marchans	99
Discours sur le nom des ruës appelées Caisaria, retenans le nom de celuy de Cesar	101
Apoticaires et autres artisans en ladite cité	103
Seconde partie de la cité de Fez	107
Diversitez d'artisans contenues en cette seconde partie	108
Des magistrats et manière de gouverner et administrer justice, et de quelle sorte d'habits on use en la ville de Fez	112
Coutume observée au manger, en la ville de Fez	118
Coutumes observées à contracter et faire mariages	120
Autres coutumes gardées les jours de festes, et manière de pleurer les morts	126
Des pigeons que l'on nourrit en la cité	128
A quels jeux s'adonnent les citoyens de Fez	129
Des poëtes en vulgaire african	130
Ecoles aus letres pour les enfans	132
Des devineurs	134
Des enchanteurs	139
Regles et diversitez observées par aucuns en la loy de Mahommet	146

TABLE DES CHAPITRES

	Pages.
Autres diverses regles et sectes, avec des opinions superstitieuses de plusieurs.	153
Des cabalistes et d'autres de plusieurs sectes.	158
De ceux qui s'amusent à cercher les tresors	161
Des alquemistes	163
Charmeurs et enchanteurs de serpens.	165
Des fauxbours qui sont hors la cité de Fez	167
Sepultures communes hors le pourpris de la cité	171
Sepultures des roys.	172
Vergers et jardins	172
Description de Fez, cité neuve.	174
Ordre et police gardée, quant à la maniere du vivre, de la court du roy de Fez.	179
Macarmeda, cité premiere près la meme cité de Fez	191
Hubbed, chateau.	192
Zavia, cité.	193
Chaulan, chateau.	194
Zelag, premiere montagne en la region de Fez, cité neuve	195
Zarhon, montagne	197
Gualili, cité en la montagne de Zarhon	200
Palais de Pharao, cité	201
Pietra rossa, cité.	203
Maghilla, cité.	204
La Vergoigne, chateau.	205
Beni Guariten, contade.	207
Aseis, contade.	208
Togad, montagne.	209
Guraigura, montagne	210
Description d'Azgar, region de Fez	212
El Giumha, cité premiere en la region d'Azgar	214
Lharais, cité	215
Casar el Cabir, c'est-à-dire le Grand Palais, cité.	217
De la region de Habat	224
Ezaggen, premiere cité en la region de Habat	226

TABLE DES CHAPITRES

	Pages.
Bani Teude, cité	228
Mergo, cité	229
Tansor, cité	230
Agla, cité	231
Narangia, chateau	232
Gezira, île	233
Basra, cité	235
Homar, cité	237
Arzilla	239
Tangia, cité	243
Casar Ezzaghir, c'est-à-dire le Palais Mineur, cité	247
Sebta, grande cité	249
Tetteguin	254
Montagnes de Habat	257
Rahona, montagne	259
Beni Fensecar, montagne	260
Beni Haros, montagne	261
Chebib	262
Beni Chessen, montagne	263
Angera, montagne	265
Quadres, montagne	266
Beni Guedarfeth, montagne	268
Errif, region de Fez	269
Terga, premiere cité en la region de Errif	271
Bedis, cité	272
Ielles	276
Tegassa	277
Gebha	278
Mezemme	279
Benigarir, premiere montagne en la region de Errif	281
Beni Mansor	282
Bucchuia	283
Beni Chelid	284
Beni Mansor	285

TABLE DES CHAPITRES

Beni Joseph	285
Beni Zarvol	286
Beni Razin	288
Sensaon	288
Beni Gebara	290
Beni Ierso	291
Tezarin, montagne	291
Beni Buseibet	292
Beni Gualid	294
Merniza	295
Hagustun	296
Beni Iedir	297
Lucai	298
Beni Guazeval	300
Beni Gueriaghel	301
Beni Achmed	303
Beni Ieginefen	304
Beni Mesgalda	305
Beni Guamud	307
Garet, sixieme province du royaume de Fez	308
Melela, premiere cité en la region de Garet	309
Chasasa	311
Tezzota	313
Meggeo	315
Echebdevon, premiere montagne en la region de Garet	318
Beni Sahid	319
Azgangan	320
Beni Teusin	321
Guardan	323
Epilogue de la province de Garet	324
Chaus, septieme region du royaume de Fez	325
Teurert, premiere cité en la region de Chaus	327
Hadagia	328
Garsis, chateau	326

TABLE DES CHAPITRES

	Pages.
Dubdu	330
Teza, cité	337
Matgara, premiere montagne en la region de Chaus.	342
Gauata	344
Megesa	346
Baronis	346
Beni Guertenage	348
Gueblen	348
Beni Iesseten	350
Selelgo	354
Beni Isasga	355
Azgan	358
Sofroi et Mezdaga, cités au pied d'Atlas	359
Mezdaga	361
Beni Bahlul	362
Hani Lisnan	363
Mahdia	364
Sabh el Marga, qui signifie la plaine du Preux.	365
Azgari Camaren	366
Centopozzi, montagne, qui signifie autant comme Cent Puys	367
Montagne et passage des Corbeaux, appellé Gunaigel Gherben	370
Tezerghe	372
Umen Guinaibe	372
Beni Merasen, montagne	373
Mesettaza, montagne	374
Ziz, montagnes	375
Gerseluin, cité	378

APPENDICE

Description de l'Afrique extraite du Traité géographique d'Ibn Sayd	381

TABLE DES CHAPITRES

	Pages.
Deuxième partie du troisième climat	381
Troisième partie du troisième climat	383
Notice sur le Qoran du khalife Osman. — Translation du Qoran d'Osman de Cordoue à Maroc. — Construction de la mosquée d'El-Kotoubiyin dans cette dernière ville	386
Description de la ville de Fez, par Obeïd Allah el-Qorthouby	392
Description de la ville de Fès, tirée du « Moudjem oulbouldan » de Yaqout el-Hamaouy	396
Histoire des constructions faites par l'imam Idris dans la ville de Fès	399
Histoire de la mosquée El-Qairaouyn; sa description, ses accroissements depuis sa fondation jusqu'à nos jours, an 726 (1325)	417
Histoire du minaret de la mosquée El-Qairaouyn	420
Fondation de la Ville Blanche, aujourd'hui appelée Fès-la-Neuve	436
Construction des medrassa ou écoles des sciences dans la ville de Fès	438
D'Arzile (Extrait de Marmol, *L'Afrique*, t. II, p. 216-228)	440
De la ville de Tanger (Marmol, *L'Afrique*, t. II, p. 228-233)	453
De Tétuan (Marmol, *L'Afrique*, t. II, p. 242-244)	458
De Ceute (Marmol, *L'Afrique*, t. II, p. 236-242)	460
De Vélez de Gomère, et de la forteresse, qu'on nomme le Pegnon de Vélez (Marmol, *L'Afrique*, t. II, p. 251-266)	467
TABLE DES MATIÈRES	483

ANGERS IMP. ORIENTALE DE A. BURDIN, RUE GARNIER, 4.

RECUEIL DE VOYAGES ET DE DOCUMENTS

I. — JEAN ET SÉBASTIEN CABOT

Leur origine et leurs voyages. Étude d'histoire critique, suivie d'une cartographie, d'une bibliographie et d'une chronologie des Voyages au Nord-Ouest de 1497 à 1550, d'après des documents inédits, par Henry HARRISSE. Gr. in-8, avec un portulan reproduit en fac-similé par PILINSKI . . . 25 fr.
Le même, sur papier vergé de Hollande . . . . 40 fr.

II. — LE VOYAGE DE LA SAINCTE CYTÉ DE HIÉRUSALEM

Fait l'an mil quatre cens quatre vingts estant le siège du Grand-Turc à Rhodes, et régnant en France Loys unziesme de ce nom. Publié par Ch. SCHEFER, de l'Institut. In-8 . . . . . . 16 fr.
Le même, sur papier vergé de Hollande . . . . 25 fr.

III. — LES CORTE-REAL ET LEURS VOYAGES AU NOUVEAU-MONDE

D'après des documents nouveaux ou peu connus, tirés des archives de Portugal et d'Italie, suivi du texte inédit d'un récit de la troisième expédition de Gaspard Corte-Real, et d'une carte portugaise de l'année 1502 reproduite ici pour la première fois, par Henry HARRISSE. In-8, avec une photographie et un grand portulan chromolithographié, en un étui. . . . . 40 fr.
Le même, sur papier vergé de Hollande . . . . 50 fr.

III bis. — GASPARD CORTE-REAL

La date exacte de sa dernière expédition au Nouveau-Monde, d'après deux nouveaux documents inédits récemment tirés des archives de la Torre do Tombo à Lisbonne, dont un écrit par Gaspard Corte-Real, l'autre par son frère Miguel, reproduits ici en fac-similé, par Henry HARRISSE. In-8, avec 2 planches en fac-similé . . . . 4 fr.
Le même, sur papier de Hollande . . . . 6 fr.

IV. — LES NAVIGATIONS DE JEAN PARMENTIER

Publié par Ch. SCHEFER, de l'Institut. Gr. in-8, avec une carte fac-similé . . . . 16 fr.
Le même, sur papier de Hollande . . . . 25 fr.

V. — LE VOYAGE ET ITINÉRAIRE D'OUTRE-MER

Fait par frère Jean THENAUD. — Égypte, Mont Sinay, Palestine, suivi de la relation de Domenico Trevisan auprès du Soudan d'Égypte. Publié et annoté par Ch. SCHEFER, membre de l'Institut. Gr. in-8, avec carte et planches . . . . 25 fr.
Le même, sur papier de Hollande . . . . 40 fr.

VI, VII. — CHRISTOPHE COLOMB

Son origine, sa vie, ses voyages, sa famille et ses descendants, d'après des documents inédits, tirés des archives de Gênes, de Savone, de Séville et de Madrid. Études d'histoire critique par Henry HARRISSE. 2 volumes gr. in-8, de luxe, avec planches . . . . 125 fr.
Les mêmes, sur papier de Hollande . . . . 150 fr.

VIII. — LE VOYAGE DE MONSIEUR D'ARAMON

Ambassadeur pour le roi en Levant, escrit par noble homme Jean CHESNEAU, publié par Ch. SCHEFER, de l'Institut. Un beau volume gr. in-8, avec planches . . . . . . 30 fr.
Quelques exemplaires sur papier de Hollande à . . . . 50 fr.

IX. — LE VIATEUR EN LA PLUS GRANDE PARTIE DE L'ORIENT

Ou les voyages de Louis VARTHEMA. Publié et annoté par Ch. SCHEFER, de l'Institut. In-8 . . 30 fr.
Le même, sur papier de Hollande . . . . 40 fr.

X. — VOYAGES EN ASIE DE FRÈRE ODORIC DE PORDENONE

Religieux de l'ordre de Saint-François, publiés et annotés, par Henri CORDIER. In-8, orné de dessins, fac-similé et d'une carte. Un fort volume gr. in-8, avec planches . . . . 60 fr.
Le même, sur papier de Hollande . . . . 80 fr.

XI. — LE VOYAGE DE LA TERRE SAINTE

Composé par messire Denis POSSOT et achevé par messire Charles PHILIPPE, seigneur de Champarmoy et Grandchamp, procureur du très puissant seigneur messire Robert de la Marck (1532). Publié par Ch. SCHEFER, de l'Institut. In-8, planches . . . . 30 fr.
Le même, sur papier de Hollande . . . . 40 fr.

XII. — LE VOYAGE D'OUTREMER

De Bertrandon DE LA BROQUIÈRE, premier écuyer tranchant et conseiller de Philippe le Bon, duc de Bourgogne. Publié et annoté par Ch. SCHEFER, de l'Institut. In-8, planches . . . 30 fr.
Le même, sur papier de Hollande . . . . 40 fr.

XIII, XIV, XV. — LÉON L'AFRICAIN

Description de l'Afrique, tierce partie du monde. Nouvelle édition, publiée et annotée par Ch. SCHEFER. 3 vol. gr. in-8, cartes. (*En cours de publication*) . . . . 75 fr.

Angers, imp. A. Burdin et Cie, rue Garnier, 4.

www.ingramcontent.com/pod-product-compliance
Lightning Source LLC
Chambersburg PA
CBHW071618230426
43669CB00012B/1986